Edwin Redslob   Von Weimar nach Europa

Inhalt

Geleitwort

Durch einen Zufall wurde ich Ende 1995 auf die Lebenserinnerungen Edwin Redslobs aufmerksam. Ein naher Mitarbeiter hatte das 1972 in der Haude und Spenerschen Verlagsanstalt in Berlin erschienene Buch in einem Erfurter Antiquariat erworben und mir geschenkt. Der Titel zog mich an: »Von Weimar nach Europa«. Ein gutes Motto für uns, die wir eben mit den Vorbereitungen für Weimar 99 begonnen hatten. Nach europäischen Metropolen wie Paris, Madrid, Antwerpen, Stockholm sollte jetzt eine eher idyllische deutsche Kleinstadt Kulturstadt Europas werden. Wir hatten erfolgreich auf allen Ebenen dafür gekämpft. Wenn Deutschland (nach Berlin 1988) wieder »dran« war, mußte es jetzt natürlich eine Stadt in einem der jungen Länder werden. Wenn aber junge Länder, dann natürlich Weimar.

1999: Das Jahr der 250. Wiederkehr von Goethes Geburtstag, 80 Jahre nach der Verabschiedung der Weimarer Verfassung, 50 Jahre nach Inkrafttreten des Grundgesetzes, 10 Jahre nach der Wiedervereinigung Deutschlands. Es geht nicht nur darum, eine geistesgeschichtlich bedeutsame deutsche Stadt ins Gespräch zu bringen, es geht darum, von Weimar nach Europa eine Botschaft zu vermitteln: Deutschlands Klassikerstadt ist wieder frei! Sie ist wieder kulturelles Zentrum ganz Deutschlands. Als erste Kulturstadt Europas im früheren »Ostblock« kommt ihr besondere Symbolkraft zu. Weimar, der Freistaat Thüringen, meldet sich zurück. Europa ist eingeladen, 1999 bei uns zu Gast zu sein, sich selbst ein Bild zu machen von dem, was schon erreicht und von dem, was in der Zukunft noch zu leisten ist.

»Von Weimar nach Europa«, das Motto stammt von Edwin Redslob, einem Mann, der 1884 in Weimar geboren wurde, der also den »Nachklang der Epoche Goethes« noch als Kind erlebt hat und der in seinen Lebenserinnerungen »Erlebtes und Durchdachtes« über fast ein Jahrhundert darstellt.

Paul Raabe, der verdienstvolle langjährige Direktor der Herzog August Bibliothek Wolfenbüttel, jetzt Leiter der Franckeschen Stiftungen in Halle, Mitglied des Kuratoriums Weimar 99, hat Redslobs Leben meisterhaft skizziert. Der Glaux Verlag in Jena hat den Mut, meinen Wunsch zu erfüllen, diesen Band über 25 Jahre nach seinem Erscheinen wieder aufzulegen. Dafür gebührt ihm hohe Anerkennung. Der Krupp Stiftung und ihrem Kuratoriumsvorsitzenden Berthold Beitz aber gebührt Dank, diesen Mut mit großzügiger finanzieller Hilfe zu unterstützen.

Wer verstehen will, was in Deutschland in den vergangenen 100 Jahren geschehen ist und warum es sich lohnt, an die Zukunft unseres Landes zu glauben, der sollte dieses Buch lesen. Nicht die Kapitulation des deutschen Kaiserreiches 1918, nicht Hitlers Machtergreifung, nicht die Eroberung Berlins durch die sowjetischen Truppen, nicht das zugemauerte Brandenburger Tor, nicht einmal die schrecklichen Geschehnisse im KZ Buchenwald auf dem Ettersberg unweit von Weimar markieren das Ende der deutschen Geschichte.

Daß Weimar Kulturstadt Europas sein darf, daß der Freistaat Thüringen wiedererstanden ist, daß Berlin Deutschlands Bundeshauptstadt wird, daß das geeinte Europa Wirklichkeit wird, daß dieses in einem deutschen Verlag erscheinende Buch weithin in Europa in gleicher Währung bezahlt werden kann, bezeichnet die letzten Jahre dieses Jahrhunderts. Viele haben daran ihren Anteil, amerikansche Präsidenten und ein Generalsekretär der KPdSU zum Beispiel, aber eben auch Männer und Frauen (Redslob erwähnte als Beispiele Ricarda Huch, Marie Elisabeth Lüders, Luise Schröder), die in Deutschland ausharrten, die abendländisch dachten und Demokraten waren, die nicht aufgaben und nicht verzweifelten.

»Meine Generation, die so vieles erhofft hat, aber auch so vieles in Trümmer sinken sah, vermag es nicht, die Zuversicht aufzugeben. Wir haben ja auch erlebt, daß der Nationalsozialismus zerfiel. Ich gebe die Überzeugung nicht auf, daß Ideen und Kräfte, die imstande sind, die Welt voranzubringen, sich immer wieder neu durchsetzen. Ebenso bin ich überzeugt, daß die Verneinung der Überlieferung nicht zum Ziele führt, sondern daß wir uns, zumal in Europa, darauf besinnen müssen, daß wir eine lebenskräftige Tradition besitzen, und daß wir sie fortzusetzen haben. Dann bekommen vielleicht auch Erinnerungen ihren Wert, wie sie hier im Hinblick auf das Erbe von Weimar und im Hinblick auf das Werden Europas festgehalten wurden.« (Redslob S. 299)

Redslobs Buch ist ein bemerkenswertes Zeitdokument.

Dr. Bernhard Vogel

Einführung

Dieses Buch erinnert an eine bedeutende, zu Unrecht vergessene Persönlichkeit unseres Jahrhunderts. Edwin Redslob (1884–1973) verkörpert – wie viele große Gestalten seiner Generation – in seinem Leben und Werk die ein ganzes Zeitalter prägenden Ideale und Ideen. Er verband das Wirken für die moderne Kunst und das Eintreten für die kulturelle Überlieferung mit einer demokratischen Gesinnung und dem Bekenntnis zu Europa. Als Weimaraner war er mit Goethes Erbe aufgewachsen, und als Berliner vertrat er die Freiheit der Stadt. Sein Buch ist ein Zeitdokument, das die Hoffnungen der Weimarer Republik und der Nachkriegszeit in der geteilten Stadt schildert. Redslobs unausgesprochener Wunsch nach einer Hauptstadt in einem ungeteilten Land geht erst ein Vierteljahrhundert nach seinem Tode in Erfüllung. Doch Berlin wird sich in einem europäischen Deutschland im kommenden Jahrhundert noch bewähren müssen.

Edwin Redslob wurde von dem Geist der Reformen der Jahrhundertwende beeinflußt, wie er in der Architektur und im Kunstgewerbe, in der Dichtung und Buchkunst zum Ausdruck kam. Er war ein begabter Kunsthistoriker, der sein Können als Museumsmann und Kunstschriftsteller in den Dienst der Allgemeinheit stellte. Er gehörte – wie viele seiner Kollegen – zu den frühen Förderern der expressionistischen Künstler. Mit Ernst Ludwig Kirchner, Karl Schmidt-Rottluff, Lyonel Feininger, vor allem auch mit dem älteren Christian Rohlfs verbanden ihn enge freundschaftliche Beziehungen; Künstlern wie Theodor Hagen und Ludwig von Hofmann stand er ebenso nahe. Zeitlebens beschäftigte sich Redslob aber auch mit Goethe und mit Weimar, seiner Geburtsstadt. Er schrieb neben anderen Studien nicht nur eine mehrfach aufgelegte Goethe-Biographie, sondern hinterließ eine bedeutende Goethe-Sammlung, die er am Ende seines Lebens dem Goethe-Museum in Düsseldorf vermachte. Dort hat sie in der Nachbarschaft von Anton Kippenbergs Nachlaß ihren rechten Ort, denn mit dem Leipziger Verleger verband ihn die gleiche Liebe zur deutschen Dichtung und eine langjährige Sammlerfreundschaft.

Als Demokrat war Edwin Redslob ein engagierter Vertreter der ersten deutschen Republik, in deren Diensten er stand, und ein prominenter Gegner Hitlers und seiner Gefolgsleute. Er war mit Ernst von Harnack und James Graf Moltke befreundet und ist wie durch ein Wunder in den Jahren der Diktatur davongekommen, so daß er sich nach 1945 noch einmal den neuen

Aufgaben, dem Wiederaufbau des zerstörten Deutschland mit ganzer Kraft widmen konnte.

Redslob war Berliner geworden: in vielen Reden und Betrachtungen ist er für die Hauptstadt und für die geteilte Stadt eingetreten. Er stand einige Jahre an der Spitze der Freien Universität und sah darin die Erfüllung seines Lebens. Veritas, Justitia, Libertas – Wahrheit, Gerechtigkeit, Freiheit – dieser Wahlspruch der der jungen Universität die Richtung weisen sollte, geht auf ihn zurück.

In seinem Erinnerungsbuch, das nunmehr in neuer Ausgabe und Ausstattung erscheint, erzählt Edwin Redslob sein Leben in drei Zeitabschnitten: Der Ausbruch des ersten Weltkrieges war für den jungen und erfolgreichen Museumsdirektor eine Zäsur. Er war in der Stadt Goethes früh mit den Vertretern des »Neuen Weimar« – Henry van de Velde, Harry Graf Kessler, Ludwig von Hofmann und anderen – in Verbindung gekommen. In Heidelberg hatte er Kunstgeschichte und Geschichte bei Henry Thode, Erich Marcks und Karl Hampe – also berühmten Gelehrten der Zeit – studiert, im Germanischen Nationalmuseum in Nürnberg volontiert, im Museum in Aachen als Direktionsassistent gearbeitet und war dann nach einem Zwischenspiel in Bremen, wo er das Kunstgewerbemuseum leitete, 1912 in seine Heimat zurückgekehrt, um in dem damals noch preußischen Erfurt das Angermuseum zu übernehmen. Mit Henry van de Velde plante er 1914 einen modernen Museumsneubau, zu dem es nicht mehr kam.

Mit dem Ausbruch des Krieges am 1. August 1914 zerbrach für Redslob und seine Freunde – die Künstler, Architekten, Dichter und Kunstgewerbler der Avantgarde – das alte Europa. »Daß ein Krieg in unserer Zeit noch gewollt werden konnte, daß Europäer gegen Europäer kämpfen und einander Vernichtung wünschen sollten«, heißt es in seinem Erinnerungsbuch, »das war wohl allen im geistigen und künstlerischen Leben Stehenden unfaßbar«.

Aber es kam noch viel schlimmer: Die zweite tiefe Zäsur war für Redslob und für alle Deutschen, die den Zusammenbruch bewußt miterlebt haben, das Jahr 1945. Einem Jahrzehnt der Hoffnung auf eine verläßliche Demokratie war zwischen 1933 und 1945 die beschämendste Epoche unserer Geschichte gefolgt. In der Weimarer Republik hatte Redslob als Reichskunstwart eine ungewöhnliche staatliche Position innegehabt. Auf Vorschlag des 1907 gegründeten Deutschen Werkbundes, der sich die Erneuerung des Kunstgewerbes und die Versöhnung von Kunst und Industrie zum Ziel setzte, hatte die Nationalversammlung in Weimar 1919 das Amt für alle Fragen der Kunst und Kultur, sofern sie den Staat betrafen, geschaffen. So war Edwin Redslob nicht nur für eine moderne künstlerische Gestaltung der Hoheitszeichen auf Flaggen, Münzen, Geldscheinen, Briefmarken usw. zuständig, sondern überhaupt in Zusammenarbeit mit den Künstlern in der Weimarer Republik für die »künstlerische Formgebung des Reichs«, wie der Titel einer seiner Broschüren lautet.

Redslob erlebte in den damaligen Nachkriegsjahren aber auch die Katastrophen des jungen Staates unmittelbar mit: die Ermordung des Reichsaußenministers Walther Rathenau, die Wahl des Generalfeldmarschalls von Hindenburg zum Reichspräsidenten und den Tod des befähigten Politikers Gustav Stresemann. Diese Verhängnisse trugen zur Destabilisierung des Landes, zur Radikalisierung der Parteien und so schließlich zur Ernennung Hitlers zum Reichskanzler bei.

Für Redslob hatte diese Entwicklung existentielle Folgen. Da er sich bei einer Veranstaltung kurz nach dem 30. Januar 1933, auf der die leitenden Reichsbeamten dem neuen »Führer« vorgestellt wurden, geweigert hatte, Hitler die Hand zu geben, war sein berufliches Schicksal besiegelt. Er verlor sein Amt und mußte sich und seine Familie zwölf Jahre lang mühsam durchzuschlagen.

So sehr Redslob unter dem Schicksal der Besten seiner Generation – dem schweren Los der Ausschaltung – leiden mußte, so sehr drängten die aufgestauten Kräfte nach der vernichtenden Niederlage nach neuen Tätigkeiten. Zu Recht schreibt er: »Irgendwie hat die erzwungene Pause auch physische und psychische Schlacken verzehrt, so daß wir im siebten Jahrzehnt unseres Lebens mit angesammelter Energie noch einmal entscheidenden Anteil am politischen und geistigen Geschehen nehmen konnten«.

Für Edwin Redslob und seine Altersgenossen wie Theodor Heuss, Konrad Adenauer, Carlo Schmid und viele andere begann 1945 ein neuer Lebensabschnitt, den er in seinem Buch beschreibt: die Gründung des Berliner »Tagesspiegel« als Lizenznehmer, die Berufung an die Universität als Professor für Kunstgeschichte, die Mitwirkung an der Neugründung der Freien Universität in Westberlin 1948 und seine Tätigkeit als ihr erster Rektor. Im hohen Alter hatte er noch die Kraft, das Berlin-Museum in seiner Stadt zu verwirklichen.

In seinem Buch steht dieses verdienstvolle Wirken keineswegs im Mittelpunkt. Vielmehr erzählt er von seinen Freunden, seinen Begegnungen, seiner Familie, seinen Erfahrungen, seinen Liebhabereien, seinen Sammlungen. Er setzt großen Politikern, denen er begegnete, Denkmäler: Walther Rathenau, Gustav Stresemann, dem Berliner Bürgermeister Ernst Reuter. Das Buch läßt den Leser teilnehmen an den Erlebnissen eines engagierten Kunsthistorikers, der zeitlebens auch ein Kulturpolitiker war. Dagegen erfahren wir wenig über seine wissenschaftlichen, publizistischen und literarischen Veröffentlichungen. Edwin Redslob war ein Mann der Feder, der über kunstgeschichtliche Themen schrieb, Ausstellungskataloge herausgab, kulturpolitische

Abhandlungen verfaßte und in Zeiten der Not auch Romane und kultur-geschichtliche Bücher publizierte. Schließlich betätigte er sich als Gelegen-heitsdichter und Übersetzer.

Die Übertragungen der Sonette Michelangelos las er seinen Gästen mit melodischer Stimme vor, als ich ihn in seinem Haus in Berlin-Dahlem 1960 besuchte. So lernte ich den hochgewachsenen, damals schon 75jährigen Gelehrten, einen freundlichen, sympathischen Grandseigneur kennen. Ich erinnere mich auch, wie er die schönsten Stücke seiner Sammlungen, die Lebenszeugnisse aus der Goetheschen Welt und die Bilder der befreundeten Künstler zeigte.

Edwin Redslob gab seinem letzten Buch den zukunftsweisenden Titel: »Von Weimar nach Europa« in der Überzeugung, daß das Goethesche Erbe ein Teil des künftigen Europa sein werde. Wieder nahm er vor dreißig Jahren etwas vorweg, was 1999 Wirklichkeit sein wird: Weimar als Kulturstadt Europas. Deshalb sind die Gedanken und Erlebnisse, die in diesem Buch dargestellt werden, das Vermächtnis eines Weimaraners und Europäers. Zugleich aber lesen sich diese Erinnerungen wie das Testament eines bis zuletzt politisch und kulturell tätigen Mannes. Man sollte darauf hinweisen, daß er sie im hohen Alter in den Jahren der Studentenrevolution zwischen 1967 und 1971 verfaßte. Die Auflehnung der Jugend erschreckte ihn, der zeitlebens für die freiheitlichen Werte einer demokratischen Gesellschaft ein-getreten war, weil sie die geordneten Verhältnisse bürgerlichen Lebens zer-stören wollte, die ihn geprägt hatten. Er sah den Respekt vor dem Alter, vor dessen bis dahin unangefochtener Stellung im öffentlichen Leben schwinden. Der Generationenbruch traf ihn schwer.

Das Erinnerungsbuch ist so etwas wie eine Antwort auf die anmaßenden Vorstellungen der Enkelgeneration, die die Väter und Großväter verurteilte, weil sie in der Zeit des Nationalsozialismus gelebt hatten. Die Jugend kann ungerecht sein, wird der alte Redslob empfunden haben. Er fühlte sich durch die Vorgänge auch gerade an »seiner« Universität herausgefordert. Sein Lebensrückblick sollte die Leser belehren, was es bedeutete, eine Diktatur im eigenen Lande zu überstehen. Aber es ist eher unwahrscheinlich, daß der Text bei seinem Erscheinen, im Herbst 1972, als Zeitdokument verstanden wurde.

Der betagte Kunsthistoriker, Publizist und Kunstfreund war am Ende seines tapferen und erfüllten Lebens nicht mehr in der Lage, seine Memoiren eigenhändig niederzuschreiben. Er mußte sie diktieren, da sein Sehvermögen nach einer schweren Krankheit so eingeschränkt war, daß er auch nicht mehr lesen konnte. Sie sind also, wie es in dem kurzen Nachwort heißt, »rein akustisch entstanden«. So wird der heutige kritische Leser manche sprachli-chen Unebenheiten in Kauf nehmen.

Die Energie und Unermüdlichkeit, die sein Leben auszeichnete, hat Redslob noch einmal bei seinem Alterswerk geholfen, auf diese Weise sein Lebensbild den Nachfahren zu hinterlassen. Es war sicherlich für den 88jährigen Autor kurz vor seinem Tode – er starb am 24. Januar 1973 – eine Erfüllung, daß er sein letztes Werk noch in Händen halten konnte.

Im Blick auf das künftige Europa und im Blick auf die Rolle, die Weimar in dieser kulturellen europäischen Landschaft spielen sollte, ist es an der Zeit, an den Weimaraner und den Europäer Edwin Redslob zu erinnern. Mit der Neuausgabe dieses Buch soll einem verdienten Mann unseres Jahrhunderts ein Denkmal gesetzt werden, zugleich aber auch durch ihn den Gefährten seiner Generation: den Gelehrten, Politikern, Künstlern, Architekten, Schriftstellern und Musikern, denen er begegnete und auf die sich immer erneut zu besinnen auch Redslobs Vermächtnis war.

Paul Raabe

Vorwort

Wie üblich nach der Vollendung des Buches geschrieben

Zu meinem 85. Geburtstag im Jahre 1969 hat mir ein mit der Bedeutung der Zahlen vertrauter Freund errechnet, daß ich, wenn man den Schlaf abzieht, nun bald eine halbe Million wache Stunden hinter mir hätte. Was habe ich in dieser mir vergönnten Zeit erlebt und geschaffen? Wie vieles wurde geplant, aber durch Gegenströmungen ausgeschaltet, die allgewaltig schienen und dann doch, man denke an den Nationalsozialismus, ins Nichts zurücksanken.

Als Kind erlebte ich in meiner Geburtsstadt Weimar noch den Nachklang der Epoche Goethes; danach genoß ich die Universitätsjahre in einer Zeit, als in Europa Kunst und Wissenschaft blühten und die junge Generation einer kulturell gehobenen Epoche entgegenzusehen berechtigt schien. Es folgte die aufbauende Arbeit in Museen von sieben deutschen Städten und immer wieder das Eintreten für das Schaffen meiner eigenen Generation, die im Expressionismus eine der großen Epochen der deutschen Kunst erreichte. Hinzu kommen mehr als dreizehn Jahre Tätigkeit im Reichsdienst und damit die im Zusammenhang mit dem politischen Geschehen geleistete Arbeit.

Bitter schwer war für meine Generation – was ja auch mir gleichaltrige Persönlichkeiten wie Theodor Heuss als Politiker und Karl Schmidt-Rottluff sowie Max Beckmann als schaffende Künstler erlebt haben – das von den Machthabern der Hitlerzeit über uns verhängte Ausscheiden aus einer Tätigkeit, die normalerweise um das fünfzigste Lebensjahr den Menschen seine ganze Kraft voll entfalten läßt. Das wurde uns nun verwehrt. Als wir aber über sechzig Jahre alt waren, wurden wir noch einmal zu einer neuen Wirksamkeit aufgerufen. Für mich gipfelte sie in meiner Tätigkeit zur Gründung der Freien Universität Berlin, eine der entscheidenden kulturellen Aufgaben, die in der einstigen deutschen Hauptstadt in den Jahren des Wiederbeginns nach dem zweiten Weltkrieg zu erfüllen war. Hier klang auch das europäische Gebot der neuen Epoche entscheidend auf. Wie immer in Zeiten eines einschneidenden Wandels trat das Problem des Gegensatzes zwischen den Generationen besonders deutlich hervor, und damit entstand die Aufgabe, für die Zukunft einen besseren Ausgleich zwischen ihnen vorzubereiten.

Der Rückblick auf ein Leben wie das meine, das so bewußt Tradition und Zukunftswillen zu vereinen bestrebt war, dürfte zur Auseinandersetzung mit Grundfragen geistiger Entwicklung anregen, wie sie von Generation zu Generation unter stets anderen Aspekten gestellt werden und neu gelöst sein wollen.

I.
1884 – 1914

Kind der Landschaft

Wenn das Gespräch darauf kam, daß ich in Weimar geboren und dort aufgewachsen bin, verbreitete sich leicht eine Stimmung, die den Erinnerungen an meine Jugend geradezu widersprach. Mein Heimatgefühl war ganz auf die Natur gestimmt, und noch heute sehe ich vor mir beim Klang des Namens Weimar die so behaglich in das Thüringer Hügelgelände eingebettete Stadt und den fernen Kranz der Wälder. Ich sehe kein Kapitel der Literaturgeschichte: vor mir erscheint eine weite Landschaft. Nach Süden hin wird das gewellte Hügelland durchzogen von der Belvedere-Allee, die in schnurgerader Linie unter hohen Bäumen am Park vorbei zur Höhe führt, wo der Springbrunnen vor dem gelbverputzten Sommerschloß plätschert. Hinter dem Schloß folgt wieder ein Park, der unmerklich in einen Wald mit seltenen Nadelbäumen übergeht, und dann schließt sich das freie, von Landstraßen mit Obstbäumen durchzogene Gelände an, wo die Bauern ihre Felder und Wiesen haben.

Am Anfang des bewaldeten, ins Tal der Ilm hinabführenden Weges nach Berka steht noch heute eine Bank, auf der wir gern rasteten. Sie trägt die Inschrift »Wildmeister Botz-Bank« und wurde vor mehr als hundert Jahren zu Ehren meines Urgroßvaters errichtet, der hier sein Revier hatte. Ein Stück Weges weiter liegen die Felder mit ihrem sonnigen Gold, umsäumt von rotem Klatschmohn und blauen Kornblumen, da pflückten wir der Mutter bunte Sträuße. Ganz in der Nähe war der verträumte Lauf eines Bächleins. Hier wuchsen im Frühjahr Leberblumen und Märzbecher, Schlüsselblumen und Anemonen. Ein Ausflug zum Gasthof des nahen Dorfes, unter dessen Linden die Bänke und Tische zum Genuß von Sauermilch mit Zucker und Zimt einluden, war bei uns Kindern besonders beliebt.

Auf der nördlichen Seite der Stadt liegt der Ettersberg, für uns das Ziel weiterer Spaziergänge, da das Dorf mit seinem Jagdschloß fast zwei Stunden von Weimar entfernt ist. Oft auch war ich als Kind im Webicht, dem östlich an die Stadt angrenzenden Laubwald, in dessen Dickicht mein Bruder und ich mit dem ererbten Jägerinstinkt Fasanen aufschreckten und wohl auch eine der bunten Federn fanden, die der Vogel verloren hatte. Mitten im Wald lag das Forsthaus; dort schloß ich Freundschaft mit dem zahmen Reh, das der Förster aufgezogen hatte. Es war ein immer neu belustigendes Schauspiel, wenn das noch junge Tier gemeinsam mit dem Jagdhund und dem Gockelhahn an den Tisch herankam, um etwas von dem Butterbrot abzubekommen.

Im Westen der Stadt, deren Gärten bis an die Felder stießen, wohnten wir selbst. Statt daß ich zu Haus am Tisch bei den Schularbeiten hockte, schickte mich der Vater mit dem Buch hinaus, so daß ich meine deutsche Geschichte und die Oden des Horaz und schließlich noch die Chöre der Antigone am Rand der Felder hinschreitend lernte, beglückt immer wieder das Aufsteigen der Lerche beobachtend. Landschaft und Ausflugsorte, aufspringendes Wild, das nicht allzu scheu war, die Ilm mit dem hörbaren Spiel ihrer Wellen, der Wald mit seinem Laubgehölz, bunt durch Blumen und seine Vogelwelt, das war die Landschaft meiner Jugend, und ich lernte erst allmählich, wie viel sie mit Goethe zu tun habe. Die Farben der Landschaft waren schwarz, gelb und grün. Vor den dunklen Fichtenwäldern des Hintergrundes das Gelb der reifenden Felder und das Grün der nahen Wiesen. Schwarz-gold grün waren auch die Farben des Weimarischen Landes, wie sie in der Fahne bei jeder nur möglichen Gelegenheit gezeigt wurden.

Die Fahne von Weimar bekam für mich durch meine erste Liebe Bedeutung. Ich hatte schon sehr früh eine kleine Freundin, mit der ich fast täglich spielte. Sie hieß Marianne, und meine Mutter, die mit der ihren befreundet war, hat mir später erzählt, daß beide Mütter in uns schon ein Paar gesehen hätten. Fast täglich holte ich Marianne aus der nahegelegenen Wohnung ihrer Eltern zum Spielen in unseren großen Garten, in den gern auch befreundete Kinder der Nachbarschaft kamen. Eines Tages, als wir vor dem Beet mit den heranwachsenden Malven standen, sagte sie mir plötzlich, daß sie am nächsten Morgen mit den Eltern in den Thüringer Wald reise. Ich war wie vernichtet, merkte ich doch, noch keine fünf Jahre alt, daß ich liebte. Ich brachte sie Hand in Hand nach Haus und überlegte mir auf dem Rückweg, daß nun etwas Besonderes geschehen müsse. Am anderen Morgen stand ich heimlich schon ganz früh auf, zog meine beste Matrosenbluse mit dem hellblauen Kragen an und griff nach dem schönsten Stück, das ich besaß: einer großen Fahne mit den Weimarischen Farben. Mit diesem Prachtexemplar eilte ich zum Bahnhof und zwängte mich durch das Gewoge der Ferienreisenden bis zu dem Jenaer Zug, aus dessen vorderstem Abteil die kleine Marianne in Nasenhöhe heraussah. Als der Zug abfuhr, schwenkte ich noch lange mit meiner Fahne dem winzigen Tüchlein nach, das ihre Hand als Abschiedsgruß flattern ließ. Dann zog ich nach Haus, und erst viele Jahre später haben meine Eltern, da Mariannes Vater bald nach jener Ferienreise von Weimar versetzt wurde, von meiner Heldentat erfahren.

Meine nächste Freundin hieß Herma. Sie wohnte gegenüber der neugebauten katholischen Kirche, um die herum das weiche Erdreich sich besonders gut zum Eintreten von Murmellöchern eignete. Es kam nun darauf an, ehe Herma erschien, ihr bereits ein paar besonders schöne Glaskugeln als Huldigung in die bereitete Höhlung zu legen, wofür sie stürmisch zu danken pflegte. Sie bevorzugte mich vor den anderen Spielgefährten, weil ich schon in Berlin gewesen war. Wie es dort aussehe und was ich dort erlebt hatte, mußte ich ihr immer wieder erzählen: Ich war noch nicht fünf Jahre alt, als Großmutter Raumer mich mit nach Spandau genommen hatte, wo der Mann ihrer Tochter aus erster Ehe, der von uns sehr geliebten Stiefschwester meiner Mutter also, eine Waffenfabrik leitete. Spandau, das hieß zugleich Berlin, und Berlin hieß für mich das Brandenburger Tor und die Prachtstraße Unter den Linden bis hin zum Schloß des Kaisers. In der Passage Unter den Linden lag auch Castans Panoptikum, vor dessen Wachsfiguren ich nicht gleich begriff, daß sie nicht lebendig waren. Und nahe war das Cafe Bauer, darin ich mitten im Saal unter einer Palme saß, meine Schokolade trank und zwischen Kellnern und Gästen das Großstadtleben empfand. Eines Morgens gingen wir zum Goldfischteich im Tiergarten, um Moltke zu sehen, dessen futterstreuender Hand die Fische sich entgegendrängten. Das also war der große Feldmarschall, den ich zu Hause als Zinnsoldaten besaß: hoch zu Roß und mit dem Fernrohr in der Hand die Schlacht leitend. In Spandau waren wir auch bei dem berühmten Bockbierfest und einem Feuerwerk, von dessen Dimensionen man in Weimar keine Ahnung hatte. Als ich, auf einem wackligen Gartenstuhl stehend, begeistert ausrief: »Das ist wohl dem Kaiser seine Lieblingsschlacht«, wurde ringsum so gelacht, daß ich mich sehr schämte.

Hermas früh verstorbener Vater war Offizier gewesen, und wahrscheinlich deshalb wollte sie so gerne erzählt bekommen, wie ich Moltke gesehen hatte. Sie nahm auch an einem Moltke-Erlebnis Anteil, dessen düsteres Geheimnis einen eigenen Reiz hatte: Bei meinem Besuch in Berlin hatte ich von der Großmutter, die so gern schenkte, zwei bemalte kleine Tonbüsten von Bismarck und Moltke bekommen: Bismarck mit der weiß-gelben Mütze seines Kürassierregimentes, Moltke mit der blau-roten der Infanterie, die ich von der Reserveuniform meines Vaters her kannte. In unserem Spielzimmer hatte ich beide Büsten zwischen Ammonshörnern und Kristallen meiner Steinsammlung aufgestellt, stolz darauf, daß ich Moltke in Berlin gesehen hatte. Eines Morgens nun, im April 1891, als ich durch das Spielzimmer zum Frühstückstisch eilen wollte, sah ich die Moltke-Büste umgefallen und mit abgeschlagenem Kopf. Ich machte eine laute Szene und beschuldigte meinen Bruder, die Büste umgeworfen zu haben. Er stritt es heftig ab, fand aber keinen Glauben, und das Frühstück verlief recht unbehaglich. Dann stürmte der Vater etwas verspätet fort, kam aber schon nach kurzer Frist noch einmal zurück und rief uns zu: »Beim Kaufmann an der Straßenecke hängt ein Extrablatt: Moltke ist diese Nacht gestorben.« Man kann sich denken, welche Wirkung diese Nachricht auf mich hatte. Es gab also Kräfte, die zwischen Himmel und Erde schweben und Geheimnisvolles vermögen. Meine Eltern vermieden es, mit mir über das Erlebnis zu sprechen, mich aber beschäftigte das Undeutbare daran immer wieder und machte mich nachdenklich.

Mein Vater hatte, wie es seiner selbständigen Art entsprach, seine eigenen Gedanken über Erziehung. Dazu gehörte, daß er es nicht für richtig hielt, ein Kind immer erst dann an die Probleme des Lebens heranzuführen, wenn es dafür reif sei. Im Gegenteil. Wenn ein Kind schon auf der Vorstufe mit Fragen oder auch Dichtungen und Kunstwerken beschäftigt würde, die noch über sein Auffassungsvermögen hinauswiesen, so behalte es diese oft durch Jahre im Gedächtnis, setze sich mit ihnen auseinander und wüchse daran. Er ging mit seinen beiden Söhnen, meinem zwei Jahre älteren Bruder Kurt und mir, nicht in die Weihnachtsvorstellung für Kinder, wohl aber nahm er uns schon früh in Wallensteins Lager mit und ließ sich dann die vielen Fragen geduldig gefallen, die wir über den Wachtmeister, über Gustl von Blasewitz und die Pappenheimer Kürassiere zu stellen hatten. Auch den Freischütz bekam ich schon früh zu Gesicht und Gehör. Wenn er beim Mittagessen, das er gern behaglich ausdehnte, mit Mutter, die klar und schnell im Zustimmen und Ablehnen war, über Erlebnisse in dem Gymnasium, an dem er lehrte, oder über politische Ereignisse sprach, wurde uns nie gesagt, daß das noch nichts für uns sei. Wir durften zuhören, die Erwachsenen freilich nicht unterbrechen, aber nach Tisch, wenn wir einen kurzen Spaziergang mit ihm machten, hatte er es gern, wenn wir ihn fragten.

Wenn ich auch leider gar zu viel von dem, was im Elternhaus besprochen wurde, vergessen habe, so ist mir doch aus meinem achten Lebensjahr eine Erinnerung lebendig geblieben, die um Bismarck ging und – ein Jahr nach dem Erlebnis mit der in der Todesnacht Moltkes umgefallenen Büste – mein Interesse an den Weltbegebenheiten steigerte. Das Ereignis, das ich voll Anteilnahme verarbeitete, war folgendes: Fürst Bismarck war vom jungen Kaiser, für den ich mich trotz des herrlich bunten Bildes als roter Gardehusar auf meinem Notizbuch nie hatte erwärmen können, in Ungnade entlassen worden. Die Undankbarkeit des jungen Kaisers ging so weit, daß er dem Botschafter in Wien, als der abgesetzte Kanzler mit seiner Frau dorthin zur Hochzeit seines Sohnes fuhr, verbot, von der Anwesenheit des Fürsten Notiz zu nehmen. Dieser Botschafter, ein Prinz Reuss, hatte eine der beiden Töchter unseres Großherzogs zur Frau, und eines Tages erzählte man sich in Weimar, die Prinzessin habe erklärt, was der Kaiser einem seiner Beamten verbieten könnte, das dürfe er einer deutschen Fürstentochter nicht verwehren. Sie hatte also anspannen lassen und Bismarcks einen Besuch gemacht.

Mein Vater, der im politischen Leben Weimars nicht ohne Ansehen war, benutzte dies Motiv, um in einem nicht zuletzt durch seine Initiative gebildeten Komitee zu erreichen, daß der Altreichskanzler auf der Rückreise in

Prof. Dr. Ernst Redslob und Marie Redslob, die Eltern des Verfassers, auf dem Weimarer Markt-platz. Im Hintergrund Redslobs Geburtshaus, Foto um 1930

23

Weimar, wo sein Wagen zur Überleitung nach Jena umrangiert werden mußte, gebührend empfangen würde. Er gehörte zu den Auserwählten, die mit Bismarck im Sonderzug nach Jena fuhren. Während mein Bruder, den ganz anderen Neigungen eines künftigen Forstmannes entsprechend, wenig Interesse für Bismarck und seinen Empfang hatte, durfte ich den Vater begleiten, als er zum Bahnhof ging, wo er mich einem Bekannten anvertraute. Bismarck stand neben der sitzenden Fürstin am offenen Fenster des Salon-Wagens und hielt eine Ansprache, aus der ich nur zwei Worte behalten habe, die ich verstand. Sie hießen: »Ihr Großherzog ...« Es fiel mir schwer, im Gewirr der Erwachsenen, die sich auf dem Bahnhof drängten, den Zug und den Fürsten zu sehen. Da hob mich der Bekannte meines Vaters auf seine Schultern. Ich hatte mich, wie einige Jahre früher zur Abschiedshuldigung für Marianne mit der Fahne, diesmal mit einem Säbel entsprechend kostümiert, dem Modell eines für den Kronprinzen gefertigten Husarensäbels, den mein Spandauer Onkel mir geschenkt hatte. Den zog ich nun hoch über allen Schultern der Erwachsenen und präsentierte. Der Fürst sah es und hob die Hand, um mir freundlich zuzuwinken. Der Zug fuhr nach Jena, wo Bismarck, wie uns später oft erzählt wurde, auf dem Marktplatz vor den ihm huldigenden Studenten die berühmte Stelle aus Goethes Götz von Berlichingen zitierte, was seinem Nachfolger, dem General Caprivi, am nächsten Morgen beim Zeitunglesen am Frühstückstisch nicht eben Freude bereitet haben mag. Ich selbst war noch zu klein, um Götzens groben Gruß richtig zu verstehen. Aber die Erziehungsmethode meines Vaters hat sich auch hier bewährt. Denn sehr bald konnte ich, worüber mein Vater herzhaft lachte, die Worte auswendig: »Sag Deinem Hauptmann: Vor Ihro Kayserliche Majestät hab ich, wie immer, schuldigen Respect. Er aber, sags ihm, er kann mich im Arsch lecken.« Als ich viele Jahre später dem noch heute rühmlich bekannten Heidelberger juristischen Professor Gradenwitz, der eine besondere Schrift über Bismarcks Reise nach Wien im Jahre 1892 verfaßt hat, meinen bescheidenen Anteil an diesem Ereignis erzählte, hat er sich innig gefreut, etwas von dem Erlebnis eines damals acht Jahre alten kleinen Weimaraners zu erfahren.

Das genannte Jahr war auch sonst geeignet, meinen Blick für Weltgeschichte empfänglich zu machen. Im Oktober wurde die goldene Hochzeit des Großherzogs und seiner Frau, einer Prinzessin der Niederlande, so gefeiert, wie eben nur Weimar auf Spuren der Goethezeit Feste zu gestalten vermochte. Für uns Jungen war das Hauptereignis der Festzug, der die Geschichte unseres Landes in sinnvoll aufgebauten Wagen mit historischen Szenerien und Persönlichkeiten darstellte. Den größten Eindruck machte auf uns der Wagen mit der Wartburg, gefolgt von Minnesängern und dem Brautzug der heiligen Elisabeth. Auch Martin Luther fehlte nicht, dargestellt als Übersetzer der Bibel. Gut, daß ich schon Wallensteins Lager gesehen hatte, denn nun war mir der Reiterzug aus dem Dreißigjährigen Krieg vertraut. Auf dem für Weimar wichtigsten Wagen wurde die Gruppe des Goethe-Schiller-Denkmals als lebendes Bild, von zwei Schauspielern gestellt, im Triumph durch die Stadt gefahren.

Im Schutze meines älteren Bruders erlebte ich, der Absperrung der Zuschauermassen zum Trotz, den Festzug an mehreren Stellen. Zunächst hatten wir uns gegenüber dem Sophienstift, der von der Großherzogin gegründeten Mädchenschule, postiert, auf deren großen, die Vorfahrt überdeckenden Balkon die Fürstlichkeiten unter feierlicher Musik hinaustraten. Der Kaiser trug, und das war für die Militärs ein Ereignis, statt des bisher üblichen schwarzen Militärmantels zum ersten Mal einen solchen in hellgrau, frühestes Anzeichen der später feldgrauen Uniform. Er führte zu seiner Seite ein alle begeisterndes Kind, die zwölfjährige Königin Wilhelmine der Niederlande, Nichte unserer Großherzogin. Ich sah zum ersten Mal in der Rechten des Königs Albert von Sachsen, der ein Heerführer gewesen war, einen richtigen Marschallstab. Mit dem lichten Rot einer englischen Uniform kontrastierte das dunkle Russisch-grün eines baumlangen Großfürsten. Aber der Festzug überbot noch diese bunte Versammlung. Wir rannten dann schließlich zum Markt, wo der Zug sich auflöste, und konnten zwei Onkel begrüßen, Onkel Gustav, den Bruder der Mutter, und Onkel Paul Reiffenstein, den Landschaftsmaler, der das Schiff der Kaufmannschaft entworfen hatte. Daß man irgendwo immer Verwandte und Bekannte hatte und somit dazu gehörte, das entsprach der kleinen Stadt Weimar, deren geschichtliche Bedeutung mir, dem Achtjährigen, schon damals in unvergeßlichen Bildern vor Augen trat.

Es begann nun die Zeit, da der Vater uns in den Ferien mit auf Reisen nahm. Sie führten zunächst in den Thüringer Wald und in das Saaletal, wo überall Verwandte und Freunde saßen. Väterlicherseits stamme ich aus einer Forstfamilie. Auch für meinen Großonkel, den mit der früh verwitweten Mutter meines Vaters in Jena lebenden Baurat Botz, war die grüne Farbe entscheidend: Er sorgte dafür, daß rechts und links der Eisenbahnlinie, als sie durch Thüringen gelegt wurde, Hecken aus Fichten gepflanzt wurden, so daß der Schienenstrang die Landschaft nicht häßlich zerschnitt. Er war der Sohn des einst volkstümlichen Wildmeisters Botz in Troistedt (sprich: Trostedt) südwestlich von Weimar. Und der Troistedter Forst mit seinen Buchenwäldern und Maiblumen sowie das alte, burgartig ummauerte dortige Forsthaus sind noch lange für die Urenkel alljährlich im Mai das Ziel einer gemeinsamen Wanderung gewesen. Es konnte dann wohl vorkommen, daß ein alter Bauer, wenn wir Rast im Gasthof hielten, noch von Wildmeister Botz zu erzählen wußte. So erfuhr ich auch eine Geschichte meines Großvaters Redslob, der um eine der schönen Töchter des Forsthauses warb und zum Beweise seiner beruflichen Eignung auf weite Entfernungen den Korken von einer Flasche schoß.

Unvergeßlich war im Gedächtnis alter Troistedter der Hochzeitszug meiner Großeltern geblieben, der mit der Aussteuer auf Leiterwagen und einer mit Bändern geschmückten Kuh von der Forstmeisterei durch weite Wälder mit Musik in das Forsthaus Müllershausen ging, darin meine Großeltern noch vor dem Revolutionsjahr 1848 ihre glückliche, doch nur so kurze Ehe begannen. Mein Großvater, der das damals erst aufkommende Baden in seiner Gegend zum Sport erhoben hatte, holte sich nach einer heißen Jagd beim Schwimmen in einem der kühlen Waldteiche seines Reviers eine Lungenentzündung. Er starb, meinen erst ein Jahr alten Vater streichelnd, mit den Worten: »Kleiner Ernst, ich lasse Dich nicht gern allein.«

Wohin wir auch im Weimar-Eisenacher Großherzogtum in Forsthäuser kamen, überall wußte man noch von meinem Großvater zu erzählen: Im Schloß Dornburg, wo ein Verwandter Forstmeister war, in Berka, wohin die Troistedter Forstmeisterei nach seinem Tode verlegt wurde, oder in Wilhelmsthal unterhalb der Wartburg, wo später mein Bruder am Anfang seiner forstlichen Laufbahn tätig war. Infolge der weidmännischen Tradition wurde bei uns auf den Aufenthalt im Freien besonders viel Wert gelegt. Wir lernten die Tiere des Waldes beobachten und nahmen auch ohne Federschmuck und Tomahawk indianische Bräuche an; oder waren es griechische, da Achill und Odysseus uns mindestens ebenso vertraut waren wie Winnetou und Old Shatterhand?

Wenn ich, von der Erinnerung geleitet, heute über die Ausflüge und Reisen meiner Jugendzeit nachdenke, aber auch über manche spätere Ziele des Urlaubs, so muß ich sagen, daß meine wahre Heimat der Wald ist: die Forsten des weimarischen Landes, die zum Teil von Verwandten gehegt wurden, das Webicht und der Ettersberg in unmittelbarer Nähe unserer Stadt und immer wieder der Thüringer Wald, das Fichtelgebirge und der Harz. Der Vater reiste mit uns so, daß wir das Gefühl hatten, wir könnten uns frei austoben. Das taten wir auch, und wenn wir etwa im Thüringer Wald an einer Mühle vor beikamen, aus deren Rad das Wasser in immer wieder erneutem, breitem Strahl herunterfloß, so zogen wir uns schnell aus und ließen es uns auf den Rücken klatschen. Der Vater machte selbstverständlich mit, und dann wanderten wir und wußten nicht, daß ein Mensch beim Laufen überhaupt müde werden könne, so gut waren wir trainiert. Aber während wir glaubten, wir bummelten planlos durch die Ferienwelt, blieb der Vater doch immer, wenn auch ohne daß wir es merkten, der Erzieher. Er sorgte dafür, daß wir auf Reisen nicht nur die Pflanzen und Tiere kennenlernten, sondern auch das Entstehen von allerlei im Alltag und bei besonderen Gelegenheiten gebrauchten Dingen, ob es nun Uhren, Waffen, Christbaumschmuck, Schieferstifte, mit denen einst unser Schulunterricht begonnen hatte, oder Pralinen waren, die maschinell hergestellt wurden. Ich beschreibe mit der Nennung dieser Gegenstände bereits eine jener herrlichen Wanderungen auf dem Rennstieg, der, nahe der Wartburg bei Eisenach beginnend, bis hin zur Saale auf dem Kamm des Thüringer Waldes in meist etwa 800 m Höhe als ein breiter grasbewachsener Weg (so wenigstens war es einst) die Grenzscheide zwischen dem Land der Hermunduren und dem der Franken bildet.

Von Eisenach stiegen wir durch die enge Felsschlucht zur Wartburg, meiner ersten erwanderten Burg, wo uns zugleich die Geschichte unseres Landes lebendig wurde: Der Sängerkrieg auf Wartburg (wehe, wenn man den Artikel vor Wartburg gesetzt hätte!), die Legende der heiligen Elisabeth von der Ankunft der vierjährigen ungarischen Königstochter bis zum Rosenwunder, durch das sich vor dem zürnenden Gemahl das Brot für die Armen in Rosen verwandelte; Martin Luther als Junker Jörg, als welcher er uns viel besser gefiel als in der düsteren Mönchskutte; Goethe, der hier gedichtet und gezeichnet hatte, und die studentische Feier des Jahres 1817, bei der zur Lebendighaltung des Geistes der Befreiungskriege auf dem Hof der Wartburg die Zöpfe der Vergangenheit und die Bücher verbrannt wurden, die gegen die Freiheit geschrieben waren. Wir brauchten uns nicht der üblichen Führung anzuschließen, sondern konnten, da der Vater mit dem Kommandanten gut bekannt war, ungehindert durch die Säle und vor allem in die herrliche Rüstkammer gehen und uns sogar Rüstungen anlegen. Das gelang aber nur, bis wir etwa vierzehn Jahre alt waren. Dann zeigte sich, daß die Menschen der Ritterzeit kleiner gewesen sein müssen, denn wir kamen in ihre Harnische nicht mehr hinein.

Die nächste Rast wurde in Ruhla gemacht, dem behaglichen Städtchen, das durch seine Uhrenfabrikation bekannt war. Wir bekamen gezeigt, wie die Uhren halb mechanisch, halb handwerklich entstanden. Es waren die billigsten Uhren, die damals hergestellt wurden, groß und dick, so daß sie Ruhlaer Zwiebeln genannt wurden. Mein Bruder besaß bereits eine dünne Stahluhr, ich aber bekam nun eine Ruhlaer Zwiebel geschenkt, die ganze drei Mark kostete und schon deshalb als ein Weltwunder galt. In Suhl durften wir, da mein Vater überall seine Beziehungen hatte, eine Waffenfabrik besuchen und erlebten die Herstellung der Jagdgewehre bis zur Gravierung des Zierates. Der Besuch lohnte sich sehr. Hatten wir es doch zu Hause gerade fertiggebracht, den Lauf der Windbüchse, die der Onkel aus der Spandauer Waffenfabrik uns zu Weihnachten geschenkt hatte, zu verstopfen und durch Hineinhämmern von Stricknadeln der Mutter so zu zerstören, daß es der Weimarer Waffenschmied nicht mehr hatte reparieren können; nun wurde uns eine sachgemäße Heilung versprochen.

Ein paar Tage später waren wir bei den Glasbläsern in Lauscha und sahen zu, wie Großvater Greiner – denn Greiner hieß man dort – aus einer Röhre und Stäbchen den weißen Hirsch entstehen ließ, den wir bisher nur aus dem Liede kannten:

> Es gingen drei Jäger wohl auf die Pirsch,
> Sie wollten erjagen den weißen Hirsch.

Erregend war es, dem Entstehen des Christbaumschmuckes zuzusehen: wie durch ein raffiniert geschicktes Einblasen eine dünne Stange in sechs Kugeln verwandelt wurde, als hätte eine Schlange hintereinander sechs Kaninchen verschluckt. Dann blies die Frau in das farblose Glas Rot oder Gold oder Silber hinein, und nun wurden durch schnelles Kappen sechs Kugeln getrennt, mit einer Öse versehen und in bereitstehende Pappkartons verpackt. Das alles mußte sehr schnell gehen, damit die Arbeit sich lohne. Und doch waren die Glasbläser freundliche Leute, die ihre Kunst gern zeigten und wohl auch voll Stolz auf ein an der Wand hängendes Diplom wiesen. Das galt aber nicht ihrem Handwerk, dem Glasblasen, es galt dem Singen, da sie zum Ausgleich für ihre Tätigkeit ihre Lungen im Gesangverein kräftigten. Ohne dies Gegengewicht, das die Lauschaer Sänger einst so berühmt machte, hätten sie die Gefahren ihrer Tätigkeit über dem Holzkohlenfeuer und gar über dem neu aufkommenden Gas gesundheitlich nicht lange ausgehalten.

Dann waren wir wieder nahe der Saale in den Schieferbrüchen. Wir sahen das Herstellen großer Platten aus dem leicht in Schichten sich spaltenden Material, und es wurde uns gezeigt, wie die Schieferstifte entstehen, mit denen wir, was es heute kaum mehr gibt, auf die Schiefertafel geschrieben hatten. Aber ich muß gestehen, daß das bereitliegende, herrlich gemusterte Buntpapier, das um den nicht zugespitzten Teil der Stifte geklebt wurde, mir mehr Spaß machte, als die Erinnerung an die erste jugendliche Qual. Ein besonderes Ereignis war der Besuch der Schokoladenfabrik Mauxion nahe von Saalfeld. Es war nicht nur die Tatsache, daß wir dort Süßigkeiten angeboten bekamen und mit einer gefüllten Tüte verabschiedet wurden, sondern was mich erstaunte, war das erste bewußte Beobachten eines maschinellen Vorgangs zu einer Zeit, die noch weitgehend auf Handwerk eingestellt war. Ich sah, wie eine Maschine in breiter Lagerung einen gezackten Kamm vorstreckte, darin die Füllung für die »Hütchen« in hellem Rosarot stand. Auf einmal tauchte dann Kamm um Kamm in ein Becken voll flüssiger Schokolade, um auf dessen gegenüberliegender Seite zum Trocknen abgestreift zu werden. An diesem Beispiel begriff ich als etwa zwölfjähriger Junge das Wesen der maschinellen Herstellung. Mein Vater aber hat gewiß empfunden, daß seine Art, uns deutlich zu machen, was er unter die Frage stellte »wie entsteht?«, ihren Zweck erreicht hatte.

Im Harz riskierte der Vater mit uns den Besuch eines Bergwerks. So sind wir, entsprechend gekleidet, mit dem Paternoster hinunter in den Stollen von Andreasberg eingestiegen. Ihm lag wohl auch daran, uns zu zeigen, wie schwer es doch die Bergleute hätten und wieviel besser und auch freundlicher sie wären, als man es eigentlich annehmen konnte.

Der Vater pflegte nach solchen Erlebnissen, die er uns nach reiflicher Überlegung verschaffte, den zarten Vorwürfen der Mutter gegenüber zu sagen, sie dürfe mit der Tochter zu Hause bleiben, aber bei den Jungens müsse er rechtzeitig etwas Anstrengendes für ihre Bildung tun. Damit sprach er, seine Abenteuerlust beschönigend, das Wort aus, das in Weimar alles bedeutete, weil es für die Erziehung und für das Benehmen das oberste Gesetz war, eben das Wort Bildung. Auch uns wurde bei aller Freizügigkeit dieses Wort als höchstes Ziel eingeprägt, und die Bezeichnung der Schule als Bildungsstätte wurde auf dem Weimarer Gymnasium sehr ernst genommen. Selbst im Anekdotischen prägte es sich aus; das macht eine Geschichte deutlich, an der mein Vater sich immer wieder gefreut hat. Wir hatten einen höchst würdigen Direktor, für den ich, der gehobenen Feierlichkeit seines Auftretens wegen, den Spitznamen ›Der Schwager des lieben Gottes‹ erfunden hatte. Da wurde eines Tages das Gleichmaß im Lehrerkollegium durch einen Neuling gestört. Er trug nicht den langen, bis zu den Knien reichenden grauen Gehrock der Professoren, sondern ein flottes Jackett, aus dessen Brusttasche ein seidenes Tuch hervorsah, und war für die älteren Schüler der Inbegriff modischer Eleganz. Eines Tages wurde er, als er über den mit Gipsbüsten antiker Geistesgrößen geschmückten Flur schritt, vom Direktor gerufen. Ohne ihn zum Sitzen aufzufordern, donnerte ihn der Schulgewaltige an:»Weichberger, Sie riechen.« Die Antwort war die Frage, was damit gesagt sein solle, und nun hieß es: »Sie parfümieren sich ein.« »Herr Geheimrat«, kam es zurück, »ich benutze kein Parfüm, das ist nur ein wenig Kölnisch Wasser in meinem Taschentuch.« »Das ist es ja gerade, und nun will ich Ihnen etwas sagen, wonach Sie sich richten werden: Ein gebildeter Mensch riecht überhaupt nicht, weder gut noch schlecht.«

Das also war der Maßstab, der an unsere Erziehung angelegt wurde. Das Ziel des Unterrichts, ja das Ziel des Lebens war die Bildung. In Weimar pflegte man sie besonders, und wenn eine Woche nach Pfingsten die Goethe-Gesellschaft und bald danach die Shakespeare-Gesellschaft tagte oder wenn zu Ostern der Faust aufgeführt wurde oder wenn Josef Kainz als Tasso, Possart als Shylock gastierten oder wenn man zur Universität Jena zu einer besonderen Veranstaltung fuhr, dann konnte man erfahren, was Bildung sei und wie sie den Menschen ziere.

Auch im Staatswesen drückte sich dieses den Humanismus der Goethezeit fortsetzende Bildungsideal aus. Ihre politische Rolle hatten die kleinen

Fürstentümer im Jahre 1866 ausgespielt, als die militärische Oberhoheit an Preußen kam. Zum Ausgleich stellte Carl Augusts Enkel, der Großherzog Carl Alexander, als Ideal die These auf, daß der Staat in erster Linie dem kulturellen Leben und der Stärkung und Mehrung der geistigen Kräfte, das hieß also, der Bildung zu dienen habe. Für meinen Vater hatte das Bildungsideal zwei Heimaten, die antike Welt und Deutschland, und seine Gottheit hieß Athene.

Denke ich nach so vielen Jahrzehnten daran zurück, wie und wodurch ich erzogen worden bin, so muß ich gestehen, daß ich es nicht recht weiß und daß ich von Maßnahmen der Erziehung eigentlich niemals viel gemerkt habe. Mein Vater vermied seinen beiden Söhnen und gar der Tochter gegenüber den Befehlston. Statt des Wortes »Du sollst« sagte er wie gesprächsweise: »Man macht das am besten so und so.« Der eine kategorische Imperativ aber, den er der Neigung meines Bruders zum Zorn und meiner Neigung zur Verträumtheit gegenüber zu stellen pflegte, begleitet mich noch heute wie ein imaginärer Wanderstab durch das Leben. Ich höre mit ihm zugleich die nie laute, sondern eher verhaltene Stimme des Vaters: »Nimm Dich in Zucht!« Der Vater war in Jena in der Tradition des einst bekannten Pädagogen Karl Volkmar Stoy ausgebildet worden, der durch seine Forderung, man solle zunächst die Lehrer und die Eltern erziehen, die Pädagogik vom Drill durch die Erwachsenen gelöst und unter das Gesetz des organischen Wachstums der zu Erziehenden gestellt hat. Der Sohn und berufliche Erbe des bald nach meiner Geburt verstorbenen Stoy war bei uns, wenn er von Jena nach Weimar kam, häufig zu Gast. Daß er mir Eichendorffs »Taugenichts« zur Erinnerung geschenkt hat, zeigt, daß Pädagogen sehr wohl auch heiter sein können.

Im Grunde bestand die Erziehung des Vaters darin, daß er in seiner beherrschten Art den Söhnen ein Vorbild war. Auch dies begleitet mich noch heute: Da ich den Vater niemals im geringsten versagen oder irgendwie etwas Unrechtes tun sah, setzte sich in mir, dem heranwachsenden Knaben, die Auffassung fest, die ich auch in meinem Roman »Ein Jahrhundert verklingt« zum Motiv der Auseinandersetzung des Sohnes mit dem Vater gemacht habe: »Erwachsene können nichts Böses tun.« Ich wollte daher recht bald erwachsen werden, um auch selbst diesem idealen Zustand nahe zu kommen. Statt dessen habe ich aber gerade dadurch manchen Nachteil gehabt. Noch heute kann ich bei anderen böse Absichten oder Neid und Geltungssucht, Eigenschaften also, die das Getriebe der Welt so entscheidend bestimmen, nicht eintaxieren.

Einen besonders starken Impuls zum Ziel der Redlichkeit, die für mich auch heute noch keineswegs zum Altmodischen und daher überholten gehört, gab mir ein bestimmtes Erlebnis: Wir hatten als Jungens Freude bald am Indianer-, bald am Trapper- und bald am Soldatenspielen. So stürmten wir einst mit meiner Truppe, für die ich, spätere Taufen vorahnend, das Wort »Freikorps« gewählt hatte, auf den abgeernteten Acker neben dem Gartenrestaurant »Zum Felsenkeller« südwestlich von Weimar. Der Wirt schrie uns an und verjagte uns von dem Feld. Als dann mein Vater auf seinem abendlichen Spaziergang des Weges kam, stürzte er ihm entgegen, beschwerte sich und behauptete, ich hätte ihm die Zunge herausgestreckt. Es folgte ein kurzes Verhör, und ich erklärte dem Vater, die Beschuldigung sei erfunden, ich hätte das niemals, ja überhaupt noch nie in meinem Leben getan. »Da lügt Ihr Sohn«, schrie der erregte Wirt, der Vater aber zog mich an seine Seite und sagte, die Hand auf meiner Schulter: »Mein Sohn lügt nicht.« Dieses Erlebnis hat sich mir so eingeprägt, daß ich, bewegt von dem Vertrauen des Vaters, von nun an ganz bewußt bemüht war, seinem Eintreten für mich recht zu geben.

Ein zweites Erlebnis, das meine Erziehung bestimmt und mir den Halt gegeben hat, den der Mensch im Leben braucht, danke ich der Mutter. Die Mutter war im Ausgleich zu der bestimmten Art des Vaters durch Heiterkeit des Charakters und Leichtigkeit der Begabung besonders liebenswert. Die Harmonie des Elternhauses wurde bestimmt durch ihre bezwingende und beglückende Freudigkeit. Auch ihr Erziehungsprinzip – obwohl zu bemerken ist, daß sie überhaupt keines hatte – beruhte auf Vertrauen. Als ich heranwuchs und im Tanzstundenalter, wie sie mir später einmal erzählt hat, anfangs eigentlich weit mehr von weiblichen Wesen beachtet wurde, als daß ich sie schon selbst beachtete, sagte ihr eine Bekannte, die noch junge Mutter eines Freundes, ob sie nicht manchmal Sorge hätte, daß ich mich verfinge. Als ältere Freundin, der ich auch später noch viel Verständnis verdanken sollte, war sie so klug, mir die Antwort der Mutter zu sagen, die neben dem Ausspruch des Vaters zum zweiten entscheidenden Motiv meiner Erziehung wurde. Meine Mutter sagte, unbeschwert von Sorge: »Ich kann mir nicht denken, daß der Edi etwas Häßliches tut.« Ich habe gewiß in meinem Leben manchem Schönen nachgestrebt, aber das Häßliche habe ich vermieden.

»Onkel Gustav hat eine Lampe, die kann man quer auf den Tisch legen, und es brennt nichts an.« Mit diesen Worten kam mein Bruder eines Tages aus der Stadt zurück, und sie waren für mich die erste Verkündung des elektrischen Lichtes. Wir sind noch mit Petroleum aufgewachsen; in der Mitte des langen Ganges zwischen den Wohnräumen auf der einen und den Schlafzimmern und der Küche auf der anderen Seite stand ein schmaler Tisch, und auf ihm waren die Lampen wie die Grenadiere aufgebaut. An der Spitze Vaters Studierlampe mit dem grünen Schirm, die er, wenn es Abend wurde, selbst anzündete, nachdem er vorher noch einmal den Docht geglättet hatte, damit sie nicht blake. An der Wand hingen Lampen ohne Schirm, hinter denen eine runde Messingscheibe das Licht reflektierte. Sie waren für Flur, Treppenhaus und Küche bestimmt. Außerdem gab es Einsatzlampen für die Kronleuchter, die größte für das Licht über dem Eßtisch, an dem wir auch noch nach dem Abendbrot saßen, wenn der Vater uns vorlas, während wir zeichneten oder schnitzten oder Briefmarken auf Falzen ins Album klebten. Das waren behagliche Stunden, und die Beleuchtung war zwar nicht stark, aber von einer wohltuenden schummerigen Wärme. Gustav Freytags »Ahnen«, Viktor von Scheffels »Ekkehart« und Fritz Reuters »Ut mine Stromtid«, die der Vater uns vorlas, kann ich mir gar nicht ohne die Petroleumlampe denken.

Das Petroleum, das ja den Flur nie ohne seinen unangenehmen Geruch gelassen hatte, wurde nun verdrängt. Zunächst gab es Kronleuchter und Wandleuchter mit Gasflammen, die oft beängstigend zischten, so daß man nie wußte, ob das Haus nicht demnächst in die Luft fliegen würde. Dann aber bekamen auch wir elektrisches Licht. Es war unangenehm grell; denn da es doch so teuer war, dachte man nicht daran, die Birnen abzublenden oder hinter Schirmen zu verstecken. Ein Stück Behagen hörte auf, aber immerhin: Man hatte nun das neue Licht und ging mit der Zeit. Vater freilich behielt seine Studierlampe; denn man hatte Ofenheizung, die nachts erkaltete, so daß die ausstrahlende Wärme der Petroleumflamme im Studierzimmer wohltat.

Etwa zur selben Zeit kamen nach Weimar die ersten Telefone. So ein Telefonapparat stand nicht etwa auf dem Tisch, sondern hing an der Wand und wurde mit einer Kurbel in Betrieb gesetzt. Als ich einmal den Vater auf die Gothaische Bank begleitete, wo er allmonatlich etwas Erspartes einzahlte, was später für seiner Söhne Studium dienen sollte, zeigte mir der Kassierer die neue Erfindung und stellte mich auf einen Stuhl, damit ich auch einmal telefoniere. Ich wußte aber nicht, mit wem und was. Da verband er mich mit dem Hotel »Zum Elefanten«, ich solle einfach fragen, ob Herr Direktor Müller aus Berlin schon da sei, dann würde mir der Portier eine Antwort geben, und ich könnte seine Stimme aus der Ferne hören. Mich überwältigte das Staunen und die Freude über das unerhörte Geschehen, und als wir aus der Bank heraus waren, rannte ich meinem Vater davon und lief ganz schnell die Strecke bis zum »Elefanten« am Marktplatz ab. Ich brauchte dafür doch mindestens vier bis fünf Minuten, aber die Stimme des Portiers war in derselben Sekunde zu mir gedrungen, zu der er im Hotel gesprochen hatte. Der Vater kaufte uns dann ein eben aufgekommenes Spielzeug, ein Kindertelefon, das aus zwei mit Pergamentpapier bespannten Papprahmen und einem langen Bindfaden zwischen den Scheiben bestand. Mein Bruder und ich hatten jeder im Garten unseren besonderen Baum, von dem aus wir leicht einer mit dem anderen sprechen konnten. Jetzt aber hielten wir das neue Instrument der eine an den Mund, der andere an das Ohr und suchten uns mit Hilfe des Bindfadens verständlich zu machen. Das war zwar viel schwerer als das einfache Sprechen vorher, dafür aber war es technisch und zeitgemäß.

Für den Einzug der Technik hatten schon vorher die ersten Fahrräder gesorgt. Ich erinnere mich noch, daß in der untersten Klasse der Vorschule der Lehrer uns plötzlich an die Fenster rief, damit wir sehen konnten, wie der Radfahrverein »Vimaria« auf riesig hohen Einrädern an unserer Schule vorbei in die Allee nach Belvedere fuhr. Auch hatten die Besitzer des Hauses, in das wir des Gartens wegen gezogen waren, Eugen und Flavia mit Vornamen, ein Doppelrad, Tandem genannt, und rüsteten sich an jedem Sonnabend und Sonntag zu einer Spazierfahrt. Das war keine Kleinigkeit; denn die Hunde, der Technik noch ungewohnt, wurden wie toll, wenn ein Radfahrer über die Straße fuhr, und mußten zurückgeschreckt werden. An der Lenkstange war dafür eine Peitsche angebracht und ein Beutelchen mit Knallerbsen, die gegen die wütenden Tiere geworfen wurden. Man gewöhnte sich sehr schnell an das neue Vehikel, und nahe unserer Wohnung wurde eine Bahn eingerichtet, auf der man das ungewohnte Fahren auf dem Velociped erlernen konnte. Denn zunächst sagte man nicht »Fahrrad«, sondern gebrauchte das Fremdwort, das der Weimarer Dialekt recht anschaulich in »Flitzbeen« übersetzte.

Gegen Ende des Jahrhunderts kamen dann die ersten Automobile in unsere Stadt. Sie sahen aus wie hohe, offene Kutschen, bei denen man das Pferdegespann weggelassen hatte und die nun wild darauflos und mitunter auch an den nächsten Laternenpfahl fuhren. Aber das ist schon zuviel gesagt; denn wenn ich auf meine Kindheit zurückschaue, bekomme ich die ersten Automobile eigentlich nie fahrend in das Stadtbild. Sie standen scharf am Bürgersteig, und entweder war die Haube hochgeklappt und der Fahrer bemühte sich, ihnen aus einem kleinen Spritzchen einen Benzinschnaps zu geben und gut zuzureden, oder er stand vor dem Wagen und suchte ihn durch die widerspenstige Kurbel in Gang zu setzen, wobei es leicht einen Rückschlag gab. Rundum standen dann immer Zuschauer, die ihren Neid über den Besitz des neumodischen Fahrzeuges durch Schadenfreude über sein Versagen milderten.

Dennoch haben nicht zuletzt diese Benzinwagen die Revolution unserer Zeit zustande gebracht und, wenn man es richtig betrachtet, die Throne entwertet. Zum Rittertum und Fürstentum der alten Zeit gehörte das Pferd, und die Königin von England weiß sehr wohl, warum sie nicht im Automobil, sondern sechsspännig zum Parlament fährt, um die Thronrede zu verlesen. Der alte Weimarer Großherzog, der letzte traditionsbewußte Vertreter fürstlicher Repräsentation, für die sein Ländchen mit nur etwa dreihunderttausend Einwohnern eigentlich viel zu klein war, fuhr in einer mit Gummirädern ausgestatteten Equipage mit einem Isabellen-Gespann zum Theater, so daß der Rhythmus der Pferdehufe schon von ferne sein Herannahen verkündete. Er ritt auch bis ins hohe Alter; vor allem aber liebte er es, seinen leichten Jagdwagen mit dem Gespann der Rappen selbst zu kutschieren. Neben ihm saß der Leibjäger mit wehenden Hahnenfedern auf dem Zweimaster, und hinter dem Rücksitz stand der zu den populären Persönlichkeiten Weimars gehörende Leib-»Mohr« Hussan, in einer leuchtenden Zusammenstellung von Blau und Rot mit silbernen Tressen malerisch gekleidet. Das war noch ein Rest des achtzehnten Jahrhunderts, der eigentlich schon im neunzehnten Vergangenheit geworden war.

Nach Goethes Tod hatte man geglaubt, Weimar am besten zu charakterisieren, wenn man es mit Heinrich Heine den »Musen-Witwensitz« nannte. Denn, so hieß es: »Goethe ist tot, und Eckermann ist noch am Leben.« Heinrich Heine hatte insofern recht, als Weimar seit dem Jahre 1832 aus einer Stadt der Genies zu einer Stadt nur noch der Originale geworden war. Originale in dem Sinne, daß sie zwar ihre eigenen Schrullen gelten ließen, aber von Verständnis für andere nicht viel hielten. Auf eines dieser Originale, den Doktor Eckermann, hatte meine Großmutter Raumer, die doch sonst die Güte selbst war, einen richtigen Zorn, von dem sie noch in ihrem hohen Alter den Enkeln erzählte: In dem am Markt gelegenen Hause ihres ersten, früh verstorbenen Mannes, der ein Enkel Carl Augusts war, hatte sie ein paar Zimmer in der obersten Etage an Eckermann vermietet. Er sei ein unansehnlicher, kleiner Mann mit scharfen Zügen gewesen, der auch bei warmem Wetter einen mit metallischer Schließe zusammengehaltenen schwarzen Umhang trug, darin er schier wie ein Rabe aussah. Für seinen Sohn, der Tiermaler werden wollte und dessen Kunst besonders der Darstellung von Vögeln galt, tat er das Äußerste. Seine gefiederten Modelle durften in der Wohnung frei umherhüpfen und zerhackten die schöne, alte Vertäfelung, die jede der elf Fensternischen der Fassade wohnlich machte. Im Jahre 1849, als Weimar sich rüstete, Goethes hundertsten Geburtstag zu begehen, war Eckermann zur Sommerfrische in das nahe Weimar gelegene Bad Berka gefahren. Dorthin schrieb meine Großmutter, wie sie zu den Schlüsseln seiner Wohnung gelangen könne, da am Vorabend von Goethes Ehrentag alle Fenster ihres Hauses illuminiert werden sollten. Als Antwort kam eine höchst unliebenswürdige Absage, so daß zur Hundertjahrfeier Goethes auf dem Markt von Weimar, dem eigentlichen Festsaal der Stadt, am Haus zum Weißen Falken, gerade die Fenster, hinter denen der Verfasser der Gespräche mit Goethe wohnte, im Dunkeln lagen. Es ist daher nicht zu verwundern, daß sie dem so unangenehmen Mieter kündigte. Den erwähnten Brief Eckermanns aber bettelte ein Goethe-Freund für seine Autographensammlung meiner Großmutter ab.

Die Witwenschaft der Musen blieb nicht bestehen. Der erste neue Name, der der lebendigen Tradition der Goethestadt recht gab, lautete Franz Liszt.

Die Schwiegertochter des Großherzogs Carl August, die Großfürstin Maria Pawlowna, war eine geschulte Pianistin und sorgte dafür, daß der große Klavierspieler und Kapellmeister für ihre Residenzstadt verpflichtet wurde. Liszt begnügte sich nicht damit, eine Reihe von Musikenthusiasten nach Weimar zu bringen. Er erklärte dem Sohn seiner fürstlichen Gönnerin, dem jungen Erbgroßherzog Carl Alexander, er müsse in Weimar etwas für die bildende Kunst tun, eine Kunstschule gründen und die »Muse der Malerei«, wie er sich ausdrückte, entscheidend fördern. Zu den Klängen der Musik, die aus vielen Weimarer Fenstern drangen, kamen nun als sichtbare Zeugnisse einer Kunststadt die Staffeleien der Maler, die den Park und seine so wirkungsvollen Baumgruppen als Motiv erkoren.

Man hat es heute vergessen, daß Männer wie Arnold Böcklin und Franz Lenbach eine Zeitlang in Weimar gelehrt haben. Daß man aber auf die Dauer die eigentlichen Weimarer Meister außer acht lassen könnte: Karl Buchholz, Theodor Hagen, den jungen Christian Rohlfs, halte ich nicht für denkbar. Buchholz ist der Inbegriff stiller deutscher Landschaftsmalerei aus den siebziger und achtziger Jahren des neunzehnten Jahrhunderts. Hagen, vermählt mit der Enkelin einer Schwester von Goethes Lotte, wurde in Weimar Impressionist, und Rohlfs, der bis zur Wende des Jahrhunderts in Weimar tätig war, weist schon hinüber in die Epoche des Expressionismus.

Der Mittelpunkt des alten Weimar war sein Theater, das Sinnbild aber seiner Bedeutung für das geistige Deutschland war das vor diesem Theater aufgestellte Denkmal Goethes und Schillers. Auch städtebaulich war der Theaterplatz der Mittelpunkt der Stadt. Bis zum Anfang unseres Jahrhunderts stand hier der einfache, aber würdige Bau, der nach dem Brand im Jahre 1825, den noch Goethe miterlebte, im Stil des späten Klassizismus errichtet worden war. Die innere Ausstattung war auf Weiß mit Gold und rotem Samt gestimmt; auch der Vorhang prangte in leuchtendem Rot; er wurde, wie in meinem Kindertheater, nicht etwa seitlich, sondern nach oben gezogen, so daß man zu Beginn und am Schluß der Vorstellung nur die Beine der Akteure sah. Die Schauspieler und Sänger waren beim weiblichen Publikum, die Schauspielerinnen, Primadonnen und Soubretten beim männlichen Publikum höchst beliebt. Gegenüber dem Goethe-Schiller-Denkmal beim Theaterfriseur Riecke, der auch uns Knaben die Haare stutzte, hingen in zwei Reihen hinter dem Schaufenster die Photographien, oben die Herren, unten die Damen. Für Ehepaare war eine dritte Reihe bestimmt, in der etwa der Kapellmeister und seine Frau, die Primadonna, nebeneinander hingen, oder um die Zeit, da die fünfzigjährige Wiederkehr der von Franz Liszt geleiteten Uraufführung des Lohengrin gefeiert wurde, das berühmte Sängerehepaar Rosa und Fodor von Milde. Sie lebten noch um die Jahrhundertwende hoch-

Blick auf das Weimarische Hoftheater (vor dem Neubau von 1908)

geehrt in Weimar und wohnten Zaun an Zaun neben uns in der nach dem Maler Friedrich Preller benannten Straße. Telramund hatte »Elsan« geheiratet, und die Ehe war überaus glücklich geworden. Innere Freudigkeit strahlte die nun weit über siebzig Jahre alte, einst so gefeierte Sängerin noch aus, wenn sie mit der Gartenschere zu den Rosenstöcken ging und während des Auswählens der Blüten Hugo Wolfs Lied vor sich hinsang:

> »In dem Schatten meiner Locken
> Schlief mir mein Geliebter ein...«

Natürlich war ich, obwohl erst sechzehn Jahre alt, in der festlichen Aufführung des Lohengrin, bei der der Vater meines Schulfreundes Zeller den Schwanenritter sang. So wären wir also bei Richard Wagner angelangt, dessen Aufführungen ich auf erstürmten Sitzplätzen der Galerie neben meinem Freund Heini Zeller erlebte. Es war jedesmal für mich etwas ganz Besonderes, Vater Zeller, den ich ein paar Stunden vorher noch zu Hause gesprochen hatte, wie er mir seine die Wände der Zimmer füllenden Bilder Weimaraner Maler erklärte, nun in einer seiner großen Rollen zu hören. Aber soviel die Aufführungen des »Ring« und der anderen Musikdramen des Meisters von Bayreuth mir auch bedeuteten: ich gehöre zu der Generation, die sich gegen den bombastischen Stil der Epoche von Makart und Wagner innerlich wehrte.

Erst eine Tannhäuser-Aufführung in Bayreuth und viel später der Tristan, so wie Wilhelm Furtwängler ihn ganz aus dem Geist der Musik heraus erstehen ließ oder wie Marie Schoder, ein Weimarer Kind, in Wien verhalten und groß die Isolde sang, trugen dazu bei, daß ich den Wert seiner Werke nicht verkannte.

Am Ende des 19. Jahrhunderts stehen für mich zwei unvergeßliche Erlebnisse: Im August 1899 die 150-Jahr-Feier von Goethes Geburtstag und fast um ein Jahr später die Trauerfeier für den in dem Weimarer Haus seiner Schwester nach langem geistigen Siechtum verstorbenen Friedrich Nietzsche. Im Grunde hatten wir uns um Goethes besondere Beziehungen zu Weimar längst nicht so viel bemüht, wie das von uns Weimaranern angenommen wurde. Aber diese Annahme beruhte auf einem Irrtum. Die Fremden, die von auswärts kamen, besuchten pflichtgemäß die Gedenkstätten der großen Dichter. Sie besuchten auch Goethes Gartenhaus, das wir nur von außen kannten, und das Römische Haus, das Goethe im reinsten Stile des Klassizismus für Carl August hatte entstehen lassen. Wir Weimarer Kinder kamen zwar täglich an diesen Häusern vorbei, aber nur, wo einer der alten Insassen noch lebte, wie etwa der greise Maler Carl Hummel, des Musikers Johann Nepomuk Sohn, öffneten sich uns Häuser, in die man hineinsah wie in ein Stück lebendig gebliebener Vergangenheit. Schräg dem Hummel-Haus gegenüber lag die Hofgärtnerei, in deren unterer Etage Franz Liszt gewohnt hatte. Hier lebte noch lange nach seinem Tod sein einstiges Faktotum Pauline. Dort drang ich weit eher ein als in die alten Wohnräume von Goethe und Schiller oder in das im Schatten hinter der Stadtkirche gelegene Haus von Herder. Aber von heiliger Scheu kann ich beim Besuch der Zimmer Liszts nicht sprechen. Zunächst erstaunten mich die riesigen gestreiften Vorhänge, die dem Wohnzimmer den Anschein gaben, als sei es aus Zeltbahnen errichtet. Auch der krumme ungarische Säbel, der dort ausgestellt war und mich als Jungen vor allem interessierte, ließ an eine fremde Welt denken. Dann aber ereignete sich etwas ganz Besonderes, was mein Pietätsgefühl noch mehr herabdrückte. Ein aus Siebenbürgen zu Besuch gekommener Studienfreund meines Vaters hatte uns erzählt, Liszts alte Haushälterin sei so erwärmt von seiner Begeisterung für den Komponisten gewesen, daß sie ihm aus dem Kamm, der in der Waschkommode des Schlafzimmers lag, die letzten Haare des Meisters zu einer Reliquienlocke zusammengedreht habe, wofür er ihr natürlich ein stattliches Trinkgeld gespendet hätte. Und nun erwischte ich, vom ersten Stock aus der Wohnung des mit unserer Familie befreundeten Hofgärtners hinabschauend, die ehrwürdige Hüterin geheiligter Pietät, wie sie in dem angrenzenden Hofraum ihren weißen Pudel, der die Zeremonie offenbar gewohnt war, mit dem Kamm bearbeitete, um dann mit dem von Hundehaaren umflatterten Inventarstück ins Haus zurückzugehen, gewiß in der Absicht, daß bald wieder ein Besucher die letzten Haare des Meisters als Andenken erhalten könne.

Es gab aber auch große Motive der Pietät. Goethes 150. Geburtstag wurde in Weimar feierlich begangen. Zum Anhören der Gedenkrede, die die Hauptfeier darstellte, war ich noch nicht erwachsen genug. Unvergessen ist mir jedoch die abendliche Veranstaltung unter den hohen Bäumen des Gartens der Armbrustschützen-Gesellschaft. Unser Gesanglehrer Scheidemantel, Bruder des einst durch Dresden und Bayreuth berühmten Sängers, hatte Goethesche Lieder einstudiert. Damals habe ich wohl zum ersten Mal begriffen, was es heißt, »Über allen Gipfeln ist Ruh« in Schuberts Vertonung abends im Freien von geübten Stimmen singen zu hören. Der Eindruck auf mich war so groß, daß nun eigentlich erst meine Goethe-Begeisterung begann, die nie aufhören wird.

Aber auch tragische Ereignisse vertieften das Gefühl für Weimars geistiges Erbe. Ich denke vor allem daran, daß ich den hoffnungslos geisteskranken Nietzsche noch oft auf der Terrasse des von der Schwester für ihn eingerichteten, hoch über der Stadt gelegenen Hauses sah. Es war erschreckend, den Schädel mit der hohen Stirn aus dem von Decken umhüllten Lager herausragen zu sehen und an seiner keine Worte, sondern nur noch unartikulierte Töne formenden Stimme zu erkennen, daß sein geistiges Leben erloschen war. Aber als er dann im Tode lag, war eine ergreifende Ruhe über die Züge gebreitet. Daß ich Nietzsche aufgebahrt sah, hatte einen besonderen Grund. Als er gestorben war, gab es zum Abschied des Toten, der in seiner Heimaterde, in Röcken bei Lützen, beigesetzt werden sollte, eine fatale Unstimmigkeit. Man hatte zur Todesfeier im Nietzsche-Haus zu Weimar Gesänge von Palestrina bestimmt. Einige der aufgeforderten Damen des Chores wollten es aber ablehnen, für einen »Atheisten«, wie sie den Philosophen nannten, zu singen. Tante Johanna Reiffenstein, eine Cousine meiner Mutter, holte sich bei meinem Vater Rat, und er sagte in seiner ruhigen Art das mir unvergeßliche Wort: »Man soll immer das Versöhnliche tun.«

Am nächsten Tag war dann die Trauerfeier. Kurz ehe sie stattfand, ging ein Wolkenbruch nieder, wie ihn Weimar im Sommer mitunter erlebt. Da kam Tante Johannas Schwester aufgelöst zu uns, Johanna habe, um noch schnell vor dem drohenden Unwetter zum Nietzsche-Haus zu kommen, die Noten liegenlassen. Es wären lateinische Texte, ohne die sie verloren sei. Mir wurde das Heft unter meine Jacke gesteckt, und ich rannte durch strömenden Regen den Berg hinauf, kam aber erst an, als die »Amseln«, wie der Chor hieß, schon neben dem Zimmer versammelt waren, darin Nietzsche aufgebahrt lag. So habe ich, damals noch nicht sechzehnjährig, Nietzsches Totenfeier erlebt.

Eintritt in das 20. Jahrhundert

Daß man, als das neue Jahrhundert begann, sich darüber stritt, ob 1900 oder 1901 das richtige Anfangsdatum sei, bleibt ein Kuriosum. Der normal Zählende, und diese Meinung wurde auf dem Gymnasium vertreten, rechnete so, daß erst volle hundert Jahre vorbei sein müßten, bis ein neues Säkulum begänne. Der Kaiser aber stützte sich auf die Tatsache, daß alle Meßinstrumente mit Null beginnen, so daß nach Ablauf der achtzehner Reihe bereits mit neunzehnhundert die neue Epoche zu rechnen sei, und so gab denn auch die kaiserliche Post zum 1. Januar 1900 eine Jubiläumskarte für Briefmarkensammler heraus. Unsere Familie feierte erst 1901 in meinem der Großmutter Raumer gehörenden Geburtshaus, dem Haus »Zum weißen Falken« am Markt zu Weimar, das meine Eltern einige Jahre nach meiner Geburt verließen, um eine Wohnung mit Garten zu beziehen. Jetzt war es die Wohnung vom Bruder meiner Mutter, dessen Frau eine besondere Freude an allem Gesellschaftlichen hatte. Es scheinen da, soweit ich es begreifen konnte, einige Gäste sehr stolze Reden geführt zu haben. Aber ein Vetter meiner Mutter, damals Major im Kriegsministerium zu Berlin, sah die politische Situation Deutschlands seit dem Ausscheiden Bismarcks weniger günstig an. Auch mein Vater war zurückhaltend. Denn zu seiner Lebensauffassung gehörte es, daß alles Überhebliche, was er als geschulter Grieche Hybris nannte, unheilbringend sei.

Zudem wehte vom Schloß her Trauerstimmung in die Stadt; der zweiundachtzigjährige Großherzog rang mit dem Tode, und damit war das Ende von Weimars Tradition vorauszusehen. Ich verstand natürlich noch wenig von diesen dunklen Wolken der Zukunft. Aber als wir über den verschneiten Markt nach Hause gingen, mischte sich doch in meine festliche Stimmung etwas wie eine Ahnung von der bedrohenden Macht des Schicksals.

Als das Gymnasium seine Jahrhundertfeier abhielt, hatte ich für einen Jungen ungewöhnlich ernste Gedanken. Unser Deutschlehrer Scheidemantel hatte mich bestimmt, bei der Schulfeier zum Jahrhundertbeginn das Gedicht des Rheinländers Wolfgang Müller von Königswinter »Der Mönch von Heisterbach« aufzusagen. Die Legende von dem Klosterbruder, der, über den Begriff der Ewigkeit nachsinnend, sich im Wald verirrt und erst nach zweihundert Jahren zurückkommt, um in der Erkenntnis der über Raum und Zeit erhobenen Allmacht Gottes zu sterben, hatte mich tief berührt. Vor allem klangen die Worte vom Wesen Gottes lange in mir nach:

»Gott ist erhaben über Ort und Zeit.
Was er verhüllt, macht mir ein Wunder klar!
Drum grübelt nicht, denkt meinem Schicksal nach!
Ich weiß, ihm ist ein Tag wie tausend Jahr',
Und tausend Jahre sind ihm wie ein Tag!«

Aber die Versonnenheit eines heranwachsenden Knaben wird leicht über-
boten. So ging es auch mir, als ich, wie üblich, im Herbst nach Gotha zum
Besuch der Schwester meines Vaters reiste und dort eine neue, meine dritte
Liebe fand. Sie hieß Annemarie und war anspruchsvoller als Marianne und
Herma. Sie wohnte unmittelbar neben meinen Verwandten. Die großen
Gärten waren von keinem Zaun getrennt. Da die Abzweigung eines vom
Thüringer Wald kommenden Flüßchens durch beide Gärten floß, machte ich
ein altes Floß wieder fahrtüchtig, auf dem wir, von Zweigen mit reifen
Früchten überhangen, dahin glitten. Voll Mühe war für mich dann freilich
das Zurückstaken gegen die Strömung, aber es ist mir jedesmal geglückt.
Annemarie verlangte noch mehr Beweise meiner Liebe. Am Pfosten der kleinen Laube, die sie in ihres Vaters Garten besaß, hämmerte sie eines Morgens,
als ich gerade zu ihr hinüberkam, einen Briefkasten an, damit sie jeden Tag
einen Gruß und Verse von mir bekäme. Für die Geschmeidigkeit der Sprache,
um die sich meine Generation doch wohl mehr bemüht hat, als es heute
üblich ist, war es gewiß sehr erzieherisch, daß die Mädchen, die wir verehrten, so viele schriftliche Beweise unserer Zuneigung verlangten. Es war noch
so, daß der Liebende die Fahne schwang und sich ritterlich bewährte. Und
doch muß ich gestehen, daß mir das Schwingen der Fahne nicht immer leicht
gemacht wurde. Ich verehrte Annemarie sehr, und als meine ältere Cousine in
Gotha Hochzeit feierte, und Annemarie und ich als jüngstes Paar Braut-
jungfer und Brautführer waren, erschien das Fest geradezu als die eigenste
Angelegenheit unserer Liebe.

Um die Jahrhundertwende mehrten sich auch in Weimar die Anzeichen vom
Entschwinden der alten und vom Aufstieg einer neuen, völlig anderen Zeit.
Weimars Abschied vom neunzehnten Jahrhundert vollzog sich in der Trauer-
feier für den zu Beginn des neuen Jahrhunderts verstorbenen Großherzog
Carl Alexander, der genau in dem Alter starb, das einst Goethe erreicht hatte.
Man veranstaltete die Gedenkfeier mehrere Monate nach der Beisetzung am
Geburtstag des Verstorbenen, am 24. Juni 1901, im Hoftheater. Als Redner
hatte man den berühmten Heidelberger Professor Kuno Fischer gewonnen,
der einst eine Zierde der Universität Jena gewesen war und zu den Vertrauten
des Verstorbenen gehört hatte. Obwohl erst sechzehn Jahre alt, habe ich an
der Feier teilgenommen, da nach einem für Weimar bezeichnenden Brauch
dem Direktor des Gymnasiums bei solchen Veranstaltungen einige Plätze für

die nach seinem Urteil besten Schüler der oberen Klassen zur Verfügung standen. Die Auffassung meines Vaters, daß ein Heranwachsender oft gerade das besonders tief verarbeite, um dessen Verständnis er noch ringen muß, hat auch hier recht behalten. Ich erinnere mich bis in die letzten Kleinigkeiten an diese Veranstaltung, die in sich ein Beispiel war, wie gehaltvoll und würdig Weimar zu feiern verstand. Rahmen der Feier war das alte, im Stil der späten Goethezeit errichtete Hoftheater.

Als die Klänge des Trauermarsches der Eroica verhallt waren, wurde der Redner von einem Lakaien auf die Bühne geführt. Es sah aus, als habe den stattlichen Mann die Trauer gebeugt. Aber auch an den Orden, die ihn schmückten, schien er wie an einer Last zu tragen. Er begann, indes die Anwesenden in ernster Stimmung an den Verstorbenen dachten, mit den Worten: »Als ich ...« und erklärte, was es bedeute, daß er sich trotz seines hohen Alters und seiner überreichen Beschäftigung zur Verfügung gestellt habe. Mit dem Taktgefühl des jungen Menschen, der die Eitelkeit der Erwachsenen noch nicht einzurechnen vermag, war ich zunächst entsetzt, dann aber folgte eine Rede, in der Kuno Fischer das Leben des Verstorbenen vom Geburtsjahr 1818 erst in bezug auf Goethe, dann in bezug auf die bedeutsamen politischen Ereignisse und die historischen Gedenkfeiern, die er miterlebt und mitbestimmt hatte, schilderte: den hundertsten Geburtstag Carl Augusts im Jahre 1857, gefeiert durch die Einweihung des Goethe-Schiller-Denkmals vor dem Theater, und zwei Jahre später die letzte große Bekenntnisfeier des freiheitlichen Geistes der Deutschen zu Schillers hundertstem Geburtstag, bei der – so habe ich den Klang der Worte unverlierbar im Ohr behalten, während in der gedruckten Ausgabe diese Stelle ebenso wie die Einleitung abgeschwächt wurde – er sagte: »Die Flammen der Feier leuchteten rund um den Erdball.« Dann berichtete er von der Anteilnahme des Fürsten, dessen Schwester die erste Kaiserin war, an der Einigung Deutschlands. Schließlich erwähnte er die Hundertfünfzigjahrfeier von Goethes Geburtstag, die so vielen der Anwesenden noch in der Erinnerung lebte, und den Schritt in das neue Jahrhundert, von dem der Verstorbene wie seine Cousine, die Königin Victoria von England, nur die ersten Tage noch miterleben sollte. Vor den Hörern entstand nicht nur das Bild eines um seiner inneren Vornehmheit willen vorbildlichen Trägers geistiger Tradition, es war auch die Geschichte Weimars und, von ihr aus gesehen, ein gut Teil Geschichte Deutschlands, das hier greifbar wurde. Seine Rede beendend, sprach er, nicht ohne spürbare Sorge dem der Tradition Weimars entfremdeten Enkel des Verstorbenen, dem jungen Großherzog, zugewandt, die Schlußworte Goethes:

> Und dann auch soll, wenn Enkel um uns trauern,
> Zu ihrer Lust noch unsere Liebe dauern.

Ein neues Weimar

Als Henry van de Velde um die Jahrhundertwende nach Weimar berufen worden war, stellte er sich in dem für solche Zwecke gewohnten Saal im Hause der Gesellschaft »Erholung« durch einen Vortrag über seine Pläne dem Weimarer Publikum vor. Selbstverständlich war ich, gemeinsam mit einem jüngeren Freund, Thilo Schoder, der später einer seiner Hauptschüler wurde, unter den Hörern. Ich vergesse nie, wie wir beim Eintritt in den Saal zurückprallten. Sonst stand dort in der Mitte der Fensterwand das Rednerpult, auf das ein kerzengerade ausgerichteter Gang mit rotem Läufer zielte, und zu beiden Seiten waren die Stühle in steifer Rechtwinkligkeit aufgereiht. Jetzt aber gab es keine mittlere Achse, vielmehr waren die Sitzreihen in leicht gerundetem Schwung angeordnet, so daß die Plätze nur noch von rechts und links erreicht werden konnten. Seitlich auf dem hohen Podium standen ein dreieckiger, deutlich von van de Velde selbst entworfener Tisch und daneben ein hochlehniger Sessel, auf dem der Redner nun Platz nahm. Obwohl er klein war, drückte sich in seinen schnellen Bewegungen und in den scharfen, von lebhaftem Temperament durchdrungenen Zügen eine Kraft aus, die ihn sofort über die Zuhörer dominieren ließ. Ich habe von dem Vortrag noch mancherlei in Erinnerung. Der Redner schilderte die Sinnlosigkeit unseres gewohnten Hausrates und beschrieb in seinem französierenden Deutsch als ein Beispiel törichter Spielerei mit Motiven »Die Suppe'schüssel mit ihre beide 'enkeln«, bemalt mit Wasserrosen und bekrönt mit einer Meergöttin als Griff des Deckels. Das einzig Schöne sei die Bewegung gewesen, mit der die Mutter diese Schüssel auf den Tisch gestellt habe. Das sagte etwas Wesentliches aus, nämlich, daß seine Geräte in einem sinnvollen Verhältnis zur menschlichen Hand und ihrer Funktion stünden, worüber nachzudenken sich lohnte. Dann aber kam im Verlauf des Vortrages, der in einer Aussprache über die moderne Raumgestaltung gipfelte, das entscheidende Wort, das die Tür zu einer neuen Zeit öffnete: »Die Linie ist eine Energie.«

Von da an gehörte ich mit Thilo Schoder, der später als Architekt in Norwegen entscheidende Bedeutung gewann, zu den begeisterten Anhängern des Verkünders einer modernen Welt. Da ich mich mit einigen bei van de Velde lernenden jungen Leuten befreundete, war ich häufig in der Kunstgewerbeschule und kam auch bald in ein persönliches Verhältnis zum Künstler selbst.

Im Laufe der kommenden Jahre wuchsen dann Bauten des Meisters zur Höhe, so die Kunstgewerbeschule mit dem seitlichen Eingang, der von

seinem Atelier bekrönt wurde, und dem langen Flur, dessen wechselnde Geräusche und Gerüche die einzelnen Abteilungen der Schule erkennbar machten. Da war die Buchbinderwerkstatt, darin der Weimaraner Professor Dorfner lehrte, und die besondere Abteilung, in der Else von Guaita ihre kostbaren Einbände entstehen ließ. Nahe den Buchbindern lag die keramische Werkstätte, die in Form und Glasur Hervorragendes leistete. Van de Velde zeigte seinen Schülern wohl gelegentlich ein chinesisches Vorbild, im übrigen aber ließ er sie ihren eigenen Weg gehen. Ich erinnere mich, wie einmal eine Schülerin ein großes Brett mit von ihr zum Brand bereiteten Gefäßen heraustrug, die mir in der Gestaltung zu untersetzt erschienen. Van de Velde sagte, als der geborene Lehrer, der er war: »Von ihr kann man nichts anderes verlangen, sie ist selbst so untersetzt.« Man hörte in der Metallklasse den bellenden Widerstand des Materials, während oben, wo nahe van de Veldes großem Atelier die Architekten arbeiteten, alles leise vor sich ging.

Was damals in Weimar geschaffen wurde, war der Anfang eines neuen Stiles, bei dem der äußere Zierat und spielerische Schmuck zurücktrat hinter der technisch gediegenen Leistung und einer Ornamentik, die nichts Gegenständliches und Billig-Sinniges, sondern etwas die Funktion Suggerierendes an sich hatte, auch wenn sie Übertreibungen in den Windungen nicht immer vermied. Der belgische Architekt hat auch die Kunstschule gegenüber, das spätere Bauhaus, errichtet, so daß die Kunstschulstraße noch heute ganz im Zeichen van de Veldes steht. Das Weimarer Bürgertum stellte freilich auch mißmutige Vertreter der überholten Zeit, die lieber einen Umweg machten, als daß sie durch eine Straße mit »so verrückt neumodischen Bauten« gingen.

Eine andere Oase seiner Kunst entstand in der Cranachstraße, wo Harry Graf Kessler seinen Sammlungen und später auch der Cranachpresse ihr Zuhause gab und wo noch einige Villen van de Veldes entstanden, die bis zum letzten Hausgerät seinen Stil zeigten. Besonders geglückt war das Eßzimmer im Hause Ludwig von Hofmanns, dessen lichten Glanz van de Velde gleichsam um ein Bild von Maurice Denis entfaltet hatte. Als später Nostizens – Alfred von Nostiz als Staatsrat und seine Frau Helene, geborene von Hindenburg, als Schriftstellerin – Weimar in ihrem Hause einen gesellschaftlichen Mittelpunkt gaben, da war an der Allee nach Tiefurt das Eßzimmer einzig auf Weiß und Silber gestimmt. In anderen Zimmern waren besonders frühe Möbel van de Veldes zu sehen, die der Hausherr schon vor seiner Verheiratung in Berlin hatte herstellen lassen. Darunter war der berühmte bohnenförmige Schreibtisch, der in nichts mehr einer Renaissance-Fassade glich, an deren Schnitzereien man sich die Knie wundstieß. Die neuen Möbel ließen vorausahnen, daß es nur noch wenig Jahre dauern würde, bis wir auch beim Mobiliar – ebenso wie etwa am Führersitz eines Autos – die Zweckform organisch geordnet vor uns hätten. Der bekannteste Bau, an dem van de Velde freilich nur nachträglich gestalten konnte, war das Nietzsche-Haus. Elisabeth Förster-Nietzsche hatte es für den geisteskranken Bruder erworben und nach seinem Tode van de Velde den Auftrag gegeben, die Backsteinvilla des neunzehnten Jahrhunderts zu modernisieren.

Die Auftraggeber van de Veldes bildeten in Weimar eine Art gesellschaftlicher Elite, die gewillt war, bewußt der Gegenwart zu leben. Ich denke an Harry Graf Kessler, der die sogenannte »Permanente Kunstausstellung« leitete, durch die er die Weimaraner in einem von van de Velde gebauten Saal sehr früh schon mit der Kunst des französischen Impressionismus bekannt machte. Wesentlich für Weimar war auch Ludwig von Hofmann, für dessen Pastelle und Wandbilder van de Velde eine besondere Vorliebe hatte. Die Rhythmen seiner Kompositionen fügten sich der Schwingung der von van de Velde gestalteten Innenräume derart harmonisch ein, daß sie eine gemeinsame Halle für die epochemachende Dresdener Kunstausstellung planten, die im Jahre 1906 als ein entscheidender Vorstoß den sogenannten Jugendstil durchzusetzen half. In diese Reihe gehören auch die Nostizens, die, wenn sie länger in Weimar geblieben wären, der Stadt und ihrer geistigen Ausstrahlung wohl manches gegeben hätten, was der Hof nicht vermochte, da er immer wieder vor seinem durch die Berufung van de Veldes erreichten Wagnis zurückschreckte.

Die Inhaber der Hofämter des jungen Großherzogs versuchten trotzdem manches zu erreichen, was die neue Tradition Weimars fördern sollte. Kennzeichnend für die Hoffnungen, die man auf den Erben des Goethe-Herzogs Carl August gesetzt hatte, ist die Tatsache, daß der Insel-Verleger Anton Kippenberg die herrlichen Dünndruckausgaben für Goethe, Schiller, Schopenhauer usw., für die der Engländer Gordon Craig den Einband entworfen hatte, Großherzog-Wilhelm-Ernst-Ausgabe nannte. Das geschah etwa zu derselben Zeit, als der in Weimar lebende Dramatiker Ernst von Wildenbruch – ein Abkömmling des 1806 gefallenen Prinzen Louis Ferdinand von Preußen – eine zornige Schrift gegen den Großherzog veröffentlichte, in der er den jungen Fürsten an die kulturelle Verpflichtung der Weimarer Tradition gemahnte. Aber die entscheidende Bedeutung des Hofes hatte für Weimar aufgehört, und van de Velde betonte seine oppositionelle Stellung auch in der politischen Auffassung, die ihn den Sozialisten Frankreichs und ihrem Führer Jaurès verband. So wurde Weimar durch van de Veldes Aufenthalt eine neue, bald freilich durch den Ausbruch des ersten Weltkrieges wieder zunichte gemachte Bedeutung gegeben.

In Weimar zeigte van de Velde aber auch seine erstaunliche Kenntnis der Literatur, soweit sie sich insbesondere auf Frankreich und auf seine flämische Heimat bezog. Hier traf er sich mit Ernst Hardt, der um jene Zeit nach Weimar gezogen war und nicht nur durch seine Dramen – wie etwa das eine Zeitlang sensationelle Schauspiel »Tantris der Narr« –, sondern auch als Übersetzer aus dem Französischen hervortrat. Freilich nannte van de Velde Hardts Dichtungen »zu sehr Literatur« und erklärte Frank Wedekind als den wahren Dramatiker jener Zeit.

Zu den damals sehr geschätzten Weimarer Landschaftsmalern hatte der Belgier weniger Beziehung, dafür aber lernte man bei ihm etwa Gordon Craig persönlich kennen, mit dem er Fragen des Theaterbaues besprach. Er war gegen die Absicht des jungen Großherzogs Wilhelm Ernst, das alte Theater der Goethezeit abzureißen und an seiner Stelle ein neues in konventionellem Stil zu errichten. Ausgerechnet van de Velde, der kühne Neuerer, wollte das alte Haus für Kammerspiele erhalten. Dafür wollte er nahe dem Viadukt – der Überbrückung eines einschneidenden Tales – und gegenüber dem Museum den Neubau errichten, dessen ansteigende Sitzreihen dem Gelände angepaßt sein sollten. Für diesen Plan hatte ich mich begeistert, aber ich war ja zu jung und konnte dem von mir verehrten Meister zur Durchsetzung seiner Ideen damals noch nicht helfen. Statt dessen wurde das Theater der Goethezeit niedergerissen und von der Firma Heilmann und Littmann, die später auch vor die einst offene Stelle des hufeisenförmig gebauten Schlosses einen abschnürenden Riegel schob, ein konventioneller Theaterbau errichtet, im Zuschauerraum auf Braun und Grün gestimmt, was den jagdlichen Neigungen des Landesherrn entsprach. Es wurde erzählt, daß die Inhaber der Firma mit Hilfe des Horoskopes eine Stunde zum Vorlegen der Pläne bestimmt hätten, die für sie besonders günstig sein sollte. »Ich habe kein Horoskop gestellt bekommen«, sagte van de Velde resigniert. Er war, wie die später von ihm verfaßten Lebenserinnerungen zeigen, an Enttäuschungen gewöhnt.

Ludwig von Hofmann und Ernst Hardt waren mit dem jungen Weimaraner Buchgestalter und Illustrator Markus Behmer befreundet. Behmer war eine äußerst eigenartige, von der Kunst Beardsleys her bestimmte Persönlichkeit, und noch als Schüler begriff ich den Wert seiner Kunst, der in einer von ihm illustrierten und ausgestatteten Ausgabe von Oskar Wildes Salome zum Ausdruck gekommen war. Ich bewahre noch die Probedrucke, die er mir »zum Dank für ein tröstendes Verständnis«, wie die Widmung hieß, geschenkt hat. Sein Schaffen habe ich später auch in Berlin begleitet und als Juror dafür sorgen können, daß er einen Kunstpreis für Graphik bekam.

Weimaraner geworden war der aus Schlesien stammende Alexander Olbricht, der nahe der Belvederer Allee wohnte. Das war eine absonderliche Welt von Haus und Garten, gefüllt mit Raritäten, die Spielzeug waren oder zu seiner Spielzeugsammlung paßten. Olbricht hat, ähnlich wie Behmer, reizvolle ornamentale Scherenschnitte gefertigt, aber es ist mir nur in einem Fall geglückt, einen Verleger zu finden, der die liebenswerte Eigenart des versonnenen Talentes dieses kleinen, ein wenig verwachsenen Malers und Graphikers begriff. Ich konnte ein Werk mit Blumenbildern herausgeben, dem ich ein Motto des Dichters aus Olbrichts schlesischer Heimat, Angelus Silesius, gab, das zu der Kunst des mit Unrecht verkannten Meisters paßt:

> »Die Ros' ist ohn' Warum, fragt nicht,
> ob man sie siehet,
> Sie acht' nicht ihrer selbst, weiß nicht,
> für wen sie blühet.«

Noch lebte in Weimar Max Liebermanns Freund, der Landschaftsmaler Theodor Hagen, der auch Lehrer von Olbricht gewesen war. Mit ihm wirkte an der Kunstschule der besonders auch als Graphiker geschätzte Walter Klemm. Klemm war und ist noch nach seinem Tod als Tierbildner bekannt. Die Illustrationen zu Goethes Reineke Fuchs, die herauszugeben ich die Freude hatte, bilden einen Höhepunkt seiner Kunst. An ihm lernte ich begreifen, was das Bildgedächtnis für den Künstler bedeuten kann. Klemm hatte ein derartiges Gefühl für Bewegung und Form, daß er es nicht nötig hatte, den Sprung einer Katze oder den Lauf eines Pferdes oder was immer für den Tiermaler in Frage kommt, im Augenblick der Beobachtung festzuhalten. Seine Begabung ermöglichte es ihm, Erschautes als bleibenden Bildeindruck im geistigen Auge zu bewahren, und wohl gerade daraus erklärt sich die Einprägsamkeit seiner Darstellungen. Der aus Karlsbad Stammende war zugleich ein begnadeter Geiger, den späterhin, in den zwanziger Jahren, gemeinsam mit Paul Klee spielen zu hören, ein Genuß war. Das entsprach so ganz dem, was zum Wesen Weimars gehörte.

Natürlich lebten auch einige Dichter in Weimar. Aber während die Maler, sofern sie verschiedene Domänen haben, untereinander verträglich sind, pflegen die Dichter ihren Kollegen gegenüber oft sehr viel mehr ablehnend zu sein. So stand Wildenbruch, der sich hoch über dem Park seine Villa »Ithaka« erbaut hatte und sich als ein preußischer Shakespeare fühlte, den von der Sage verklärten Dichtungen des wenig Schritte von ihm entfernt wohnenden Ernst Hardt – dem Dichter des Tantris und der Gudrun – völlig fremd gegenüber. Wilhelm Scholz, der 1905 sein wohl bekanntestes Drama, den »Juden von Konstanz«, in Weimar auf die Bühne gebracht hatte, erklärte wiederum das mystische Motiv als den wahren Urgrund aller Poesie. Bei ihm, der selbst einen ausgeprägten Sinn für das Anekdotische hatte, erlebte ich eine köstliche Szene: Ich war gemeinsam mit dem kurz vorher nach Weimar gezogenen Johannes Schlaf – dem bis zur Agressivität den unbedingten Naturalismus in der Dichtung vertretenden Freund des bekannteren Berliners Arno Holz – und mit dem aus dem Baltikum stammenden Otto von Taube am Abend in das Prellerhaus in der Belvederer Allee eingeladen, wo Scholzens ihre Wohnung hatten. Kurz ehe der erwartete Johannes Schlaf eintreffen mußte, sagte Scholz, nicht ohne spürbares Vergnügen über die zu erwartende schwierige Situation, eben noch habe sich vom Bahnhof aus Arthur Holitscher, der Vertreter des Symbolismus, gemeldet, und er hätte es nicht vermeiden können, auch ihn zu diesem Abend zu bitten, obwohl er und Schlaf literarische Gegner seien. Und nun kamen die beiden, die schon auf der Treppe zusammengeprallt waren, in spürbar feindseliger Stimmung herein. Da es ein schöner Sommerabend war, gingen wir erst auf die Loggia, von der aus man über die Allee hinüber in den Park zu der tempelartigen Fassade des Römischen Hauses blickte. Der italienischen Bauart des Preller- hauses entsprechend, flankierten die Balustrade des Balkons zwei große Vasen antikischen Stiles, aus denen schwertartige Agavenblätter heraus- ragten. Schlaf, neben Holitscher stehend, fragte mit seiner harten Stimme: »Ist das Natur?« Holitscher, ein Blatt befühlend, sagte mit der ihm eigenen Zartheit: »Nein, Kunst«. »Also Blech«, lautete des Naturalisten Antwort. Und Scholz, der Anekdotenjäger, schlug sich vor Begeisterung auf die Schenkel und freute sich so sehr, daß die Gereiztheit sich in eine fröhliche Stimmung wandelte. Das ist nur ein kleines Beispiel für den Austrag litera- rischer Gegensätze, wie sie nun einmal zu Weimar gehörten.

Universalität und Humanismus

Von Weimar nach Heidelberg, wo ich im Frühjahr 1903 mein Studium begann, gab es für mich manche Brücke. Mein Geschichtslehrer hatte einst zusammen mit dem dortigen Historiker Erich Marcks studiert und gab mir nun eine eindringliche Empfehlung mit. Ein Studienfreund meines Vaters war der mit dem verstorbenen Maler Friedrich Preller verwandte klassische Philologe Schöll. Vor allem aber hatte in Weimar der Name Kuno Fischer viel bedeutet, und es schien mir verlockend, daß ich nun bei ihm noch ein Kolleg über Goethes Faust hören konnte.

Kuno Fischer war nicht der einzige, dessen ausgeprägte Persönlichkeit uns Studenten beschäftigte. In der Philosophie war der aus seiner Schule hervorgegangene Wilhelm Windelband sein Nachfolger. Um von dessen Ansehen auch einen Teil auf sich selbst zu übertragen, hatte Kuno Fischer angeblich erklärt: »Es gibt in Deutschland heute zwei bedeutende Lehrer der Philosophie. Der andere ist mein Schüler Windelband.« Es ist freilich auch möglich, daß es sich hier um eine jener Wanderanekdoten handelt, die jeweils auf einen anderen übertragen werden. Windelband, der, vollbärtig, wie damals die meisten Professoren, und die eine Hand durch einen kamelhaarenen Handschuh vor rheumatischen Schmerzen geschützt, auf dem Katheder stand, trat persönlich ganz hinter seinem Thema zurück. Er trieb die fachliche Strenge so weit, daß er in dem Kolleg zur Geschichte der Philosophie unserer Zeit, das ich durch zwei Semester bei ihm gehört habe, Friedrich Nietzsche wegließ, der uns doch so viel bedeutete – er sei kein Philosoph, er gehöre der Literaturgeschichte an. Aber über die verschiedenen Systeme der Schulphilosophie vermochte er uns mit einer höchst eigenen, vom Denken her geschulten Sprachklarheit zu unterrichten. Ich habe ihn auch in dem gefürchtet strengsten seiner Kollegs, dem über Logik, gehört, weil ich meinte, daß mir noch nie jemand begegnet sei, der die Sprache so überzeugend als einen Vorgang des Denkens zu meistern verstand. Da ich so versessen auf die Erkenntnis der Sprache war, worin mich übrigens keiner meiner Freunde verstand, habe ich auch Gotisch studiert, während mein braver Versuch, dazu noch Althochdeutsch zu lernen, an der qualvollen Langeweile scheiterte, mit der uns das Fragen nach der Herkunft unserer Sprache in der Morgenstunde von acht bis neun viermal in der Woche verdorben wurde.

Ich wandte mich sehr bald von der Literaturgeschichte, der erstaunlicherweise in der Stadt der Romantik der Bedeutung der Tradition entsprechende

Vertreter fehlten, meinem Hauptfach, der Kunstgeschichte, zu. Da ich durch die Familie meiner Mutter Beziehungen zu Bayreuth hatte, erbaten sich ihre dortigen Verwandten Frau Cosima Wagners Empfehlung an ihren Schwiegersohn Henry Thode, den Mann ihrer Tochter Daniela, die aus der Ehe mit Hans von Bülow stammte und diesem erstaunlich ähnlich sah. Er wurde nun mein Lehrer und machte mich schon bald zum Assistenten am Kunsthistorischen Institut der Universität. Henry Thode war eine einprägsame Erscheinung. Er war nicht groß, aber so beweglich, daß er dadurch dominierte. Sein Gesicht glich in seiner Schmalheit zwei zusammengefügten Flachreliefs und hatte infolge der damals bei Professoren noch seltenen Bartlosigkeit englisches Gepräge. Er war seinem Wesen nach Enthusiast. Zum Kunsthistoriker, bei dem diese Neigung auch gefährlich werden kann, befähigte ihn die Intensität seines Blickes und seine Begabung, große Zusammenhänge zu erkennen und in Verbindung mit der Kulturgeschichte, vor allem auch mit den Strömungen der Religion, Gestalten zu erfassen und darzustellen. Für mich, der ich in einer Generation stand, in der zum ersten Mal wieder Einwände gegen Wagner und den Wagner-Kult sich hervorwagten, war es keine leichte Aufgabe, ihm ein ergebener Schüler zu bleiben, ohne seine Wagner-Begeisterung mitzumachen. Aber es sprach für ihn und seine von Güte bestimmte Toleranz, daß er mir mein selbständiges Ringen um neue Wege nicht verübelte.

In der Musik wurde meine Eigenwilligkeit dadurch bestimmt, daß ich an den für die Durchkämpfung des Komponisten Max Reger entscheidenden mehrtägigen Veranstaltungen in Heidelberg begeistert teilnahm. Bei Gustav Mahlers Anwesenheit war ich mit diesem zu sehen und andererseits wieder – damals wie durch mein ganzes Leben – verehrte ich in Beethoven den unerbittlichen Ernst seines Schaffens, darin er für mich nur noch in Michelangelo seinesgleichen hatte.

Auf dem Gebiet der modernen bildenden Kunst war es fast noch schwerer, Konflikte mit meinem Lehrer zu vermeiden. Er hatte während der Zeit, da er in Frankfurt die Städelsche Galerie leitete, Hans Thoma entdeckt und wehrte sich, durch seine Frau Daniela antisemitisch infiziert, gegen Liebermann und den deutschen Impressionismus. Und gar die Neoimpressionisten blieben ihm völlig fremd. Ich aber hatte Freundschaft mit einem ihrer Sammler – van de Veldes, Hofmannsthals und des Grafen Kessler Freund – Eberhard von Bodenhausen, geschlossen. Von ihm aus wie von meiner noch während der Schulzeit gegründeten, zur Freundschaft entwickelten Verbindung mit Henry van de Velde hatte ich neue Wege gefunden, die es mir unmöglich machten, meinem Lehrer in seiner oft gereizten Bekämpfung der Kunst unserer eigenen Zeit zu folgen.

Im Sinne des Lernens und Werdens und zugleich auch durch die freie Ungebundenheit des studentischen Daseins, das eine Verpflichtung im Grunde nur der eigenen Entwicklung gegenüber kennt, waren die Universitätsjahre die glücklichste Zeit meines Lebens. Man war ganz auf sich selbst angewiesen und mußte sich nun in einem neugewonnenen Freundeskreis und innerhalb des Lehrbetriebes durchsetzen. Ich gewann die Freundschaft Wilhelm Valentiners, der später in Zusammenarbeit mit Wilhelm von Bode an den Berliner Museen sowie dann als Direktor des Museums in Detroit, das recht eigentlich seine, durch die Unterstützung der Fordwerke ermöglichte Schöpfung wurde, seine Begabung zum Kunsthistoriker bewährt hat.

Schon als junger Student war mein Altersgenosse Richard Benz eine ausgeprägte Persönlichkeit. Auf der Grundlage der für ihn entscheidenden Neigung zur Musik hatte er als Literaturhistoriker in seinem Bemühen um zusammenfassende Erkenntnis der Kulturgeschichte ganz neue Auffassungen, besonders über den Barock und die Romantik, entwickelt. Er wohnte stimmungsvoll im Erdgeschoß eines Hauses gegenüber der alten Brücke und brauchte zur Arbeit, daß er das Rauschen des Neckars hörte. Im Winter mußte er freilich die Fenster geschlossen halten. So fing er sich einmal in meiner Wohnung einen Brummer und trug ihn in der Streichholzschachtel nach Hause, damit sein Zimmer nicht ohne Behagen sei. Er hatte damals begonnen, an der Übersetzung der Legenda aurea zu arbeiten, so daß zu unserer Romantik auch die Kenntnis der alten Legenden der Heiligen gehörte. Seine Doktorarbeit war den Märchen der Aufklärungszeit gewidmet, und so konnte ich ihn denn später für die Aufgabe empfehlen, bei der Neuherausgabe der Werke von Clemens Brentano die Bände über die Märchen zu übernehmen. Noch kurz vor seinem Tod besuchte ich ihn in seiner am Bergeshang des Königsstuhls in Heidelberg gelegenen Wohnung, und er, dessen Augenlicht schon getrübt war, ließ sich von mir das ihm von Hermann Hesse geschickte Gedicht von dem am Baum absterbenden Ast wieder vorlesen, das ihm den Scheidegruß des befreundeten Dichters bedeutete, für mich aber bald danach auf den Jugendfreund bezogen werden mußte.

Unter den Schülern Windelbands, die mit ihrem Professor von Straßburg nach Heidelberg gekommen waren, gewann ich in dem verschwenderisch begabten Wiener Hans Pichler einen Lebensfreund. Eine Zeitlang wohnten wir in demselben Haus nahe der neuen Brücke, das sich ein Heidelberger Baumeister im roten Sandstein des Neckartales eigenartig gebaut hatte. Pichler hatte einen Heißhunger auf Neuerscheinungen aus seinem Gebiet, zumal wenn sie ontologisch waren, also das Wesen des Seins betrafen. Er las die Nächte hindurch, war aber, wie er selbst sagte, zu faul, die Bücher aufzuschneiden. Das mußte ich denn für ihn tun, und er hat noch in späteren Jahren behauptet, ich hätte meine Kenntnis der Philosophie durch Aufschneiden seiner Bücher gewonnen. Das war natürlich sehr »aufgeschnitten«, zumal er selbst von mir behauptete, ich könne Philosophie treiben, soviel ich

50

wolle, es käme doch immer Plato heraus. Gerade weil ich auch Verwandte in Wien hatte und später durch die Familie meiner Frau der Wiener Tradition nahe kam, bedeutete für mich das österreichische Element Hans Pichlers eine wesentliche Bereicherung. Als Neffe zweier damals bekannter Professoren Dantscher, deren einer als Berater des 1914 ermordeten österreichischen Thronfolgers eine politische Rolle spielte, war er über vieles gut informiert, was außerhalb der Grenzen Deutschlands geschah. Auch hatte er weit mehr Humor, als es sonst im Kreis der Philosophen üblich war, und noch höre ich seine hohe Stimme, wenn er zu mir mit meinem von ihm erfundenen Spitznamen sagte: »Dorian, Dorian, weniger Kern und mehr Schale!« Man sieht daraus, daß wir in einer Zeit lebten, da Oscar Wilde besonders beliebt war. Hinzu kam Pichlers Freundschaft mit Otto Erich Hartleben, von dem mitunter kurze, wunderschön geschriebene und sprachlich glänzend formulierte Karten zu ihm kamen. Ich erinnere mich, daß ich einmal am selben Tag von Pichler eine solche Karte zu lesen bekommen hatte, kurz danach einen Brief Hesses an Richard Benz und abends ein eindrucksvolles Schreiben Hugo von Hofmannsthals an seinen Freund Eberhard von Bodenhausen. Das war in drei Beispielen die Lebensluft jener Zeit, die in das erste Jahrzehnt unseres Jahrhunderts fiel.

Durch mehrere Semester studierte Eberhard von Bodenhausen mit uns in Heidelberg, obwohl er schon in der Mitte der dreißiger Jahre stand. Bodenhausen war in seiner großen und vornehmen Erscheinung, die von dem deutschen Vater und einer Mutter aus einer amerikanischen Familie alt-englischer Herkunft stammte, im besten Sinne des Wortes ein internationaler Typ. Mehrfach war er zu großen politischen Aufgaben ausersehen, was aber immer wieder daran scheiterte, daß zwischen ihm und dem letzten Kaiser eine beide verhärtende Antipathie bestand. Es war nicht leicht, seine Freundschaft zu gewinnen, da ihn eine durch den Gegensatz zum Vater bestimmte innere Verschlossenheit zunächst unzugänglich erscheinen ließ. Dabei konnte er in herzlichster Weise verehrend und freundschaftlich anhänglich sein, wenn man ihm nahe gekommen war. Er war mit seiner liebenswert anmutigen jungen Frau, einer geborenen Reichsgräfin Degenfeld, für einige Semester nach Heidelberg gezogen. Wilhelm von Bode hatte ihn, der schon als Referendar in der Redaktion der berühmten Kunstzeitschrift »Pan« tätig gewesen war, bestimmt, sich den kunstgeschichtlichen Doktor zu holen, weil er in ihm, wie er selbst es mir nach Bodenhausens frühem Tod gesagt hat, seinen geeigneten Nachfolger sah. Da sein Vater ihm keines seiner drei Rittergüter zu übergeben bereit war und ihm grollte, weil er nicht Landrat in seinem Heimatgebiet am Rande des Harzes hatte werden wollen, arbeitete Bodenhausen in der zweiten Hälfte der Woche des Geldverdienens, aber auch der Betätigung seiner außerordentlichen Fähigkeiten wegen in der

Industrie. Da ihm somit Thodes Donnerstag-Kolleg fehlte, hatten wir verabredet, daß ich montags abends zu Bodenhausens kam und ihm aus meinem
Kollegheft das Nötige diktierte. Die Abende in diesem Haus setzten fort,
was für mich in Weimar begonnen hatte: Menschen, die auf der Höhe der
modernen Kultur standen, von van de Velde eingerichtet, mit Bildern
zumeist der französischen Neoimpressionisten und Ludwig von Hofmanns
und mit der Neigung, am Abend eines der Versdramen von Hugo von
Hofmannsthal vorzulesen; dazu kamen von Woche zu Woche Briefe von
Hofmannsthal, von van de Velde oder vom Grafen Kessler. Es war wohl das
einzige Haus in Heidelberg, darin die Durchdringung der Tradition mit
Modernität so ganz erfüllt war.

Ich könnte noch viele Freunde und Studiengenossen der Heidelberger
Zeit aufzählen, etwa Fedor Stepun, der mich in der russischen Kolonie einführte und über den an späterer Stelle dieses Buches noch einiges zu erzählen
sein wird; oder Michael von Catargi sowie den kurze Zeit in Heidelberg
studierenden Grafen Zuboff. Catargi war ein vornehmer Russe von internationaler Ausprägung. Er studierte Philosophie, und so war Deutsch, das er
fließend beherrschte, seine Denksprache. Französisch war die Familien-
sprache gewesen, Russisch nannte er seine Ammensprache, Italienisch liebte
er von vielen Reisen her, englische Romane las er gern. Seine eigentliche Aus-
druckssprache aber war die Musik. Als Schüler Scharwenkas war er ein
Pianist von ungewöhnlicher Begabung. In der russischen Revolution floh er
mit seinem Bruder nach Rumänien, dessen Volk ihm, wie er als Student gern
erzählte – da auch er seine Abkunft auf die alten Römer zurückführte – mehr
vertraut war als die Russen. In Kronstadt bin ich ihm auf einer Vortragsreise
durch Siebenbürgen, zwei Jahrzehnte nach unserer gemeinsamen Heidelberger Zeit, wieder begegnet.

Das Verhältnis zu unseren Lehrern war uns Studenten dadurch bestimmt,
daß wir jederzeit in den Instituten mit ihnen sprechen konnten und auch in
ihrem Haus oder bei anderen Gelegenheiten gesellschaftlich mit ihnen und
ihren Familien verkehrten. Das brachte es mit sich, daß damals das Uni-
versitätsleben in sich etwas Familiäres hatte, vor allem aber, daß die Freundschaft auf den Hochschulen sowohl unter den Studenten wie unter den
Professoren und zwischen beiden ein Hauptmotiv war. Heute, wo ein Hochschullehrer auf Hunderte, oft auch mehr als tausend bei ihm Studierende zu
wirken hat, ist das anders geworden und wohl nur dadurch auszugleichen,
daß außer den Professoren auch die Assistenten und die Studierenden mit-
bestimmend beteiligt werden. Das war früher überhaupt nicht nötig; in
meiner Zeit wußte man kaum, wer der Rektor war, und meist gar nicht oder
nur um die Zeit des Examens, wer der Dekan. Der Pedell, der nach dem
Examen ein schweres Goldstück in die Hand gedrückt bekam, erschien fast

wichtiger als der Dekan, und ich weiß noch, wie wir lachten, als wir zum erstenmal erfuhren, daß der Vertreter der Fakultät mit »Spektabilität« anzureden sei.

Ein Professorenhaus jener Zeit hatte patriarchalisches Gepräge. Das Arbeitszimmer, an das sich oft noch ein besonderer Bibliotheksraum anschloß, war ein Heiligtum. Bei dem Archäologen Friedrich von Duhn, der sich hoch über der Stadt auf der Neuenheimer Seite ein Haus gebaut hatte, besaß das Arbeitszimmer doppelte Länge und Fenster nach beiden Seiten des Hauses. Nahe dem Hauptfenster stand ein großer Schreibtisch, und auf ihm das Bild einer wunderschönen Frau: es war die Frau Heinrich Schliemanns, der Troja ausgegraben hat, eine Griechin. Sie trug den Schmuck, den der Gatte in den Ruinen gefunden und als Schmuck der Helena bezeichnet hatte. Es war zu merken, welch glühende Verehrung der alte Professor in seiner Jugend dieser Griechin entgegengebracht und was Troja für ihn bedeutet hatte.

Häufig und eine Zeitlang an jedem Sonntagmittag war ich Gast im Hause des Historikers Erich Marcks, dessen Verständnis für die Nöte und Kämpfe und für die Eigenart seiner Schüler ich viel zu danken habe. Das Heidelberger Museum bewahrt ein gut getroffenes Bild, in dem ich das klug beobachtende, zugleich aber so gütige Auge des Lehrers und Freundes wiedererkenne, bei dem ich in sechs Semestern einen in sich geschlossenen Überblick über die europäische Geschichte von der Reformation bis zur Epoche Bismarcks hören konnte. In den Übungen, die dem Kolleg entsprachen, kam es freilich auch zu Konflikten, weil seine Bismarcks Werk wie ein Naturereignis bewundernd hinnehmende unbedingte Zustimmung uns Schüler in Opposition brachte. Überraschend war die Zusammenstellung der vielen originalen Gemälde und Zeichnungen, die unser Professor von drei untereinander ganz verschiedenen, ihm aber befreundeten Meistern gesammelt hatte: Max Liebermann, Leopold von Kalckreuth, Ludwig von Hofmann.

Auf mein Studium gewann Marcks auch dadurch Einfluß, daß er beim mittelalterlichen Historiker, dem soeben von Bonn nach Heidelberg berufenen Karl Hampe, erreichte, daß ich schon im ersten Semester in dessen Seminar angenommen wurde, um mir eine gediegene wissenschaftliche Grundlage zu erarbeiten. Wir lasen im mittelalterlichen Latein den kämpferischen Briefwechsel zwischen dem Kaiser, dem Hohenstaufen Friedrich II., und dem Papst Gregor IX. und begriffen, wie sehr alle Geschichte auf Machtkampf gestellt ist. Karl Hampe war Bremer, Sohn eines dortigen Buchhändlers. Bei diesem war Anton Kippenberg, der Inselverleger, in der Lehre gewesen, d. h. er hat, wie er gern erzählte, so oft als möglich im Lager hoch oben auf einer der Leitern gesessen und in den aufgestapelten Büchern gelesen. Hampe war von Bremen her befreundet mit dem Nationalökonomen Schumacher und dessen Bruder, dem Architekten und Städtebauer, der in Städten wie Dresden, Köln und Hamburg so erfolgreich gewirkt hat. Als ich bei der üblichen Einladung der Studenten des Seminars nun nach dem schüchternen ersten Antrittsbesuch im Arbeitszimmer auch die anderen Wohnräume kennenlernte, war ich überrascht: da standen ganz moderne Möbel, die Fritz Schumacher für das Ehepaar Hampe entworfen hatte: ein Jugendstil ohne die damals üblichen ausschweifenden Ornamente und willkürlichen Formen, vielmehr architektonisch beherrscht und so von einer wunderbaren Ruhe.

Aber noch größer war meine Überraschung, als ich nun der jungen, erst vor wenigen Monaten mit dem älteren Professor vermählten Gattin vorgestellt wurde. Sie entsprach an Schlankheit und Blondheit so ganz dem Hohenstaufenideal, das der um ein Stück kleinere Gatte in seiner Liebe für eine der edelsten Epochen der deutschen Geschichte in sich trug: ich hatte kurz vorher auf einer Wanderung im Elsaß in Schlettstadt den nach einer über die Jahrhunderte wohl erhaltenen Totenmaske einer Äbtissin aus dem Hause der Hohenstaufen hergestellten Abguß gesehen. Die Ähnlichkeit mit Frau Lotte Hampe war so groß, daß ich wie vor einem Wunder stand. Es folgte die Geburt ihrer ersten Kinder Hermann und Dorothea, bis wir uns nach langer Pause wiedersahen und befreundeten. Wir waren fast gleichaltrig, aber natürlich war die junge Frau dem Studenten, an dem noch soviel zu erziehen war, weit überlegen. Von dem Hampeschen Haus im Neuenheimer Viertel machten wir weite Ausflüge, etwa durch das Siebenmühlental und die Wälder, und im Winter wanderten wir mit meinem Rodelschlitten an die fünf Kilometer auf den Kohlhof, um von dort in schneller Fahrt zu Tal zu sausen. Die Abende verbrachte ich gern im Hause Hampe. Carlo, wie wir den Hausherrn nannten, hatte eine klangvoll weiche Tenorstimme. Mit Vorliebe sang er, sich selbst begleitend, uns Schubertlieder vor, und ich konnte den ganzen Reichtum dieser die Dichtung zur Melodie erhebenden Kompositionen in mich aufnehmen. Es entwickelte sich eine Freundschaft, die noch heute, da beide verstorben sind, zwischen meiner Familie und allen Hampes besteht.

So nahe ich den drei entscheidenden Lehrern meiner Heidelberger Zeit, Henry Thode, Erich Marcks und Karl Hampe, auch stand, als Schüler im Sinne der unmittelbaren Nachfolge habe ich mich von keinem gefühlt. Ich halte es überhaupt für irreführend, wenn man das Schülerverhältnis zu einem bestimmten Hochschullehrer zu sehr betont. Der junge Student will ja nicht der Epigone seines Lehrers sein, sondern er will und soll in einem gewissen Gegensatz zu dessen Auffassung neue Wege suchen. Wir hörten bei Thode, aber wir lasen als das entscheidende Buch jener Epoche Heinrich Wölfflins »Klassische Kunst«.

Der Schweizer Wölfflin hatte, wie Jacob Burckhardt und der mir seiner Sprache wegen vorbildlich erscheinende Conrad Ferdinand Meyer, einen ausgeprägten Sinn für das Überpersönlich-Gemeinsame einer Epoche, das sich nicht nur formal, sondern auch in vieler anderer Hinsicht als ihr Stil kennzeichnen läßt. In diesem Erfassen der stilistischen Gesetze der Renaissance hat uns Wölfflins Gefühl für das Klassische in der Kunst Entscheidendes gegeben. Der Schweizer stand hier gemeinsam mit den genannten beiden Großen seines Volkes in einem Gegensatz zu der weitgehend alles auf die Persönlichkeiten und die einzelnen Charaktere stellenden Auffassung, die in Deutschland vorherrschte.

Als junge Historiker hörten wir Marcks, in dessen Büchern und Vorträgen der Zeitstil des Impressionismus – was meiner Auffassung nach einen Teil seiner Bedeutung ausmacht – in einer Weise sich ausdrückt, die von der wissenschaftlichen zur schriftstellerischen Diktion hinüberleitet. Diesem Streben nach Erkenntnis der überpersönlich allgemeinen Tendenzen einer geschichtlichen Epoche tat aber für uns vor allen Dingen Friedrich Meinecke Genüge. So sehr ich Erich Marcks' »fein persönlich«, wie er es nannte, charakterisierende Art schätzte, so müßte ich doch heute sagen: Wir hörten Marcks und lasen Meinecke.

Was sich freilich hier vorbereitete, das habe ich erst viel später und auf Grund oft recht bitterer Erlebnisse durchdacht und verarbeitet: Im Lauf des Weges durch drei Generationen lernte ich immer mehr begreifen, wie sehr über dem Persönlichen, das ich doch mit Goethe als ein Endziel begriff, ein Allgemeines und dadurch Überpersönliches, von Epoche zu Epoche Wechselndes steht. Man könnte es geradezu epidemisch nennen: Man denke an die Nazizeit und an die gegen Ende der sechziger Jahre unseres Jahrhunderts in der Jugend aufkommende gesellschaftskritische Art, die alles, als wäre vorher nichts gewesen, neu beginnen möchte. Dieser Art gegenüber hat mich der Weg, den ich in der Wissenschaft und in der Kunst in meiner Jugend ging, in der für den geistigen und künstlerischen Menschen so viel glücklicheren Epoche zu Anfang unseres Jahrhunderts gewarnt und gewappnet.

Übrigens war uns die Literaturgeschichte weit weniger wichtig als die Literatur. Am meisten wohl beschäftigte mich und einige Freunde die hymnische Kunst Stefan Georges, dessen Stern um die Wende des Jahrhunderts aufgegangen war. Aber erst jetzt wurde ich mit seiner Dichtung vertraut. Mein Freund, der Philosoph Hans Pichler, zeigte mir eines Tages, als wir schon auf unseren Sitzplätzen auf den Anfang des Kollegs warteten, das Wilhelm Windelband zur Geschichte der Philosophie hielt, den 1901 erschienenen Gedichtband »Der Teppich des Lebens«. Ich las die Verse der ersten Seite, mußte aber dann, als der Professor das Podium zum Katheder bestieg, den mit einer Art gotisierendem Ornament als »georgesk« gekennzeichneten Band zurückgeben. Als ich mir am späten Nachmittag meinen Tee machte, erinnerte ich mich an das Anfangsgedicht und begann, mir die Worte wie bei einem Puzzle-Spiel wieder zusammenzusetzen, obwohl doch die Sprechweise des Dichters höchst ungewöhnlich war:

> Hier schlingen Menschen mit Gewächsen, Tieren
> Sich fremd zum Bund umrahmt von seidner Franse …

Tatsächlich waren die Worte so zwingend gewählt und angeordnet, daß sich das geheimnisvolle Gedicht mir wieder formte. Es war einfach unmöglich, ein falsches Wort einzusetzen, so gefügt war die feierliche Ausdrucksweise bis zu der Lösung der Ornamentik nicht nur des Teppichs, sondern auch des Gedichtes, von der es im Schlußwort heißt:»Sie wird den Seltenen selten im Gebilde.« Am nächsten Tag besaß ich dann selbst den Band und begab mich in meinem Bemühen um die Sprache gleichsam in die Disziplin des Dichters, der dem billigen Epigonentum, das in der Lyrik herrschte, den granitenen Bau seiner Verse und ihrer geistigen Haltung entgegenstemmte.

In Weimar konnte mir dann Ludwig von Hofmann, der ebenso wie mit Gerhart Hauptmann auch mit dessen Antipoden Stefan George befreundet war, obwohl die beiden ihre Gegensätzlichkeiten gelegentlich scharf betonten, von dem rheinischen Dichter erzählen, der so aussah, wie man sich den Dante der Vita Nuova vorstellte, von deren Sonetten ich gerade für das Seminar meines Lehrers Karl Vossler einige übersetzt hatte. Aber Ludwig von Hofmann und später auch Eberhard von Bodenhausen erzählten mir auch von dem zwischen Stefan George und Hugo von Hofmannsthal schwebenden Konflikt, der nach Erscheinen des ersten Gedichtbandes des jungen Wieners entstanden war. Mir erschienen die Verse Hofmannsthals lebendiger als die des priesterlichen Poeten. Ich behielt auch hier viele davon im Gedächtnis, und als ich als Rektor der Freien Universität Berlin nach einer Überschwemmung in Oberitalien eine Morgenfeier zugunsten der im überschwemmten Gebiet liegenden Universitäten Pavia und Padua hielt, begann ich meinen Vortrag mit den die ganze Schönheit des südlichen Landes erfassenden Worten des Wieners:

> Wasser stürzt, uns zu verschlingen,
> Rollt der Fels, uns zu erschlagen,
> Kommen schon auf starken Schwingen
> Vögel her, uns fortzutragen.

> Aber unten liegt ein Land,
> Früchte spiegelnd ohne Ende
> In den alterslosen Seen.

> Marmorstirn und Brunnenrand
> Steigt aus blumigem Gelände,
> Und die leichten Winde wehn.

Und dann lebte ja in Heidelberg der Anwalt Alfred Mombert, dessen dichterische Visionen uns recht eigentlich erst die Pforte zu einer neuen Zeit und ihrer Sprache aufrissen.

Das Bild meiner Studienzeit wäre unvollständig, wollte ich es auf Heidelberg beschränken. Ich war zunächst nur für die ersten Semester in die nach Hölderlins Wort »ländlich schönste Stadt« Deutschlands gezogen, aber ich wurde ja nach dem Weggang Wilhelm Valentiners schon Assistent des Kunsthistorischen Instituts, weshalb es sich von selbst verstand, daß ich auch dort promovierte. Nur ein Semester, während dessen Henry Thode aussetzte, konnte ich benutzen, um wenigstens noch zwei andere Universitäten kennenzulernen: für die Zeit vor Weihnachten war es Straßburg mit dem Kolleg bei Georg Dehio, dessen Betonung der Architektur die Bevorzugung von Malerei und Plastik, wie Thode sie vertrat, ergänzte. Ich hatte das Glück, in geschlossener Reihe die Kollegs über die rheinischen Dome von Worms, Speyer und Mainz bei Dehio zu hören.

Unvergeßlich ist mir die Erinnerung, die ja oft am scheinbar Nebensächlichen haftet, an eine Vorlesung, bei der vom Tage vorher noch ein jugendliches Selbstporträt Rembrandts in großer photographischer Wiedergabe auf dem Tisch vor dem Katheder stand. Dehio, der schon sehr schlecht sah, dachte, es sei der Grundriß des Domes von Speyer. Nun erklärte er mit seiner schnellen, baltischen Sprechweise und zeigte, anfangs unter dem versteckten Lachen der übrigens nur wenigen Zuhörer, von oben mit der Hand auf den vermeintlichen Plan. Dann aber war alles gebannt: wie mußte dieser Mann mit dem Bauwerk vertraut sein, der auf dem gar nicht vorhandenen Grundriß alle Einzelheiten so klar anzugeben wußte.

Nach dem üblichen Weihnachtsaufenthalt bei den Eltern in Weimar fuhr ich für ein Vierteljahr nach München. Der Archäologe Professor Adolf Furtwängler, den ich schon in Heidelberg durch meinen Lehrer Duhn kennengelernt hatte, ließ mich zu seinem Kolleg über griechische Vasenmalerei noch zu. In der Pinakothek nahm ich an Übungen von Karl Voll teil und erlebte in ihm einen kritischen Gemäldekenner, der auf den Museumsberuf vorzubereiten wußte.

Mehrfach war ich auch in Berlin. In Weimar hatte ich mich mit einem Schüler Ludwig von Hofmanns, Rudolf Stumpf, dem Sohn des Psychologen und Philosophen an der Universität Berlin, befreundet, dessen Eltern mir dort während dieser Aufenthalte ein Zuhause bereiteten. Ich hatte in Heidelberg von Thode und Lichtwark, dem Direktor der Hamburger Kunsthalle, meinen ersten praktischen Auftrag erhalten, der im Zusammenhang mit der Vorbereitung der in der Nationalgalerie zu Berlin für 1906 geplanten Ausstellung stand, die noch heute unter der Bezeichnung »Deutsche Jahrhundertausstellung« als grundlegend für die Erforschung der deutschen Malerei des

19. Jahrhunderts gilt. Schon ein Jahr vorher ging man daran, überall in Deutschland aus öffentlichem und privatem Besitz Material hierfür zusammenzusuchen. Da Thode überbeschäftigt war, fiel es auf mich, in den Räumen des Kunstvereins eine Ausstellung der von mir zusammengebrachten Meister der Heidelberger Romantik zu veranstalten. Mit Hilfe älterer Künstler und Kunstfreunde hatte ich bisher meist unbekannte Bilder der Heidelberger Romantiker und dazu noch Frühwerke von Rottmann und von Trübner aufgefunden, so daß Heidelberg zu Lichtwarks und Tschudis Freude einen wesentlichen Beitrag zu der Jahrhundertausstellung nach Berlin schicken konnte. Die große Gesamtschau habe ich dann zum Teil mit Valentiner und Rudolf Stumpf gründlich studiert und meine Kenntnis der Kunst des 19. Jahrhunderts begründet, die mir in meiner späteren Tätigkeit immer wieder zustatten kam.

So endet das Kapitel über meine Universitätszeit mit dem Ausblick auf meine spätere Tätigkeit, für die sie mich vorbereitet hat.

Bayreuter Zwischenspiel

Um Wagner und Nietzsche
1903

Zu den überwältigenden Eindrücken von Bayreuth, so wie Richard Wagner – als ein Regisseur nicht nur der Kunst, sondern auch des Lebens – sie gestaltet hat, gehört bereits die Auffahrt zu dem entfernt von der Stadt gelegenen Ort der Aufführungen. Ich habe sie im Sommer 1903 noch mit Pferden erlebt – ebenso wie bald danach in Paris die Fahrt auf den Champs-Elysées und rund um den Arc de Triomphe. Auch als die beiden so eindrucksvollen Motive gesellschaftlicher Selbstdarstellung des alten Europa durch das Automobil modernisiert wurden, blieb mir die Erinnerung an die offenen Equipagen und das Geräusch der Pferdehufe im Gedächtnis eingeprägt, ebenso höre ich noch den Klang der Fanfaren, wie sie auch heute zur Aufführung rufen.

Man versteht, daß Wagner, als ihm die Idee kam, für sein musikdramatisches Werk eine geweihte Stätte zu schaffen, nicht an eine Großstadt dachte, deren Getriebe keine Weihe aufkommen läßt. Er hatte als junger Kapellmeister im Sommertheater zu Bad Lauchstädt dirigiert und hier, auf Spuren Goethes, empfunden, was es heißt, Theater an einer Stätte zu spielen, an die

58

der Lärm der Außenwelt nicht dringt. Er hat auch vorübergehend an Weimar gedacht, das aber doch mit festgelegten Erinnerungen zu sehr beladen war, als daß er hier hätte dominieren können. Schließlich war ihm das fränkische Bayreuth im Lande seines Gönners, des Königs Ludwig II. von Bayern, als der geeignete Ort erschienen, nach dem er mit der Unbeirrbarkeit seines Instinktes griff. Es lebte da als ein stimmungsvolles, aber längst schon verblaßtes Motiv die Erinnerung an die vergangene Herrschaft einer Seitenlinie der Hohenzollern und vor allem an die Lieblingsschwester Friedrichs des Großen, Wilhelmine, die mit dem vorletzten Markgrafen vermählt worden war.

Wer wollte, konnte auch an Jean Paul denken, der hier die Heimat seines Schaffens gefunden hat. Vor allem in der landschaftlichen Umgebung der so schön gelegenen Stadt schien die Erinnerung an den eigenartigen Zeitgenossen der Weimarer Klassiker lebendig. Es war, als höre man im Rauschen der Bäume sein Zauberwort: »Nun wimmelt die Welt und jedes Baumblatt ist ein Land der Seelen.«

Jetzt aber stand Bayreuth durch Gottfried Sempers einen neuen Stil der Theaterarchitektur verkündendes Festspielhaus und durch die Villa Wahnfried im Zeichen des großen Meisters Richard Wagner. Es wurde ein Festspielort, der sich auf ganz Deutschland beziehen ließ und doch in traumhafte Ferne vom Getriebe der industriellen Zeit entrückt war.

Diese Entrücktheit empfand ich, als ich im Jahre 1903, noch nicht neunzehnjährig, nach Abschluß meines ersten Semesters durch Vermittlung meines Lehrers Henry Thode – der ja als Schwiegersohn Cosima Wagners zu Bayreuth gehörte – eine Einladung zum Besuch der Festspiele erhalten hatte. Ich fuhr schon am Tage, ehe die Reihe der Vorstellungen für mich mit dem Rheingold begann, in die Stadt, gemeinsam mit einem wie ich in Heidelberg studierenden Neffen meines Lehrers und dem Sohn des berühmten Wagner-Dirigenten Hans Richter, der von London aus Europa mit der Kunst Wagners durchdrang. Wir waren ein seltsames Triumvirat, hatten überall Zutritt und waren auch in Wahnfried zu allerlei Veranstaltungen geladen. Aber ich muß gestehen, daß der Anblick der Ungeheuer und Märchentiere im Requisitenhaus mich nicht sehr respektvoll stimmte, und noch heute kommt mir das Lachen, wenn ich an den entsetzlichen Drachen denke und an unser beliebtes, den satten Reichtum der Zeit verspottendes Zitat:

> »Ich lieg' und besitz',
> laßt mich schlafen.«

Eine Freude für uns war die Meute der Jagdhunde, die von einem Fürsten – ich glaube, es war der von Wertheim-Löwenstein – für die Tannhäuser-Aufführungen zur Verfügung gestellt war. Als Weimaraner war ich freilich in Erinnerung an Goethes berühmten Theaterkrach gegen das Erscheinen aller

Sorten von Vierbeinern auf den »Brettern, die die Welt bedeuten«. Eine Entdeckung machte mir besonderen Eindruck. Ich war überwältigt von der Klangfülle, mit der die Stimmen und Instrumente eine so von mir nie erahnte akustische Wirkung erreichten. Nun sah ich bei einer unserer gewagten Kletterpartien in das Dach des Festspielhauses, daß hoch über dem Orchester eine Art Resonanzboden aufgehängt war. Es sah aus, als habe man eine riesengroße offene Holzkiste mit dem Boden nach oben in die Höhe eingepaßt, und der Sohn Richters, der hier vor der Musik sein Jurastudium völlig vergaß, erklärte uns, daß man gar nicht genug mitschwingendes Holz da anbringen könne, wo die Töne aufgefangen würden. Heute wird diese Erfahrung zugunsten von Glas, Eisen und Beton leider oft vergessen.

Über den von Wagner geschaffenen Begriff des Gesamtkunstwerks zu urteilen, fühle ich mich nicht berufen. Zwar ist mir persönlich Musik die unentbehrlichste aller Künste, ich genieße sie ohne Reflektion und genieße sogar, daß mir der fachmännische Zugang durch eigenes Können fehlt, wie ich ihn der Dichtung und der bildenden Kunst gegenüber habe. Aber irgendwie kam ich mir in Bayreuth geradezu schuldbewußt vor, weil in mir die richtige Begeisterung für Wagner nicht aufkommen wollte, trotz meiner Liebe zu Tannhäuser und den Meistersingern, vor allem aber zu Tristan und Isolde. Mir waren die Götter der Germanen bisher wie Naturkräfte erschienen. Ich vernahm und empfand sie in Donner und Blitz, aber auch in den Urgefühlen der Menschheit. Nun standen sie, intellektuell beschwert durch den Pessimismus Schopenhauers, auf der Bühne und ließen immer wieder Schönheit und Freude in Düsternis enden.

In der Pause der Walküre hatte mich Henry Thode mit einer jungen Dame bekannt gemacht, die in ihrer Hingabe an das Werk wie abwesend erschien. Wenn etwa der Sohn der Göttin Fricka, der herrlichen Sängerin und Regisseurin Reuß-Belce, der Kapellmeister werden wollte, ihr vormachte:

»Speermaid warst Du mir,
Gegen mich hobst Du den Speer…«

brachte er sie in Begeisterung. Ich aber wußte nicht, womit ich dieses schöne, jedoch vor allem, was nicht mit Wagner zusammenhing, verschlossene Geschöpf hätte gewinnen können. Daß sie sechs Jahre danach meine Frau sein würde – das konnte keiner von uns beiden voraussehen.

Ich hatte damals eine versonnene Epoche durchzumachen. Am nächsten Morgen war ich – für einen so jungen Studenten ungewöhnlicherweise – auf dem Friedhof gewesen. Siegfried Wagner hatte, als ich meinen Besuch im Haus Wahnfried machte, mir erzählt, er habe ursprünglich Architekt werden wollen und daher auch die Kapelle entworfen, in der Liszt auf dem Friedhof in Bayreuth beigesetzt sei. Da meine Großmutter, die mit ihrem Manne abwechselnd in Weimar und Bayreuth gelebt hatte, gern auf Liszt zu sprechen kam und da mir meine Mutter öfter erzählt hatte, daß er mich begrüßt und gestreichelt habe, als ich im Park von Weimar aus dem Wagen gehoben wurde, um zum erstenmal auf dem Erdbodcn zu stehen, wollte ich nun sein Grabmal sehen. Nachdenklich setzte ich mich auf eine hohe Grabplatte gegenüber dem Bauwerk. Als ich dann herabsah, um die Inschrift zu lesen, stand da der Name Johann Georg Raumer. Ich saß also auf dem Grab meines Großvaters und wurde von einem seltsamen Gefühl der Verbundenheit durchströmt. Diese Stimmung hielt an, als ich nach dem Ring den Parsifal hörte. Nachdem die letzten Klänge verhallt waren, ging ich nicht im Strom der Menge in die Stadt zurück. Allein lief ich in die freie Landschaft hinaus, lagerte mich auf einem Wiesenhang und hatte im Nachsinnen des eben Gehörten das Gefühl: das alles geht mich gar nichts an! Dieses Gefühl umschattete mich mit einer dunklen Traurigkeit, die aber irgendwie auch Eindrücken entsprach, die ich bei Jean Paul gewonnen hatte. Ich fühlte mich mehr in seiner als in Richard Wagners Welt, und das war mir ein Trost dafür, daß sich das Erlebnis, das ich im Festspielhaus von Bayreuth erwartet hatte, trotz allen Staunens bei mir nicht einstellen wollte. Da aber wurde mir nun doch das Wunderbare beschert: Wie es zu Anfang August üblich ist, öffnete sich der Himmel und sandte eine leuchtende Fülle feuriger Meteore herab, so daß ich in dem Anblick völlig aufging. Das Weltall sprach zu mir. Ich war nicht mehr traurig und ging beschwingt und wie gehoben durch die nun menschenleere Festspielstraße nach der Stadt zurück.

Es kamen auch Ereignisse gesellschaftlicher Natur, die mich zur Wirklichkeit zurückbrachten. An einem der Abende im Hause Wahnfried zog mich Frau Cosima in ein längeres Gespräch. Ich war ihr schon in Heidelberg bei ihrer Tochter Daniela Thode begegnet und war ja auch beim Aufbruch zur Universität von ihr an deren Gatten empfohlen worden. Im Grunde war ich für die Bestrebungen des Hauses Wahnfried, wenn ich auch wegen meiner jugendlichen Entrücktheit als reiner Tor gelten mochte, kein Gewinn. Aber die Hüterin des Erbes von Bayreuth mochte fühlen, daß ich eine große Verehrung für sie empfand, und vielleicht auch hoffte sie, daß meine Neigung zur modernen Kunst sich geben würde. Ich bin ihr seitdem noch bei einem zweiten Besuch der Festspiele und mehrmals in Heidelberg begegnet. Ich mochte ihr nicht verschweigen, daß ich in Weimar bei Nietzsches Schwester war, mit der sie sich zur Zeit von Wagners Bruch mit dem Philosophen für immer entzweit hatte. Fast habe ich mich nachträglich im Verdacht, daß ich bewußt die beiden Frauen gegeneinander ausspielte.

Cosima Wagner war im besten Sinne eine großangelegte Frau. Das scharf ausgeprägte Gesicht erinnerte an den Vater Liszt. Es war schön durch den inneren Stolz über ein Leben voller Erfolge, der ihm seine Überlegenheit gab.

Nach Wagners Tod hatte sie sich als Herrin von Bayreuth erfüllt, was ihr Wesen noch im hohen Alter so überragend erscheinen ließ. Der Stil der Geselligkeit im Hause Wahnfried hatte in seiner strengen, ganz auf Verehrung des Meisters und seiner Tradition gestimmten Form, obgleich so viele Künstler unter den Gästen waren, ein kühles, geradezu höfisches Gepräge. Öfter sprachen wir über Nietzsche. Seine Schwester, Frau Elisabeth Förster-Nietzsche, die gut zu erzählen vermochte, hatte mir ihren und ihres Bruders Besuch in Triebschen nahe Luzern geschildert, wohin Richard Wagner und Cosima von Bülow sich zurückgezogen hatten. Da war eine Erzählung aus der Perspektive der Küche zu hören: Frau Cosima hätte nichts vom Haushalt verstanden, die Köchin nur für reichliche Nebeneinnahmen für sich beim Einkauf gesorgt. Wagner hätte nie das zu essen bekommen, was ihm besonders geschmeckt haben würde. Nun nahm die kleine Pastorentochter Elisabeth sich des Haushaltes an. Es wurde viel gespart, trotzdem aber viel besser gegessen, und Wagner bekam seine Leibgerichte.

Frau Cosima dagegen erzählte mir, wie leuchtend und groß angelegt der Nietzsche jener Zeit gewesen sei und wie der Gegensatz zu seiner ganz anders gearteten Schwester ihn gequält habe. Er sei oft zu ihnen hereingestürzt und hätte gesagt: »Laßt mich nur eine halbe Stunde bei euch, die Dummheit des Lama (so wurde die Schwester genannt) macht mich noch rasend.« Dann habe sich Nietzsche an den Flügel gesetzt und fantasiert, und mir erzählte die Tochter Liszts und Gattin Wagners, sie, die doch alle berühmten Pianisten ihrer Zeit habe spielen hören, habe keines Menschen Kunst des Fantasierens am Klavier so sehr bewundert und geschätzt wie die Nietzsches. Er habe die Fähigkeit gehabt, sich voll und ganz in der Musik auszuströmen.

Frau Förster-Nietzsche wiederum erzählte mir später in Weimar vom Nachklang der Triebschener Wochen: Um die Weihnachtszeit sei Nietzsche – wie immer – zu seiner Mutter in ihren Witwensitz, das Dorf Röcken bei Lützen, gekommen. Es sei patriarchalische Sitte gewesen – in diesem Falle also matriarchalische –, daß alle Briefe, die am Morgen ankamen, beim gemeinsamen Frühstück vom Empfänger vorgelesen wurden. Dabei sei einmal eine schwierige Situation entstanden. Die Mutter Nietzsches, die noch ganz in alten Konventionen lebte, hatte nicht wissen dürfen, daß ihre Tochter Elisabeth bei Wagner in Triebschen gewesen sei, weil er doch – so wie man es damals nannte – in wilder Ehe mit der noch nicht geschiedenen Frau Bülows lebte. Zudem mußte man ihr verschweigen, daß der Liebesbund der beiden schon vor der Verheiratung durch einen Sohn gesegnet war. Ich höre Frau Förster-Nietzsche mit ihrer dünnen Stimme noch erzählen, daß nun ihr Bruder Wagners Schilderung seiner Weihnachtsfeier vorgelesen habe, darin es heißt: »Cosima hatte mir Siegfried unter den Christbaum gestellt.« Die

Mutter, Bösestes ahnend, fragte: »Wer ist Siegfried?« »Und da sagte mein Bruder«, so fuhr die Erzählerin fort, »den ich doch nie im geringsten von der Wahrheit habe abweichen hören, die einzige Unwahrheit, die ich von ihm kenne: ›Siegfried ist eine Gipsbüste‹.«

So verband sich für mich, wie später noch so oft in meinem Leben, Teilnahme an Ereignissen, die alle angehen, mit rein persönlichen Erinnerungen, die festzuhalten aber nicht ohne Sinn sein dürfte.

An der Schwelle einer neuen Zeit

Ferien in Weimar und Berlin

Die ersten Ferien sind wohl für jeden Studenten etwas ganz Besonderes. Er kommt als ein freier Mann in das gastliche Elternhaus, ihn schreckt nicht der Anblick der Schule, die einst so viel Zwang auf ihn ausübte. Und er gilt nicht mehr als Knabe, sondern als Herr. So ging es mir, als ich gegen Ende August des Jahres 1903 nach Abschluß meines ersten Semesters für zwei Monate in das Elternhaus kam. Ich war vorher zu den Festspielen in Bayreuth gewesen und noch voll von Erinnerungen an das Gehörte und Gesehene und an so viele berühmte Persönlichkeiten, denen ich dort begegnet war. Weimar aber fand ich ersichtlich verjüngt durch den Einfluß Henry van de Veldes und etwa auch des Malers Hans Olde, der die Kunstschule, gemeinsam mit dem zum Meister der Thüringer Landschaftsmalerei gewordenen Theodor Hagen, leitete. Zu ihnen gesellte sich als Dritter Ludwig von Hofmann, der zwei wesentliche Motive an der Kunstschule vertrat: Die große Tradition, die von Feuerbach über Hans von Marées zu seiner Kunst führte, und die Lichtmalerei, die er, gemeinsam mit Max Liebermann und Walter Leistikow, den Gründern der Berliner Sezession, dort unter Verarbeitung des französischen Impressionismus vertreten hatte, bevor er nach Weimar berufen wurde.

Mein Heidelberger Geschichtsprofessor, der allen Fragen der Kunst gegenüber als Sohn eines Architekten und als glänzender Schriftsteller so aufgeschlossene Erich Marcks, war mit Ludwig von Hofmann befreundet und hatte mir eine Visitenkarte mit einer sehr freundlich gehaltenen Empfehlung an den Meister mitgegeben. So ließ ich mich denn mit der Schüchternheit eines noch nicht Neunzehnjährigen durch den Pedell der Kunstschule bei ihm melden und wurde auch gleich in das große Atelier gerufen. Als ein echter Weimaraner Junge kannte ich natürlich schon viele Künstlerateliers: etwa das des noch zur Goethezeit geborenen Malers Carl Hummel, darin auf schweren Staffeleien große komponierte Landschaften standen, oder das Atelier von Christian Rohlfs, dessen künstlerische Begabung einst noch Theodor Storm entdeckt hatte, oder das von Albert Brendel, der den Stil der Schule von Fontainebleau nach Weimar gebracht hatte. In diesen Ateliers, deren schwarze Rollos meist ein gut Teil des riesigen Nordlichtfensters verdeckten, herrschte ein abgedämpftes Licht, aus dem weniger die Bilder als die goldenen Rahmen herausglänzten.

Ludwig von Hofmanns Atelier aber war von strahlender Helligkeit durchflutet, und aus weißen Rahmen, die ich hier zum erstenmal sah, leuchteten Bilder, deren Perlmutt-Glanz dem Licht die zartesten Töne abgewann. Ich fand nicht sofort zur konventionellen Sprache, so sehr stand ich unter dem Eindruck des Raumes und der hier aufgehängten Pastelle und großen Monumental-Entwürfe. Ludwig von Hofmann schien es ohne Unwillen zu bemerken, aber er gönnte dem Gespräch kein Wort über sein eigenes Schaffen und fragte nur nach meinen Lehrern Marcks und Thode. Er brachte die Unterhaltung ziemlich bald zu Ende, weil die Palette mit den ausgedrückten Ölfarben nach ihm zu verlangen schien.

Erfüllt von den Bildern, doch auch etwas niedergedrückt von der Reserviertheit dessen, der sie geschaffen hatte, ging ich nach Hause. Aber am nächsten Tag erwartete mich eine Überraschung. Wie einst in der Pennälerzeit war ich am späten Vormittag in das offene Schwimmbad am Schwansee gegangen, und als ich nun im Badehöschen zum Sprungbrett ging, um wie üblich mit einem Kopfsprung in das Wasser einzutauchen, stand ich plötzlich Ludwig von Hofmann gegenüber, der ebenso wie ich bekleidet oder, richtiger gesagt, unbekleidet war. Er verlangte zuerst von mir einen Kopfsprung, holte mich aber dann auf das Sonnenbrett, und nun unterhielten wir uns so frei und lebhaft, wie es zwischen sorgfältig gewandeten Personen kaum möglich ist. Er erzählte von Paris, freute sich meiner Bewunderung für Puvis de Chavannes, verlangte aber von mir, daß ich auch die sehr viel moderneren Fresken von Bonnard würdige, die er während seiner Pariser Studienzeit an der Akademie Julien kopiert hatte.

Er lud mich auch ein, ihn wieder zu besuchen und schenkte mir dann im Atelier eine seiner schönen Lithographien, sehr ähnlich den Motiven, die er zwei Jahre später unter dem Titel »Tänze« mit einem Vorwort von Hugo von Hofmannsthal herausgab. Bei späteren Besuchen, zumal bei ihm und seiner Frau Elli, Tochter des einst Bonner, dann Berliner Archäologen Kékulé von Stradonitz, wurde vor allem von Literatur gesprochen: Goethe und Homer erschienen geradezu gegenwärtig, Gerhart Hauptmann und Stefan George waren seine Freunde, was ich sehr verstehe, weil sie sein Urteil schätzten. Schon damals bekannten wir, daß für uns neben den Helena-Szenen im »Faust« kaum ein in deutscher Sprache geschriebenes Werk so klangvoll und zugleich anschaulich sei wie Goethes »Pandora«. Er hat dazu später Illustrationen geschaffen und hat für das Theater in Lauchstädt Kulissen und Figurinen zu diesem Werk entworfen, die zeigen, wie sehr in ihm ein Stück Goethescher Tradition weiterlebte. Durch Hofmanns lernte ich nun auch van de Veldes persönlich kennen, ihn, den kleinen und dunklen, durchaus romanisch wirkenden Wallonen, und sie, die blonde, dem Typus nach flämische Frau, deren Klavierspiel immer wieder entzückte.

Ins Nietzsche-Archiv kam ich erst im nächsten Jahr. Höchstens sah ich einmal die Schwester des verstorbenen Philosophen in einer offenen Mietskutsche über den Boulevard von Weimar, die Schillerstraße, fahren. Das sah so vornehm aus, daß ich die Weimaraner verstand, denen der Name Förster-Nietzsche zu bescheiden klang, so daß sie in gutem Glauben Frau Oberförster Nietzsche genannt wurde.

Vor allem aber liebte ich es, von Weimar aus zu wandern, und als das schöne junge Mädchen, das ich in Bayreuth so wirklichkeitsfern erlebt hatte, zu seiner Großmutter nach Weimar zu Besuch kam, erreichte ich während der Ferien im nächsten Frühjahr, daß es mit mir eine Maitau-Wanderung nach Tiefurt machte, bei der man, aus dem Wald heraustretend, dann in der Blickrichtung nach Osten den Sonnenaufgang erlebte, ein Schauspiel, das die Vogelstimmen symphonisch steigerten. Dann frühstückten wir mit dem guten Appetit der Jugend an einem der vor dem Schlößchen der Herzogin Anna Amalia bereitstehenden Tische und genossen den Blick auf den Park, der den Flußlauf der Ilm begleitet. Das landschaftliche und das Goethische Weimar wurden uns eines.

In den Jahren meiner Universitätszeit, zwischen 1903 und 1907, gab es viel abzustoßen: die ganze Maskerade, in der das historische Denken, das unsere Erziehung bestimmte, im Historizismus sein verzerrtes Spiegelbild gefunden hatte, den Standesdünkel, der den sozialen Ideen der Zeit seine engstirnigen Vorurteile entgegensetzte, die abwegigen Methoden, die mit ihrer Hinwendung zum Spezialismus den Weg zur Synthese versperrten. Aber all diesen Motiven standen Bewegungen gegenüber, die zumindest dem ersten Jahrzehnt unseres Jahrhunderts den Impuls gaben. Wenn ich mir vergegenwärtige, was es auf meinen eigensten Gebieten, also innerhalb der Künste sowie der geistesgeschichtlichen Zweige der Wissenschaft, an Anregungen gab, so erscheint es mir berechtigt, gerade deshalb, weil seither so vieles davon in Krieg und Leid zerrann, der Generation, die heute jung ist, zu erzählen, mit welchen Hoffnungen und Möglichkeiten das Jahrhundert begann.

Die Erlebnisse einer einzelnen Universität, wie ich sie in Erinnerungen an meine Heidelberger Studentenzeit geschildert habe, mögen immerhin in wesentlichen Zügen typisch erscheinen, trotzdem geben sie nur ein unvollkommenes Bild. Denn es war in jener Zeit nicht üblich, daß man sich örtlich beschränkte, und das Wort »Föderalismus« hätte damals niemand im Sinne einer Parole auszusprechen gewagt. Der Wetteifer, der zwischen den einzelnen Ländern Deutschlands bestand, war nicht einengend, die Wechselwirkung und der Blick auf ein über das Örtliche und auch über das Nationale erhobenes Ziel wies über jede Begrenzung hinaus. In dieser Einstellung war Weimar meiner Universitätsstadt Heidelberg entschieden überlegen, und auch in Darmstadt und Frankfurt, ja selbst in Mannheim, also im näheren Umkreis der Neckarstadt, trat die Gegenwart mit ihren Problemen und Anregungen deutlicher hervor als im Bezirk der Alma Mater.

Als ich zum Antritt meines Studiums nach Heidelberg fuhr und beim Halten des Zuges auf dem Bahnsteig den Namen »Darmstadt« las, warf ich in schnellem Entschluß, so wie ich es auf Reisen oft getan habe, die Koffer aus dem Abteil und unterbrach die Reise. Ich wollte mir die Holbeinsche Madonna im Schloß, vor allem aber die Künstlersiedlung mit ihren in Form einer Ausstellung erschlossenen Neubauten ansehen. Was ich dort an Neuem kennenlernte, schloß sich an das an, was in Weimar Henry van de Velde an Bauten sowie Graf Kessler an Ausstellungen moderner Kunst gezeigt hatten. Die Entwicklung der französischen Malerei von Manet bis Cézanne, die erste Ausstellung des damals wohl kaum über 25 Jahre alten Karl Hofer, Plastiken und Zeichnungen von Rodin, Bildwerke von Maillol, die lichte Farbenskala der Expressionisten, nicht zuletzt auch eine Ausstellung der Schriftkunst und Buchkunst, durch die mir zum erstenmal die Reform vertraut wurde, die von England aus der modernen Buchkunst ihr Gesicht geben sollte: das alles hatte ich in meiner Vaterstadt verarbeiten können. Ich erinnere mich auch, daß in der von van de Velde eingerichteten Wohnung des Grafen Kessler in der Cranachstraße in einem kleinen Kreis Gordon Craig Entwürfe für Bühnenbilder zeigte.

Was an einem solchen Tag angesichts der Bilder von Signac, Grosz und Rysselberghe gesprochen wurde, war, wie fast jedes Gespräch jener Zeit, dem van de Velde den Impuls und Ludwig von Hofmann die Bedachtsamkeit gab, so wertvoll, daß es die Entwicklung eines Studenten, der mit einigen Schülern van de Veldes dabei sein durfte, entscheidend bestimmt hat. Gerade deshalb war ich im Gespräch mit anderen Studenten oft überrascht, wie wenig sie von den geistigen und künstlerischen Ergebnissen der eigenen Gegenwart wußten.

Um so begeisterter genoß ich es, daß Berlin, wohin ich, wie erwähnt, während der Universitätsferien von Weimar aus mehrfach reiste, so viel

Gelegenheit bot, das Zeitgenössische zu erleben. Hier war mein in Weimar gewonnener Freund Rudolf Stumpf für mich der beste Führer in Ausstellungen, Aufführungen und Konzerte. Sein Vater, Carl Stumpf, war der Psychologe der Berliner Universität. Da er als Begründer der experimentellen Tonpsychologie nicht nur den Größen der Wissenschaft, sondern auch des Musiklebens nahe verbunden war, konnte es keine bessere Basis für die Auseinandersetzung mit Berlin zur Zeit seiner größten geistigen und künstlerischen Entfaltung geben als die Wohnung des Geheimrats Stumpf in der Augsburger Straße, einer Hauptader des damaligen Gelehrtenviertels. Dazu kam, daß Rudi Stumpf als angehender Porträtmaler die Interessiertheit des Berliners und sein Verlangen, überall »dabei« zu sein, in einer besonders intensiven Weise ausgebildet hatte und auch mich, ob ich wollte oder nicht, zu Berühmtheiten führte, wie zu dem Maler Lepsius oder zu dem Philosophen Paulsen und dem Historiker Schäfer, deren Namen ich bisher nur von Bücherrücken kannte.

Wenn wir ins Museum gehen wollten, wußte mein Freund Rudi genau, um wieviel Uhr wir in die Elektrische steigen mußten, um gemeinsam mit dem oder jenem Gelehrten oder gar mit Wilhelm von Bode zum Kupfergraben zu fahren, was auch einmal die sehr interessante Folge hatte, daß dieser uns mit in sein Büro nahm und uns neuerworbene Bilder zeigte. Meiner Erinnerung nach, die von einem Besuch im Jahre 1905 herrührt, sahen wir damals Bilder des altfranzösischen Meisters Simon Marmion, in denen naive Erzählerkunst und klare Gestaltung sich eindrucksvoll verbanden. Bode hatte in seiner überlegenen Art vom Kaiser verlangt, er möge an den Besitzer, den Fürsten Wied, schreiben, daß er seine Preisforderung ganz wesentlich herabsetze. Nun wartete er auf die Antwort. Als Kenner aller berühmten Persönlichkeiten zeigte mir Rudi Stumpf im Kaiser-Friedrich-Museum, als die Tür, die aus den Büros des Generaldirektors herausführte, sich öffnete, einen gewissen Duvine, den später weltberühmten Kunsthändler, der soeben aus Bodes Büro kam, ein Notizbuch herauszog und sich geschwind ein paar Aufzeichnungen machte. Er verstand es mit diebischem Geschick, die Kenntnisse Wilhelm von Bodes, die dieser im Gespräch herauszusprudeln pflegte, geschäftlich auszunutzen und mochte eben ein paar Namen und ein paar mindestens sechsstellige Zahlen aufnotiert haben.

Wir besuchten auch die Aufführungen des Moskauer Künstlertheaters, das damals in Berlin gastierte. In einer der Vorstellungen sahen wir den Kaiser, der sich zu diesem Behuf in russische Generaluniform geworfen hatte, was uns wie Maskerade erschien. Vom übrigen Publikum interessierte mich am meisten Maximilian Harden, dessen Zeitschrift »Die Zukunft« damals für uns tonangebend war. Er saß unterhalb der Kaiserloge, über deren Brüstung ein großes, der Kaiserin überreichtes Orchideen-Bukett hing, und wurde vom Publikum fast ebenso wie der Kaiser angestarrt, schrieb er doch die Kritik, durch die Berlin dann erfuhr, wie es zu reagieren habe – denn schon damals waren die Berliner, die doch sonst so schnell und originell im Urteil sind, der Zeitungskritik gegenüber folgsame Nachbeter, die sich vom Kritiker sagen ließen, wie sie zu urteilen hätten. In der Nachbarschaft von Stumpfs wohnten viele angesehene Professoren der Universität. Als wir einmal abends vom Theater nach Hause gingen, zeigte mir Rudolf Stumpf – was sich mir unvergeßlich einprägte – am hellerleuchteten Fenster des Hochparterres den feinen Gelehrtenkopf Adolf von Harnacks. Auch den größten Geiger jener Zeit, Joseph Joachim, lernte ich durch Stumpfs kennen und erinnerte ihn daran, wie er in Weimar zur Lisztfeier des Jahres 1901 in der Stadtkirche auf seiner berühmten Geige gespielt hatte, von deren Holz sein struppiger Bart, da, wo das Kinn das Instrument hält, den Firnis abgekratzt hatte. Er wurde bei der Erinnerung an diese Tage sehr ernst und drückte mir schweigend die Hand. Mutter Stumpf erzählte mir beim Nachhausegehen, es sei damals das erste Mal gewesen, daß er nach dem Tode seiner Frau wieder öffentlich gespielt habe. Ich erinnere mich auch, daß ihm mitten im Spiel der Bogen ausglitt, daß aber gerade das Wiederfinden und Aufsteigen der Melodie nach dieser jähen Unterbrechung einen erschütternden Eindruck auf mich gemacht hatte.

Die Atmosphäre des Stumpfschen Hauses war erfüllt von Geistigkeit und Musikalität. Wohl zum ersten Mal in Deutschland spielte dort vor einem großen Kreis der später berühmte spanische Klaviervirtuose Pepito Ariola als meiner Erinnerung nach etwa sechsjähriger Knabe. Der Gegensatz eines kindlichen Wesens von besonderer Anmut zu dem belastenden Ernst einer Begabung, für die der kleine Mensch noch nicht reif war, machte nachdenklich. Ich begriff, was es bedeutet hat, daß Mozart, der als Siebenjähriger mit seinem Spiel den fünfzehnjährigen Goethe entzückte, sich die Reinheit und Heiterkeit des Kindes durch ein so arbeitsreiches und oft so bitter schweres Leben bewahrt hat. Vater Stumpf war, wie es sich bei dem großen Tonpsychologen, der er war, von selbst verstand, ein ausgezeichneter Musiker. Es war hinreißend, sein Geigenspiel zu hören und dabei zu beobachten, wie der nachdenkliche Gelehrtenkopf beim Spiel den Ausdruck eines Künstlers bekam. In dem Jahr, als er das Regiment der Friedrich-Wilhelms-Universität führte, hat er mir den schweren Mantel, den der Rektor trägt und der im Theaterpomp des Empire aus rotem Samt mit reicher Goldstickerei hergestellt ist, um die Schultern gehängt, und ich spürte das Gewicht, unter dem Erich Schmidt, der mir von Weimar als der berühmteste Literarhistoriker jener Zeit und als Präsident der Goethe-Gesellschaft bekannt war, zusammenbrach. Daß ich einmal selbst eine Berliner Universität zu leiten und das Ornat des Rektors zu tragen haben würde, konnte ich damals nicht ahnen.

Einer unserer vielen Besuche führte uns auch in das Haus von Vater Stumpfs nahem Kollegen Wilhelm Dilthey, dessen Buch »Das Erlebnis und die Dichtung« auf die Auffassung meiner Generation von Wesen und Eigenart des dichterischen Schaffens einen entscheidenden Einfluß gehabt hat. Mein Freund und ich waren zur Teestunde geladen, und ich erinnere mich noch heute, zwei Drittel Jahrhundert später, an viele Einzelheiten des Besuches. Das Entscheidende dabei war für mich, daß ich dort zum erstenmal Walther Rathenau begegnet bin. Rathenau, der sich schon damals als Sohn Emil Rathenaus und einstiger Erbe der AEG wie auch als Erfinder und als Schriftsteller einen Namen gemacht hatte, galt als ein Mensch von wahrhaft prophetischem Blick, dem als sechster Sinn die Ahnung von kommenden Dingen eingeboren schien. Als Walther Rathenau das Zimmer betrat, schlank und elegant, wie Edvard Munch ihn gemalt hat, dazu mit einem versonnenen und zugleich schwermütigen Blick, der der Energie seiner Züge fast widersprach, stand er sofort im Mittelpunkt des allgemeinen Interesses, was ihm aber eher lästig als schmeichelhaft zu sein schien. Unseren Versuchen, ihn auszufragen, entzog er sich durch ein intensives Gespräch mit dem Hausherren über die Zusammenhänge des geistigen Lebens, wobei Rathenau mehr der Fragende, Dilthey mehr der Antwortende war. Klein und aufgeregt, mit einer hohen Stimme, die zu dem tiefen und ruhigen Bariton Rathenaus als Gegensatz erschien, glich er einem Derwisch, der letzte Weisheiten verkündet. Wir hörten staunend zu, aber der lebhaften Sabine Lepsius, der bekannten Malerin, die vor Rathenaus Kommen die Hauptperson am Teetisch gewesen war, fiel das nicht leicht, da sie gewohnt war, zu dominieren. Ihre mütterliche Stattlichkeit strahlte Behagen, aber zugleich auch Autorität aus. Es schien, als wenn eine Wolke von Feierlichkeit um sie gebreitet wäre. Das galt nicht so sehr der tüchtigen Malerin, die im Wetteifer mit ihrem Manne, dem Porträtmaler Reinhold Lepsius, Bildnisse malte; die Feierlichkeit, die um beider Namen strahlte, war bestimmt von dem erwählten Freunde Stefan George, dessen gekünstelte Lebensferne der Neigung jener Zeit entsprach.

Vor solchen Menschen, am Teetisch und zur Zeit der »blauen Stunde«, die nachdenklich und versonnen macht, hat Walther Rathenau dann die ihn anfangs umgebende Verschlossenheit ein wenig aufgelockert und von persönlichen Dingen gesprochen, soweit er, der alles auf große Zusammenhänge bezog, das Hineintragen privater Motive überhaupt für richtig hielt. So erzählte er damals, er habe lange Zeit geschwankt, ob er Maler werden oder Literaturgeschichte oder Naturwissenschaften studieren solle, ehe er sich für Mathematik, Physik und Chemie entschlossen habe. Unsere Entwicklung ginge den Weg der Technik. Dieser Weg müsse aber, solle er nicht unheilvoll werden, von solchen Menschen gegangen werden, die auch um geistige Dinge wüßten, deshalb habe er den Rat von Helmholtz befolgt und neben Physik auch Philosophie studiert. Aber er fühle immer mehr, daß die Zeit abgeneigt sei, ihre Probleme geistig zu verarbeiten. Darüber sprach er mit Dilthey. Der Philosoph war ernst geworden und vergaß seinem Partner zu opponieren, gemeinsam suchten sie den Gegner, den Rathenau im Typ des »Zweckmenschen« fand, dessen ungeistiger Realismus die beseelte Welt des Ideenmenschen bedrohe. Nicht Zwecke und Zweckerfüllung, wie die Politiker und Wirtschaftsführer gemeinhin denken, könnte uns zur Gesundung führen, es gehörten dazu lebendig wirkende Ideen, die über der Wirklichkeit ein höheres Sein errichten, für das zu leben und tätig zu sein sich lohne.

Erfüllt von solchen Problemen verließ ich mit Rudi Stumpf die Gesellschaft. Wir empfanden die Widerstände der Zeit, die uns jedoch müde und überholt erschienen. Aber wir beruhigten uns. Wir waren jung und glaubten, daß eine aufsteigende Entwicklung kommen müsse. Wozu beginne sonst eine Persönlichkeit wie Walther Rathenau seine Laufbahn.

Nürnberg

Alte Trachten und modernes Theater
1907–1909

Der Anfang meiner Museumstätigkeit, die ich kurz nach Ostern des Jahres 1907, zweiundzwanzigeinhalb Jahre alt, am Germanischen Nationalmuseum zu Nürnberg begann, sah so aus, als könnte ich von dem, was ich auf der Universität gelernt hatte und was mir durch das bestandene Doktorexamen bestätigt worden war, nunmehr so gut wie gar nichts gebrauchen. Neben den üblichen Fachkenntnissen wußte ich allerlei über Michelangelo und Leonardo da Vinci und war mit der niederländischen Malerei infolge einer ausgiebigen Studienreise vertraut. Über die mittelalterliche Architektur wußte ich mehr als die durchschnittlichen Kunsthistoriker, da ich das fast nur aus Zeichnungen bestehende Kollegheft eines in Karlsruhe Architektur studierenden Freundes gewissenhaft nachgezeichnet hatte. Auch hatte ich ja bei Dehio gelernt, wie man Architektur historisch betrachtet. Die Kunst der Goethe-Zeit war mir von Weimar her vertraut, die Kenntnis der weiteren Entwicklung im Verlauf des 19. Jahrhunderts verstand sich von selbst.

Nun aber wurde mir schon am ersten Tag neben meinem Schreibtisch ein ganzer Haufen muffig riechender Kleidungsstücke aufgestapelt und damit die Abteilung Trachten und Schmuck anvertraut, die endlich katalogisiert werden müsse. Ich hatte zwar vom Weimarer Theater her eine gewisse Ahnung vom Zeitstil der Trachten, auch über die Entwicklung der Moden, vor allem des weiblichen Geschlechts, zumal man in Weimar großen Wert auf die historische Richtigkeit der Kostüme legte. Vor diesen schwer datierbaren volkskundlichen Stücken war ich aber zunächst ratlos.

Ich hatte das Gefühl, als ob bei den älteren Kollegen eine gewisse Schadenfreude darüber herrschte, was wohl der Neuling mit all den Wämsen, Leibchen und Röcken anfangen würde. Gut, daß ich kurz vor einer Reise nach Frankreich den kenntnisreichen Bibliothekar des Germanischen Museums, Theodor Hampe, Bruder meines Heidelberger Lehrers, kennengelernt hatte. So ging ich denn zunächst zur Bibliothek und holte mir, von ihm beraten, einige Werke über mein neues Arbeitsgebiet, die ich auf dem Schreibtisch imponierend aufbaute. Es war zu merken, daß das, um mit Jean Paul zu reden, »satirische Grinsen« in den Nachbar-Büros geringer wurde. Und nun begann ich mit Hilfe alter Inventare Zeit und Herkunft der Trachten zu bestimmen. Gelegentliche Entdeckungen teilte ich dem zweiten Direktor Stegmann mit, der mir als zuständig für Kunstgewerbe und Hausrat den Auftrag gegeben hatte. Aber wirklichen Erfolg hatte ich erst, als ich bei einer Sammlung alter Strumpfbänder angelangt war und ein Paar in zartester Stickerei ausgeführte Stücke zeigen konnte; auf dem einen stand zu lesen: Que veux-tu la-bas? Auf dem anderen: Mon petit frippon. Das hatte man nicht geahnt, daß in der »Nationalen Anstalt«, wie das Museum gern genannt wurde, sich solche Frivolitäten befänden. Das Ordnen und Katalogisieren ging ziemlich schnell, und nun kamen die Direktoren auf die Idee, auch die recht bedeutende, aber seit Jahren vernachlässigte Textilsammlung des Museums, die Stoffmuster also, neu zu ordnen und den alten, in Buchform erschienenen Katalog darüber zu ergänzen.

Sehr bald befreundete ich mich mit dem Kustos Walter Josephi, der soeben begonnen hatte, die Skulpturensammlung, den Ruhm des Museums, in einem umfassenden Katalog der Wissenschaft zu erschließen. Er bat mich, das Korreferat für den entstehenden Katalog zu übernehmen, und wenn ich morgens in mein Büro kam, standen neben neu aufgehäuften Kleidungsstücken und Textilien jeweils drei Skulpturen, und ich mußte Josephis Beschreibung durchlesen. Er nahm es keineswegs übel, wenn ich ihm eine Änderung vorschlug, vielmehr hat gerade unsere gemeinsame Arbeit eine noch lang über die Nürnberger Zeit hinaus dauernde Freundschaft begründet.

Nicht so leicht war es, den hinter meinem Vorzimmer der Verwaltungsabteilung still für sich arbeitenden Direktor Gustav von Bezold zu erwärmen.

Er war von Haus aus Architekt und war zu der Zeit, da die historisierende Neigung des 19. Jahrhunderts auch bei Neubauten die Verwendung alter Stilformen bevorzugte, für die Geschichte der Architektur ausgebildet. Meinerseits hatte ich ihn dadurch gewonnen, daß ich vor meinem Dienstantritt die Hauptstätten der nordfranzösischen Baukunst und Skulptur des Mittelalters aufgesucht hatte. Er war damals gerade auf den Gedanken gekommen, die durchaus einzigartige Sammlung wissenschaftlicher Instrumente des Museums zu ordnen. Um auch seinerseits an dem Neuankömmling teilzuhaben, beauftragte er mich, ihm dabei zu helfen. Ich war überrascht, welch reiche Kenntnis er sich auf einem so schwierigen Gebiet angeeignet hatte, und freute mich, anhand der Objekte davon zu profitieren.

Noch einer Arbeit möchte ich gedenken, weil sie eine Vorgeschichte zu meiner Freundschaft mit Ernst Ludwig Kirchner ist, der von Jugend an eine besondere Vorliebe für den Holzschnitt der Dürer-Zeit gehabt hatte. Unter den gedruckten Katalogen befand sich ein solcher über die im Museum befindlichen Holzstöcke Nürnberger Herkunft. Ich fragte nach dem Verbleib der Originalplatten. Es mußte lange gesucht werden, bis man endlich auf dem Boden eines der vielen Gebäude des Museums die Sammlung fand. Ich ließ einen großen Teil der Holzstöcke in einer alten Nürnberger Druckerei durch Bürstenabzüge wieder lebendig werden und stellte in einigen Tischvitrinen die Stöcke mit den Abzügen aus. Viel später, als ich in Frauenkirch bei Davos Kirchner besuchte, hat er mir erzählt, daß er diese Sammlung gesehen und daß sie ihm eine entscheidende Anregung gegeben habe. Wir waren eben beide aus derselben Generation, und zum Wesen des Expressionismus, zumal des deutschen, gehört unter den graphischen Künsten vor allem der Holzschnitt.

Für mich war ganz Nürnberg ein Museum. Es traf sich zur Erwerbung von Kenntnissen günstig, daß damals die beiden Hauptkirchen der Stadt unter zwei ausgezeichneten Architekten mit entscheidendem Wissen einer Wiederherstellung unterzogen wurden; zumal von dem erfahrenen Leiter der Arbeiten an St. Sebald, Professor Joseph Schmitz, habe ich viel gelernt. Man bekommt ein anderes Verhältnis zu einem Bau, wenn man um und in ihm auf Leitern und Gerüsten herumklettern kann und mit Sachkennern debattieren, welche falschen Ergänzungen und welches unnötige Beiwerk zu beseitigen sind und wie die Wiederherstellung zu erfolgen hat. Ich konnte mit jeder die Architektur und Plastik betreffenden Frage zu dem erfahrenen Restaurator kommen. Er zog dann gern seinen einstigen Schüler Schulz heran, dem die Wiederherstellung von St. Lorenz anvertraut war. So erinnere ich mich, daß unter den Kollegen des Museums ein Streit der Meinungen über das niedersächsische Bauernhaus entstanden war. In einer alten Überlieferung hieß es, daß zwischen den roten Ziegelsteinen sichtbares Balkenwerk mit Ochsenblut gestrichen und damit gegen die Einflüsse des Klimas, zumal im Küstengebiet, geschützt worden sei. Ich konnte mir nicht denken, daß Ziegelrot mit Blutrot zusammengestellt worden sei. Von der Schule her hatte ich eine Erinnerung an chemische Vorgänge, die eine Farbe ins Komplementäre verändern können. Ich trug das Professor Schmitz vor. Er bestellte mich für den nächsten Tag, und als ich kam, standen vor der Bauhütte zwei Eimer neben einem frisch gehobelten Brett. Der eine Eimer enthielt rotes Ochsenblut und der andere Kalk, und die Mischung ergab eine wunderbare grüne Farbe, die man sich sehr gut im Gefüge von Backsteinen denken konnte. Das Experiment hatte über das Theoretisieren gesiegt.

Mehr und mehr fühlte ich mich in Nürnberg heimisch. Ich wohnte in dem alten Haus des schriftkundigen Humanisten und Schreibmeisters Neudörffer, also unmittelbar unter der Burg, auf deren Altan ich zur Zeit der Dämmerung gern stand und auf die Stadt hinabschaute, deren Kirchen wie große Schiffe mit Türmen als Masten sich über den Dächern und dem Rauch erhoben. Ich hielt diese Stimmung in einem Gedicht fest, das – 1907 entstanden – für die damalige Zeit vielleicht kennzeichnend ist:

»Denke der Terrasse auf der hohen Feste,
Wo wir oft gestanden, stille Abendgäste.
Unser Meer begrüßend sahen wir die Gassen
Unter Dunst und Schwaden zittern im Erblassen.

Breiter Kirchendächer ausgespannte Lasten
Zierten sich mit Türmen wie mit leichten Masten.
Zwischen weitverzerrtem Lärm ins Hafendrängen
Schlugen sie die Stunden mit bestimmten Klängen.

Und wir blieben lange, bis die Nacht sich senkte,
Die den Glanz der Tiefe nebelweich verhängte.
Des Altanes Rampe schien nun frei zu gleiten,
Trug uns wie mit Rudern durch die Dunkelheiten.«

Einmal erlebte ich, wie die schöne und so gefestigt erscheinende Stadt von der Katastrophe einer Überschwemmung bedroht wurde. Freunde aus der Heidelberger Zeit hatten mit mir im Herrenkeller nahe St. Lorenz Frankenwein aus Bocksbeuteln getrunken, und wir gingen nun aus irgendeiner Laune erst in der Nähe des Henkerstegs über die Brücke zum Seewalder Teil der Stadt. Da hieß es auf einmal, die Pegnitz steige, und schon schäumten die Wogen des sonst ruhigen Flusses drohend auf, und die Brücke, die wir eben überschritten hatten, wurde überspült. Als in einem gegenüberliegenden Haus die Gänse von dem schmalen Vorhof in die Bel-Etage gebracht wurden, erklang noch ein Lachen aus der schnell sich ansammelnden Menge. Aber dann kam der Kadaver eines ertrunkenen Kalbes herangeschwommen, Balken und Bretter folgten. Die Gänse wurden aus dem ersten Stock ins Dachgeschoß gebracht. Wir selbst hatten gar nicht gemerkt, daß unsere Schuhe schon von den Wellen umspült wurden, und gingen nun rückwärts, das ansteigende Wasser beobachtend, den Markt hinauf, dessen Läden nahe der Brücke schon unter Wasser standen. Die Stadt war in all den Teilen, die zum Tal ihres Flusses gehörten, überschwemmt, und immer neue Flutwellen hielten den hohen Wasserstand noch lange, so daß ich zwei Tage später sah, wie ein an ein Haus heranfahrender Kahn einen Sarg aufnahm – ein düsteres Bild, dessen Tragik die Hilflosigkeit der Menschen gegenüber den Naturgewalten sichtbar machte. Das Wasser ist, wenn es einmal seine Fügsamkeit verliert, ein böser Feind. Als es zurückging, war doch der Schlamm geblieben und hatte viele der Waren, vor allem Stoffe und Lebensmittel, verdorben. Noch sehe ich Ballen von durchnäßtem Tuch und große runde Glasbüchsen voll zerweichter Süßigkeiten in der Sonne trocknen. Aber erstaunlich schnell wurden die Schäden, die das Wasser angerichtet hatte, beseitigt.

Für den Fremden, der nur für einige Tage die Sehenswürdigkeiten des Ortes besuchte, mochte die Stadt ein Stück Vergangenheit sein. Wer dort dauernd lebte, der empfand, wie sehr die Lebensluft dieser einstigen Hochburg der Kunst und des Handwerks von dem industriellen Getriebe der Gegenwart erfüllt war. Ich befreundete mich mit einem Ingenieur, der beauftragt war, die Lichtanlagen für den Bahnhof den Anforderungen des ständig wachsenden Verkehrs anzupassen. Wenn ich dann mit ihm und meinem Kollegen Josephi im Roten Hahn beim Mittagessen saß, erzählte er uns mehr aus seiner Welt, als wir ihm aus unserer der Vergangenheit zugewandten Tätigkeit mitteilten.

Die Mutter eines jungen Historikers, der mit mir bei Erich Marcks studiert hatte, wußte noch aus der Frühzeit der Industrialisierung zu erzählen: etwa, wie Schuckert für die Durchsetzung der Elektrizität tätig war, und wie klein und bescheiden er in Nürnberg begann. Als er einmal einige Freunde einlud, gab es kaum halb so viel Gläser wie Gäste im Haus, und sie wurden zwischendurch immer neu gespült, damit jeder bewirtet werden konnte.

An einen anderen Zweig der Nürnberger Industrie erinnerte der Zedernwald, dessen Holz für die Bleistifte der Firma Faber verwendet wurde. Ich tanzte wohl auch mit einem schönen Fräulein Faber, das von den Leutnants der Nürnberger Chevaulegers belagert wurde, denen die Annäherung eines Zivilisten geradezu unerlaubt schien.

In der Nähe der alten Mauthalle, also nicht weit vom Germanischen Museum, war ein Hauptsitz des Hopfenhandels, und in der Umgebung der Stadt sah man ganze Felder mit den hohen Stangen, an denen die Hopfen

Die Nürnberger Burg, um 1928

rankten. Wie gut das Bier des Frankenlandes, speziell das Nürnberger Bier, zu sein vermag, erfuhren wir, wenn bald nach Pfingsten der Verwaltungsrat des Germanischen Museums tagte und der Baron Tucher als sein Mitglied im Hof des Museums zum Frühschoppen Tucher-Bräu und die kleinen Nürnberger Bratwürste servieren ließ, die auf Sauerkraut in historischem Zinngeschirr gereicht wurden. Nürnberg hatte viele Spezialitäten, vor allem die Lebkuchen und von nicht eßbaren Dingen das Spielzeug. Die Zinnsoldaten meiner Jugend stammten von einer Nürnberger Firma.

Völlig unerwartet war mir, daß Nürnberg entscheidende Theatererlebnisse bieten würde, zunächst durch Josef Kainz, dann durch Frank Wedekind. Von einer Reise nach Oberitalien, Budapest und Wien zurückkehrend, kaufte ich mir auf dem Münchener Hauptbahnhof eine Nürnberger Zeitung und las nun, daß am nächsten Tag Kainz dort als Hamlet gastieren würde. Alle Versuche, noch eine Karte zu bekommen, schlugen fehl. Aber nachdem ich ihn kurz vorher in Wien als Mephistopheles und davor schon in Weimar als Tasso erlebt hatte, mußte ich den großen Schauspieler einfach sehen. Ich rief den Intendanten an und hatte das Glück, mit seiner ebenso liebenswürdigen wie schönen jungen Frau verbunden zu werden. Die Antwort war: »Aber kommen Sie doch in unsere Loge.« So konnte ich denn, gleichsam zwischen Zuschauerraum und Bühne schwebend, das geniale Spiel des großen Schauspielers, der als Darsteller zugleich sein eigener Regisseur war, verfolgen.

Besonders fiel mir etwas auf: In Shakespeares Drama kommt vor, daß die dem Zuschauer bereits bekannte Tatsache der Erscheinung des toten Königs noch einmal erzählt, also wiederholt wird, was dramaturgisch nicht ohne Bedenken ist. Kainz als Hamlet aber stellte sich nicht etwa, passiv anhörend, vor die beiden jungen Offiziere Horatio und Curatio hin, vielmehr inszenierte er, darin als Schauspieler noch den Dichter korrigierend, ein ganz neues Spiel. Den Horatio ließ er, gleichsam aus dem Hintergrund, das erzählen, was der Zuschauer ja schon wußte. An Curatio aber vergegenwärtigte er sich erschauernd: dieser so natürlich und harmlos aussehende junge Offizier hat einen Geist gesehen, und fast war es, als ob er im Banne der Erzählung als Zeuge des Ungeheuren nun vor ihm Grauen empfände. Als wir dann mit dem Intendanten und Kainz und einigen seiner Nürnberger Kollegen in einer Weinstube beim Frankenwein saßen, konnte ich nicht umhin, Kainz zu sagen, ich hätte auf der Bühne zwei Kreidekreise aufgemalt gesehen. In einem auf der linken Seite hätte Horatio, im anderen auf der rechten hätte Curatio gestanden. »So, haben's das bemerkt«, war die Antwort. »Die beiden waren doch in der Probe nicht zu bewegen, sich zu trennen, wie ich es für meine Szene brauchte. Sie wollten immer wie ein Zwillingspaar nebeneinanderstehen, wie es sich nachher für Rosenkranz und

Güldenstern gehört, die nie bloß einer sind. Und da hab' ich ihnen halt die Kreise hingemalt, damit meine Szene in Ordnung käme.« Mir erscheint diese Erinnerung der Aufzeichnung wert, da sie in sich ein Stück Theatergeschichte bedeutet.

Meine Überraschung über Kainz steigerte sich noch. Am Abend griff ich nach meiner schönen Hamlet-Ausgabe, die auf den linken Seiten den englischen Text hat, auf den rechten die Übersetzung von Ludwig Tieck, um noch einmal die Szenen der Geistererscheinung zu lesen. Ich erschrak, als ich an die Stelle kam, wo Hamlet kniend vor der Erscheinung des Geistes die Worte ausstößt, die englisch und deutsch so aufgereiht sind: Fürst, Vater, Dänenkönig. Ich hatte aber den Klang der Stimme des so wunderbar sprechenden Kainz noch im Ohr und sah vor mir das Bild seiner geschmeidigen Gestalt: Er hatte die Worte umgestellt. Kniend und verhaltend sagte er: Fürst, Dänenkönig… Dann hob er die Arme, sprang auf und schluchzte und flehte zugleich das Wort: Vater. Ich kenne kein besseres Beispiel dafür, daß der Schauspieler, wenn er ein gestaltender Künstler ist, es sogar vermag, noch über die Dichtung hinauszuschreiten.

Im Ausgleich zu dem mit großen Mitteln arbeitenden Theater der Stadt, dessen jährlicher Höhepunkt stets eine Aufführung der Meistersinger war, mit sorgfältig gemaltem Hintergrundprospekt in der Schlußszene, auf dem die Nürnberger die Ansicht ihrer Stadt mit Genugtuung erkannten, stand das von Missenharter geleitete Intime Theater. Hier konnte man vor allem Ibsen und Strindberg sehen. Das wichtigste Ereignis meiner Nürnberger Zeit aber waren die Gastspiele von Frank Wedekind, mit dem ich nach der Aufführung in dem nahe gelegenen Herrenkeller beim Frankenwein saß. Mich irritierte dann freilich zweierlei: Einmal die Durchsetzung mit Moral, die bei Wedekind, auch wenn sie auf den Kopf gestellt schien, doch immer wieder zu spüren ist, und noch mehr die Tatsache, daß die beste Schauspielerin des Theaters, die in ihrem ganzen Wesen so reizvolle Gussy Holl, in unserer Runde war und so schön und amüsant erschien, daß man sogar den Dichter, in dessen Stück sie soeben gespielt hatte, darüber vergaß. Missenharter, dem Nürnberg verdankte, daß es in der Kunst nicht provinziell blieb, hatte eine reizende Art, sich zu freuen, wenn seine Freundin bewundert und gefeiert wurde. Vor allem aber verstand er es, Wedekind zu feiern. Man merkte dem Dichter nach der Aufführung die Erschöpfung an. Er hatte ja nicht eines anderen Rolle gespielt und nun wieder aus ihr herausgefunden; er hatte seine eigene Dichtung Leben werden lassen und das gegeben, was sein Denken bestimmte. Wir sprachen darüber mit jenem endgültigen Ernst, wie man ihn nach einem tiefen Erlebnis empfindet. Es war für mich nicht überraschend, daß Wedekind am nächsten Morgen im Germanischen Museum erschien, um einmal ganz in der Stadt Dürers zu sein.

Es wäre undankbar, nicht auch von den Töchtern der Stadt zu sprechen. Mir gegenüber, in der Straße, die zum Burgberg ansteigt, konnte ich zwischen den Blumen im Fensterbrett schon bald nach meiner Ankunft ein junges Mädchen beobachten, dessen Züge in erstaunlicher Weise an die Madonnen und heiligen Frauen der Altäre aus der Zeit vor Dürer erinnerten. Da wir uns vom zweiten Stock zum zweiten Stock freundlich grüßten, wäre es unritterlich gewesen, wenn ich nicht versucht hätte, sie kennenzulernen. Weil ich ihr aber nie begegnen konnte, so sehr ich es versucht hatte, schnitt ich mir eines Abends einen kräftigen Haselzweig und einige Stecken. Zu Hause machte ich mir einen Bogen und schnitzte einen Pfeil, an den ich einen kleinen Brief und ein vorher erstandenes Schmuckstück heftete. Der Pfeil traf – und wir trafen uns auch. Aber es war nur ein kurzes, der Romantik der Stadt entsprechendes Abenteuer, denn sie mußte bald danach ihr so wohlgepflegtes Blumenfenster anderen überlassen und ihrer ausgewanderten Familie nach Kanada folgen, in ein Land, das von Albrecht Dürer und Hans Sachs kaum etwas weiß.

In einer ehrlichen Selbstbiographie darf auch die Anklage nicht fehlen, und so muß ich bekennen, daß die nur für so kurze Zeit gewonnene Liebe meiner Nürnberger Nachbarin sehr viel echter und tiefer war als das, was ich ihr gegenüber zunächst empfand. Für ein junges Mädchen, das sein Herz erschließt, ist der Freund, dem sie es schenkt, der Eine und der Einzige. Aber für den jungen Mann, der sich, in meinem Falle sogar mit Pfeil und Bogen, ein Herz erobert, ist die Geliebte nur ein Erlebnis von vielen. Das merkte ich schon wenig Tage, nachdem ich von Bärbel, denn so wurde sie genannt, erfahren hatte, wie kurz nur der Traum unserer Liebe dauern dürfe.

Ich hatte in meinem Büro ein Buch liegenlassen, darin ich am Sonntag lesen wollte. Und so ging ich schnell über den Markt und die Pegnitzbrücke in das Germanische Museum, das ich, da der Büroeingang ja geschlossen war, von der für das Publikum bestimmten Seite betrat. Und wer stand vor mir, als ich durch den Kreuzgang zu den Büros eilte? Es war meine Freundin, der ich nun, denn das Buch war vergessen, die Stätte meiner Arbeit zeigen konnte. Ich habe in meinem Leben gar viele Menschen in gar vielen Städten und Ländern durch Kirchen und Museen geführt, aber kaum je habe ich die gleiche Intensität empfunden, mit der meine junge Nürnbergerin sich mit der Kunst ihrer Stadt vertraut machte, ohne selbst zu ahnen, wie sie den Madonnen und heiligen Frauen glich, die im Museum aufgereiht standen. Bisher war ich daran gewöhnt, daß mir in Schule und Universität von meinen Lehrern der Wissensstoff erklärt und dargeboten wurde. Jetzt aber, vor Bärbels leidenschaftlichen Fragen und den schauend geöffneten Augen des wirklich sehr schönen Geschöpfes, wurde ich aus einem Aufnehmenden in einen Gebenden verwandelt, mußte ich doch besonders, was ich über die Kunst der alten Meister, vor allem über Dürers Wesen und Schaffen nur irgend im Bewußtsein hatte, vor ihr ausbreiten, die in den wenigen Wochen, die uns noch blieben, recht eigentlich erst zum Kind ihrer Heimat wurde. Am nächsten Tag schon trafen wir uns gegen Abend vor St. Lorenz, und ich ging mit ihr in die nahe Kunsthandlung, um ihr die wohlgesinnten Bruckmannschen Photographien nach Dürerschen Gemälden zu schenken, und bei jeder künftigen Begegnung war zu merken, wie sie die Werke Dürers in sich verarbeitete. Sie beachtete sehr genau, wie er sein gelocktes Haar gepflegt haben mußte, aber nicht aus Eitelkeit, sondern weil er, der die Passion des Heilands wie kein anderer darzustellen vermocht hat, in seinem Aussehen immer mehr und immer ernster Christus ähnlich wurde. Sie konnte so über Dürer sprechen, daß ich gelegentlich meinte, er müsse jetzt nahe dem Tiergärtner Tor aus seinem Hause heraustreten, völlig ungleich allen anderen Menschen, die in den Straßen der Stadt einhergehen.

Aus ihrer fraulichen Art heraus begriff sie auch den Realismus des Meisters und zugleich seine Fähigkeit, schon in kaum mehr als einer Menschenhöhe über der Erde in der Region des Himmels zu sein, da, wo die Engel schweben und wo die Gottesmutter gekrönt wird. Ihr Sich-Hineinleben in die Welt Dürers, die für sie mehr und mehr auch die Welt Nürnbergs war, erreichte seine Höhe, als ich ihr als Gabe für ihre Zukunft jenseits des Ozeans das Marienleben Dürers in die feingliedrigen Hände legte. Sie bewunderte den Wirklichkeitssinn des Meisters in der Maserung des Gebälkes und in der aufgerissenen Mauer des Stalles von Bethlehem. Ein Hundchen machte ihr besonderen Spaß. Von Blatt zu Blatt begriff sie immer mehr, wie nahe doch dem Irdischen das Himmlische ist.

Am Tage vor ihrer Abreise trennten wir uns bitter schwer. Sie sagte mir, daß ich immer bei ihr sein würde, daß es aber nicht gut wäre, wenn wir uns schrieben. Mehr als vierzig Jahre nach unserem Zusammensein, als das Dunkel der düstersten Zeit Deutschlands sich wieder gelichtet hatte, besuchte mich im Rektorat der kaum erst gegründeten Freien Universität Berlin ein Professor, der an einer Kunstschule in Kanada lehrte und mir erzählte, den Weg seines Lebensberufes hätte ihm die Mutter gewiesen, und immer wieder hätte sie betont, was unsere so kurze Nürnberger Freundschaft ihr gegeben habe.

Aachen von Gestern –
Rheinland von Morgen

1909–1911

Wie mannigfaltig in ihrer landschaftlichen Lage und in der Eigenart ihres von der geschichtlichen Aufgabe her geprägten Wesens sind die Städte Deutschlands! Die Hansestädte mit ihren weltoffenen Häfen, die Brückenstädte an den Strömen und Flüssen, die geschäftigen Marktstädte, die am Rande der Gebirge den Segen der Wälder, die Kraft der Bäche und die Schätze des Bergbaus nutzen, und die Vororte des Handels an den Kreuzungen des Netzes der Straßen. Wie die Deutschen selbst sind auch ihre Städte ausgeprägte Individualitäten; das erfaßt wohl jeder, der von Zeit zu Zeit den Standort seines Berufes wechselt.

In Nürnberg hatte ich mich, da ich selbst ein Viertel Franke bin, nicht fremd gefühlt. Nun aber wachte ich, bei Dunkelheit angekommen, zum ersten Mal in Aachen auf, das meine neue Wirkungsstätte werden sollte. Ich schlenderte in früher Morgenstunde durch die mir noch fremden Straßen, die mit ihren schmalen Fassaden, an deren Türen die blankgeputzten Messinggriffe glänzten, fast schon an Holland erinnerten. Und dann hörte ich, an eine Baugrube herantretend, die nahe der Kuranlage gegraben war, von unten eine herzhafte Stimme rufen: »Da müssen wir eben ein paar Stippen einschlagen.« Ich horchte auf, war ich auch schon sechs Jahre vom Gymnasium, wußte ich doch noch, daß stipes auf lateinisch der Pfahl heißt. So hatte sich also durch zwei Jahrtausende aus der Zeit, als hier die Römer saßen, im Volksmund dieses Wort ihrer Sprache erhalten. Im Weiterschreiten sah ich eine Schar von Kindern, die sich angefaßt hielten und, langsam im Kreise schreitend, sangen:

Der König von Rom,
Napoleon sein Sohn,
Der war noch zu klein,
Um Kaiser zu sein.

Wieder also ein Stück Geschichte, das mich das Besondere meiner neuen Heimat empfinden ließ. Die Vorliebe Napoleons für die Residenz Karls des Großen, der von hier aus tausend Jahre vor dem Korsen Europa beherrscht hatte, erklärt sich daraus, daß der Franke dem Korsen das große Vorbild war. Als ich kurz danach im Museum meinen Dienst antrat, und der Direktor mich durch die Sammlungen führte, war da auch ein pomphaftes Porträt des Kaisers Napoleon im Krönungsornat zu sehen, das er der Stadt Karls des

Großen geschenkt hatte. Das Museum, als dessen Direktorialassistent ich so früh schon berufen wurde, war in dem stattlichen Haus der Familie Suermondt zusammen mit den Resten ihrer bedeutenden Sammlung niederländischer Kunst untergebracht worden. Der Direktor Schweitzer, ein hartkantiger Alemanne, war in bezug auf den Ausbau der Werkstätten, die ja auch im Germanischen Museum zu Nürnberg so viel bedeuteten, ein bewährter Museumsfachmann. Tischlerwerkstatt, Buchbinderei in Verbindung mit der bedeutenden Kupferstichsammlung und photographisches Labor funktionierten hervorragend, und auf diesen Gebieten gab es bei ihm so manches zu lernen. Er hatte einzelne in sich geschlossene Sammlungen aufgebaut, etwa die des Kanonikus Bock für kirchliche Kunst, die ihr an geschlossene, bedeutende Abteilung für frühmittelalterliche Textilien und kirchliche Gewänder sowie eine Abteilung rheinischer Keramik. Aber es bestand nur eine durchaus provinzielle Abteilung für die neuere Kunst. Auch trat die Bedeutung Alfred Rethels, des nahe bei Aachen geborenen großen Meisters der Monumentalmalerei, im Museum viel zu wenig hervor. Das Museum bestand aus lauter Einzelgruppen und stellte in sich keine Einheit dar.

Mir wurde eine Reihe von Abteilungen anvertraut: In Fortsetzung meiner Nürnberger Tätigkeit die Katalogisierung der für das frühe Mittelalter ungewöhnlich reichhaltigen Textilsammlung, die Ordnung der niederländischen Bilder, zu der es noch mancher Vorstudien bedurfte, sowie die Bearbeitung der graphischen Sammlung, die mir recht viel Mühe bereitete, weil ich hier noch viel zu lernen hatte. Mit der Leitung dieser Abteilung hing zusammen, daß ich auch am Sonntagvormittag Dienst für die Besucher der graphischen Sammlungen hatte, die dann kamen und Auskünfte wollten. Dafür hatte ich meist den Montag frei, fuhr Sonntag mittag etwa nach Brüssel, um dort am Montag zu arbeiten, oder aber in die Eifel zu lohnenden Ausflügen in dem landschaftlich so eigenartigen Gebiet.

Zum Trost für mich und die überreiche Beschäftigung, die mir auferlegt war, wurde im Verlauf des Sommers noch ein zweiter Assistent, Kurt Zoege von Manteuffel, angestellt, mit dem mich bald eine nahe Freundschaft verband. Ihm wurde die Katalogisierung der flämischen Bilder anvertraut. Er bekam also ein in sich geschlossenes Arbeitsgebiet, das er dadurch erweiterte, daß er in Aachen seine Studien über Alfred Rethel begann. Er hat sich später als Direktor des Kupferstichkabinetts in Dresden als Kenner flämischer Kunst sowie auch durch seine Arbeiten über den großen Aachener Historienmaler bewährt. Als das Verhältnis zu dem recht eigenwilligen, der Kunst der Gegenwart gegenüber schroff ablehnenden Direktor für uns beide manche Schwierigkeiten mit sich brachte, haben wir uns gegenseitig getröstet und geholfen, aber gerade durch diese unsere Übereinstimmung den Zorn des vereinsamten Direktors noch mehr gesteigert.

*Edwin Redslob
in seinem Arbeitszimmer,
Aachen, 1909*

Gegen mich brach er aus, als ich eines Montags, an meinem freien Tag also, nach Düsseldorf gefahren war, um dort eine bedeutende Ausstellung moderner Meister zu besuchen. Am Dienstag früh fand ich meine Entlassung vor: wegen ungeziemender Beschäftigung mit Experimenten moderner Malerei, die mit Kunst nichts zu tun hätten. Ich erinnere mich an den Wortlaut nicht mehr genau. Aber bei der Auseinandersetzung, die ich, das erstaunliche Dokument in der Hand, mit meinem Chef führte, fielen ähnliche Worte, die ich, dem Wesen des Erinnerns nach, das Klang und Tonfall oft sehr genau bewahrt, noch im Ohr habe. Ich merkte aus dem Gespräch, in dem der Direktor meine sofortige Annahme der Entlassung zu erpressen suchte, daß das Recht nicht auf seiner Seite war. Durch Vermittlung des mir wohlwollenden, mit meinem Direktor freilich sehr wenig gutstehenden Baurates der Stadt, dem ich mich anvertraute, erreichte ich noch am selben Tag eine Aussprache mit dem Oberbürgermeister Veltheim, und das Ergebnis war dieses: Obwohl ich durch meine Anstellung erst nach einem Jahr Beamter geworden wäre, hatte der Direktor kein Recht, mir ohne Anhören der Museumskommission, deren Vorsitz das Stadtoberhaupt führte, zu kündigen. Der Oberbürgermeister aber konnte diese Frist verkürzen, und ich schied von ihm nach feierlichem Handschlag als unkündbarer Beamter der Stadt.

Der Freudensprung, den ich auf dem Flur des würdigen Aachener Rathauses tat, hatte aber einen anderen Grund. Ich hatte nicht nur meinen Direktor besiegt, sondern auch den Vater einer sehr schönen Tochter in Wiesbaden, deren Verlobung mit mir er sich widersetzte, solange ich nicht eine Stellung hätte, die seine Tochter für immer sicherstellen würde. Es war jene junge Dame, mit der mein Lehrer Henry Thode mich während einer Pause auf dem Hügel von Bayreuth bekannt gemacht hatte, und der ich seitdem immer wieder und immer lieber in Weimar begegnet war, wo ihre Großmutter eine Zeitlang in demselben Haus wie die meine wohnte. Da auch das Gehalt in der mir zukommenden Beamtenstufe nun mehr betrug als während der Probezeit, konnte ich schon im Juli nach wenig mehr als einem Vierteljahr Tätigkeit in Aachen nach Wiesbaden fahren und auf einem Rheindampfer die Verlobung feiern, der schon im Herbst die Hochzeit in Weimar folgte.

Als junges Paar blieben wir zwei Jahre in Aachen. Ich hatte südlich der Stadt gegenüber dem Gut Eich eine schöne Wohnung gefunden, die wir uns mit alten Möbeln unserer beiden Familien und mutigen Ankäufen bei Antiquaren im Rheinland, in Belgien und Holland behaglich einrichteten. In leuchtendem Kontrast zu den antiken Stücken und dem dunklen Flügel hing eines der wohl schönsten Bilder unseres neugewonnenen Freundes Heinrich Nauen, einen blühenden Baum am Flußufer darstellend. Dazu kamen Bilder von Christian Rohlfs, einem der führenden Meister des deutschen Expressionismus, die damals freilich zu dem üblichen, auch Anfängern im Sammeln von Kunst zugänglichen Preis von vierzig Mark für ein großes Aquarell, bis hundertfünfzig Mark für ein Ölbild zu erwerben waren. In einem solchen Fall darf man wohl einmal mit Preisen renommieren. Ein Teil der Möbel kam noch aus meiner Nürnberger Junggesellenzeit, ein Teil kam aus Wien. Der Großvater meiner Frau, Louis Hardtmuth, hatte sie in den vierziger Jahren des neunzehnten Jahrhunderts herstellen lassen. In gewissem Sinne freilich waren wir gar keine richtigen Sammler. Wir suchten nur alles, was wir brauchten, so schön wie möglich zu bekommen, auch Silber, Porzellan und Glas.

Es fand sich für uns bald ein Freundeskreis. Der aus Weimar stammende Professor Schmidt-Burg lehrte als Kunsthistoriker an der Technischen Hochschule und war, wie wir, auch für moderne Kunst interessiert. Mit der einzigen Tochter des schon lange verstorbenen Sammlers, nach dem unser Museum hieß, mit Elsie Suermondt, wurden wir vertraut. Ihr Vater, der wohl einer der besten Kenner niederländischer Kunst gewesen war, die es je gab, hatte eine bedeutende Sammlung angelegt. Es gibt keinen Kunstkenner, dem diese Werke nicht vertraut sind: Glanzstücke, wie die sogenannte ›Kirchenmadonna‹ und der van Eyck zugeschriebene ›Mann mit der Nelke‹ oder wie die ›Malle Babbe‹ von Frans Hals und ›Die Dame mit dem Perlenhalsband‹ von Vermeer van Delft gehören in diese Reihe. Er hatte für einen Verwandten gutgesagt, der in wirtschaftliche Schwierigkeiten geriet, und rettete ihn dadurch, daß er seine Sammlung opferte. Er verkaufte sie nach Berlin, wo sie noch heute einen wesentlichen Grundstock der Gemäldegalerie darstellt. Als ich vor einer Reihe von Jahren ein umfassendes, aus Vorlesungen an der Freien Universität Berlin hervorgegangenes Werk über die Berliner Gemäldegalerie verfaßte, habe ich im Verlauf der Arbeit immer wieder gestaunt, mit welchem sicheren Gefühl der Aachener Sammler Suermondt es verstanden hat, Werke höchsten Ranges aufzuspüren, aufgrund seiner Kenntnis deren Meister festzustellen und sie für seine Sammlung zu erwerben. Eine ungewöhnliche Kennerschaft war die Voraussetzung. Aber noch eins: ein Gefühl für Farbe und Licht, das den Impressionismus vorausahnte. Das gleiche bewies Suermondts bester Schüler Wilhelm Bode, der bereits in der Generation der Impressionisten geboren war. Irgendwie sieht, forscht und entdeckt ja jeder echte Kunstfreund mit den Augen seiner eigenen Zeit. Wenn Bode etwa im Hause Suermondt die Bedeutung von Frans Hals erfaßte, der vorher gering geschätzt wurde, und hierüber im Jahre 1870 seine Doktorarbeit schrieb, so ist das ein Beispiel dafür, wie aus der Verbundenheit mit der Kunst der eigenen Zeit Werte der Vergangenheit neu entdeckt werden. Die Tochter, Elsie Suermondt, war eine eindrucksvolle Persönlichkeit, was sich auch in ihrer stolzen und stattlichen Erscheinung ausdrückte. In ganz Aachen sprach man damals davon, daß sie auf Gut Heidchen, wo sie lebte, mit einem angreifenden Schwan, dessen Flügelkraft hingereicht hätte, sie zu erschlagen, »mannhaft« einen Kampf bestanden hatte. Mit ähnlicher Energie stand sie dem Leben gegenüber, zu selbständig wohl, als daß die Einfügung in eine Ehe ihr gelegen haben würde. Von ihr habe ich noch viel von der Tradition des Hauses Suermondt und seiner Sammlungen erfahren. Auch hat sie mir in einem mit rotem Damast ausgeschlagenen Zimmer, dessen dunkel leuchtende Wände den wirkungsvollen Hintergrund zu einer kostbaren Sammlung von frühen Delfter Fayencen bildeten, über dieses Gebiet manches beigebracht.

Eines der am schwersten zu meisternden Probleme der menschlichen Gemeinschaft besteht darin, daß sie in Hinblick auf die zeitliche Gebundenheit vielschichtig ist. In Aachen hatte ich Gelegenheit zu beobachten, wieviel Mittelalter noch das Wesen und vor allem das religiöse Gefühl der Massen bestimmte. Das trat deutlich bei der alle sieben Jahre sich wiederholenden Aachener »Heiltumsfahrt« zutage, deren eine ich miterlebte. Sie hatte ihren tiefen inneren Grund nicht zuletzt darin, daß den gläubigen Menschen das Verlangen erfüllt, über die Gegenwart und ihre Streitigkeiten hinaus ein überzeitlich gültiges Verhältnis zur Religion zu gewinnen. Als Protestant mußte ich mich in diese Auffassung, die im Reliquienkult gipfelt, erst hineindenken, um so mehr, als der oberste Geistliche des Aachener Stiftes, der Prälat Bellesheim, mir die Aufgabe anvertraute, die Ausstellung des berühmten Domschatzes des Münsters während der Wochen der Heiltumsfahrt zu übernehmen. Reliquien sind eine Angelegenheit des Glaubens. Selbst wenn man der Forschung recht gibt, die feststellen muß, daß die Verzierungen an dem in Aachen gezeigten linnenen Kleid der Jungfrau Maria die Herkunft des Gewandes aus dem hohenstaufischen Mittelalter beweisen, bleibt doch das religiöse Empfinden der Pilger bestehen, welche die Nähe des Göttlichen greifbar erleben wollen. Vom Vater hatte ich die Lehre empfangen, als nach Einweihung der katholischen Kirche in Weimar Gassenjungen in den Weihkessel gespuckt hatten: »Man soll nie das Pietätsgefühl des anderen verletzen.«

Die gläubige Menge sank in die Knie, wenn unter hymnischen Klängen hoch oben vom Turm des Münsters die »Heiltümer« gezeigt wurden, außer dem Kleid Mariä noch, obwohl es fast wie eine Herausforderung erschien, die »Windeln Christi« sowie das »Schürz- und Lendentuch des Gekreuzigten« und das »Tuch von der Enthauptung des heiligen Johannes des Täufers«.

In der von mir aufgebauten Ausstellung, die photographisch festgehalten wurde, um auch später wieder genauso gezeigt zu werden, traten die Reliquien als solche zurück hinter der Fassung, welche die höchste und edelste Entfaltung der Goldschmiedekunst ihnen gegeben hatte. Da stand der Marienschrein, 1238 vollendet, zur Aufbewahrung der genannten großen Heiligtümer in der Blütezeit der mittelalterlichen Kunst, ein Dom in Gold! Ein zweiter Schrein enthielt die Gebeine des heilig gesprochenen Kaisers Karl des Großen; seine Büste, in Edelmetall getrieben, mit kostbaren antiken Gemmen verziert und mit der bei Krönungen gebrauchten Krone bedeckt, ließ den Herrscher gegenwärtig erscheinen. Auch andere Erinnerungen an Karl den Großen konnten gezeigt werden, Schwert und Jagdhorn und sein auf Pergament geschriebenes Reliquiar, dessen Deckel im sechzehnten Jahrhundert eine noch gotisch gestaltete Goldschmiedeplastik erhielt. Dargestellt ist Gottvater, der durchaus an den Kaiser denken läßt. Die Darstellung des Thronenden zeigt, wie nahe verwandt die Gottesidee und die Kaiseridee im Mittelalter waren.

Die Größe der geschichtlichen Tradition offenbarte sich mir, als ich einmal in früher Morgenstunde in dem für den Zustrom der Besucher noch nicht geöffneten Münster vor dem Thron stand, auf dem die deutschen Könige bis hin ins sechzehnte Jahrhundert gekrönt wurden. Ich hatte die durchaus nicht frivole Empfindung, daß der steinerne Thron mir etwas offenbaren würde, wenn ich das Alleinsein benutzte und einmal den Sitz des Herrschers einnähme. Der Thron befindet sich auf der dem Altar gegenüberliegenden Seite, aber nicht zu ebener Erde, sondern auf der Empore. Seine Stufen sind von längszerschnittenen Säulen vom Palast Theoderichs des Großen aus Ravenna geformt. Nun denke man sich mein Staunen: Wenn man, wie es bei der Krönung geschah, die Mittelstücke der vor dem Platz des Königs auf der Empore errichteten Gitter sich entfernt dachte, ruhte für den Blick des in hieratisch-strenger Haltung Thronenden der architektonische Bogen über dem im Erdgeschoß errichteten Altar genau auf den Eckpfeilern der seitlich vom Thron stehengebliebenen Bronzegitter. Der neugekrönte Herrscher hatte dadurch die Kontrolle, daß er in völlig aufrechter Haltung seinen Ehrensitz einnahm. Auch die kleinste Wendung seines Kopfes hätte die perspektivische Einheit, die zwischen dem Thronenden und dem Altar bestand, zerstört. Die Haltung des Gekrönten wurde also von der ihn umgebenden Architektur bestimmt.

Von dem Erlebnis mittelalterlicher Denkart, das Aachen mir brachte, war ich so erfüllt, daß ich ganz in der Geschichte und in der Kunst des deutschen Mittelalters aufging und hier ein Hauptgebiet meiner wissenschaftlichen Arbeit sah. Zunächst entstanden einige spezielle Aufsätze, und noch 1922 gab ich von Berlin aus aufgrund weit zurückreichender Vorarbeiten einen Band ›Deutsche Goldschmiedeplastik‹ heraus. Als es in der zweiten Hälfte der dreißiger Jahre für einen von den Nationalsozialisten Entlassenen immer schwerer wurde, ein Buch zu veröffentlichen, erschien noch unter dem Titel ›Dome in Gold‹ eine kleine Arbeit als letzte Erinnerung an meine Aachener

Zeit. Sie ist den Schreinen des Mittelalters im Gebiet von Maas und Nieder-
rhein gewidmet, bis hin zu dem in Marburg bewahrten Schrein der Heiligen
Elisabeth.

Über soviel Mittelalter war die Gegenwart keineswegs vergessen. In Düsseldorf blühte der Sonderbund, in Bonn war der Ordinarius für Kunstgeschichte der Universität und Konservator der Rheinlande, Paul Clemen,
von der Bedeutung Henry van de Veldes durchdrungen, und der Assistent
des Museums, Walter Cohen, war nicht nur ein erprobter Kenner der Kunst
der alten Niederländer, sondern er machte uns – denn auch meine Frau war
hier besonders interessiert – mit seinen Freunden Heinrich Nauen und
August Macke bekannt. Nauens Wesen hatte bei aller aufgeschlossenen
Freudigkeit des Augenmenschen zugleich etwas von Geheimnis und Ahnung
Erfülltes. Er lebte in einer alten Wasserburg, Schloß Dilborn bei Brüggen,
nahe der holländischen Grenze. Schon im Jahre 1910 erwarben wir eines
seiner schönsten Bilder, die schon einmal erwähnte Landschaft, gemalt im
nahen Belgien, deren blühender Baum vor dem blauen Fluß und der grünen
Wiese uns noch heute mit Lebensfreude erfüllt. August Macke, der hoch-
gewachsene Westfale, offenbarte bereits durch sein strahlendes Wesen und
seine innere Heiterkeit das Einzigartige seiner Kunst.

In Rheinland-Westfalen lernte ich etwas kennen, was im Gegensatz zu
meiner Thüringer Heimat stand: Die Thüringer Städte sind durchaus Einzel-
wesen, eine jede ganz auf ihre Geschichte gestellt, die für Weimar, Erfurt,
Gotha und Apolda völlig verschieden ist. Wer aber im nordwestdeutschen
Industrieland lebt, der empfindet sehr bald, daß dort eine viel engere Beziehung von Stadt zu Stadt besteht. Die Städte gehen ineinander über, und wer
in einer von ihnen zu Hause ist, der ist es, so groß auch die Verschiedenheit
zwischen Bonn, Köln, Düsseldorf und Essen sein mag, im ganzen Gebiet.
Das empfanden wir auch in Aachen, und so wurde ich in das moderne
Kunstleben durch den Sonderbund, der in Düsseldorf seinen Sitz hatte, und
durch eine Vortragsorganisation für Rheinland-Westfalen hereingeholt, die
mich nicht nur in dem ja doch etwas abgelegenen Aachen, sondern zugleich
in Düsseldorf und Köln, in Soest und Hagen zu Hause sein ließ. Das gab eine
enge Verbindung, die vor allen Dingen in Hagen für mich von Bedeutung
wurde, weil ich dort Freundschaft mit dem Manne schloß, der als Kunstfreund aus seinem rheinisch-westfälischen Heimatgefühl noch weit über das
hinausging, was mir Eberhard von Bodenhausen während meiner Heidelberger Zeit gegeben hatte.

Karl Ernst Osthaus war der Sohn und Erbe eines durch seine Bedeutung
für die westdeutsche Industrie angesehenen Bankiers zu Hagen in Westfalen.
Von seinen Einnahmen hatte er, seiner Neigung zum geordneten Verteilen

entsprechend, ein Zehntel zur Erfüllung seiner Leidenschaft für moderne Kunst bestimmt. Er hatte sich zunächst für seine naturwissenschaftlichen Sammlungen, dann aber für seinen Kunstbesitz mitten in der Stadt ein eigenes Museum bauen lassen, von einem preußischen Baurat, dessen ideenloser Schematismus ihm aber so mißfiel, daß er mit kühnem Griff den großen Neuerer Henry van de Velde mit dem inneren Ausbau des Hauses beauftragte. Van de Velde schuf die weihevolle Vorhalle, in deren Mitte der Brunnen des belgischen Bildhauers Minne stand, dessen unterlebensgroße Figuren den Raum weit größer erscheinen ließen. Im Erdgeschoß und im oberen Stockwerk schlossen sich daran die Säle für die Kunstsammlungen, die auf vielen Gebieten Einzelstücke von besonderer Qualität, vor allem aber eine Gemäldegalerie enthielten, in der der französische Impressionismus wie auch die deutsche Kunst der neueren Zeit vertreten waren. Außerdem hatte Osthaus auf einem Grundstück des großen ihm gehörenden Geländes von van de Velde für sich und seine Familie, deren Kinder noch jung waren, den »Hohenhof«, das vielleicht schönste Wohnhaus aus der Epoche des Jugendstils errichten lassen. Das »Stirnband«, wie dieser Geländeteil hieß, wurde dann noch weiter ausgebaut, so daß hier der städtebaulich wahrlich nicht schönen Stadt Hagen eine Siedlung vorgelagert wurde, die ein vorbildliches Beispiel für moderne Baukunst gab. Peter Behrens und der Maler Thorn-Prikker hatten hier Häuser errichtet, die sich der Landschaft gut einfügten und einen weiten Ausblick in die Ferne boten. Diese Einbeziehung des Städtebaues in die Landschaft, aber auch der Landschaft in den Städtebau war das große, neue Motiv, das in späterer Zeit für Rheinland-Westfalen kennzeichnend wurde. Einer der ersten, der es klar erkannte, ist Karl Ernst Osthaus gewesen, und gerade hier war im Verkehr mit ihm Entscheidendes zu lernen. Es war aber auch das Persönliche dieses Mannes und seiner Familie, was mich anzog. Osthaus war ein Hüne aus westfälischem Geschlecht, über zwei Meter groß. Bei Veranstaltungen im Sonderbund zu Düsseldorf oder beim dortigen Werkbund oder bei einer der alljährlichen Tagungen der deutschen Museumsdirektoren, die er mit sachlichem Eifer besuchte, ragte sein Kopf über alle anderen empor.

Kurz nach meiner Aachener Zeit war die Zehnjahrfeier des Folkwang-Museums, zu der ich, gemeinsam mit Gustav Pauli, von Bremen nach Hagen fuhr. Wilhelm von Bode hatte in seiner durch die Größe der eigenen Arbeit entschuldbaren herrischen Art den Berliner Museumsbeamten die Teilnahme an der Feier untersagt, und gerade das hatte mich veranlaßt, hier nicht abseits zu stehen. Die einzelnen Reden der Veranstaltung habe ich vergessen, aber noch sehe ich durch den Vortragssaal den überlebensgroßen Hausherrn und an seiner Seite Frau Osthaus hereinschreiten, die in ihrer Schönheit und mit dem leichten Lächeln auf den Lippen ganz so aussah, als käme eine der in den

Wandbildern Ghirlandajos in der Kirche von Santa Maria Novella zu Florenz gemalten, auf der Höhe des Lebens stehenden patrizischen Frauen zu uns herein. Diese Feier war kennzeichnend für die innere Festlichkeit, die den Veranstaltungen jener kulturell gehobenen Zeit das Gepräge gab.

Es bestanden aber auch noch andere Verbindungen für mich mit der modernen Kunst. Meinen in Aachen gewonnenen Freund Edwin Suermondt, einen Großneffen des berühmten Sammlers, veranlaßte ich zu einem gemeinsamen Besuch bei Nauen, dem Meister der Koloristik. Noch beim Halten des Autos vor dem alten Schloß Dilborn sagte er, auf die Bäume im Park hindeutend, nicht ohne Spott: »Lauter Motive!« Und kaum hatten wir den als Atelier benutzten Raum betreten, als genau das eben in der Natur Erschaute als Bild, noch naß vom Malen, auf der Staffelei stand. Es dauerte jedoch nicht lange, so war Edwin Suermondt für den Maler gewonnen und gab ihm den Auftrag, den Saal der ihm gehörenden Burg Drove mit Wandbildern zu schmücken. In rhythmischem Wechsel von Ruhe und Bewegung schuf Nauen einen in sich geschlossenen Zyklus, aus dem mir ein Bild der Ernte, eine Amazonenschlacht und das Toilettenzimmer einer Dame in Erinnerung sind. Es sind Hauptwerke der in Parallele mit den Meistern der »Brücke« und den »Fauves« entwickelten niederrheinischen Malerei jener Epoche.

Ein besonderer Vorteil von Aachen war, daß es so günstig für Reisen in das westliche Europa lag. Oft waren wir, zumal während dort eine Rubens-Ausstellung gezeigt wurde, in Brüssel, noch öfter in den holländischen Städten. 1910 fuhren wir nach Paris, wo Wilhelm Uhde und Julius Meier-Graefe unsere Führer waren. Wilhelm Uhde, dessen Wesen Zartheit und Vornehmheit reizvoll verband, war einer der international entscheidenden Wegbereiter der modernen Kunst. Er erschloß uns Picassos damals kubistische Epoche ebenso wie die naive Sonntagsmalerei des Zöllners Rousseau, über den er ein Buch verfaßt hat. Schon damals bin ich bei ihm Picasso begegnet.

Besonders eindrucksvoll war im Mai und Juni eine Reise nach London und zu englischen Verwandten meiner Frau in dem nahen Vorort Esher. Wie sorglos und ohne den Gedanken, daß die Europäer je wieder miteinander Krieg führen könnten, haben wir die Wochen in Frankreich und England genossen. Die nahe Verbindung Aachens mit Frankreich, Belgien, Holland und England gehörte zum Wesen dieser Stadt, die uns dadurch in vieler Hinsicht durchaus europäisch erschien.

Hanseatentum

Als das zweite Jahrzehnt unseres Jahrhunderts begann, hätte in all den Kreisen, in denen wir verkehrten, in all den Städten und Ländern, die wir besuchten, nicht einer gedacht, daß es einen der größten Kriege und somit ein furchtbares Morden über Europa bringen werde. Nach mehr als vier Dezennien Frieden lebten wir in Deutschland in einer für die geistige und künstlerische Kultur günstig erscheinenden Zeit. Wir glaubten, eine neue Epoche der Menschheit habe begonnen, die so international gerichtet sei, daß Kriege zwischen den Kulturvölkern der Erde unmöglich wären. Ein Wort Oscar Wildes, für Engländer gesprochen, schien auch für Deutsche zu gelten: »Wie könnten wir je wieder mit den Franzosen Krieg führen, die eine so gute Prosa schreiben.«

Von meinem Standpunkt aus hätte man hinzufügen können: »… und die so herrliche Bilder malen.« Das Gefühl der Unmöglichkeit von Kriegen zwischen Völkern, die man die gebildeten nannte, hatte uns in eine Sicherheit gewiegt, die der Zeit vor dem Ersten Weltkrieg ein sorgloses Gepräge gab.

Im Sommer des Jahres 1911 hatte ich, nach der Bewerbung um eine vom Bremer Senat ausgeschriebene Stelle, die Leitung des dortigen Kunstgewerbe-Museums erhalten. Ich hatte daraufhin ein soeben vollendetes Haus am Rande der Stadt, nahe dem Bürgerpark, gemietet, darin wir uns mit unseren meist aus der Goethezeit stammenden Möbeln und mit Hilfe der Deutschen Werkstätten so einrichteten, daß der Gedanke an unser Bremer Häuschen mit den durch zwei Stockwerke gehenden hohen Fenstern des halbrunden Treppenhauses uns auch heute eine Heimat des Erinnerns ist. Noch höre ich Rudolf Alexander Schröder, in dessen Dichtung, aber auch in dessen Innenarchitektur die Lebensluft Bremens Poesie ward, von der Treppe herunterrufen: »das ist ja herrlich, hier komme ich oft wieder hin.«

Wir bestanden auch bei dem Besuch, den Gustav Pauli, der Direktor der Kunsthalle, und seine Frau Magda uns machten. Bei der ersten Abendgesellschaft, die wir gaben, brachte uns Frau Magda Pauli ein junges weißes Kätzchen mit, das, einer Mode jener Zeit entsprechend, mit einem smaragdgrünen Band geschmückt war. Die Tafel selbst war gedeckt mit dem grünumrandeten, alten Geschirr, das der Großvater Hardtmuth in einem Nebenbetrieb seiner berühmten Bleistiftfabrik für die Familie hatte herstellen lassen, und auch die kleinen Schirme um die dreiarmigen Leuchter und die Tischkarten zeigten die gleiche Umrandung. Da ging nun das Kätzchen zur

Bewunderung aller von einem Ende der im Eßzimmer und im anstoßenden Wintergarten aufgebauten Tafel zwischen den Gedecken und Blumen hindurch, ohne eines der Gläser zu berühren. Magda Paulis Mann, Gustav Pauli, war weniger für das Kätzchen interessiert, dessen übrige Familie er ja zu Haus zur Genüge kannte, als für unsere Bilder; Maler wie Christian Rohlfs und Heinrich Nauen wurden ihm erst an diesem Abend vertraut. Um den Blütenbaum auf dem Bild von Nauen, das im Eßzimmer hing, hatte es freilich zu Anfang des festlichen Abends einen kleinen Zwischenfall gegeben. Ein Verwandter Paulis, als Gönner der Museen, aber nicht eigentlich als Kunstkenner geschätzt, konnte sich vor Entsetzen über die Leuchtkraft der Farben des Bildes nicht beruhigen. Der blühende Baum sähe aus wie Watte, die beim Rasieren mit Blut getränkt sei. Ich mußte ihn vorsichtig daran erinnern, daß man doch seinen Gastgebern die Freude an ihrem Besitz nicht verderben solle. Er nahm diese Lehre an, weil das Wörtchen »man« in Bremen oberste Instanz ist. »Kleines Wörtchen man, größer kein Tyrann«, schrieb ich um jene Zeit einer jungen Bremerin ins Stammbuch. Als später in Bremen gegen Paulis Ankäufe französischer Impressionisten für die Kunsthalle heftige Kämpfe entstanden, hat dieser Gast sich dann nicht nur der Verwandtschaft wegen, sondern, wie er mit Bremer Anstand sagte, der Lehre wegen, die ich ihm gegeben hätte, von den Gegnern der Kunsthalle ferngehalten.

Unter den Gästen war als erster Logierbesuch, den wir in Bremen hatten, meine durch ihren aus der Hansestadt stammenden Mann hier ja nicht fremde Freundin Lotte Hampe. Wir führten im Kostüm der späten Goethezeit ein kleines, von mir geschriebenes Stück auf: »Der Weg.« Ein Dialog des alternden Staatsmannes Friedrich Gentz mit der jungen Tänzerin Fanny Elssler, die er ins Leben und das heißt in ihre künstlerische Laufbahn schickt, während sie voll Scheu vor der Öffentlichkeit lieber bei ihm, dem Freund, in dem stillen Haus hoch über Wien bleiben möchte. Die Handlung, die sich abspielt, ist eine Huldigung an die Schönheit, die der Darstellerin der Rolle sehr wohl zukam.

Wir erlebten in dem uns schnell vertraut gewordenen Kreis in Bremen noch manche Geselligkeit. Unvergeßlich ist uns beiden ein Abend, den Paulis in Hillmanns Hotel, damals dem ersten Hause der Stadt, gaben. Als wir aus den Empfangsräumen in den großen Saal schritten, führte die Reihe der Paare der Vater meines neugewonnenen Freundes, der einstige Bremer Bürgermeister Pauli, an, der nicht nur durch seinen weißen Backenbart, sondern auch durch die Vornehmheit und Würde seines Auftretens noch ganz an die vergangene Epoche des gebildeten Bürgertums erinnerte, der er angehörte. Meine Frau erzählt noch gern, wie bei dem erwähnten Fest alle Tische mit dicken Bündeln von duftenden Veilchen geschmückt waren, die Gustav

Pauli, der ja oft in Paris war, mitten im Winter als erste Boten des Frühlings von dort mitgebracht hatte.

In lebhafter Erinnerung ist mir auch noch ein Nachmittag und Abend bei dem Maler und Graphiker Heinrich Vogeler in Worpswede. Es war um jene Zeit üblich geworden, daß Künstler sich nicht in einer Großstadt, sondern in ihrer ländlichen Nähe niederließen, zumal ja die Landschaftsmalerei damals im Mittelpunkt des künstlerischen Interesses stand. Es lag darin auch eine Abwehr gegen die Gefahren der Industrialisierung, so daß der Jugendstil, wie Vogeler ihn vertrat, zugleich etwas Biedermeierisches hatte. Dem entsprach auch das Aussehen des Künstlers, der eine fast kindhafte Naivität ausstrahlte und als bildender Künstler durch und durch Poet war. Vogeler war um jene Zeit durch seine Bilder und seine Buchausstattungen zumal für den mit Bremen so nahe verbundenen Insel-Verlag berühmt. Vogelers hatten sich in einem alten Bauernhaus mit Strohdach, dem Barkenhof, reizvoll eingerichtet. Die einstige Tenne war nun der Festsaal, in dem der große gedeckte Tisch stand, bis er fortgeräumt wurde, damit getanzt werden konnte. Im Hause Vogeler sehe ich noch die vielen, aus gelblackiertem Zinn geformten Leuchter, die wie Krokusblumen über der Tafel blühten. Aus diesen Schilderungen ist zu erkennen, wieviel in jener Zeit eine gepflegte Geselligkeit bedeutete.

Zu der Erinnerung an Worpswede gehört für mich noch ein Name: Paula Modersohn. Schon lange, ehe wir nach Bremen kamen, hatte sie ein zu früher Tod ihrer Kunst entrissen. Ich selbst bin ihr nur einmal kurz in Berlin in einer Gauguin-Ausstellung bei Paul Cassirer begegnet, so daß mir ihre Gestalt und die ernste Versonnenheit ihrer Züge gegenwärtig waren, als ich ihre Mutter in Bremen besuchte. Frau Becker war eine herrliche Frau. Sie vermochte es, dem Andenken an die große Künstlerin, die ihre Tochter war, nicht in düsterem, sondern in begnadet heiterem Sinne zu leben. Sie hatte die vielen Briefe der Tochter, aus denen sie uns gerne vorlas, buchartig hintereinander geheftet, und mitten während des Lesens kamen ihr Erinnerungen an ihre Kinder, aber auch an ihre eigene Kindheit, die sie in Lübeck verlebt hatte. Dort war ihr Vater, der Oberst von Bülzingslöwen, einst Kommandant des Militärs der Hansestadt gewesen. Sie habe es der Tochter nicht immer leicht gemacht, weil sie sich erst an die Herbheit ihrer Bilder gewöhnen mußte. Jetzt tue es ihr leid, daß sie ihr so oft gesagt habe: »Paula, kannst Du nicht etwas hübscher malen?« Wir waren gern bei ihr in dem Märchenhaus, wie sie es nannte, und dem verwunschenen Garten. Und es wollte mir scheinen, als ob ihr, die ganz der Erinnerung lebte, jeder Tag eine Wiedergeburt der geliebten Tochter sei.

Auch Alfred Heymel lernte ich in Bremen kennen. Zwischen den meist großen und schlanken Gestalten der Hanseaten erschien er, der klein und dunkel war, zunächst fremd, und doch beherrschte er, in seiner lebhaften

Beweglichkeit an van de Velde erinnernd, bald die ganze Gesellschaft. Ich sehe ihn noch unmittelbar nach dem einst sensationellen Robben-Prozeß, den er zum Schutz der Tiere, ohne Aussicht, ihn zu gewinnen, gegen die brutale Art der Robbenjäger, die er bewußt beleidigte, geführt hatte. Er saß bei einer Abendgesellschaft im Hause einer der schönen Schwestern von Rudolf Alexander Schröder an der Tafel. Es dauerte ihm zu lange, bis das erste Gericht kam, und so griff er in den Tafelaufsatz und pflückte aus den dekorativ aufgebauten Trauben eine große Beere heraus. Was bei jedem anderen als ungehörig erschienen wäre – denn »man« tut das doch nicht – wirkte bei ihm als erlaubter Ausdruck seines Temperamentes. Und ebenso empfand man es, als er nach Schluß der Tafel aus dem Herrenzimmer zurück ins Eßzimmer ging, den schweren Tisch beiseite schob, und rief: »Jetzt müssen wir Platz zum Tanzen haben.« Heymel, der Prinz Kuckuck in Bierbaums Roman, war ein Findelkind. Ein reicher Bremer Kaufmann hatte ihn adoptiert, und so wurde er Herr eines großen Vermögens, das es ihm leichtmachte, aus einer Laune heraus im Insel-Hotel zu Konstanz den danach benannten Insel-Verlag zu gründen. Er hat später den Bremer Anton Kippenberg zum Geschäftsführer gewonnen, der den Verlag zu so großer Bedeutung brachte.

In die Szenerie von Worpswede gehört für mich auch eine Begegnung mit Rainer Maria Rilke. Was ich davon in Erinnerung habe, läßt eines der unter dem Titel »Gestalt und Zeit« vereinigten Sonette erkennen, die ich solchen Begegnungen gewidmet habe:

Rainer Maria Rilke

Ihr fragt nach Rilke? Einmal nur im Leben
Sah ich ihn, hab ich ihm die Hand gegeben,
Und das nicht gern. – Ich war noch jung, gewohnt,
Daß auf der Haut Gesundheit strahlend thront,

Doch diese Haut war blutlos, fahl und grau,
War wie das Welken einer müden Frau,
Sein Bart hing schlaff, er stand in tiefem Sinnen,
Und was er dachte, zog er still nach innen. –

Ich brauchte Jahre, bis ich es verstand,
Daß einer so nach außen sich vermauert,
Unspürbar in der Seele jauchzt und trauert,

Nichts als Gefäß, als Hülle der Kapelle;
Das Auge nur verriet des Innern Helle.
Könnt' ich noch einmal halten seine Hand!

Einen Höhepunkt der gepflegten Bremer Geselligkeit brachte für mich die Tagung des Deutschen Künstlerbundes im Frühjahr 1912. Schon mehrere Jahre vorher hatte ich in Weimar die erste große Ausstellung dieser Vereinigung erlebt. Eindrucksvoll waren damals die Feierlichkeiten, bei denen Max Liebermann und Max Klinger als die Heroen des Künstlerbundes gegenüber dem Denkmal von Goethe und Schiller standen und die Weimarer Kunstschüler ihnen einen Fackelzug brachten.

Diesmal war in den Räumen der Bremer Kunsthalle wohl eine der besten Ausstellungen veranstaltet, die dem Künstlerbund je gelang. Später habe ich dem Vorstand angehört und mich lebhaft für seine Bestrebungen eingesetzt. In Bremen nahm ich an dem Essen teil, das der Bremer Kunstfreund Leopold Biermann nach der Eröffnung der Ausstellung in seinem Haus gab. Noch sehe ich den Präsidenten, den Grafen Leopold von Kalckreuth, dessen riesige Gestalt das Ideal des Meisters und des Ritters in sich vereinte, neben dem zwerghaft kleinen Leo Biermann den Wintergarten betrachten, darin der Hausherr nach einer neu aufgekommenen Mode die Pflanzen ebenerdig an den drei Fensterwänden in den Boden eingelassen hatte. Und noch denke ich daran, wie bei der Tafel, als der Wildbraten an die Reihe kam, einer der Diener ein großes, gläsernes Gefäß, ein Viertel Oxhoft für fünfzig Liter, auf seiner Schulter trug, zum Zeichen, daß der Rotwein auf älteste Art aus Bordeaux gekommen sei, auf einem Segelschiff natürlich, da jede Erschütterung durch das Stampfen einer Maschine dem edlen Getränk geschadet haben würde. Also immer wieder war es die einfallsreiche und kultivierte Art der Gastlichkeit, die Bremen eine besondere Note gab.

Noch ein anderes wurde mir für diese, wie wir gern sagten, so ans-tändige S-tadt, erfreulich: ihre Gärten und der grüne Gürtel, in den die Umwallung der einst befestigten Stadt verwandelt worden war. Ich veranstaltete in meinem Museum eine Ausstellung für Bremer Gartenkunst, in der der erfahrene Gartenarchitekt Roselius, verwandt mit dem großen Kaffee-Importeur und Kunstförderer dieses Namens, und neben ihm ein jüngerer Bremer aus der Familie des Reeders Gildemeister vertreten waren. Mit Friedrich Gildemeister, in Bremen Friedel genannt, befreundeten wir uns. Er schloß sich uns an, als ich – meiner neuerwachten Neigung für Dänemark und seine Parks entsprechend – für ein Buch über Architektur und Kunstgewerbe in Alt-Dänemark das Land bereiste. So konnte ich von Bremen aus meiner Vorliebe für die skandinavischen Länder Genüge tun.

Es bleibt zu erklären, warum die schöne Zeit in Bremen nur ein Jahr gedauert hat. Alle persönlichen Gründe sprachen dafür, daß ich das Bremer Staatsbürgerrecht, das ich durch die Eidesleistung bei meiner Anstellung erworben hatte, auch in der alten Hansestadt hätte genießen wollen. Ich war an das Kunstgewerbe-Museum als dessen Leiter berufen worden. Das

Museum aber war mit der Gewerbeschule verbunden, und da deren Direktor einen Monat nach meinem Dienstantritt nach Dresden ging, hatte ich nun seine Vertretung zu übernehmen, obwohl ich sehr viel jünger war als alle Mitglieder des Lehrerkollegiums. Ich tat dies in einer Form, die den Lehrern, die es mir dankten, die volle Freiheit ließ und mich nur innerhalb der Verwaltung verpflichtete. Für das Museum habe ich nicht nur – zum Teil mit Hilfe von Stiftern, die ich gewann – manch schönes Stück erworben, ich habe auch viel Zeit auf die Katalogisierung verwandt, die man vorher gar zu sehr vernachlässigt hatte. Allenfalls entdeckte ich in einem der alten Fayence-Krüge Zigarrenasche als Zeichen früherer Beschäftigung mit den Objekten.

Das Kunstgewerbe-Museum war in einer Zeit gegründet und mit der Schule verbunden worden, als man die Nachahmung historischer Formen, zumal der Renaissance, in der Architektur und im Kunstgewerbe für das Heil ansah. Später aber hatte der verdiente und angesehene Jurist Focke aus privater Kenntnis und Liebhaberei ein Bremer Heimatmuseum begründet, so daß nun zwei Museen in derselben Stadt Ähnliches sammelten. Ich erstrebte von Anfang an die Vereinigung beider Museen, zumal auch Focke für die von ihm zusammengebrachten Schätze eine behördliche Regelung verlangte.

Als ich nun den Ruf bekam, das Erfurter Museum zu übernehmen, erklärte ich, da mir die Bedachtheit der Bremer Behörden nur durch den nötigen Druck überwindbar erschien, ich würde bleiben, wenn die Verbindung des mir anvertrauten Museums mit der Schule gelöst, statt dessen aber die mit dem Focke-Museum vollzogen würde. Daß dies das unerläßlich richtige Ziel in der Entwicklung beider Sammlungen war, sah jeder ein, und es ist ja dann sehr viel später so vorbildlich und zum Ruhm von Bremen durch den Ausbau einer der schönsten heimatlich gerichteten Sammlungen verwirklicht worden. Damals aber war es unmöglich, eine Zusage zu erhalten, so daß ich den Ruf nach Erfurt annahm. Meine und ebenso meiner Frau Neigung für Bremen blieb für immer bestehen, und es ergab sich noch manche Gelegenheit, die Anhänglichkeit zu bekunden und den gewonnenen Freunden verbunden zu bleiben.

Kenner und Könner

Aus der Praxis der Museen

In meinem Beruf konnte ich auf eine Generation von Vorgängern zurückschauen, die als Museumsdirektoren vor allem auch Sammler waren und nicht nur, wie die Generation vor ihnen, Gelehrte. Das größte Beispiel ist Wilhelm von Bode, in dessen Natur sich der Kenner mit dem Sammler, der Sammler mit dem Organisator verband. Er hat das Entscheidende dazu getan, daß Berlin auch im Museumswesen zur Weltstadt wurde.

Als ich zur Zeit der erwähnten Jahrhundert-Ausstellung, 1906 also, einige Wochen in Berlin war, hatte mein Lehrer Thode mich ihm empfohlen. Ich konnte ihn nicht nur im Museum aufsuchen, sondern wurde, als er erkrankt war, auch zu Hause von ihm empfangen. Schon in der Erscheinung des großen, schlanken Mannes, der in seinem scharf und zugleich so vornehm geschnittenen Gesicht das Ideal des geistig gebildeten Preußen wie kaum je ein anderer erfüllte – obwohl er doch Braunschweiger war –, zeigte sich eine Energie, deren Kraft zur Durchsetzung seiner Ziele sich immer wieder bewährte. Er war in seinem ganzen Wesen so aktiv, daß man sofort wie in einen Wirbel kam – sei es, daß er die Geschichte einer Neuerwerbung erzählte, sei es, daß er sich über einen Kollegen so scharf äußerte, daß man es ihm gerade der grotesken Übertreibungen wegen nicht übelnehmen konnte. Man hatte das Gefühl, einen in ununterbrochener Tätigkeit befindlichen Menschen von höchstem Ausmaß der Begabung und des Willens zu erleben. Selbst sein schweres Venenleiden wußte der ganz auf Tätigkeit Gestimmte seinen Zielen dienstbar zu machen: Ich sah einmal, wie er neben dem Kaiser, der eine anerkennenswerte Neigung für Männer der Wissenschaft hatte, durch die Museumssäle gefahren wurde. Da hatte man das Gefühl, daß der mit ausgestrecktem, schmerzhaftem Bein im Wagen Sitzende die thronende Hauptperson war, neben der die Majestät verehrend schritt. Unvergeßlich ist mir auch, wie ich ihn einmal in seinem Haus in der Uhlandstraße besuchte, dessen Atmosphäre ganz auf italienische Renaissance gestimmt war. Er lag krank und hatte das neben dem seinen stehende Ehebett so mit Photographien und Büchern bedeckt, als ob es sein Schreibtisch wäre. Dann griff er in die herumliegenden Bücher und Photos und erklärte mit der ihm eigenen schnellen Diktion, daß er gerade daran sei, für das Museum einen bisher unbekannten Italiener zu erwerben.

Neben Bode und seinen Mitarbeitern, unter denen mir durch sein langes Leben Max Friedländer nahestand, interessierten mich besonders auch die beiden besten Kenner des Kunstgewerbes, denen ich begegnet bin: Justus Brinkmann in Hamburg und Otto von Falke, zunächst in Köln, dann in Berlin. Auch in ihrer Tätigkeit war die Kenntnis als Grundlage des Sammelns, das sehr oft ein Entdecken war, entscheidend. Brinkmanns Interesse gewann ich einige Jahre später durch eine kleine Arbeit über Eulenpokale, deren Gesichtspunkt seine Zustimmung fand. Ich hatte dargestellt, wie die ersten Zeugnisse aus dem neuentdeckten Amerika, Straußeneier und Kokosnüsse vor allem, zur Zeit der Renaissance als etwas bewundernswert Seltenes galten, so daß man das Naturprodukt als das eigentlich Wertvolle ansah, dem man Kopf, Flügel und Krallen aus vergoldetem Silber anfügte. Dann aber kamen so viele Kokosnüsse, daß sie die Fassung in Edelmetall sinnlos machten, und daher wurde nun auch der Körper der Eule in Metall geformt. Damit hörte aber die strenge Stilisierung auf, und die Goldschmiede waren immer mehr bemüht, möglichst realistische Eulen zu schaffen.

Während meine Beziehung zu Brinkmann ebenso wie zu dessen Hamburger Kollegen Lichtwark vor allem ein Gewinn meiner Bremer Zeit war, hatte mich meine Beschäftigung mit der mittelalterlichen Goldschmiedeplastik mit Otto von Falke in nahe Beziehung gebracht, als ich in Aachen war und von ihm, der das Kölner Kunstgewerbemuseum so glänzend erweitert hatte, zu lernen suchte. Wäre ich in Aachen geblieben, so hätte ich über dieses Gebiet unter seiner Förderung meine begonnenen Forschungen weiterführen können. Aber Bremen und dann Erfurt haben das verhindert. Nicht zuletzt aus diesem Grunde war es mir schwer geworden, Aachen zu verlassen, denn es wollte mir nicht in den Sinn, daß die Kunst der Goldschmiede, in der ein Stück Mittelalter gipfelt, in meiner Zeit, trotz Falkes und Fraubergers großem Werk über die mittelalterlichen Schreine, nur als Kunstgewerbe angesehen und noch immer nicht in ihrer ganzen schöpferischen Bedeutung erkannt wurde.

Bei Brinkmann war überraschend und für einen jungen Kunsthistoriker wie mich besonders erfreulich, daß er nicht nur altes Kunstgewerbe sammelte, sondern auch die neue Entwicklung für museumsreif hielt. Das Hamburger Museum für Kunstgewerbe ist wohl das erste, das Stücke des Jugendstils erworben hat und dabei auch ausländische Beispiele zeigt. Noch einen Schritt weiter ging der Direktor des Leipziger, dem Kunstgewerbe gewidmeten Grassi-Museums, Richard Graul, den ich vorgreifend schon hier nennen möchte. Zur Zeit der Messe, also zweimal im Jahr, räumte er sein Museum zu großen Teilen aus, damit dort die Messestände der besten im Kunstgewerbe tätigen Künstler aufgebaut werden konnten. Damit sind wenigstens einige unter sich sehr verschiedene Beispiele eines Berufes genannt, der recht eigentlich erst in der zweiten Hälfte des 19. Jahrhunderts seine Ausprägung erhielt. Im 18. Jahrhundert hatte man noch nicht daran gedacht, Kunstwerke unter dem Gesichtspunkt der sichtenden Wissenschaft zur Schau zu stellen. Das Sammeln war eine Angelegenheit der Liebhaberei und der Repräsentation, und es wurden meist Maler zu Leitern der Gemäldegalerien bestellt. Ihre Hauptbeschäftigung war die Renovierung der bemalten Leinwände, daher strichen sie von Zeit zu Zeit dickflüssigen Firnis über die Bilder. Das erzeugte jenen bräunlichen Galerieton, der – man denke an die Gruppenbilder des Frans Hals und an die Nachtwache Rembrandts – die Lichtvision der Maler in das Halbdunkel herabdrückte. Erst mit der Gründung nicht nur repräsentativer, sondern auch wissenschaftlich gestalteter und verwalteter Museen entwickelte sich der Beruf des Fachmannes, dessen Wissen und Kennerschaft die Sammlungen anvertraut wurden. Zumal die Geschichte der Berliner Museen, mit der Vorgeschichte in der von Friedrich dem Großen gegründeten Galerie von Sanssouci beginnend und nach den Befreiungskriegen, nicht zuletzt durch Wilhelm von Humboldts Initiative, wissenschaftlich betrieben, ist ein Beispiel dafür, gipfelnd in der Epoche Wilhelm von Bodes und der von ihm herangezogenen Leiter der einzelnen Abteilungen. In Ergänzung zu ihm entwickelte Alfred Lichtwark in Hamburg als Leiter der Kunsthalle ein ganz neues Gefühl sowohl für die örtliche als auch die zeitliche Heimat, das ein Vorbild für viele wurde.

Erfurt

Modernisierung der Provinz
Seit 1912

Das alte Erfurt, die Stadt, in der einst die Kaiser des Mittelalters Reichstage hielten, in der die Humanisten ein Stück deutsche Renaissance entstehen ließen, in der Luther erst Student, dann aber Mönch war, deren Bedeutung für die ganze europäische Situation Gustav Adolf erkannte – dieses alte Erfurt im neuen zu suchen, war für mich, als ich im Jahre 1912 die Leitung der dortigen Museen übernommen hatte, immer wieder von Reiz. Der Aufstieg der modernen Stadt war freilich in einer Zeit erfolgt, in der besonders häßlich gebaut wurde; das stille alte Erfurt wurde von den siebziger Jahren des vorigen Jahrhunderts an überwuchert von Neubauten in dem unruhigen Stil dieser Zeit. Aber es lohnte durchaus, sich zu vergegenwärtigen, wie es früher ausgesehen hatte. Unzerstört war die Akropolis der Stadt: auf hohen Stufen

Dom und Severikirche in Erfurt, um 1928

aufragend die Gruppe von Dom und Severi, die zu den eindrucksvollsten städtebaulichen Leistungen der Gotik in Deutschland gehört. Dazu kamen die vielen höchst individuellen Bürgerhäuser und das Regierungsgebäude, denkwürdig durch die Begegnung Goethes mit Napoleon im Jahre 1808.

Meine Arbeitsstätte wurde der prächtige Barockbau des kurmainzischen Zeughauses aus der Zeit, da der Erzbischof von Mainz in der Mitte von Deutschland ein besonderes Territorium hatte. Im obersten Stock des geräumigen Hauses war die Stadtbibliothek, im ersten die Bildergalerie, und das Erdgeschoß mit seinen eingewölbten Räumen wurde nun noch dem Museum zugefügt. Auch hier galt es, allerlei Banalitäten der neueren Zeit zu überwinden, um ein der historischen Bedeutung der Stadt entsprechendes Museum entstehen zu lassen.

Warum meine Frau und ich uns nur schwer in Erfurt einlebten, läßt sich leicht erklären: Die Nüchternheit des Alltags starrte uns an. In Weimar lebte man – und das haben wir auch von Erfurt aus genossen – in einer festlich gehobenen Welt, deren Ereignisse in reizvollem Wechsel bald traditionell auf Spuren Goethes und der Musiker um Franz Liszt, bald sensationell mit den Malern wie etwa Christian Rohlfs und Ludwig von Hofmann und – seit dem Beginn des Jahrhunderts – vor allem mit van de Velde zusammenhingen, der ja, ebenso wie die Meister der Kunstschule, von einem Schwarm junger Künstler umgeben war. In Heidelberg war das Leben auf die Wissenschaft und ihre immer neuen Entdeckungen und veränderten Gesichtspunkte gestellt, die meisten Lehrstühle waren mit fortschrittlich gesonnenen, oft noch jugendlichen Autoritäten besetzt. In Nürnberg brachte das Germanische National-Museum für die Erforschung des deutschen Altertums ständig neue Gesichtspunkte. In Aachen wurde man klein vor der in sich geschlossenen Größe des Mittelalters. In Bremen hatten das Herrentum des durch den Handel mit der weiten Welt verbundenen – wie man so sagte – königlichen Kaufmanns der hanseatischen Grundtypen »Senator« und »Konsul«, dazu auch die noble Art der durch Stiftungen bestimmten Kunstpflege, einen eigenen Stil geschaffen. Das waren Motive, die in sich ein Stück kulturelles Deutschland darstellten, wie es zu Beginn unseres Jahrhunderts an vielen Orten lebendig war, die in Erfurt aber fehlten.

Von Wieland freilich wurde das Spießbürgertum der Stadt bereits in seinem Roman über die Abderiten verspottet. Zu Beginn des 19. Jahrhunderts wurde die sowohl für Kurmainz wie für Thüringen etwas abseits liegende Stadt von Preußen annektiert und mit Magdeburg und Halle – auch Stätten zunehmender Prosa – zur Provinz Sachsen gemacht. Ihre einstige Bedeutung als Stadt des deutschen Humanismus war nur noch eine Erinnerung an weit zurückliegende Vergangenheit. Die Universität wurde aufgelöst und mit der gleichfalls geschlossenen Universität Frankfurt/Oder der Gründung der Berliner

Universität geopfert. Als es im Verlaufe des historisch gerichteten 19. Jahrhunderts üblich wurde, städtische Museen zu gründen, bekam auch Erfurt seine Sammlung. Sie begann damit, daß man zunächst ein Depot für abgerissene Bauteile und einzelne als wertvoll erscheinende, meist kirchliche Kunstwerke einrichtete und den Archivar der Stadt mit der Leitung und Erweiterung der so entstehenden Sammlung betraute. Das Theater war städtisch. Es hatte nur geringe Mittel, verschaffte sich aber Bedeutung, indem es moderne Stücke zur Aufführung brachte, die an den Hoftheatern in Weimar und Gotha nicht geduldet wurden. Um Gerhart Hauptmanns soziale Stücke zu sehen, fuhren wir Primaner von Weimar nach Erfurt.

Das Wesen und Ansehen der Stadt war durch die preußischen Behörden bestimmt, die als Machthaber eines großen und wohldisziplinierten Staates »die Eingeborenen« regierten. Der dadurch entstandene Vorgesetztenstolz färbte auch auf die städtischen Behörden ab. Wie man so im allgemeinen als Untertan behandelt wurde, dafür ein Beispiel: Als ich mit dem Stolz des jungen Vaters auf dem Standesamt die Geburt unserer ersten Tochter anmelden wollte, legte der Beamte sein Frühstücksbrot beiseite und fragte barsch: »Is das Gind läbend oder dot? Wenn es nämlich dot is, müssen Sie an den anderen Schalter.« Ich war sichtbar am Bösewerden wegen dieser Art der Abfertigung. Da kam aus dem Hintergrund ein anderer Beamter und flüsterte seinem Kollegen zu: »Es ist der Herr Museumsdirektor.« Darauf devotes Einschwenken und schnelle Erledigung.

Es gab aber noch einen ganz anderen Typus Erfurter, den ich sehr bald schätzen lernte. Erfurt war die Blumenstadt Deutschlands. Nahe dem Domhügel begannen jene zauberhaft leuchtenden Blumenfelder, die Goethe zur Zeit des Westöstlichen Divans den Teppichen von Shiras verglich. Weit mehr als irgendein Beamter, für den Erfurt nur eine Durchgangsstation seiner Karriere bedeutete, gaben diese Gärtner, die auf den weiten Feldern ihre Arbeit taten und in deren Kontore mit jeder Post Briefmarken aus aller Welt kamen, der Stadt ein sympathisches Gepräge.

Da gab es berühmte Firmen. Als ich etwa in Ollioulles in der Provence begeistert vor weiten Nelkenfeldern stand, erfuhr ich, daß sie einer Erfurter Firma gehörten, die hier ihre Samen züchtete. Und als ich in Portugal in dem berühmten Park zu Cintra, um einen abgesperrten Teil sehen zu können, einen dort seine Anordnungen treffenden Herrn um Erlaubnis fragte, stellte sich heraus, daß er ein englischer Botaniker und naher Freund unserer Erfurter Nachbarn war. Deren Gärtnereibetrieb war nicht auf Samenhandel, sondern darauf eingerichtet, daß sie die seltensten Pflanzen der Welt zu liefern vermochten. So war es in Erfurt möglich, sich Trost gegenüber mancher Öde an zwei Stellen zu holen: im Dom, wo im Chor die berühmten Glasbilder gotischer Zeit wie Juwelen glänzten, oder nicht weit vom

Domhügel auf den Feldern, wo die schönsten Blumen in prangenden Farben gezüchtet wurden.

Meine Schilderung wäre unvollständig, wenn ich nicht noch eine andere Entdeckung berichtete. Diese mürrischen Beamten hinter den Schaltern waren oft durchaus nicht so grau und nüchtern, wie sie sich gaben. Auf einer Wanderung, wie ich sie gern durch den südlich von Erfurt sich ausdehnenden Steigerwald unternahm, geriet ich einmal in ein verstecktes Tal – und schrak zurück: Dort stand im Wanderanzug mit kurzen Hosen jener Beamte, mit dem ich auf dem Standesamt einst beinahe in Konflikt geraten war, und blies gewaltige Töne aus einem Waldhorn. Da sagte ich mir, daß im Grunde jeder Mensch, auch wenn er sich im Alltag noch so freudlos gibt, sein Waldhorn hat und eine Melodie bläst, als wäre er nicht der Rentamtmann X, sondern der Trompeter von Säckingen. Seitdem suche ich in jedem Menschen den Sonntagstrompeter. Das hat mir oft Personen und Situationen erträglich gemacht, über die sich zu ärgern schade gewesen wäre.

Die mir in Erfurt gestellte Aufgabe erschien durchaus lohnend: Es ging um die Errichtung eines eigenen Museums, das nicht nur für die Stadt, sondern für ganz Thüringen von Bedeutung werden sollte. Mit Henry van de Velde wollte ich auf der dafür besonders geeigneten Erhöhung gegenüber dem Erfurter Bahnhof, der sogenannten Schanze, einen umfassenden Neubau errichten. Daß ich es erreichte, daß er allein ohne das übliche Preisausschreiben den Auftrag bekam, war gewiß keine kleine Sache. Ich lernte damals, für die Fensterscheiben unseres in nächster Nähe des Bauplatzes entstehenden Privathauses zu zittern, da einer der Erfurter Architekten sich für den gegebenen Mann zur Errichtung des Baues hielt und mich der Mutprobe brutaler Drohungen unterzog. Ich war von dem Gesichtspunkt ausgegangen, daß wir keine Zeit zu verlieren hatten und daß recht eigentlich der Wettbewerb schon längst stattgefunden hätte. Denn kein Architekt lebte in Thüringen, den man mit mehr Recht als einzigen mit dieser Aufgabe hätte betrauen können. Eine entscheidende Hilfe war die Unterstützung des Erfurter Oberbürgermeisters Schmidt, eines bedachten und gerechten, dabei mit künstlerischem Feingefühl ausgezeichneten Beamten.

Henry van de Velde war als Architekt gefürchtet, weil er nicht geneigt war, dem Willen des Bauherrn da Rechnung zu tragen, wo es seiner Konzeption zuwiderlaufen würde. Er war aber geradezu ideal im Erfüllen bestimmter Forderungen, wenn er sie für berechtigt hielt und ihre Lösung ihn reizte. Er plante einen großen, um einen Hof angelegten Bau, dessen drei Stockwerke den vielfachen Aufgaben des Museums gerecht werden sollten. Zu dessen Besitz gehörten hervorragende Werke gold- und farbig gefaßter Schnitzaltäre, aber auch noch frühere Einzelwerke mittelalterlicher Plastik. Die Gemäldegalerie war erst im Entstehen. Ich sammelte Erfurter und

Henry van de Veldes Modell für das Erfurter Museum, geplant 1914

Thüringer Meister des 18. und 19. Jahrhunderts und betonte als Motiv, so wie es Thüringen entsprach, die deutsche Landschaft. Immerhin endete die Reihe, über das Thema hinausgreifend, das Meister wie Rohlfs, Buchholz und Hagen in Hauptwerken zeigte, mit einem schönen Dreiklang von Bildern aus der Hand Max Liebermanns, Slevogts und Corinths. Und bald wurde mit Schmidt-Rottluff und anderen Meistern der Brücke die Verbindung zur Gegenwart geschaffen. Meine Pläne wurden sehr bekämpft, und ich wurde wegen Mißbrauchs von Steuergeldern zu einer Sitzung der Abgeordneten zitiert. Ich erklärte, daß ich kein einziges Bild aus der Zeit nach 1888 aus öffentlichen Mitteln erworben, sondern die Möglichkeit zur Erwerbung von Stiftern erhalten habe. Was den Mißbrauch des Geldes von Steuerzahlern anginge, so könnte ich allerdings einen Fall zugeben: Ich habe dem Museum ein großes Ölbild von Christian Rohlfs und eine Landschaft des durch seine Herkunft mit Thüringen verbundenen Alexander Kanoldt geschenkt und insofern Mißbrauch mit Vermögenswerten eines Steuerzahlers getrieben, nämlich meiner selbst. Damit hatte ich die Lacher auf meiner Seite und meine Widersacher stumm gemacht. Doch zurück zum Plan des Museumsneubaues. Gerade die Vielseitigkeit der Sammlungen regte van de Velde an, und die Aufgabe, für jede der Abteilungen die richtige Art der Beleuchtung einzufangen, reizte ihn sehr. Im Vergleich mit den meisten Architekten seiner

Zeit, die immer mehr das Flächenhafte eines Baues betonten, war er als Architekt Plastiker, was sowohl dem Inneren seiner Räume als auch der architektonischen Zusammenfassung des Ganzen den Charakter gab. Schwierigkeiten hatte ich bei ihm, wenn ich mehrseitiges Licht verlangte, wie es mir z. B. für die Wirkung von Porzellan und Glas erwünscht schien. Eines Tages konnten wir uns nicht über die für das Thüringer Museum so wichtige Lichtfrage der Porzellangalerie einigen. Er legte, spät abends, den Bleistift zur Seite und schrieb auf den Grundriß als Hinweis eine Abkürzung für Porzellan an die in Frage kommende Stelle. Am anderen Morgen erzählte er mir, ich hätte ihm gestern so viel zugemutet, daß er des Nachts geträumt habe, er müsse noch einen Schweinestall ins Museum einbauen. Nun gingen wir aus seinem Wohnhaus auf die andere Seite des Gartens ins Atelier und sahen auf die von seinem Zeichner Trommler so gewissenhaft ausgeführten Pläne. Ich mußte schallend lachen: Es stand mitten im Plan das Wort »porc.«, und der Traum war erklärt. Auch hier war durch Lachen die Laune so gesteigert, daß van de Velde schnell und leicht einen Ausweg fand, an entscheidender Stelle doppelseitiges Licht zu geben.

Großartig war vor allem die Vision der Ausstellungsräume des Museums im obersten Stock in Verbindung mit einer Terrasse, von der aus man an klaren Tagen weithin über die Thüringer Lande bis zum Kyffhäuser hätte sehen können. Losgelöst von aller Wirklichkeit und dem freien Lichte hingegeben, sollte dadurch vor allem auch eine Ausstellungsmöglichkeit für Plastik geschaffen werden.

So ging denn die Planung im Frühjahr des Jahres 1914 gut voran und sollte zu Anfang August der Museums Kommission zur Entscheidung unterbreitet werden. Wäre der Bau entstanden – was übrigens heute, wo auch immer, durchaus noch denkbar ist –, so wäre der wohl architektonisch reichste Plan van de Veldes verwirklicht worden.

II.
1914 – 1945

Europa zerbricht

»Alle dreißig Jahre kommt ein Krieg, nach menschlichem Ermessen!« Diese Worte meines Weimarer Schuldirektors, mit denen er mir das nach seiner Meinung zu riskante Studium der Kunstgeschichte einst hatte ausreden wollen, hatte ich noch oft zitiert und über die Prophezeiung gelacht. Seit 1871 lebte Deutschland im Frieden. Und das Jahr 1914 bestätigte zunächst, zumal für die Gebiete der Kunst und Wissenschaft, den Segen einer so lange vor Krieg und Zerstörung bewahrten Epoche. Unter diesem Gesichtspunkt war in Köln-Deutz auf dem weiten Gelände am rechten Ufer des Rheins mit dem Titel »Deutsche Werkbund-Ausstellung« eine Schau aufgebaut worden, welche die Wandlung der Zeit zur künstlerischen und geschmacklichen Auseinandersetzung mit ihren neuen Problemen zum Ausdruck brachte.

Als Vertrauensmann des Werkbundes für Thüringen, wozu ich als Direktor des Erfurter Museums bestellt worden war, hatte ich mich an den Vorbereitungen beteiligt, unter denen die Errichtung des Werkbund-Theaters durch van de Velde das Hauptmotiv darstellte. Die Eröffnung der Ausstellung war ein großes, von der Stadt Köln mit deren üblichem Sinn für Festlichkeit durchgeführtes Ereignis. Die Reden waren bald überstanden, und dann strömten die zur Feier geladenen Gäste in das Gelände und nahmen teil an dem, was die führenden Meister der Werkbundbewegung zu zeigen hatten. Peter Behrens und Hans Poelzig spielten hierbei eine wichtige Rolle, und ich befreundete mich mit Walter Gropius, der das Beispiel einer modernen Fabrikanlage aufgebaut hatte, vor deren durchsichtiger Glaskonstruktion der witzige Poelzig in seinem Berliner Humor sagte: »Glaser hätte man werden sollen!« Josef Hoffmann, der die Wiener Werkstätten vertrat, meinte in einem Gemisch von Anerkennung und Bestürzung: »Hier haben wir nicht nur zu lernen, umlernen müssen wir!«

Henry van de Veldes Theater, dessen Pläne ich gut kannte, war infolge der Langsamkeit der Handwerker noch nicht fertig. Seine Eröffnung wurde daher auf einen der nächsten Tage verschoben. Doch nun kam ein Rückschlag, mit dem niemand hatte rechnen können: Ein Wolkenbruch überschwemmte den Teil des Ausstellungsgeländes, auf dem das Theater stand, dem man gegen den Willen des Erbauers nicht auf der Höhe, sondern ganz unten am Ufer des Rheins seinen Platz bestimmt hatte. Es ist mir noch gegenwärtig, wie wir Freunde van de Veldes um den aufgeregten Künstler in der Halle des am Dom gelegenen Hotels herumstanden und vor den immer neuen Blitzen erschraken, welche die von dunklen Wolken verhängten Türme des Domes grell aufleuchten ließen. Ich sehe auch meinen Freund Eberhard von Bodenhausen, riesengroß, soeben angekommen und noch im Mantel stehend, die Situation sofort richtig erkennen.

Nachdem die entstandenen Schäden beseitigt waren, fand mehrere Tage danach endlich die Eröffnung statt, und zwar mit dem »Urfaust«, darin die junge Lucie Höflich die Rolle des Gretchen spielte. Van de Velde hatte seinem Theater, das im Sinne der Ausstellung neue architektonische Ideen brachte, eine dreigeteilte Bühne gegeben. Bald spielte die Handlung in der breiten Mitte, bald an einer der schmalen Seiten, und überraschend war die Wirkung, wenn die Drehbühne bis zur vollen Tiefe ausgenutzt wurde und die Perspektive in eine unbegrenzte Ferne wies. In der Pause traf sich alles, was damals auf dem Gebiet des Theaters, der bildenden Kunst und der Literatur das Gesicht eines modernen Deutschland bestimmte. Im Foyer hatte Ludwig von Hofmann, der damals noch in Weimar wirkte, mit rhythmischen Gestalten, die als Fresken schabloniert waren, einen entscheidenden Erfolg. So war es also doch noch einmal geglückt, den Absichten des kühnen Neuerers van de Velde, mit dem ich den Plan zum Bau des Erfurter Museums gerade eben vollendet hatte, zum Sieg zu verhelfen. Sein Kölner Erfolg war mir besonders wichtig, weil ja in Erfurt mit ähnlichen Widerständen ortsansässiger Architekten zu rechnen war, wie sie hier in Köln im Spiel gewesen waren.

Bald nach der Eröffnung des Theaters fuhr ich nach Erfurt zurück, um vor der für Anfang August festgesetzten Sitzung über den Museumsbau von dort aus nach all der Arbeit, die mit der Planung für mich verbunden gewesen war, kurze Ferien zu machen. Schon hatte das Attentat von Sarajewo den politischen Himmel verdüstert, aber im Grunde ahnte niemand, welche Folgen daraus entstehen würden.

Da unser im April des Jahres geborenes Töchterchen Ottilie gut versorgt war, fuhr ich mit meiner Frau, die sich erholen sollte, in eine der wenigen Gegenden Deutschlands, die wir noch nicht kannten: nach Mecklenburg. Auf der Rückreise wollten wir noch meinen Freund Walter Josephi, Kollegen der Nürnberger Zeit, in Schwerin besuchen, wo der Mecklenburger nun Direktor des Museums und vor allem auch des Kunstbesitzes des großherzoglichen Hauses war. Er erzählte uns vertraulich, er habe die Weisung erhalten, Wertstücke des fürstlichen Besitzes zu bergen, es dürfe natürlich nichts davon bekannt werden, denn sonst könne sich jeder sagen, daß die doch immer um einiges besser unterrichteten Fürsten mit der Möglichkeit eines Krieges rechneten. Wir benutzten die Gelegenheit, noch einmal allerlei Kostbarkeiten anzusehen. In lebhafter Erinnerung blieb mir eine Kassette mit Schmuck der Königin Luise, aber nicht, weil es sich um besonders schöne

Der Maler Ludwig von Hofmann
mit seinem Patenkind
Ottilie Redslob, um 1918

und wertvolle Stücke gehandelt hätte, sondern wegen der halb spielerischen, halb ärmlichen Bescheidenheit des Schmuckes, der aus aufgereihten kleinen Spiralmuscheln bestand. Nur die Erinnerung an die königliche Frau machte ihn wertvoll, die in Preußens ärmster Zeit diese schillernden Muscheln als Zierde getragen hatte, um eine Perlenkette vorzutäuschen. Wir konnten uns aber nicht lange aufhalten, da mein Freund, in erregter Besorgnis, uns dringend zur Heimkehr riet. Mir ist die Rückfahrt unvergeßlich: Der Krieg greift mit unbarmherziger Hand gleichsam das Lebendige aus dem Alltag heraus. Er schichtet dort Autos, dort Pferde, dort Menschen zusammen, die dem gewohnten Bild der Landschaft genommen werden. Die Zerstörung beginnt.

In Magdeburg, wo wir auf weitere Zugverbindung warten mußten, war ein ganz anderes Bild: das erste Extrablatt der Kriegszeit, das die Mobilmachung verkündete, war angeschlagen. Auf den Straßen der Stadt wogte die Begeisterung. Man sah auch das Abschiednehmen einzelner, die ins Feld zogen, um ihr Land zu schützen. Im Schaufenster einer Buchhandlung hing ein Porträt von Hindenburg, der einst in Magdeburg als kommandierender General populär geworden war, eine soldatisch martialische Erscheinung, enttäuschend verschieden von dem edlen Gepräge eines Gneisenau oder eines Moltke. Der Eindruck fehlender Geistigkeit hat mich beim Gedanken an Hindenburg nie verlassen.

Unvergeßlich ist mir auch die Fahrt im überfüllten Zug von Magdeburg nach Erfurt. Auf den Straßen des Landes, das im sommerlichen Segen der Felder prangte, sah man erneut zu den Stationen ziehende Bauernsöhne und Pferde über Pferde, als sollte das Land seiner Söhne und seiner Rosse beraubt werden. Der Bahnhof von Erfurt war belebt, aber der Vorplatz lag still und leer. Wir eilten nach Haus, und am nächsten Morgen fuhr ich nach Weimar. Es galt Abschied vom Vater zu nehmen, der nun in seinen zweiten Krieg zog. Das erste Mal war er als Primaner des Gymnasiums im Sommer 1870 als noch nicht neunzehnjähriger Kriegsfreiwilliger in das Weimarer Regiment eingetreten. Jetzt hatte er, dreiundsechzigjährig, als Hauptmann der Landwehr, einen Mobilmachungsbefehl nach der Festung Metz. Sogar die Reise war dadurch ausgenutzt, daß er von Kassel aus einen Transport zu leiten hatte. Ich sah noch einmal das ernste, aber gefaßte Gesicht des Vaters, und ich empfand den Blick der sonst so heiteren Mutter, dessen Ergebenheit in das Schicksal der Frau mich ergriff. Auch von meinem Bruder nahm ich Abschied; er hatte den grünen Rock des Forstmannes mit der Offiziers-Uniform vertauscht und zog als Adjutant des Jenaer Reservebataillons ins Feld.

Ich ging auch zu van de Velde, den ich in höchster Erregung fand. Wir saßen um den Tisch beim Tee. »Da, wo Sie sitzen«, sagte er mir, »hat vor wenigen Wochen der vorgestern in Paris ermordete Jaurès, der Führer der französischen Sozialisten, als mein Besuch gesessen und neben ihm der belgische Minister des Inneren.« Wir hielten es damals noch für möglich, daß der Wahnsinn der Zerstörung Europas abgewendet werden könne. Nun kam sein Sohn Till mit seiner älteren Schwester Neele herein und schwang ein Extrablatt über die Ausschreibung der Kriegsanleihe. »Mit die Kriegsanleihe könne sie ihre Abtritt tapeziere«, sagte van de Velde in seinem gebrochenen Deutsch, und es folgte eine Prophetie des Unglücks, das über unsere Welt hereinbrechen würde.

Auch van de Veldes Tage in Weimar schienen gezählt. Und doch meldete sich der Belgier kurz danach, obwohl der deutsche Aufmarsch auch gegen sein Heimatland ging, um beim Bahnhofsdienst des Roten Kreuzes zu helfen. Aber das gab nur eine kurze Episode, kennzeichnend für die Sinnlosigkeit dieser Zeit: Wenn ein Zug mit Soldaten, die zur Front fuhren, in Weimar hielt, lief er mit einer Kaffeekanne und Bechern an den Waggons hin und her, und da er, wenn er aufgeregt war, französisch sprach, bot er seine Waren mit den Worten an: »Du café, du café!« Als einmal das Kürassierregiment Graf Dohna durchfuhr, Riesenkerle, ihm aber vertraut, weil in Weimar eine Gräfin Dohna zu unserem Freundeskreis gehörte, fragte einer aus dem Wagen: »Sind wir denn schon in Frankreich?« Am nächsten Tag hatte man van de Velde die Fensterscheiben seines schönen, von ihm erbauten Hauses an der Belvederer Allee eingeworfen, und man riet ihm, Deutschland zu verlassen. Er zog nach

Utwyl, an die Schweizer Seite des Bodensees, wo sich Freunde seiner annahmen. Nach Erfurt zurückgekehrt, sah ich, wie das Regiment der Jäger zu Pferde verladen wurde, all die fuchsfarbenen Pferde, die stattliche Mannschaft und die jungen Offiziere, unter denen wir gute Freunde hatten. Aus der Menge der Zuschauer klang die Stimme eines alten Mannes, der das Ordensband des Eisernen Kreuzes vom Jahre 1870 im Knopfloch trug, bewundernd und doch voll Trauer: »Das schöne Material!«

Unter der Erregung, welche die Extrablätter über die Mobilmachung und die Kriegsschilderungen in der Bevölkerung auslösten, war mir eine Welt zusammengebrochen. Daß ein Krieg in unserer Zeit noch gewollt werden konnte, daß Europäer gegen Europäer kämpfen und einander Vernichtung wünschen sollten, das war wohl allen im geistigen und künstlerischen Leben Stehenden unfaßbar. Dennoch fühlte man sich, nun die Kriegserklärungen wie Signale der Vernichtung aufgeklungen waren, als Kind seines Volkes und konnte nicht ertragen, daß einen nichts angehen sollte, was da geschah – obgleich man es nicht billigte. Ich wußte natürlich, daß ein Beamter zu warten habe, wie über ihn verfügt wurde, meldete mich aber trotzdem der Reihe nach bei den drei Erfurter Regimentern: den Jägern zu Pferde, der Feldartillerie und der Infanterie; aber da ich nicht gedient hatte und schon fast dreißig Jahre alt war, hatte ich keinen Erfolg. Schließlich erreichte ich, daß mein Vater mich von der Kommandantur zu Metz für sein Wachkommando anfordern ließ. Drei Tage dauerte die Reise mit dem entsprechenden Befehl, und am 28. August wurde ich eingekleidet. Das war eine seltsame Feier von Goethes alljährlich von uns begangenem Geburtstag.

Ich wurde gemeinsam mit einigen noch blutjungen Kriegsfreiwilligen innerhalb der über fünfhundert Mann umfassenden Schar Altgedienter, meist Lothringer Infanteristen, ausgebildet, schob Wachen und geleitete Gefangenentransporte in Städte jenseits des Rheins.

Zunächst hatte ich eine höchst heroisch gefärbte Auffassung vom Beruf des Soldaten in einer kriegführenden Armee. Aber man wurde schnell bescheiden, denn man fühlte, daß man nur einer von Millionen war, und dazu ein »Ungelernter«, der noch einrangiert werden mußte. Die ersten Tage hatten sich auf dem Hof der burgartig in sich geschlossenen Kaserne des meinem Vater unterstellten Wachkommandos der Festung abgespielt. Ich mußte ja erst einmal üben, militärisch zu grüßen und mich der Uniform entsprechend zu benehmen, auch das Exerzieren wollte gelernt sein. Ich war neben der Prachtgestalt des baumlangen Gärtners Lambinet der Zweitgrößte der Truppe. Da gibt es dann beim Exerzieren Figuren, bei denen der zweite als Flügelmann rechts oder links einzuschwenken hat. Unmilitärisch, wie ich war, durfte ich doch meinen Vater nicht blamieren, indem ich etwas falsch machte. Es kam dann auch die Besichtigung durch den Kommandanten der

Von links: Edwin Redslob, sein Vater Ernst, sein Bruder Kurt, um 1915

Festung Metz, den General der Infanterie von Ingersleben, der von seinem Schimmel herab den Vater fragte: »Wer ist denn dieser zweite Flügelmann?« »Mein Sohn«, war die Antwort. »Dann bringen Sie ihn aber am Sonntagmittag mit zu uns.«

So konnte ich denn dem Kommandanten erklären, daß ich zur aktiven Truppe wolle und nicht nur zum Landsturm. Er verschaffte mir, daß ich mich wenige Tage danach im Vorort Montigny bei den Kraftfahrern melden konnte. Eine Ordonnanz öffnete das Zimmer zum Kommandeur. »Mensch, Redslob, wo kommen Sie denn her?« rief er mir zu, und ich erkannte in dem Hauptmann den Sohn eines alten Lehrers vom Weimarer Gymnasium, den Ingenieur Urtel. Der brachte mir nun das Autofahren erst richtig bei und sorgte verständnisvoll dafür, daß ich für mich geeignete Kommandos bekam. Wurde etwa vom Gouvernement der Festung, die in die Kampffront eingefügt war, ein Auto angefordert, dann wurde mein Wagen bevorzugt. So kam es, daß ich mehrfach vom Ersten Generalstabsoffizier, militärisch gesprochen I A, dem Major Steinböhmer, beansprucht wurde. Er war eine interessante und mir besonders sympathische Persönlichkeit und hatte als Jugendfreund

des Kronprinzen, mit dem zusammen er erzogen worden war, eine angesehene Sonderstellung. Mein Dienst, falls ich nicht andere, immer wechselnde Kommandos hatte, war nun oft dadurch bestimmt, daß ich dem
jungen Generalstabsoffizier, neben dem eigentlichen Fahrer sitzend und ihn
gelegentlich ablösend, als Begleitperson gegeben wurde. Auf weiteren
Strecken setzten wir uns gern im Fond des Wagens zusammen und unterhielten uns über Dinge, die uns am meisten am Herzen lagen. Und das waren
Gespräche über Kunst und über das Theater.

Wir fuhren gelegentlich in das Große Hauptquartier oder in das Hauptquartier des Kronprinzen, der eine Armee führte. Ich wurde niemals als ein-
facher Unteroffizier, welches Avancement ich erreicht hatte, behandelt und
hörte mehr, als man in Metz erfuhr. Die Beurteilung der Lage war im
Kronprinzlichen Hauptquartier schon bald von scharfer Kritik durchsetzt.
Man fühlte das Herannahen einer Tragödie, darin der Vater dem Sohn und
Erben das Reich verspielt, und man begriff wohl auch die mitunter gar zu
leicht erscheinende Art, mit der der Sohn, dem kein Einfluß gewährt wurde,
sich teils in Kritik, teils in Zerstreuungen rettete.

Unsere Fahrten jedoch erschienen wie friedliche Unternehmungen
gegenüber den immer häufiger werdenden Kommandos, die zur Front führten. Den ersten Vorgeschmack feindlicher Granaten und Maschinengewehre
bekam ich, als mir die Aufsicht über die nach dem nahen Saint-Mihiel abge-
gebenen Wagen unserer Truppe übertragen worden war, einer vorgescho-
benen Stellung, die in die französische Front hineinschnitt. Die Zufahrt lag
unter feindlichem Beschuß, was schon daraus zu erkennen war, daß an der
Straße, die aus einem Buchenwald herausführte, die Bäume durch das
Maschinengewehrfeuer genau in der Höhe gekappt waren, in der die Köpfe
der Deutschen aus ihren Autos hervorsahen. Kurz vor dem Ende des Waldes
war eine Warnungstafel angebracht, die zu schneller Fahrt wegen des
drohenden Beschusses aufforderte.

Im Mai 1915 fuhr ich wieder einmal die gefährliche Strecke. Das frische
Grün der Buchen ließ mich an die Wälder von Troistedt nahe Weimar
denken, darin wir um diese Zeit alljährlich Maiblumen gepflückt hatten. So
fuhr ich trotz der Warnung ganz langsam, um zu sehen, ob der Boden des
Waldes auch hier mit Maiblumen bedeckt sei. Mit einem Male gab es einen
Ruck, denn das Auto fuhr durch ein tiefes Loch, das soeben ein feindliches
Geschoß in den Boden der Chaussee gehauen hatte. Wäre ich vorschrifts-
mäßig schnell gefahren, so hätte die Granate oder richtiger das Schrapnell
den Wagen und seine Insassen getroffen. Aber meine unbekümmerte
Träumerei hat mich gerettet.

Saint-Mihiel war von dem Nürnberger Feldartillerieregiment besetzt,
darin ich Freunde aus der Heidelberger und Nürnberger Zeit hatte. Obwohl

die Stadt klein war, paßte sie doch mit ihren stattlichen Gebäuden aus der Epoche der Renaissance zu den Nürnbergern, die mir erzählten, daß die französische Garnison den Ort gleichsam belagere, aber es möglichst vermeide, in die schöne Stadt, in der ja zunächst noch viele Frauen und Kinder verblieben waren, hineinzuschießen.

Zur selben Zeit häufen sich auch Fahrten ins Kampfgebiet von Verdun, die mich den ganzen Ernst der Lage empfinden ließen, wenn wir etwa im Personenwagen Granaten in die Feuerstellung fuhren und dann in unserem Wagen Verwundete nach Metz zu bringen hatten. Einmal fuhr ich einen bayerischen Offizier, der den Arm verbunden hatte. Er saß neben mir, wandte sich im offenen Auto zurück und sagte, den hoch über uns aufgewölbten Sternenhimmel betrachtend: »Da droben gilt net einmal ein General so gar so viel.«

Der Weg in das Kampfgebiet von Verdun, in das wir immer häufiger Wagenkolonnen schicken mußten, führte an einem umzäunten Wiesenhang vorbei, der mit seinen Baracken und einigen weidenden Tieren ein Pferdelazarett darstellte. Kam ich nicht in einer Kolonne, sondern allein vorbei, so hielt ich wohl an und fütterte eines der schönen, aber durch den Schorf der Wunden entstellten Tiere, das mit traurigem Blick seinen Kopf über den Zaun hing. Außerhalb des umhegten Teils breitete sich das Tal eines Flüßchens aus, und hier erlebte ich eine mich noch in der Erinnerung mit Entsetzen erfüllende Szene: Am Uferrand weidete ein besonders schönes Pferd, aber mit einem Male flogen einige, wohl verirrte Granaten in das scheinbar so friedliche Tal, deren eine rückprallend dem Pferd, das ich beobachtet hatte, den Bauch aufriß. Von Schmerzen gepeinigt, sprengte es dem umhegten Lazaretteil zu, über dessen Zaun sich schon ein Veterinäroffizier schwang. Er brachte das Tier zum Halten und gab ihm den Gnadenschuß. Verzweifelt rief er mir zu: »Was kann das arme Tier dazu, daß die Menschen Krieg führen!«

Dem Menschen kann man allenfalls einreden, daß der Krieg, dem man ihn hinopfert, notwendig sei, und daß er sich für die Sache seines Volkes zu begeistern habe. Aber was soll man einem Tier sagen, das man dem Leid des Krieges aussetzt?

Im Frühjahr 1915, als die Frontlinien auf dem westlichen Kriegsschauplatz schon fest eingegraben waren, mußte ich mehrfach einen geheimnisvoll schweigsamen Offizier von Metz aus an eine Beobachterstellung in den vordersten Schützengräben bringen. Das Auto hielt dann hinter einem breiten Lagerhaus, und der Offizier schlüpfte – anders läßt es sich kaum ausdrücken – von da aus über die oft beschossene Stelle bis zum Eingang der befestigten Anlage. An einem klaren Maienmorgen konnte man dort vor der französischen Stellung ein Plakat aufgebaut sehen. Die Franzosen hatten die glatte Rückseite von einem Stück Tapetenrolle an Latten genagelt und diese in die aufgeworfene Erde gesteckt. Auf dem Plakat stand zu lesen: »Kameraden! Ergebt Euch! Wenn Ihr Euch gefangen gebt, kommt Ihr nach Maroque. Da ist der Heimat wunderschön!« Da hätte man denken können, daß aus dem Gefühl des einfachen Soldaten heraus der Krieg schon überwunden sei. Aber in der nächsten Woche war das Bild völlig verändert. Ein paar Fetzen des zerrissenen Tapetenstreifens hingen noch am Stacheldraht, darunter lagen, auf Bergung in der Nacht wartend, Verwundete zwischen den gefallenen Kameraden beider Heere. Durch die hereinbrechende Dämmerung erklang die Klage eines wohl schwerverwundeten französischen Soldaten. Noch heute, nach dem Erlebnis zweier Weltkriege, höre ich den immer wiederholten Ruf des Sterbenden: »Oh ma femme! Oh mes petites!«

Aus diesem Buch heraus möchte ich den Ruf, der vom Schmerz des sterbenden Kriegers und vom Leid der Witwen und der vaterlosen Kinder und somit von einer endlos zu tragenden Trauer spricht, die Millionen und Abermillionen auferlegt wurde, denen zurufen, die glauben, daß politische Gegensätze zwischen den Völkern durch Mordwaffen entschieden werden müßten: »Oh ma femme! Oh mes petites!«

Im Krieg wechseln die Bilder schnell. Wenige Tage nach so erschütternden Erlebnissen steuerte ich meinen Wagen am Pfingstsonntag, kurz vor der Mittagszeit, durch die Stadt Luxemburg. Mir wurde eigentlich jetzt erst klar, wie wenig Frauen im Straßenbild von Metz und den anderen Städten des Kriegsgebietes zu sehen waren. Hier aber überwog das weibliche Geschlecht, und in der Mitte der breiten Straße schritten drei schlanke Gestalten, schöne und junge Frauen, von rechts und links mit Ehrfurcht begrüßt. Es war die Großherzogin mit ihren beiden Schwestern. Auch ihr Heimweg von der Kirche zu dem nahen Schloß und das Läuten der Glocken in der friedlichen Stadt erschien wie ein Protest gegen den Krieg.

Metz stellte auch Ansprüche unerwarteter Art, da die so unmittelbar hinter der Front gelegene Stadt geistig und künstlerisch der Truppe etwas geben sollte. Deshalb wurde das Theater wieder in Gang gebracht. Man hatte unter Leitung des rührigen Darmstädter Intendanten Waag, der als Reserveoffizier dazu abkommandiert wurde, das Schauspiel wieder aufgetan und spielte mit Kräften, die meist in der Truppe entdeckt wurden, leidlich gut. Der schon erwähnte Generalstabsoffizier Steinböhmer, später als Romanschriftsteller Hillard bekannt, hatte großes Interesse für die Bühne und sorgte nun dafür, daß ich zu all meiner anderen Tätigkeit auch noch für die Zeitschrift, die der Intendant herausgab, Artikel schreiben mußte.

Ein lichter Traum inmitten all der Inanspruchnahme war Schloß Lorry bei Metz, wo Verwandte einer treuen Freundin der früh verstorbenen Mutter meiner Frau, ihrerseits nahe verwandt mit der Dichterin Clara Viebig, mich eingeführt hatten. Man muß bedenken, wie fern von einer durch die Hausfrau bestimmten Geselligkeit sich unser Leben in Metz abspielte. Da aber wohnte in dem schönen, vor einem herrlichen Park gelegenen Schlößchen Lorry, das der Engadiner Architekt Hartmann mit dem ihm eigenen Geschmack erweitert hatte, eine deutsche Familie. Der Vater war ein Regierungsrat aus Düsseldorf, der sich früh hatte pensionieren lassen, um für die Familie seiner Frau, die große Kokereien besaß, tätig sein zu können. Der Kreis der Bekannten, vor allem aus Rheinland-Westfalen, die hier verkehrten, war groß. Darunter war auch einer der Direktoren von Krupp, namens Brun, dessen Frau Eva Brun eine bekannte Konzertsängerin war und mit der Tochter des Hauses, Alice, die nicht nur sehr schön war, sondern auch eine wohlgeschulte Sopranstimme hatte, musizierte. Es war eine Oase der Kultur und der Geselligkeit.

Ich sehnte mich nach Lorry zurück, als ich dann an einer Bluterkrankung schwer zu leiden hatte und in das Lazarett von Montigny kam. Da lagen wir nun wohl an die zwanzig Mann in einem großen Saal, der von einem riesigen, runden Ofen geheizt wurde. Ehe ein Höhergestellter besichtigend die Räume durchflog, wurde der Ofen eingewichst, und etwa eine halbe Stunde nach erfolgtem Besuch war in dem Raum ein Gestank, der das Ende der dort liegenden Kranken leicht hätte beschleunigen können. Aber das eiserne Ungeheuer hatte vorschriftsmäßig geglänzt.

Wohltuend, aber auch überraschend war es für mich, die kranken Kameraden, die aus den verschiedensten Gegenden Deutschlands stammten, menschlich kennenzulernen. Es war erfrischend, was sie von sich und den Ihren erzählten: Der Gefreite Huber aus München hatte als Schlachtergeselle beim Koch eines Lloyd-Dampfers gedient, und es war köstlich, was er von seinen Weltreisen und von den Passagieren zu berichten hatte. Etwa erzählte er, wie die Chinesen ihnen, wenn sie an Land kamen, ihre Riksha anboten: »Die Kerlchen steckten ihre Köpfe zwischen die Beine vor lauter Komplimente.« Oder er schilderte die Stewardeß, wie sie im vollen Dreß an Land ging: »Ein Weib wie dieser Ofen, Pleureusen bis zum A...«, oder er schilderte die Honolulu-Weiber, denen der erwähnte Körperteil, wie er drastisch sagte, »im Sande hinten-nach-schleifte«. Er konnte aber auch zart und liebevoll von seiner jungen Frau sprechen und drückte sich dabei so anschaulich und so wohltuend frei von intellektueller Unnatur aus, daß ich mir keinen besseren Lehrer für eine Dichterakademie hätte denken können. Immer wieder neckte er sich mit einem Schlesier, der im Gegensatz zu dem Realismus des Bayern das Geheimnisvolle seines Stammes tief in sich trug. Sein höchster Traum war: »Ich mechte ein Gesangsbuchlied schreiben, das wo dann im Buch gedruckt und sonntags in der Kirche gesungen wird.«

Die warme Menschlichkeit der Kameraden bewährte sich immer mehr: wie sie einem Schwerlungenkranken halfen, wenn er mitten in der Nacht seinen Anfall bekam, oder wie sie miteinander teilten, was sie an Liebesgaben bekamen. Das war ein Vorgang, an dem ich mich natürlich gut beteiligen konnte. Die größte Freude aber war, wenn aus Lorry in den prangenden Farben des Herbstes ein von Alice gebundener Strauß kam. Es gab wohl keinen im Krankensaal, der nicht zu meinem Nachttisch kam oder sich den Strauß zum Betrachten an sein Bett bringen ließ, wenn er nicht aufstehen konnte.

Für mich war das erstaunliche Erlebnis der Zeit, in der ich plötzlich keine andere Beschäftigung hatte, als krank zu sein, daß mit einem Male die Erinnerung in mein Leben einbrach. Saß ich im Garten des Lazaretts, so schien ich im Park von Weimar zu weilen. Um die dreißiger Lebensjahre denkt man meist noch nicht viel zurück an die durchlebte Zeit. Aber in jeder Krankheit wirkt ja ein Stück Abschied vom Leben, der durch die Erinnerung seinen Trost erhält. So schrieb ich nun an einem Buch, dessen Eigenart wohl darin besteht, daß durch das Erlebnis der Kriegszeit etwas vom Glanz der Jugend hindurchleuchtet. Als »Garten der Erinnerung« ist es dann später erschienen. Im übrigen aber schrieb ich abends, wenn die Kameraden erzählten, ihre Geschichten auf, sie merkten es bald und waren durchaus einverstanden. Unser aller Kummer war der Arzt, ein medizinischer Reserveoffizier, der an einer Kinderklinik tätig gewesen war. Er war nicht gewohnt, den Kranken zu fragen, sondern befal, auf seine militärische Autorität gestützt, was man für eine Krankheit zu haben hätte. Da kam eines Tages ein aktiver Oberstabsarzt aus Metz, der gewohnt war, die Krankheiten und Verwundungen an sich gesunder, junger Menschen zu behandeln und sich auch vom Kranken dessen Beobachtungen berichten zu lassen. Er erkannte bei mir die Gefahr einer Leukämie, hielt mich aber noch nicht für transportfähig, und als er hörte, daß ich in die unmittelbare Nähe zu Freunden aufs Land nach Lorry könnte, beurlaubte er mich, um nach vierzehn Tagen zu kontrollieren, ob ich imstande sei, nach Hause zurückzureisen.

Die zwei Wochen in der Ruhe und Ausgeglichenheit von Lorry, zwischen anregenden und liebevoll sorgenden Menschen, und besucht von meinem Vater und von meinem Hauptmann, waren für mich die beste Erholungszeit. Ich befreundete mich damals mit einem häufigen Gast von Lorry, dem Göttinger Universitätsprofessor Karl Brandi, bekannt durch seine Biographie Kaiser Karls V., die bleibenden Wert hat. Von meinen Gastgebern war ich so gut gepflegt worden, daß der Militärarzt erstaunt über die schnelle Wirkung der Kur war, die er mir verschrieben hatte, und mich die Fahrt nach Erfurt wagen ließ. Zur Wiederherstellung meiner Gesundheit wurde ich dann zunächst, was in der beginnenden hungrigen Periode auch für Frau und Töchterchen bekömmlich war, nach Oberstdorf im Allgäu geschickt. So gingen meine Kriegserlebnisse zu Ende, ehe das Entsetzliche der Vernichtung seine volle Höhe erreicht hatte. Meine Bluterkrankung konnte jedoch nach Auffassung der Ärzte im normalen Klima nicht geheilt werden. Sie rieten zur Erholung in hoher Gebirgsluft. Daher wurde ein Aufenthalt in der Schweiz verordnet.

In der neutralen Schweiz

Aus einem kriegführenden Land in die neutrale Schweiz zu kommen, war ein Ereignis, das alles Denken und Empfinden zunächst völlig umwarf. Ein längerer Aufenthalt in der über alles grausame Geschehen erhobenen Einsamkeit des Engadin wollte innerlich verarbeitet werden. Ich hielt mich zunächst an Freunde und Bekannte, die schon in der Schweiz waren, vor allem an van de Velde, der mich sehr bald erst in St. Moritz, dann in Fetan besuchte. Er bestimmte mich, als mein schnell sich besserndes Befinden es erlaubte, zu einem gemeinsamen Besuch bei René Schickele in Bern. Ich sagte gern zu, weil ich aus der Einsamkeit der Berge wieder einmal in eine Stadt wollte.

Es war eine merkwürdige Gesellschaft, die sich bei René Schickele traf. Gastgeber war der seinem Wesen nach so anregende Dichter, der als Elsässer und Sohn einer französischen Mutter zweisprachig war und als deutscher Dichter auch von der Geistigkeit Frankreichs viel in sich aufgenommen hatte. Nun aber war er durch die Geschehnisse des Krieges, die ihn nach der Schweiz vertrieben hatten, innerlich zerspalten. Mit van de Velde kam die bis zur Verstiegenheit originelle Annette Kolb. Sie war die Tochter eines deutschen Gelehrten, ihre Mutter war Französin, von ihr hatte sie ihren Lebensstil und ihr Temperament. So war sie geistig Europäerin, der nun der Krieg ein doppeltes Erbe der Kultur zerstörte. Im Mittelpunkt stand van de Velde, der Belgier internationalen Gepräges, der in Weimar Deutscher, nach seinem Begriff Europäer geworden war.

Waren wir letzte Anhänger eines unter dem Donner der Geschütze zerstörten Traumes von der Einheit Europas, oder trugen wir nachlebend und vorahnend zugleich etwas in uns, was erst recht zu erstehen und durchzusetzen war? Darüber ging unser Gespräch. Aber zu der negativen Kraft des

Krieges gehörte ja auch, daß solche Gespräche immer wieder abglitten, weil man sich mit neuen Nachrichten von den Schlachtfeldern auseinandersetzen mußte. So stieß die anklagende Art van de Veldes mit der begütigenden Auffassung Schickeles zusammen, ohne daß die Diskussion zu einer Lösung führte.

Ich hatte wohl gedacht, daß in der Schweiz die kriegführenden Länder je nach den Fronten sich trennen würden. Aber es kam ganz anders. In Fetan und vorher schon in St. Moritz erlebte ich eine Art Frontstellung der Kriegführenden, einerlei auf welcher Seite sie standen, gegen die Neutralen. Die Kriegführenden wußten, was Schicksal ist. So kam es, daß man sich untereinander verstand. Aber von den Neutralen, bei denen zu merken war, daß sie doch auch manchen Vorteil von unserem Leid hatten, trennte uns das tiefere Wissen um den Ernst des Geschehens.

Selbstverständlich lernte ich auch Prachtexemplare gediegener und naturechter Schweizer kennen, darunter den Architekten von Schloß Lorry bei Metz, Hartmann, der hoch in den Bergen als Offizier bei einer Schweizer Gebirgstruppe Dienst tat. An einem jungen La Planta in Zuoz, dem Sohn einer der ältesten Familien des Landes, hatte ich seine instinktive Bewunderung vor den Leistungen der kämpfenden Heere verspürt, ein männliches Gefühl, wie es den Heranwachsenden ehrt. Von seinem Vater, einem welterfahrenen Diplomaten, den ich schon von früher kannte, lernte ich darüber nachzudenken, wie entsetzlich es im Grunde ist, wenn die Extrablätter und die Schlagzeilen der Zeitungen in der Unzahl von Gefallenen und Gefangenen geradezu schwelgten, weil sie ihnen zur Sensation wurden.

Ich erinnere mich an eine gemeinsame, von Fetan aus unternommene Bergbesteigung mit Schweizern, einer Italienerin und einem Amerikaner. Die Schweizerin verlor eine wohl nicht gerade wertvolle silberne Uhr und zerfloß in Tränen. Die Italienerin nahm sie am Arm, erzählte ihr, was ihr der Krieg an Leid gebracht hatte, die junge Schweizerin solle glücklich darüber sein, daß sie bei einem so kleinen Verlust noch weinen könne. Von dem Gespräch, das die Italienerin, eine schöne, noch junge Frau, mit dem Schweizer Mädchen führte, hörte ich nur einzelne der durch Aufzählen von Leid tröstenden Worte: gefallen, im Gebirge vermißt, die Schwägerin nach dem Tod ihres Mannes geistig gestört, Leid über Leid, das nie gekommen wäre, wenn nicht die Völker Europas den Krieg entzündet hätten. Die Schweizerin aber hatte nur die Antwort: »Es war doch ein Geschenk zu meiner Konfirmation«, und begriff die Tröstung nicht. Mir bleibt die tröstende Klage unvergessen. Sie klang wie eine Rhapsodie auf die Leiden der die Menschen zerstörenden Zeit. Wir gingen von der Höhe des Berges nach Fetan zurück. Ich gedachte der vielen, auf deren Freundschaft und gemeinsames Streben mein Leben gestellt gewesen war, die nun der Krieg als Opfer gefordert hatte: Goetz von Seckendorff, der begabte Maler, in dem ich eine der großen Hoffnungen für die Kunst unserer Zeit gesehen hatte und der schon im ersten Monat des Krieges sein von schöpferischen Ideen und Plänen schier überschäumendes Leben hatte opfern müssen. Ich gedachte der Worte, die Franz Marc über den Tod seines Freundes August Macke im zweiten Monat des Krieges gesagt hat, Worte, die mir immer wieder aufklangen, wenn einer aus der Reihe meiner Freunde dahingesunken war: »Sein Werk ist abgebrochen, trostlos, ohne Wiederkehr. Der gierige Krieg ist um einen Heldentod reicher, aber die deutsche Kunst um einen Helden ärmer geworden.«

Es war mir, als schritte August Macke neben mir den felsigen Weg bergab. Noch kurz vor dem Ausbruch des Krieges war ich ihm in Bonn begegnet und hatte mich an der ragenden Gestalt des jungen Westfalen und der strahlenden Kraft seines Wesens gefreut, darin etwas vom Glanz der Welt Mozarts lag. Nicht viel älter als Mozart wurde Albert Weisgerber, der aus der Pfalz stammende Münchener Maler, der schon vor Marc und Macke der Malerei meiner Generation den Weg bereitete. Seine hohe, schlanke Erscheinung und die unvergleichliche Eindringlichkeit seines Blickes schienen mir ganz nahe. Aber es war der Gruß eines Scheidenden, denn wenig Monate vorher hatte ihn, den Freudigen und von so vielen Plänen und Hoffnungen Erfüllten, das Schicksal des Krieges seiner Kunst entrissen.

Dann verlangte die Überquerung einer Schlucht alle Aufmerksamkeit, aber kaum ging ich wieder auf gebahntem Weg, so war es, als schritte einer neben mir, mit dem ich einst in Heidelberg, wohin er zu Besuch aus Straßburg gekommen war, Freundschaft geschlossen hatte: Ernst Stadler. Ich hatte mich an den nur ein Jahr Älteren, aber schon sehr viel Reiferen bei einer Wanderung im Neckartal schnell angeschlossen. Die übermütige Freude darüber, daß wir uns gefunden hatten, war so groß, daß wir in der Abendstunde uns schnell ein kühles Bad im Neckar gönnten. Wie das Leben selbst kam er, die Nässe abschüttelnd, aus dem Wasser heraus, und wir hatten dann beim ländlichen Schoppen in Neckargemünd ein ernstes Gespräch über den Sinn der Gegensätzlichkeit der germanischen und romanischen Kulturen. Es war eine Frage, die ihm, dem als Sohn eines deutschen Gymnasialprofessors im Elsaß Geborenen, besonders am Herzen lag. Er war dann Lektor für deutsche Sprache und Literatur an der Universität Brüssel geworden, und ausgerechnet sein Leben hatte eine französische Granate vor der Zeit vernichtet. Eine ähnliche Gestalt war Norbert von Hellingrath, aus dessen Begeisterung uns das Bild Hölderlins neu erstanden war. Mit achtundzwanzig Jahren wurde sein Leben vernichtet.

Was waren das für Menschen, ganz der Idee lebend, unter die sie ihr Schaffen gestellt hatten, und wieviel Zukunft ist mit ihnen und Mackes

Freund Franz Marc einem geistigen Deutschland genommen worden! Würde sich unser Land je von den Opfern erholen, die der Krieg Tag für Tag aus den Reihen seiner Besten riß?

Ausklang der Erfurter Jahre

1917–1919

Dadurch, daß nach der Revolution des Jahres 1918 die verfassunggebende Nationalversammlung in Weimar stattfand, das man seiner Lage in der Mitte von Deutschland, ebenso aber auch seiner geistigen Tradition wegen gewählt hatte, wurde auch auf das nahe gelegene Erfurt und seine geschichtliche Bedeutung hingewiesen. Bisher hatte man fast vergessen, daß dem Frankfurter Nationalparlament, nachdem es die Einigung Deutschlands nicht zuwege gebracht hatte, im Frühjahr 1850 noch ein Versuch gefolgt war, der nunmehr in Erfurt, und zwar in der durch Luthers Mönchszeit bekannten Augustiner-Kirche stattfand. Das war der letzte Versuch gewesen, Deutschland durch parlamentarische Selbstbestimmung zu einigen. In der Rückschau bedeutete es nunmehr ein Stück Vorgeschichte zur Nationalversammlung, die nach Schluß des ersten Weltkrieges zur Neubegründung des zur Republik gewordenen Reiches in Weimar stattfand. Nicht zuletzt war die Erfurter Tagung durch das Auftreten des damals in der Mitte der dreißiger Jahre seines Lebens stehenden Abgeordneten Otto von Bismarck von Interesse. Er hatte die als letzte Erinnerung an die Farben des liberalen Idealismus Schwarz-Rot-Gold an jedem Sitz verschämt angebrachten kleinen Schleifchen vor Eröffnung der Versammlung Stuhl für Stuhl schnell abgetrennt. Doch hatte er die verantwortungsvolle Rede des heute mit Unrecht vergessenen Heidelberger Historikers, des Professors Häusser, mit anhören müssen. Mit der Fähigkeit zur Prophetie hatte der bedeutende, später durch den wuchtigen Eindruck Treitschkes verdrängte Historiker gesagt: Ein geeintes Deutschland könne nur durch gleichberechtigtes Aufgehen aller seiner bisherigen Einzelstaaten in das Reich dauernde Lebenskraft erhalten. Gründe man Deutschland aber unter Vorherrschaft eines einzelnen seiner Staaten, Preußens also, so könne diese Gründung den, der sie schuf, keineswegs um mehr als ein Menschenalter überleben. Bismarck, der Gründer des kaiser-

In der Erfurter Wohnung. Über der Bank Ernst Ludwig Kirchners Ölbild »Elisabethufer in Berlin«

lichen Deutschlands, schied im Jahre 1891 aus. Der deutsche Kaiser und König von Preußen verlor im Jahre 1918 durch seine Flucht nach Holland den Thron, und damit ging das unter Preußens Vorherrschaft gegründete Kaiserreich zu Ende. Daran erinnerte ich in einer Ausstellung über das Revolutionsjahr 1848 und über das Unionsparlament, die ich im Erfurter Museum veranstaltete. So bot also Erfurt als die innerhalb der deutschen Geschichte so oft hervorgetretene Stadt immer wieder Gelegenheit zu historischer Erkenntnis.

Auch das vor dem ersten Weltkrieg durch das Museum und seine Ausstellungen rege gewordene Interesse für die zeitgenössische Kunst war durch den Krieg nicht beiseite gedrängt worden. Sehr viel verdankte diese Entwicklung dem Erfurter Oberbürgermeister Schmidt, der in seiner norddeutsch verhaltenen Art, die an sich den Erfurtern nicht recht lag, für mich eine gute Hilfe war. Auch hatte ich dem Museum schon bald Mäzene gewinnen können, die es möglich machten, durch Ausstellungen, Künstlerbesuche und Entdeckung junger Talente in der Stadt selbst ein besonders der bildenden Kunst der eigenen Zeit zugewandtes kulturelles Leben zu entfalten. Ein entscheidender Freund des Museums war Alfred Hess, Mitbesitzer einer der großen Schuhfabriken der Stadt. Auf einer seiner häufigen Geschäftsreisen nach Berlin hatte Hess Bekanntschaft mit Max Pechstein gemacht und gleich sein Palau-Triptychon erworben. Ich hatte zunächst Mühe, ihn dann noch ein Stück weiter zu Kirchner und Schmidt-Rottluff zu führen, wozu auch Bilder von Otto Mueller und ein von mir in Privatbesitz entdecktes Bild von Franz Marc kamen. Unvergeßlich ist mir noch der Tag, als wir in seinem Musikzimmer zwei Hauptwerke von Kandinsky aufhingen, und unvergeßlich sind mir die Sammlungsschränke im Hause Hess, in denen in großer Zahl und guter Auswahl Zeichnungen und Aquarelle von Klee und Feininger gestapelt waren.

Angeregt durch die Ausstellungstätigkeit des Museums, die ihn immer neu zu Erwerbungen veranlaßte, begründete Alfred Hess die wohl beste Sammlung der deutschen Expressionisten, die es je gegeben hat. Ich nannte mich das »Trüffelschwein« seiner Sammlung, jenes Tier also, das die Trüffeln unter der Erde schnüffelt und herauswühlt, sie selbst aber nicht fressen kann, weil ihm ein Ring um die Schnauze gelegt ist. Ich hatte ein Recht, ja eine Pflicht zu dieser Aufgabe, weil Alfred Hess seine entstehende Sammlung dem Erfurter Museum zugedacht hatte. Er, den ich bei meinem ersten Besuch in seinem Hause nur als Besitzer eines als Titelbild für die Zeitschrift »Jugend« entstandenen Kinderkopfes von Zumbusch kennengelernt hatte, wurde nun so in den Strudel der Kunstleidenschaft gezogen, daß er sich zu einer selbständigen Sammlerpersönlichkeit entwickelte. Was ihn dazu befähigte, war nicht zuletzt die Güte und Hilfsbereitschaft seines Charakters. Er half mit den reichen Mitteln eines der großen Industriellen der Stadt da, wo er Vertrauen zu dem Wert einer Persönlichkeit und ihrem Schaffen gefaßt hatte.

Die Sammlung Alfred Hess fiel später dem Nationalsozialismus zum Opfer, und auch vieles von dem, was ich in meiner Zeit von ihm und anderen Sammlern für das Museum als Stiftung erhalten hatte, wurde aufgrund infamer Kontrolle konfisziert. Darunter war vor allem die als spezielle Besonderheit für Erfurt im Hinblick auf seine Tradition von mir angelegte Sammlung für den modernen Holzschnitt. Erfurt war das erste Museum, das den durchaus einzigartigen Wert der neuen Entwicklung der Graphik des Expressionismus in Deutschland erkannte. Bezeichnenderweise erklärte Curt Glaser, Direktor des Berliner Kupferstichkabinetts, man müsse nach Erfurt kommen, um zu erkennen, was man in Berlin zu sammeln hätte.

Durch die Gastlichkeit des Hauses Hess, für die auch Frau Thekla Hess als der Hausfrau zu danken war, wurde es möglich, führende Meister der Zeit zu Ausstellungen ihrer Werke und zum Besuch in Erfurt zu gewinnen. So hat das dort entfaltete Kunstleben, zumal als dann auch die Meister des Bauhauses wie Klee, Feininger und Kandinsky dazukamen, ein in Weimar so nicht zu erreichendes Mäzenatentum gefunden. Ein Denkmal der Sammlung blieb erhalten: das Gästebuch des Hauses Alfred und Thekla Hess, das als ein einzigartiges, von den maßgebenden Künstlern jener Zeit illustriertes Dokument Zeugnis gibt von der kurzen Zeitspanne, da Erfurt für die Durchsetzung der modernen Kunst so viel bedeutet hat. Es befindet sich heute im Museum of Modern Art in New York.

Mein Nachfolger und Heidelberger Universitätsfreund Walter Kaesbach setzte das der zeitgenössischen Kunst gewidmete Bestreben meiner Erfurter Tätigkeit fort, ehe er nach Düsseldorf als Direktor der dortigen Kunstakademie berufen wurde. Daß Hans Hess, der Sohn des Sammlers, später in England, nämlich in York, ein mit gediegener Kenntnis entwickeltes Museum gestalten konnte, ist ein Trost, da der Verlust der Sammlung in sich als unersetzbar zu gelten hat. Für Deutschland aber erinnert ein Bändchen des Piper-Verlages mit ausgewählten Eintragungen aus dem Gästebuch Hess wie ein reizvoller Strauß an das, was einst als Sammlung ein Stück deutsche Kunstgeschichte darstellte.

In zwei Ämtern

Stuttgart und Berlin
1919–1920

Der Wiederbeginn der Arbeit nach dem Krieg brachte es mit sich, daß infolge des Fehlens so vieler, die gefallen oder noch in Gefangenschaft waren, nicht selten auf den einzelnen zwei Ämter kamen. So ging es auch mir, da zwei Aufgaben mich riefen. Der Deutsche Werkbund hatte mich dem Reichsminister des Inneren für das von der Nationalversammlung in Weimar geschaffene Amt des Reichskunstwarts vorgeschlagen, das für alle die Kunst betreffenden Aufträge und Maßnahmen innerhalb der Reichsregierung entscheidend sein sollte. Kurz vorher schon war ich zum Direktor der Staatlichen Kunstsammlungen in Stuttgart ernannt worden, wo mich zumal in der Gemäldegalerie eine vom Standpunkt meines Berufes aus höchst lohnende Tätigkeit erwartete. Sie lag ganz im Sinne meiner bisherigen Museumsarbeit, und auch die Fortsetzung meiner Lehrtätigkeit an den Kunstgewerbeschulen in Bremen und Erfurt sowie an der Kunstschule von Weimar wurde in der schwäbischen Hauptstadt von mir erwartet. Es sprach sich in der Art, wie die

Stelle mir angetragen worden war, ein solches Vertrauen aus, daß eine Absage, ehe nicht ein geeigneter Ersatz gefunden war, nicht gut in Frage kam.

Aber auch Berlin gegenüber, wo der Innenminister Koch-Weser mit soviel Verständnis den Ausbau meines Amtes betrieb, erschien ein Nein undenkbar. Zudem wäre es ein zweites Mal nicht geglückt, für Berlin einen politisch unabhängigen Kandidaten zu gewinnen, da für den Fall meiner Absage bereits eine der großen Parteien den Feuilletonredakteur einer ihrer Zeitungen vorgeschoben hatte.

Der Reichsminister stand dem württembergischen Kollegen, dem dortigen Kultusminister Hieber, besonders nahe, und so verabredeten sie dann beide, ich möge in Stuttgart eintreten und zunächst von da aus gleichzeitig die Tätigkeit des Reichskunstwarts ausüben. Dafür sollte der Berliner Geschäftsführer des Deutschen Werkbundes Platzhalter im Berliner Innenministerium sein. Da vorauszusehen war, daß ich mich bald für nur eine Stadt entscheiden müßte, fanden meine Frau und ich es vernünftiger, daß die Familie, seit 1918 durch unsere zweite Tochter Sibylle vermehrt, zunächst noch in dem behaglichen Haus in Erfurt verblieb.

Es dauerte gar nicht lange, daß infolge des Kapp-Putsches Reichsregierung und Nationalversammlung nach Stuttgart ausweichen mußten, während in Berlin und Mitteldeutschland noch alles drunter und drüber ging. Von Stuttgart aus habe ich für meine Aufgabe im Reich mancherlei durchsetzen können. Meine Museumserfahrungen kamen mir zugute, als es sich darum handelte, den immer mehr zunehmenden Abfluß bedeutender Kunstwerke durch Verkauf ins Ausland mit Hilfe eines Reichsgesetzes zu verhindern. Es wurde – unter Verteilung auf die einzelnen deutschen Länder – eine beim Reich geführte Liste der national wertvollen Kunstwerke angelegt, die ohne Genehmigung des zuständigen Landes und der Reichsregierung, die der Reichskunstwart beriet, zur Ausfuhr nicht freigegeben wurden.

Für die vielen Entscheidungen, durch die der Verringerung des deutschen Kunstbesitzes entgegengearbeitet wurde, nenne ich wenigstens ein Beispiel aus etwas späterer Zeit: Das an Bildern niederländischer Kunst so reiche Museum in Braunschweig wollte für ein in damaliger Zeit hohes Angebot von zwei Millionen Mark das köstliche Interieur des Vermeer van Delft, »Das Mädchen mit dem Weinglas« genannt, verkaufen. Die Mittel sollten zum großen Teil für alle möglichen, auch außerhalb der Museumstätigkeit liegenden Zwecke dienen. Ich wurde bestürmt, der vom Lande Braunschweig genehmigten Freigabe zuzustimmen, blieb aber hartnäckig und darf es mir als Verdienst anrechnen, das Bild Braunschweig gegen seinen eigenen Willen erhalten zu haben.

Auch für Stuttgart war ich reichlich beschäftigt. In demselben Saal, darin die Nationalversammlung vorübergehend getagt hatte, hielt ich einen

Der Verfasser im Jahre 1920

mahnenden Vortrag, der für das Wiederaufleben der kulturellen Entfaltung in Stuttgart, entsprechend den Forderungen und den Möglichkeiten einer neuen Zeit, warb. Hinter mir stand schon bald ein Freundeskreis, für dessen Bestrebungen ich sprach. Da waren als Träger des Musiklebens der schwäbischen Hauptstadt die Brüder Adolf und Fritz Busch, der Geiger und der Dirigent, der freilich schon bald die Dresdener Oper der Stuttgarts vorzog; da waren an der Technischen Hochschule oder doch eng mit ihr verbunden Architekten wie Paul Bonatz und Martin Elsässer, der dann Stuttgart zugunsten von Köln aufgab; da war der lebhafte Wegbereiter junger Talente, der zur Abstraktion in der Kunst hinstrebende Adolf Hölzel, der Vorkämpfer für Begabungen wie Schlemmer und Baumeister, die damals in ihrem Heimatland begannen; da war der Kunsthistoriker der Technischen Hochschule, Hildebrand, der für die neueste Kunst leidenschaftlich eintrat, und da war vorübergehend auch als mein Freund Rudolf von Laban, dessen Wirken für die moderne Tanzkunst eine so hohe Bedeutung gewonnen hat. Aber wir wurden auch von einem Chauvinismus heftig bekämpft. Von mir, der ich aus Thüringen stamme, wurde in einem Artikel behauptet, als geboren in einer norddeutschen Flachlandschaft, könne ich das Wesen der Schwaben niemals verstehen. Es scheint mir kennzeichnend, daß der Führer der Opposition, die so unsachlich argumentierte, später einer der schlimmsten Nazis wurde.

Einer Erhaltung des Kunstbesitzes an gewohnter Stelle diente auch mein Kampf gegen die vom Reichsfinanzministerium betriebene Luxussteuer. Sie sah vor, daß der Kunstbesitz als Vermögenswert betrachtet und in die Steuererklärung aufgenommen werden solle. Zumal für die mediatisierten deutschen Fürsten, die, wie etwa der süddeutsche Zweig der Hohenzollern oder die Hohenlohe, in ihren Schlössern öffentlich zugängliche Sammlungen besaßen, hätte das geheißen, daß alljährlich zur Deckung der Steuer Einzelstücke zum Verkauf gestellt worden wären, bis nichts mehr übrig war. Ich fand in meinem Kampf gegen diesen Plan den Ausweg, daß zunächst einmal aller Kunstbesitz, der öffentlich oder doch für Aufgaben der Kunst und der Forschung zugänglich wäre, von der geplanten Steuer befreit bleibe.

Bei einem anderen Thema konnte ich mich nicht durchsetzen. Es handelte sich um die Freigabe der Autorenrechte nach dem Tod. Die Frage wurde im Reichswirtschaftsrat ausgiebig behandelt, und die Berufsvertreter der Literatur, der bildenden Kunst und der Musik, die möglichst viel erreichen wollten, setzten durch, daß das Autorenrecht bis fünfzig Jahre nach dem Tod Geltung behielt, was für den Nachruhm des Autors sich immer wieder nachteilig auswirkt. Ich hatte vorgeschlagen, es wie bisher bei dreißig Jahren, also einer Generation, zu lassen, aber dazuzusetzen, mindestens bis zu hundert Jahren nach der Geburt des Verfassers. Noch heute möchte ich behaupten, daß diese Lösung richtiger und für das Weiterleben der Werke der Schaffenden günstiger sei. Die Verhandlungen darüber hatten zwar in Stuttgart begonnen, wurden aber erst später in Berlin zu Ende geführt.

Obwohl meine Stuttgarter Zeit nicht viel mehr als ein halbes Jahr gedauert hat, möchte ich sie nicht missen. Zunächst begeisterte mich die landschaftliche Lage der schwäbischen Hauptstadt und vor allem die Schönheit der Wälder, die sich zwischen Stuttgart und Bebenhausen ausdehnen. Sodann hatte das Wohnen in der einzigen Großstadt Schwabens seinen besonderen Reiz: Als Studenten schon gingen wir aus dem Zug heraus in das gleichsam zum Bahnhof gehörende gepflegte Hotel »Marquardt«; später hatte ich dann, ein wenig oberhalb der Stadt gelegen, eine Pension entdeckt, von deren Fenster ich durch blühende Mandelbäume unmittelbar auf Weinberge blickte. Nun aber erhielt ich meine Wohnung im neuen Schloß, in dessen Fenster die Pfirsichblüten hineinsahen. Die Möbel stammten aus der Zeit, da Napoleon aus Württemberg ein Königreich gemacht hatte und der arrivierte Landesherr, dessen Tochter mit Jérôme vermählt wurde, sich im Stil des Empire einrichtete.

Unser Freundeskreis, der Stuttgart eine neue und moderne Entfaltung versprach, erweiterte sich schnell. Der Industrielle Bruckmann, der als der Hersteller des geschmacklich schönsten Silbers jener Zeit galt, leitete von Heilbronn aus die Hauptverwaltung des Deutschen Werkbundes, der in Stuttgart seine neben Berlin und München wichtigste Geschäftsstelle hatte. Die moderne Abteilung des Museums hatte ich zum Erstaunen der Behörde, ohne diese vorher zu fragen, in hellgestrichenen Sälen gehängt, so daß man bereits 1920 Bilder der schon genannten Maler Hölzel, Schlemmer und Baumeister in der Stadt ständig ausgestellt sah, in der sie wirkten.

Mit so vielen wertvollen Persönlichkeiten ich in Stuttgart auch zu tun bekam: wenn der Name der Stadt aufklingt, denke ich vor allem an zwei, die mir dort Freund wurden: an Rudolf von Laban und Paul Bonatz. Laban, der geborene Österreicher, hatte sich in jener Zeit probeweise und leider nur kurz in Stuttgart niedergelassen, besonders wohl, um sich schriftstellerisch mit seinen Ideen über die Welt des Tänzers auseinanderzusetzen. Für ihn war die entscheidende Funktion des Lebens die Bewegung. Und da er mich in erster Linie als einen Bewegungsmenschen auffaßte, verlor er mir gegenüber das Gefühl der Fremdheit, das ihn, wie er mir einmal gestand, den meisten Menschen gegenüber verschlossen machte. Wir pflegten uns, unserer Tageseinteilung entsprechend, mittags in der »Elsässer Taverne« zu treffen. Er begann dann, während wir aßen und unser »Viertele« tranken, sich mit mir über seine Philosophie der Bewegung und damit über die Welt des Tänzers und die Zukunft des Tanzes zu unterhalten. Als Sohn eines hohen österreichischen Offiziers, der als Gouverneur eines Habsburger Staatengebildes oberste Gewalt hatte, war es ihm nicht leicht gemacht, sich, der Ablehnung des Vaters trotzend, seiner von ihm zunächst nur erahnten künstlerischen Aufgabe zu widmen. Man merkte ihm das nicht eben Leichte seines Weges zu einer völlig neuen Auffassung des Tanzes an. Unsere Freundschaft blieb auch in Berlin bestehen, zumal als dort Mary Wigman dazu kam, die den Theorien ihres Lehrers lebendige Gestaltung gab.

Da es Laban interessierte, daß mich der Ablauf des Jahres immer wieder dichterisch beschäftigt hat, nahm er später auch an meinen Arbeiten teil. Ich hatte eine Dichtung »Das Jahresrad« vollendet, und der früh verstorbene Darmstädter Komponist, der einfallsreiche, uns befreundete Hermann Heiss, hatte sie in Musik gesetzt. Zu diesem Festspiel verfaßte Laban die Choreographie. Aber die Arbeit zog sich so lange hin, daß die geplanten Aufführungen – die eine in Potsdam, die andere zur 700-Jahr-Feier von Siebenbürgen in Hermannstadt und Kronstadt – von den Nazis verhindert werden konnten. Mir blieb nur die Erinnerung an die überraschend lebendige und einfallsreiche Art, mit der Rudolf von Laban eine wahre Symphonie des Jahresablaufs tänzerisch komponiert hatte. Auch blieb ein kleines Inselbuch, das unter dem Titel »Des Jahres Lauf« eine Art immerwährender Kalender darstellt, dessen Herausgabe Kippenberg während der Nazizeit gewagt hat.

Der zweite Freund meiner Stuttgarter Zeit war Paul Bonatz. Er hatte damals seine wohl eindrucksvollste Arbeit, den Bau des Stuttgarter Bahnhofs, vollendet, und wir hatten zunächst wegen der Gestaltung des Reichswappens am Hauptportal amtlich zusammen zu tun. Er zeigte mir das ganze eben vollendete Werk und verschwieg auch nicht, daß er ganz allein den Schlüssel zu einem Raum besaß, der in einem Zwischengeschoß des Turmes versteckt lag und dessen Vorhandensein der behördlichen Kontrolle entgangen war. Dieser kleine Scherz, den er sich mit einem leerstehenden, zu keiner Verwendung bestimmten Zimmer erlaubt hatte, entsprach ganz der genialisch-humorvollen Veranlagung dieses künstlerisch so begabten Architekten. Wir hatten uns unsere eigene, den Ton der Behörden verspottende Diktion angewöhnt, wenn wir uns für den Abend zu einer hoch über Stuttgart auf dem »Sünder« zu genießenden Flasche Wein verabredeten: »Hier gilt es, den Hebel anzusetzen«, war dafür das entscheidende Stichwort. Der Ministerpräsident, dem der Sinn für Humor nicht fehlte, hatte mir das Zauberwort verraten, auf dessen Nennung hin der Wirt aus dem Reservat der Regierung uns den besten heimischen Wein kredenzen durfte.

Das tiefste Erlebnis meiner Stuttgarter Zeit war meine letzte Begegnung mit Karl Ernst Osthaus. Seit wir Freunde geworden waren, hatten wir uns noch oft gesehen. Seit der Sonderbund-Ausstellung in Düsseldorf, die van Gogh und Edvard Munch in Deutschland bekannt machte, und seit der Werkbund-Ausstellung in Köln, wo wir einer dem anderen von Lehmbruck genau das erzählen wollten, was jeder für sich bereits empfunden hatte, waren wir zur Tagung der Museumsdirektoren, die im Frühjahr 1918 in Würzburg stattfand, noch zusammen gewesen. Ich hatte ihm die soeben eingetroffene Nachricht vom Tod unseres gemeinsamen Freundes Eberhard von Bodenhausen mitteilen müssen und war erschüttert, wie die Tragik dieses frühen Todes ihn bewegte. Nun stand er plötzlich in dem Büro vor mir, das ich im Kronprinzenquartier des neuen Schlosses eingerichtet hatte. Er war gezeichnet von dem schweren Lungenleiden, gegen das es damals – im Jahre 1920 – noch nicht die helfenden Mittel wie heute gab. Er wußte, daß er nur noch kurze Zeit zu leben hatte, und stützte sich auf seinen jungen Freund, der bewundernd und alles verarbeitend, was der Todkranke noch zu sagen vermochte, sein unlösbarer Begleiter geworden war. Ich ahnte wohl die furchtbare Einsamkeit des unheilbar Erkrankten, aber sie war mir doch nicht so bewußt, wie uns später Thomas Mann im »Zauberberg« die Psychologie der Lungenkranken deutlich gemacht hat.

Osthaus besprach mit mir sein Testament, das die Entscheidung über den Verbleib seines Museums in Hagen oder den Erwerb durch eine andere Stadt, in jedem Falle aber seine geschlossene Erhaltung zum Inhalt habe. Er teilte mir auch mit, daß nach seiner Bestimmung auf seinen Grundstücken in der Nähe seines Wohnhauses, des Hohenhofs, nur architektonisch wertvolle Bauten entstehen dürften, zu deren Errichtung die Zustimmung – weiß nicht mehr, ob meines Amtes oder meiner Person – nötig sei. Auf dem kurzen Weg zum gemeinsamen Mittagessen setzte er, der im Sitzen fast noch so groß war wie die vorübereilenden Fußgänger, sich auf einen Prellstein, nahe der Einfahrt zur Rückseite des neuen Schlosses. Der Gedanke ergriff mich, daß dieser Mann, der so viel an Zukunft in sich trug, nun bestimmt sei, den vielen Opfern, die der Weltkrieg verlangt hatte, zu folgen. Auch Wilhelm Lehmbruck, dessen Kunst wir beide so liebten, war von uns gegangen, und es wollte mir scheinen, als ob über unserer Generation ein besonders schweres Schicksal walte.

Im Dienst der Reichsregierung

Es war gegen Anfang des Jahres 1920. Berlin lag im Schnee, dessen weiße Hülle der Stadt so gut steht. Die Geräusche des Verkehrs klangen leise und gedämpft, und die lauten Ornamente der Geschäftshäuser waren unter weißen Polstern verdeckt. Aber es war noch anderes zu verbergen: die Fassaden waren zernarbt von Geschoßeinschlägen, und es schien, als sollten sie vergessen, was hier seit 1918 geschehen war, Revolution und Straßenkampf, Zusammenbruch des Kaiserreichs, brutale Herrschaft von Matrosen und Spartakisten. Das alles lag vor der Zeit, da der Schnee so lautlos und milde gefallen war. Er würde wohl bald wieder wegtauen, dann würde der Frühling kommen und mit ihm eine Zukunft, die in jedem Falle besser sein würde als die jüngste Vergangenheit. Es ging wieder voran, man konnte damit rechnen, daß es sich lohnen würde, zu arbeiten und neu zu beginnen: diese Gewißheit stand auf allen Gesichtern.

In dieser Zeit erster Hoffnungen war ich nach kurzen Verhandlungen mit dem Reichsminister des Inneren und seinem Staatssekretär nach Berlin gerufen worden, um nach einem noch in Weimar von der Nationalversammlung gefaßten Beschluß das neugeschaffene Amt des Reichskunstwarts zu übernehmen, das bei allen Fragen, die mit Kunst und staatlicher Repräsentation zusammenhingen, eine den kulturellen und künstlerischen Ansprüchen genügende Auffassung gewährleisten sollte. Die vielfältigen Aufgaben waren an verschiedenen Ministerien durchzusetzen: Die Post hatte gerade bei der ersten Serie der Briefmarken der Weimarer Republik großen Unwillen erregt, die Stempel der Reichsbehörden zeigten einen jämmerlichen Adler als Sinnbild, den man den Pleitegeier nannte. Vom Finanzministerium aus wurde, wie schon erzählt, durch die geplante Luxussteuer Erwerb von Kunstwerken sozusagen unter Strafe gestellt, und es gab noch keinen Schutz, der die Abwanderung national wertvoller Kunstwerke ins Ausland verhindern konnte. So war das neue Amt, dessen Gestaltung mir anvertraut wurde, auch als Abwehr gegen kunstfremde Willkür der Behörden gedacht. Der Zufall hatte es gefügt, daß außer dem sehr einsichtsvollen Innenminister Koch-Weser, einem Vetter des Inselverlegers Anton Kippenberg, und dem Staatssekretär Lewald sich auch der Reichspräsident Friedrich Ebert für das neuzugründende Amt interessierte.

So fuhr ich nun am Abend in die Wilhelmstraße, um einer Einladung des Reichspräsidenten zu einem Herrenessen zu folgen. Da sein Palais noch im

Der Reichstag in Berlin, um 1928

Umbau war, fand die Veranstaltung in dem gegenüberliegenden Haus der Deutschen Gesellschaft in der Wilhelmstraße statt. Während der Wagen durch die verschneiten, abendlichen Straßen fuhr, überlegte ich, wer mich wohl dem Präsidenten vorstellen würde. Persönlich kannte ich den Leiter seines Büros, den Ministerialdirektor Riezler. Den Ministerialrat Otto Meissner aber, dessen rechte Hand und Konkurrenz, also eigentlich seine linke Hand, hatte ich nur flüchtig in Weimar kennengelernt. Er galt als der kommende Chef des Präsidialamtes.

Mir lag Riezler mehr. Als Neffe des Geschichtsschreibers von Bayern und als Schwiegersohn des Malers Max Liebermann hatte er mehr Sinn für mein Gebiet, und zugleich war er ein origineller, in zugespitzten Aussprüchen glänzender Denker. Schon vor dem ersten Weltkrieg hatte er ein kühnes Buch über Weltpolitik erscheinen lassen, was im kaiserlichen Deutschland nur unter einem Decknamen möglich gewesen war. Diese Schrift, an die zu erinnern noch heute lohnt, erschien mir wertvoller als Meissners Buch über die Reichsverfassung, deren Entstehen er immerhin teilnehmend miterlebt hatte.

Unterdessen hielt mein Taxi. Der Portier der Deutschen Gesellschaft, in der ich schon von Erfurt aus gern verkehrt hatte, machte mir die Wagentür auf und konnte, als Gegenquittung für das Trinkgeld eine kleine Bemerkung nicht unterlassen: »Die Herren vom Reich«, sagte er, »müssen sich Taxen nehmen, die preußischen Ministerien haben so viele Autos, wie sie nur wollen.« Diese Bemerkung aus der Perspektive eines Portiers kennzeichnete tatsächlich die Lage, in der sich die Reichsregierung in Preußisch-Berlin befand. Sie war in Preußen mehr Gast als zu Hause. Als ich in den Empfangsraum trat, suchte ich nach Riezler oder Meissner; die aber standen am anderen Ende des Zimmers, und weder der elegante Riezler noch der derbe Meissner dachten daran, sich um die eintretenden Gäste zu kümmern, die sie doch dem Staatsoberhaupt hätten zuführen müssen. So stand ich denn ratlos in der Tür, bis ein gedrungener Herr im Cut auf mich zukam, dem die energische Stirn und der fest zupackende Blick seiner dunkelglänzenden Augen etwas Besonderes gaben. Er stand auf einmal vor mir, verbeugte sich und sagte: »Ebert!«

Ich geriet einen Augenblick aus der Fassung: das Staatsoberhaupt, das sich seinen Gästen selbst vorstellt, statt daß sie ihm zugeführt werden! Aber mein Erstaunen verging vor dem Eindruck, den Eberts Persönlichkeit auslöste. Dieser Mann war es nicht gewohnt und hatte es auch gar nicht nötig, von Adjutanten und Bürobeamten umschwirrt zu werden. Es war auch der Reichspräsident selbst, der dann seine Gäste in das nächste Zimmer eintreten ließ, in dessen Mitte ein großer, runder Tisch gedeckt war. Er verstand es, das Tischgespräch zu leiten. Man spürte das Geschick des Parteiführers, der gewohnt ist, der Unterhaltung Zweck und Ziel zu geben. Er ließ jeden der Gäste zu Worte kommen und zwang die anderen, wo es ihm erwünscht schien, zum Zuhören. Es war mir keineswegs unsympathisch, daß er sich als Pfälzer ersichtlich auf den Wein verstand. Es kam freilich dabei mehrmals vor, daß er sich selbst einschenkte, statt zu warten, bis einer der den Tisch mit langsamer Würde umkreisenden Diener, die den neuen Machthabern nicht gerade wohlgesinnt schienen, es getan hätte. Aber das war pfälzisch, wußte ich doch aus Heidelberg, daß man dort nicht wartet, bis ein Glas ausgetrunken ist, sondern ständig nachschenkt.

Ebert war im Gespräch seinem Partner meist voraus und konnte lange Erörterungen und Begründungen nicht leiden. Er war zu ungeduldig, um wahrhaft liebenswürdig zu sein, so freundlich er sich auch gab. Das drückte sich bereits in seinen Zügen aus, die man vielleicht am besten charakterisiert, wenn man sein Wesen »sprungbereit« nennt. Die buschigen Haare, die geballte Stirn, die scharfen, im Grunde aber gütigen, ja bisweilen geradezu fröhlichen Augen, die unverbrauchte Energie, die seine ausgeprägten Kinnladen hervortreten ließ, gaben seinem Kopf das eigenartige Gepräge. Er schätzte Sachlichkeit und hörte daher dem ihm gegenübersitzenden Professor Jäckh gerne zu, dem Schwaben, der, wie ich von ihm als dem einstigen Sekretär des Deutschen Werkbundes her wußte, die Fähigkeit zu objektiver Berichterstattung zur Virtuosität entwickelt hatte. Jäckh wußte irgendwoher

133

über Stimmung und Zustand in Ostpreußen gut Bescheid und warnte vor der von dort drohenden Reaktion, die ja dann auch im März tatsächlich die Reichsregierung durch den Kapp-Putsch vorübergehend aus Berlin vertrieb. Ein anderer Gast, der Orientalist und Diplomat Rosen, damals Gesandter im Haag, hatte, seiner Neigung für den Orient entsprechend, von den persischen Märchenerzählern gelernt. Er war bekannt dafür, daß er mit den Worten »Das ist so, wie wenn...« mitten aus der Wirklichkeit heraus in die Welt des Orients und damit in die Form des Gleichnisses steuerte. Das ließ sich Ebert einmal von ihm gefallen, aber als er merkte, daß der weißbärtige alte Herr, der es infolge seiner fleischigen Massigkeit leicht hatte, autoritativ zu wirken, zum zweiten Mal zum Märchenerzähler werden wollte, gab er, mit dem Geschick des Dirigenten, einem anderen seiner Gäste das Zeichen zum Einsatz. Überraschend war es mir, wie Ebert dann plötzlich in eine Kunstfrage eingriff. Der Gesandte Rosen, der von der Autorität, die ihm als dem Ältesten zukam, reichlich Gebrauch zu machen verstand, erzählte von einer geplanten Ausstellung junger deutscher Künstler im Haag: »Ich werde sie mit aller Macht verhindern. Gerade heute hängt es davon ab, daß wir uns im Ausland nur durch solche Künstler repräsentieren lassen, die bereits in der Welt Rang und Namen haben. Nur jetzt keine Experimente mit diesen lächerlichen neuen Kunstrichtungen!« Es war deutlich zu merken, daß er sich zwischen Fisch und Braten, denen er eifrig zusprach, für Verhandlungen des nächsten Tages die Unterstützung des Reichspräsidenten sichern wollte. Da die Frage meine Interessen berührte, mischte ich mich in das Gespräch. Wir hätten uns gar nicht nach dem Geschmack einiger behäbiger alter Mijnheers zu richten. Entscheidend sei, daß die Jugend der Länder überall im neuen Europa sich fände, und gerade dafür müsse man Sorge tragen. Einige Gäste lächelten spöttisch, als ob sie jemandem zusähen, der sich auf das Glatteis begibt. Aber ich ließ mich nicht beirren.

Der Reichspräsident hatte still zugehört. Seine Miene verriet mit keinem Zug, was er dachte. Doch plötzlich hob er den Kopf und rief mit der ihm eigenen Stoßkraft, die zeigte, wie lebhaft er das ihm doch im Grunde fern liegende Problem durchdacht hatte: »Da haben Sie auch vollkommen recht!« Er verlangte, daß die Angelegenheit ihm am nächsten Tag vorgetragen und die Ausstellung keineswegs abgeblasen würde. Der Gesandte lenkte geschickt ein, so daß die Unterhaltung nun der Frage zusteuerte, wie wenig ein Volk von dem »Heute« der anderen Völker wisse. Besonders rege beteiligten sich diejenigen Gäste, die ferne Länder gesehen und sich mit fremden Völkern auseinandergesetzt hatten: Rosen selbst, der Deutschland in Tanger und Teheran mit Erfolg vertreten hatte, Jäckh, der die Führer der jungen Türkei gut kannte und einer der wenigen war, der über ihr Streben nach Modernität Bescheid wußte, und der Admiral Behncke, der seine im Fahrwasser von Tirpitz unternommene Agitation für den uneingeschränkten U-Boot-Krieg wohl gern mit etwas kulturellem Gras überwachsen lassen mochte. Mit einem Male wurde ihm klar, daß man ja in Sidney oder Ceylon nie nach Goethe und Schiller gefragt worden sei, sondern nach dem, was die Deutschen heute schreiben und malen: da war es beschämend, wie wenig die deutschen Seeoffiziere von der Gegenwart ihres Landes wußten. Sie konnten kaum je genügende Antwort geben über das, was Ausstellung, Theater und Konzerte an neuen Namen und Leistungen brachten.

Ich zeichne diese Erinnerung um ein halbes Jahrhundert später auf und weiß daher nicht mehr, wie das Gespräch ausklang, das ich, nachdem ich mich anfangs in der mir noch völlig fremden Umgebung zurückgehalten hatte, fast gegen meinen Willen so leidenschaftlich steigerte. Aber an eines erinnere ich mich mit voller Deutlichkeit: an die Art, wie der Reichspräsident seine Anwesenheit beendete. Er müsse hinüber in sein Arbeitszimmer, weil er wichtige telefonische Nachrichten erwarte. Er bäte aber seine Gäste, zusammen zu bleiben, da die Unterhaltung noch so lebhaft und anregend sei. Aus meiner anfangs spöttischen Einstellung über ein Staatsoberhaupt, das sich den geladenen Gästen selbst vorstellt, hatte sich im Verlauf des Abends eine gerechtere Auffassung entwickelt, und ich konnte der an keine Etikette gebundenen, dafür aber so natürlichen und gütigen Art Friedrich Eberts gern zustimmen.

Für mein Amt als Vertreter der Kunst und ihrer Interessen bei der Reichsregierung, das es innerhalb der Behörden und gegenüber ihrer gern betonten Unfehlbarkeit wahrlich nicht leicht hatte, blieb es von Bedeutung, daß ich den Reichspräsidenten schon verhältnismäßig früh kennengelernt hatte und daß er, ohne auf eine eigene Auffassung zu pochen, Vertrauen zu mir faßte. Er äußerte den Wunsch, daß ich etwa alle vier Wochen ihm aus meinem Gebiet Vortrag halten solle, und gab mir so die Möglichkeit, mich in entscheidenden Fragen auf ihn zu berufen.

Da soviel über das Einleben der Deutschen jener Zeit in die Form einer Republik geschrieben worden ist, hat es vielleicht einiges Interesse, einmal von einer ganz anderen Seite her zu betrachten, wie die neue Staatsform auch hinsichtlich künstlerischer Gestaltung und kulturellen Empfindens bestimmt werden sollte: zu wenig freilich, da die ständigen Krisen und Ministerwechsel die Schaffung einer eigenen Tradition nicht zur Erfüllung kommen ließen. Immerhin war es doch nun so, daß beispielsweise bei den großen repräsentativen Veranstaltungen des Reiches auch ein Vertreter des künstlerischen Standpunktes beteiligt war. Das gilt für den Verfassungstag, dessen Termin zwar höchst ungeschickt am 11. August zu nahe den Ferien lag, der aber trotzdem alljährlich ein festliches Bekenntnis zur Staatsform mit sich brachte, woran zu denken man in unserer Zeit in der kühlen Luft Bonns leider vergessen hat. Schon im Jahr 1921 hatte ich, unterstützt vom Staatssekretär Theodor Lewald, der als Präsident des Nationalen Olympischen Komitees dafür besonderes Interesse hatte, einen Dreiklang der Verfassungsfeier durchgesetzt: Am Vormittag Festakt im Reichstag mit der Rede eines führenden Politikers, Heraustreten der Regierungsmitglieder und ihrer Gäste vor den Reichstag, Abschreiten der Ehrenkompanie und Grüßen der zu Zigtausenden sich drängenden Menge; am Nachmittag Jugendwettkämpfe im Stadion, wofür der Reichspräsident alljährlich »die Verfassungsmedaille« zur Preisverteilung an die Sieger stiftete. Abends dann ein festliches Konzert, wobei sich der Brauch ergab, daß die Neunte Symphonie dazu gewählt wurde.

Amtlich lief ein wesentlicher Teil meines Aufgabenbereiches, der ja bis in die Gesetzgebung hineingriff, unter der Bezeichnung: »Formgebung des Reiches«. Denn alles, was Form gewann: staatliche Feiern, Urkunden, Briefmarken, Banknoten, Münzen, Siegel und Stempel, mußte gestaltet werden und oblag zur Zeit der Weimarer Republik dem Amt des Reichskunstwarts. Auch für größere Bauvorhaben wurde mein Amt beratend zugezogen. Bei dem Aufschwung, den um jene Zeit die Gebrauchsgraphik erlebte, hatte das für die Graphiker und ihr Ansehen eine nicht unwesentliche Bedeutung. Ebenso konnten nun Malern, Bildhauern und Medailleuren Aufträge gegeben werden. Vergleicht man etwa die Geldstücke, zumal die aus besonderem Anlaß geprägten, mit dem, was heute kursiert, so wird man erkennen, daß die Numismatiker recht haben, die für die neuere Zeit einen Rückgang feststellen. Künstler wie Ludwig und Maximilian Dasio und Joseph Wackerle, Renée Sintenis, Rudolf Bosselt und Waldemar Raemisch mögen als Beispiele genannt werden, aber auch nach Entwürfen von Edwin Scharff, Ludwig Gies, Theodor von Gosen und Alfred Vocke wurden Medaillen geprägt. Max Liebermann, Max Slevogt, Lovis Corinth sowie Leo von König und andere bekamen Aufträge für Porträts.

Entgegen einem absurden Vorschlag aus dem Parlament, im Wappen künftig nur noch die Buchstaben D R zu zeigen, weil das unserer sachlichen Zeit entspreche, wurden Karl Schmidt-Rottluff, Rudolf Koch, Siegmund von Weech und Otto Firle mit der Darstellung des Reichswappens beauftragt. Zu den Schildern der Behörden im Inland kamen auch die Amtsschilder der Botschaften und Konsulate im Ausland sowie die Grenzpfähle, die die Farben und das Sinnbild des Reiches trugen. Von der Bremer Presse wurde aus Anlaß des zehnjährigen Gedenktages ein graphisch hervorragender Druck der Reichsverfassung hergestellt. Durch all das, was unter der Bezeichnung »Formgebung des Reiches« stand, wurde der abstrakte Begriff des Staates lebendig veranschaulicht.

DIE KÜNSTLERISCHE FORMGEBUNG DES REICHS
VON
REICHSKUNSTWART DR·EDWIN REDSLOB

oben: Umschlag einer Veröffentlichung des Reichskunstwartes,
gestaltet von Ernst Böhm, 1926
unten: Modelle zu den Grenzpfählen des Reiches

Gelegentlich habe ich den Reichspräsidenten auf Reisen begleitet. Ein oder zweimal im Jahr besichtigte er die Leipziger Messe, sehr geschickt von dem Vorsitzenden des Aufsichtsrates, dem Porzellanfabrikanten Rosenthal, geführt. Mehrfach konnte man beobachten, welch sicheren Instinkt der einstige Sattlergeselle für das handwerkliche Können hatte. Es war überraschend, wie er, wenn seine übereifrigen Führer ihm auch einmal ein eigenes Wort gönnten, irgend etwas ganz Wesentliches über technische, aber auch über geschmackliche Fragen sagte. Er teilte dieses Gefühl für handwerkliche Qualität mit zwei der besten Minister seiner Zeit: dem Reichsarbeitsminister Wissel, der eine hervorragende Sammlung zur Geschichte des Deutschen Handwerks angelegt hatte, und mit dem erst in Preußen, dann im Reich sein Ministeramt mit Energie erfüllenden Karl Severing, der als Schlosser gelernt hatte, nun aber seinen praktischen Blick in der Politik bewährte. Unter den dreizehn Ministern, die ich während meiner Tätigkeit im Reichsministerium des Inneren hatte, steht er für mich neben Koch-Weser, der als Oberbürgermeister zum Verwaltungsbeamten geschult war, mit seinem Instinkt für die Bedeutung der Innenpolitik als Grundlage des staatlichen Lebens an erster Stelle.

Es verstand sich von selbst, daß die staatliche Repräsentation, und das hieß die Sichtbarmachung des Reichsgedankens, die entscheidende Stätte in Berlin hatte. Aber es mußte auch daran gedacht werden, das Reich überall in Deutschland repräsentativ erscheinen zu lassen. In München hatte im Jahre 1922 die Deutsche Gewerbeschau, eine bayerische Angelegenheit, mit der ich vom Reich aus befaßt war, eine ausgezeichnete Wirkung getan, zumal der damalige Reichsinnenminister Adolf Köster es mit der ihm eigenen inneren Wärme verstanden hatte, bei der Eröffnungsfeier die Reichsregierung zu vertreten. Natürlich hat auch die Trinkfähigkeit im Ausstechen der Maßkrüge, die er beim festlichen Zusammensein bewies, sehr dazu beigetragen, das Ansehen der Reichsregierung zu steigern.

Noch klingen mir die Worte im Ohr, die der führende Vertreter des bayerischen Handwerks bewundernd aussprach: »Jetzt trinkt er schon die dritte Maß!« Daß die Abfassung der Denkschrift über die für das Deutsche Handwerk so bedeutende Ausstellung mir als Nicht-Bayern übertragen wurde, zeigt, wie gut wir uns damals mit den Süddeutschen vertrugen, denen ich, zu einem Viertel fränkischer Herkunft, ja nicht ganz fremd war.

Als das Jahr 1923 bevorstand, kam mir der Gedanke, daß die Reichsregierung doch allen Grund hätte, des Frankfurter Unionsparlamentes zu gedenken, das vor 75 Jahren aus dem Idealismus der Zeit heraus die politische Einigung Deutschlands erstrebt hatte. Konnte man doch darin eine Vorgeschichte zur Weimarer Republik erkennen. Der Frankfurter Oberbürgermeister Landmann hatte volles Verständnis dafür, daß man die örtliche

Mit dem Reichsrat in Weimar, im Tafelrundezimmer des Wittumspalais, sitzend ganz links: Wilhelm Külz, ganz rechts: Edwin Redslob

Feier zu einer gesamtdeutschen Veranstaltung steigern solle, und so kam es zu einer guten Zusammenarbeit. Für die Vertreter der Reichsregierung, die wir von Berlin aus im Sonderzug über Nacht nach Frankfurt fuhren, begann die Unternehmung am Ziel der Reise mit einer Überraschung: Der Reichspräsident Friedrich Ebert, mit dem wir noch die erste Stunde nach der Abfahrt von Berlin im Salonwagen verbracht hatten, entstieg am Vormittag dem Zug ohne den historisch gewordenen Knebelbart. Er sah unsere erstaunten Gesichter und erklärte, er sei beim Rasieren in den Bart gekommen und habe ihn, da schon ein Stück von ihm verschwunden war, gleich ganz abgenommen.

In Frankfurt entwickelte sich eine Feier, die die Bedeutung der Stadt für die deutsche Geschichte so recht ersichtlich machte. Sie begann mit einer Veranstaltung im Saal des Römers, des Frankfurter Rathauses also, wo die Reden nur kurz waren. Zu Beginn hatte ich das Quartett des damals von nur wenigen in seiner Genialität erkannten, freilich erst 28 Jahre alten Komponisten Paul Hindemith gebeten, jenes Musikstück von Haydn zu spielen, darin die Melodie, die Hoffmann von Fallersleben 1840 für sein auf Helgoland

entstandenes Deutschlandlied gewählt hatte, ertönt. Dieses verhaltene Aufklingen der Nationalhymne tat seine Wirkung. Selbstverständlich hatte ich
Paul Hindemith auch gebeten, am Schluß eine eigene Komposition vorzu-
tragen, um aus der Vergangenheit zur Gegenwart zu kommen. Dann wurden
die Türen an der Balkonseite geöffnet und die Ehrengäste traten heraus, so
daß sich die akademisch gehaltene Feier mit der volkstümlichen auf dem
Römerberg, dem historischen Festplatz der alten Reichsstadt, verband.
Gerade dadurch wurde die populäre Wirkung erreicht, auf die es für die
junge Republik ankam.

Vom Römer ging dann eine Art Festzug mit einer, noch aus dem Jahre
1848 stammenden schwarz-rot-goldenen Fahne zur Paulskirche, wo auf
meinen Vorschlag hin der Heidelberger Professor Alfred Weber die Rede
hielt. Wir konnten den festlichen Tag mit dem Gefühl beschließen, ein Stück
lebendige Tradition geschaffen zu haben.

In den zwanziger Jahren häuften sich die Prozesse, die wegen Verbreitung
unzüchtiger Darstellungen oder Schriften oder gar wegen des schwer
definierbaren Begriffes der Gotteslästerung geführt wurden. Es ist noch nicht
vergessen, daß sogar ein so großer Meister wie Lovis Corinth wegen seiner
Illustrationen zu dem Schiller zugeschriebenen Gedicht: »Der Venuswagen«
gemeinsam mit seinem Verleger Gurlitt angeklagt wurde. Ich war vom
Gericht aus als Sachverständiger zugezogen und suchte die richterliche Seite
vor einem Urteil gegen den Künstler zu bewahren. Der Richter verlangte
Blatt für Blatt meine Meinung und sagte schließlich herausfordernd von dem
einen der Reihe, daß er da wohl auch nichts daran fände. Da riß mir dann
doch der Faden der Geduld, und ich erklärte, natürlich nähme ich Anstoß,
und zwar an der Art, wie hier Bilder eines großen Meisters betrachtet und an
einzelnen diskreten Stellen so berührt, ja geradezu fleckig gemacht würden;
das verletze mein Schamgefühl gröblich, und ich müsse bitten, davon Kenntnis zu nehmen. Da wollte dann keiner mehr gegen den Meister selbst sein,
und man begnügte sich damit, die Verbreitung des Buches zu beschränken.

Größtes Aufsehen machte der Prozeß, durch den man George Grosz
wegen Gotteslästerung vor Gericht zog, die der Staatsanwalt darin erblickte,
daß er den gekreuzigten Christus mit der Gasmaske dargestellt hatte. Dem
Schaffen des George Grosz habe ich wegen der künstlerischen Leistung und
wegen der aus moralischem Gewissen bedingten Anklage einer verdorbenen
Welt stets eine besondere Bedeutung beigemessen, zumal mir die Verbindung
zu der dichterischen Anklage eines Bert Brecht die innere Notwendigkeit
seines Schaffens zeigte. Aber es bedurfte größter Anstrengungen, die Maximilian Harden als zweiter Gutachter klug unterstützte, Grosz vor einem auf
Gefängnisstrafe ausgehenden Urteil zu bewahren, vor allem aber auch der

verständnisvollen Entscheidung des Richters, der später eine kurze Zeit Senator für Wissenschaft und Kunst in Berlin wurde. Solche und ähnliche Auseinandersetzungen vor Gericht versuchten, eine klare Erkenntnis vom Wesen des Künstlers und der Kunst im Sinne der mir auch sonst gestellten Aufgaben durchzusetzen.

Dem Minister, dem mein Amt zugeteilt war, unterstanden, entsprechend dem Begriff des Inneren, von der Polizei bis zur Kultur, also von der öffentlichen Ordnung bis zur geistigen Bildung viele Gebiete. So kam es, daß ich auch bald mit dem Thema Sport und Leibesübungen zu tun bekam, das sich der Staatssekretär Lewald zu seiner besonderen Domäne erkoren hatte. Als Mitglied der Jury, die über die Neugestaltung des Stadions in Berlin zu entscheiden hatte, trat ich für einen aus dem Architektonischen auch im großen, städtebaulichen Sinne ganz die Idee erfassenden Entwurf ein, als dessen Verfasser sich Otto March herausstellte. Schließlich wurde ich als »Kunstwart des Nationalen Olympischen Komitees« dessen Mitglied zu einer Zeit, als man die Verbindung der Kunst mit dem olympischen Gedanken noch ernst nahm. Da auch die Darstellung sportlicher Motive und die Lösung entsprechender architektonischer Aufgaben am Wettbewerb um die olympischen Medaillen teilnahmen, wurde mir für die im Jahre 1928 in Amsterdam abgehaltenen Spiele aufgetragen, die Beteiligung am Kunstwettbewerb zu organisieren. Ich brachte eine Ausstellung zusammen, die unter dem Thema sportliche Bauten und Darstellungen von Bildern Liebermanns, Slevogts bis hin zu den höchst originellen Bewegungsmotiven von Willy Baumeister ging und für die Dichtung unter anderem Rudolf G. Bindings »Reitvorschriften für eine Geliebte« enthielt. Sie brachte Deutschland eine so große Zahl von Preisen ein, daß es die für die sportlichen Kämpfe erhaltenen entscheidend vermehrte. Unter den beteiligten Nationen erhielt Deutschland infolgedessen die zweite Stelle bei der Verteilung der Siegerpreise.

Bei der Vorliebe, die ich auch sonst für Holland hatte, hat mir der Aufbau der Ausstellung, aber auch die Anteilnahme an dem sportlichen Geschehen große Freude bereitet. Enttäuschend war jedoch die Niederlage der an sich so ausgezeichneten deutschen Fußballmannschaft gegen die von Uruguay. Die raffiniert geschulten Fußballer dieses Landes hatten wenig Tage vorher die niederländische Mannschaft besiegt, und als nun ihr Wettkampf mit den Deutschen an die Reihe kam, warteten Zigtausende von Holländern, oft mit kleinen schwarz-rot-goldenen Fähnchen in der Hand, auf die Genugtuung, die die deutsche Mannschaft ihnen erwirken sollte. Es war auch eine wahre Pracht, wie diese Mannschaft, von dem Nürnberger Kalb geführt, das Spiel begann. Aber die Uruguayer hatten eine fast schon als infam zu bezeichnende Art an der Grenze des Erlaubten, den Gegner zu reizen, daß die deutsche Mannschaft durch mehr und mehr Zorn und Wut die innere Ruhe verlor und gleichsam zum Stier in der Arena wurde. Was sich da vor unseren erregten Blicken abspielte, wirkte fast wie ein Gleichnis für das Leben: wer cholerisch wird, macht sich zum Stier in der Arena und muß unterliegen. In dieser Hinsicht war es für mich ein bedrückendes Erlebnis, die Niederlage der deutschen Mannschaft und den jähen Umschwung der Zuschauer von begeisterter Zustimmung in Ablehnung zu erleben.

In späterer Zeit brachte mir der Verkehr mit den führenden Vertretern des deutschen Sportes manche Freunde. Es waren prachtvolle Gestalten, darunter der Präsident Ritter von Halt und der spätere Leiter der Hochschule für Leibesübungen der Universität Köln, Karl Diem, der in sich die Idee der körperlichen Erziehung darstellte, oder für die Turnerschaft der Frankfurter Oberbürgermeister Kolb. Mir persönlich lag der Vertreter des Reitsportes ganz besonders. Vor allem aber war die natürliche und kameradschaftliche Art der Sportsleute so wohltuend. Sie übertraf in ihrer Ritterlichkeit das, was man auf anderen Gebieten als »kollegial« zu erleben hatte.

Etwas freilich lastete zunehmend schwer auf mir und wohl auf vielen, die sich, selbst nicht von der Politik kommend, der neuen Regierung zur Verfügung gestellt hatten: Wir hatten es in der Überzeugung getan, daß nun von den Vertretern der Macht im Staate und im Parlament die neuen Ideen, an deren Berechtigung wir glaubten, durchgesetzt würden und wirklich auch Neues entstünde. Aber es fehlte der jungen Republik an Vertretern der geistigen Welt, die es verstanden hätten, anstelle der Auseinandersetzung über Interessen den kühnen Drang von Ideen und Idealen aufleuchten zu lassen. Es wurde gewissenhaft aufgearbeitet, was von außen an die Ministerien herantrat, aber es wurde nicht eigentlich schöpferisch vorgegangen. Ich hatte wohl recht, wenn ich in einem Disput mit Breitscheid im Hause des an sich so klug beobachtenden Hilferding sagte:»Mögen sie die Kanzler wechseln, so oft sie wollen, der wahre Leiter der Politik und der Verwaltung ist immer derselbe, nämlich: Herr Zwangsläufig. Es fehlt der Enthusiasmus. Die Basis, auf der wir stehen und arbeiten, senkt sich ganz leise zu einem Abgrund hin.«

Walther Rathenau

Selektion als Sinn der Demokratie

Für Walther Rathenau waren Physik und Chemie, Mathematik und Philosophie eine Einheit. Was er als Philosoph schrieb, bezog er auf das Leben; seine Arbeit im Laboratorium und am Rechentisch aber diente nicht nur dem unmittelbaren Zweck, sondern zugleich der philosophischen Erkenntnis. Er, der als Kronprinz des größten Industrieunternehmens Deutschlands, der Allgemeinen Elektricitäts-Gesellschaft, selbst eine hohe Zahl von Patenten erarbeitet hatte, darunter solche zur Herstellung von Chrom und Magnesium, saß aber auch eine Zeitlang in der Redaktion von Maximilian Hardens »Zukunft« und hatte mit Dernburg, dem Leiter des Kolonialamtes, zum Studium der deutschen und englischen Kolonien eine viel besprochene Reise nach Afrika gemacht.

Was an ihm verblüffte, war vor allem die Selbstverständlichkeit, mit der er die reale und die geistige Welt miteinander zu verbinden vermochte. Das Wirtschaftsleben, für viele nur eine Angelegenheit selbstsüchtiger Spekulation, wurde von ihm unter die Gesetze der Ethik gestellt. Er erkannte das Unrecht des herrschenden Kapitalismus; Sozialismus war für ihn keine Angelegenheit einer einzelnen Partei, sondern ein Problem, das in Hinblick auf die Gesamtheit gelöst werden müsse. Als Schriftsteller verfolgte er das Ziel, dem politischen und dem mechanisierten wirtschaftlichen Leben geistige Impulse zu geben.

Von besonderer Bedeutung für das Denken jener Zeit wurde sein schon im Jahre 1913 erschienenes Werk »Zur Mechanik des Geistes«. Hier handelt es sich um den Ausdruck einer Weltanschauung, die in tätiger Auseinandersetzung mit der Wirklichkeit und ihren Aufgaben errungen war. Die modernen Geister, bahnbrechende Denker wie er, hatten mit der Entwicklung Schritt gehalten, ja, sie eilten ihr voran. Diejenigen aber, die bis zum Ende des ersten Weltkrieges im Staate geherrscht hatten, waren darauf aus gewesen, überlebte Vorrechte und Auffassungen gegen die Forderungen der neuen Zeit zu verteidigen. Zumal in Preußen regierte nicht der Geist des 20. Jahrhunderts, sondern der Feudalismus einer überlebten Epoche. Wenn aber eine solche Mehrschichtigkeit des politischen Denkens eintritt, wie es damals im wilhelminischen Deutschland und im zaristischen Rußland der Fall war, so führen die entstandenen Gegensätze entweder wie in Preußen – zur Stagnation oder – wie in Rußland zur revolutionären Entladung. Diese Tragik seiner Epoche empfand Walther Rathenau besonders stark, stand sie doch den volkswirtschaftlichen und philosophischen Ideen einer neuen gesellschaftlichen Ordnung im Wege, die er voraussah und verkündete.

Dann kam der Krieg, ein Krieg, der nicht nötig gewesen wäre, wenn Erkenntnisse, wie Walther Rathenau sie vertrat, sich rechtzeitig durchgesetzt hätten. Er hielt sich nicht zurück, obwohl seine Welt mit der Kriegserklärung in Trümmer sank. Er sah seine Aufgabe in der Versorgung des Heeres und der Heimat mit Rohstoffen. Es ist der Gedanke der Kriegsrohstoffversorgung, der Walther Rathenaus geschichtliche Bedeutung begründet hat. Dieser Gedanke, der bis dahin im Kriegsministerium viel zu wenig beachtet worden war, war in gewissem Sinne der erste Anstoß zu einer Planwirtschaft. Rathenau selbst ließ die staatliche Zwangswirtschaft nur für den Krieg gelten, da er in der Allmacht des Staates und in der Bürokratisierung der Betriebe eine Gefahr sah. Er hat mir später, wie er denn gern seine Gedanken redend entwickelte, einmal ausführlich vom Gildensozialismus gesprochen. Das war zu jener Zeit, als der Reichskanzler Wirth ihn im Mai 1921 ins Kabinett als Reichsminister für Wiederaufbau berufen hatte und Fragen einer organischen Entwicklung des Wirtschaftslebens ihn ganz besonders beschäftigten. Die beharrliche Art, mit der England Reformen einführt, ohne dabei die Tradition außer acht zu lassen und die Arbeit der Väter zu verachten, erschien ihm vorbildlich. Er sah die Notwendigkeit ein, dem Staat das Eigentum an den wichtigsten Produktionsmitteln zu sichern, wollte aber für ihre Verwertung die private Initiative beibehalten. Die dadurch entstehenden Gruppierungen wurden von ihm »Gilden« genannt und sollten Hand- und Geistesarbeiter zu gemeinsamer Arbeit verbinden.

Rathenau besprach die ihn beschäftigenden Probleme nicht nur mit Fachleuten; er suchte Anregungen durch Außenstehende, die fähig waren, seinen Überlegungen zu folgen und ihn durch ihre Fragen auf neue Ideen und Begründungen zu bringen. So erinnere ich mich, wie er bei einem Empfang durch den Reichspräsidenten Ebert mit einer Gruppe von Gästen lebhaft über moderne Wirtschaftsorganisation diskutierte. Dabei fühlte man deutlich seine Abneigung gegen den in der Nähe stehenden Hugo Stinnes, mit dem im gleichen Raum zu sein ihn geradezu zu irritieren schien. Stinnes war sein Antipode, dessen von Machthunger bestimmte Konzernbildung den Grundideen Rathenaus durchaus widersprach. Der Mühlheimer hatte es fertiggebracht, Kohlenbergbau und Kohlenhandel, Schiffahrt, Ölwerke, Zellstoff und Buchgewerbe, Film und Elektrizität, Verlage, Zeitungen, Hotels und Banken in seiner Hand zu vereinigen. Daß er dazu noch als Abgeordneter der Deutschen Volkspartei im Reichstag seine Interessenpolitik betrieb, nahm ihm Rathenau besonders übel. Stinnes wieder fühlte sich bekämpft und zeigte dem »Ideologen« seine Verachtung. Rathenau hat mir die geradezu fauchende Ablehnung, die Stinnes ihm gegenüber zeigte, lachend erklärt: Der

Firma-Imperialismus wollte, daß ganz Deutschland bald »eines Stinnes« werde, wie ein Scherzwort der Zeit hieß. Im Gegensatz zu der »vertikal« aneinandergereihten Organisation der Wirtschaft von Stinnes, die die Interessen des Konzerns denen der Allgemeinheit überordnete, erstrebte Rathenau eine »horizontale« Zusammenfassung gleicher Produktionen im Hinblick auf die Befriedigung der Märkte. Er forderte die Beaufsichtigung der Wirtschaft durch staatliche Forschungsinstitute, denen er entscheidende Macht einräumen wollte. Er dachte darin als Demokrat; Konkurrenz als Selbstzweck lehnte er ab. Mir hat sich der Kontrast zwischen der kühl berechnenden Art des Großkapitalisten Stinnes und der beweglichen Geistigkeit des sozialökonomischen Denkers Rathenau deshalb so eingeprägt, weil ich an jenem Abend zum ersten und einzigen Male in meinem Leben am Buffet im Reichspräsidentenpalais »Schmiere« stehen mußte. Der Dieb hatte es nicht auf silberne Löffel abgesehen. Es war der Maler Emil Orlik, der bei solchen Gelegenheiten die »Prominenten« mit dem Zeichenstift festhielt. Stinnes war dieser Form des Diebstahls demonstrativ ausgewichen, und Orlik mußte heimlich vorgehen, wenn er ihn zeichnen wollte. Um Stinnes abzulenken, brachte ich das Gespräch auf Walther Rathenau und hörte mir an, wie der Volksparteiler den Demokraten herabsetzte, der so wenig Verständnis für das vaterländisch getarnte Spiel der westdeutschen Industrie hatte. Erstaunlich war, daß Stinnes' Gesicht auch bei lebhaftestem Gespräch keine Spur von innerer Anteilnahme zeigte; sein Anlitz war und blieb unergründlich, mit fernhingerichteten Augen, die ihr Ziel – und darin lag ihre unleugbare Kraft über das jeweils Erreichte unersättlich weiter steckten. Sein Gesicht schien nicht zum Ausdruck, sondern zum Verbergen seiner Gefühle da zu sein. Nicht nur durch diesen Eindruck der Wahrheit bin ich an jenem Abend rein instinktiv zum Gegner des von Hugo Stinnes vertretenen Systems geworden, das drei Jahre später, nach dem Tode des Gründers, seine Betriebe zusammenbrechen ließ.

Menschen, die fragen können, vermögen sich zu entwickeln und weiter zu bilden, aber man kann wenig von Menschen erwarten, die jedes Fragen vermeiden, weil sie fürchten, sich etwas zu vergeben, wenn sie nicht tun, als wüßten sie alles. Rathenau verstand die Kunst des Fragens, das habe auch ich erlebt. Als er die Reparationsleistungen Deutschlands bearbeitete, ließ er sich durch einen seiner Mitarbeiter von mir orientieren, was dabei von der Kunst, dem Kunstgewerbe, dem gehobenen Handwerk und der von schöpferischen Künstlern beratenen Industrie zu leisten und zu liefern wäre.

Nach solchen Problemen wußte er höchst intensiv zu fragen, und man mußte sich schon sehr anstrengen, um die richtigen Antworten zu geben. Er fragte aber nicht nur nach dem, was ihn selbst beschäftigte, sondern stellte fast noch öfter Fragen, die sich auf Beruf und Tätigkeit seines Partners

Walther Rathenau auf der Konferenz in Genua 1922

bezogen. Er, der in seiner Wohnung ein Doppelporträt, gemalt von Edvard Munch, und ein sehr farbiges Bild von Max Pechstein besaß, examinierte mich wiederholt über die moderne Kunst – und das hieß, über den Expressionismus. »Wohin steuert die Entwicklung der Kunst?« war seine Frage. Er war ein Anhänger des Impressionismus. Pastelle, die er gemalt hat, sind zauberhafte Impressionen, die den Lichteindruck mit betonter Vorliebe für das türkisglänzende Zusammenspiel blauer und grüner Töne festhalten. Aber er sah auch das Ende und die Schwäche einer auf Reiz und Eindruck gestimmten Kunst. Das kraftvolle Verlangen der neuen Generation, die nicht von der Beobachtung, sondern von einem dynamisch wirkenden Urgefühl her sich selbst im Schaffen suchte, interessierte ihn, wenn auch die Härte, mit der der Expressionismus nach seinem Gefühl die Natur übersteigerte, seinem auf Abstand und Beobachtung gestimmten Wesen widersprach. Ich kann den Weg, den ich einmal unter Gesprächen über moderne Kunst mit ihm von der Hundekehle bis zum Jagdschloß Grunewald ging, nie betreten, ohne an diesen Spaziergang zu denken, der meiner Erinnerung nach am Ostermorgen 1912 stattfand. Rathenau war damals von Verhandlungen zurückgekommen, die er in London geführt hatte. »Meine Generation«, sagte er, »ist noch ganz vom Westen Europas und daher vom Geist des achtzehnten Jahrhunderts bestimmt. Der jüngeren merkt man an, daß sie Dostojewski und Tolstoi gelesen hat, und man spürt, daß Barlach und Käthe Kollwitz das tiefe Mitleid in ihr Herz gelegt haben.« Wir gingen an einem schmalen Wasserlauf entlang, in dessen Nähe das frische Grün des Frühlings schon die Macht gewonnen hatte. Hoch oben in den Wipfeln der Föhren war ein Rauschen, als faßten sie den Wind noch als Boten des Winters auf. Ein Zweig in unserer Nähe, dessen Knospen sich schon zu kleinen Blättern erschlossen hatten, verlockte zur Betrachtung. Indes wir stehenblieben und die werdenden Blattgebilde bewunderten, kam ein Wort aus Rathenaus Mund, vor dessen Prophetie ich noch heute erschrecke: »Es ist ja doch alles nur Vorausahnung des Weltuntergangs, der uns bedroht und den wir mit aller Kraft verhindern müssen.«

So nahe es lag, Rathenau vom Standpunkt seiner Wissenschaft und in seiner Bedeutung für das Wirtschaftsleben und die Politik sowie für die Erkenntnis der Zukunft zu betrachten, so unerläßlich erscheint es mir doch für den, der sich um das Phänomen dieser Persönlichkeit bemüht, einen Grundzug seines Wesens nicht außer acht zu lassen: Walther Rathenau war von Natur aus ein künstlerischer Mensch. Gegenüber der oft recht einseitigen Beurteilung, die er von Vertretern irgendeines seiner vielen Arbeitsgebiete erfuhr, könnte man an eine Anekdote über Voltaire erinnern, die vor der Einseitigkeit fachlich beschränkter Auffassung warnt: Bei einem Freund und Verehrer Voltaires sprach man über seine Bedeutung. Ein jeder pries ihn, aber ein jeder hatte von seinem eigenen Beruf aus etwas an ihm zu mäkeln:

der Dichter am Literaten, der Historiker am Geschichtsschreiber, der Diplomat am Politiker und so durch die Skala der vertretenen Standpunkte. Der Hausherr aber beendete das Gespräch – und damit übertrage ich die Geschichte auf Walther Rathenau – mit den Worten: »Es freut mich, daß wir einig sind in der Anerkennung seines Wertes. Es gibt wenig so hervorragende Geister, wie er einer ist.«

Es wäre falsch, das lehrt diese Erzählung, Rathenau nur mit einem einseitigen Fachurteil zu erfassen. Es gibt Begabungen genug, bei denen eine einzelne, ganz bestimmte Berufsart durchaus im Mittelpunkt steht: Mozart war ganz Musiker, bei ihm war und wurde alles Melodie. Kant war in harter Einseitigkeit ganz Denker. Große Ärzte, wie etwa Albrecht von Graefe, gingen ganz in ihrem Spezialfach auf. Ein Richard Strauss lebte so sehr in der Sphäre der Musik, daß er im gesellschaftlichen Verkehr vielen geradezu als banal erschien. So könnte man, zumal aus unserer Zeit, Beispiel an Beispiel reihen.

Es gibt aber auch Begabungen – und wir werden uns mit diesem Problem noch zu beschäftigen haben –, die vor dem Eintritt in die berufliche Tür wie in einem Vorhof der Weihe in einer über das Einzelgebiet erhobenen universalen Geistigkeit leben, von der aus sie sich viele Türen öffnen könnten. Goethe war eine solche Natur, der erst einmal der geistig erhobene Genius war, ehe er wußte, ob Dichtung oder Malerei, Naturerforschung oder eine andere Wissenschaft seine wahre Begabung wäre. Und Walther Rathenau hat lange geschwankt, welchem Beruf er sich zuwenden solle. Seine malerische Begabung hätte bei entsprechender Schulung einen guten Künstler aus ihm gemacht. Sein Drama »Blanche Trocard«, das ich aus dem Nachlaß neu herausgegeben habe, zeigt, daß ihm auch eine gewisse dichterische Begabung nicht versagt war und dazu eine psychologische Feinheit, die an französische Vorbilder erinnert. Die großen, unmittelbar in die Probleme der Zeit eingreifenden Werke wie »Zur Mechanik des Geistes« und das prophetische Buch »Von kommenden Dingen« gehören ihrem Inhalt nach der Geistesgeschichte, ihrer Form nach der Literaturgeschichte an. Als Techniker und Physiker steht er in der Reihe der Erfinder, deren Arbeit für unser Zeitalter der Technik entscheidend ist. Als einer der Führer und zugleich auch einer der Deuter des Wirtschaftslebens gehört er zu den auf Aktivierung der gewonnenen Erkenntnisse ausgehenden Vertretern unserer Gesellschaft. Als Politiker, der die Bedeutung der wirtschaftlichen Probleme im Leben der Völker als entscheidend erkannte, begann er eine zu früh abgebrochene Laufbahn; vor allem war er als Politiker auch Denker und Ethiker. Noch heute hallen die mahnenden Worte Petrarcas nach, mit denen er als deutscher Außenminister seine historisch gewordene Rede vom 19. Mai 1922 in Genua schloß: »Pace, Pace, Pace!«

148

Man hat versucht, das Wesen Walther Rathenaus als Streben nach Macht zu erklären und zu verurteilen. Ich halte diese Auffassung für einseitig. Was Rathenau kennzeichnete, war die spürbare Freude an seiner geistigen Überlegenheit. Hieraus erklärt sich ebenso seine Fähigkeit zu führenden Stellungen wie auch sein Streben zur gedanklichen Verarbeitung der Probleme; hieraus erklärt sich aber auch der Eindruck einer gewissen Überheblichkeit, den mancher empfand, den er sie hatte fühlen lassen, was ja nicht immer zu vermeiden war. Hinzu kommt bei der inneren Einsamkeit dieses durch Erbe und Begabung scheinbar so begünstigten Menschen eine Eigenschaft, die man seine Ergebenheit in das Schicksal, ja mehr noch seine Schicksalsfrömmigkeit nennen könnte.

Ich war wenige Tage nach seiner Ernennung zum Außenminister mit der Mutter, einer äußerlich harten, aber großangelegten, vor allem durch ihre Begabung als Pianistin bestimmten Frau zusammen. Was sie mir erzählte, sah gewiß nicht wie Machthunger, sondern vielmehr, wie ich es mir später deuten mußte, als Opfergang ihres Sohnes aus. Er hatte ihr, obwohl er doch täglich zu ihr kam, nicht gesagt, daß er das Amt des Außenministers angenommen habe. Sie hat es erst aus der Zeitung erfahren und ihm vorwurfsvoll gesagt: »Aber Walther, warum hast Du das getan?« Die Antwort lautete: »Sie haben ja keinen anderen.« Als Reichskanzler Josef Wirth, dessen Verehrung für Rathenau das Ergebnis von dessen Mitwirkung im Kabinett war, ihn beschwor, doch zu seinem Schutz sich einen Begleitmann für seine Fahrten und Wege stellen zu lassen, lehnte er ab. Das geschah wohl nicht, weil er sein Leben für unbedroht gehalten hätte, sondern aus einer überlegenen Hingabe an das Schicksal. Es will scheinen, als habe ihn die Ahnung von seinem gewaltsamen Ende schon damals erfüllt – erfüllt, aber auch erhoben.

Denke ich darüber nach, was die Erinnerung an ihn, der mich Freund nannte, mir bedeutet, so bleiben noch einige persönliche Erlebnisse zu erzählen. Das erste ist ein Gespräch über das Wesen der Demokratie, bei dem er den auch aus seinen Schriften erkennbaren Standpunkt vertrat: Der Sinn der Demokratie ist nicht Massenherrschaft, sondern Selektion. Durch Demokratie und für Demokratie zur Auswahl der Besten auf Grund ihrer Leistungen zu gelangen, das schien ihm der Sinn der erfolgten Befreiung von der Abgrenzung des Volkes in Klassen. In dem schönen Haus an der Koenigsallee, das er sich zur Arbeit und zur gepflegten Geselligkeit gebaut hatte, zeigte er mir einmal in dem kleinen Wohnzimmer rechts vom Eingang einen Bücherschrank, in dessen oberer Hälfte hinter verglasten Türen ihm handschriftlich gewidmete Exemplare von Veröffentlichungen ihm befreundeter Verfasser aufgereiht waren. Da konnte man empfinden, wie er zu verehren vermochte. Einige Bücher von Gerhart Hauptmann hob er besonders hervor sowie das Drama »Prinz Louis Ferdinand von Preußen«, das Fritz von

Unruh zum Teil in dem von Rathenau erworbenen und im Stil der Zeit um 1800 eingerichteten Schloß Freienwalde unter Anteilnahme Rathenaus geschrieben hatte. Dorthin lud er mich, seiner Art entsprechend gleich mit Zeitangabe, nämlich für drei Wochen ein; die Wochenenden würden wir zusammen verbringen, und in der übrigen Zeit könnte ich in aller Ruhe für mich arbeiten. Aber woher hätte ich, mit dem Aufbau eines schwer durchzusetzenden Amtes beschäftigt, diese Zeit nehmen sollen?

Während der Monate, da Walther Rathenau Außenminister war, trafen wir uns öfter bei größeren Zusammenkünften, und gern versuchten wir dann ein paar Minuten zu ungestörter Unterhaltung zu gewinnen. Der Zufall hatte es gefügt, daß wir in den Tagen vor Rapallo, wo seine kurze Tätigkeit als Außenminister zum Gipfel kam, uns dreimal trafen. Einmal beim Reichspräsidenten, wo wir uns für eine kurze Zeitspanne im Rosenholzzimmer zu einem ruhigen Gespräch versteckten, bis Meissner mit vorwurfsvollem Blick den Minister zu den sich drängenden Politikern holte. Das zweite Mal geschah es in dem Stadtpalais des Außenministers, das in der Reihe der Ministergärten und direkt anstoßend an unsere vom Pariser Platz aus zugängliche Wohnung lag. Er gab dort für zahlreiche Gäste ein Essen. Da ich ihm so nahe wohnte und den angebrochenen Abend noch zur Arbeit verwenden wollte, suchte ich mich bald zu entfernen, kam aber gerade in dem Augenblick nahe an den Ausgang, als auch am Haupttisch der Kanzler und die Botschafter sich erhoben, um Lebewohl zu sagen. Da Rathenau mich zurück hielt, stand ich nun nicht sehr weit von ihm, als er die Zeremonie des Verabschiedens erledigen mußte. Wenn ich mich auch möglichst in den Hintergrund stellte, so interessierte es mich doch, der Reihe nach so viele Hauptträger des politischen Lebens vorbeipassieren zu sehen. Die dritte Begegnung mit dem Minister fand am nächsten Morgen im Reichstag statt. Bei der eiligen Begrüßung sagte er, so ginge es ihm nun, jetzt müsse er noch vor jeder Partei sich einzeln auf deren Absichten einschwören lassen. Dann aber nahm er sich noch etwas Zeit und fragte mit seiner wohlklingenden Baritonstimme, die noch heute in mir nachtönt: »Lieber Freund, was haben Sie wohl gestern Abend gedacht, als die Gäste sich verabschiedeten? Sie machten ein so spöttisches Gesicht.« »Es war nicht Spott, was mich bewegte. Sie tun doch nun für uns alle einen schweren Gang, und da hätte ich mir gewünscht, daß zumal die deutschen Gäste noch ein fühlbar herzliches und dankbares Wort für Sie gehabt hätten. Ich mußte an ein Sprichwort oder Zitat denken, darin es etwa heißt, daß im Unglück unserer Freunde etwas ist, was uns nicht gerade mißfällt.« Rathenau, der Überlegene, wußte sofort: »Es ist von La Rochefoucauld und heißt:

> Dans le malheur de nos amis il-y-a
> toujours quelque chose, qui nous ne
> deplait pas.«

Damit eilte er zum nächsten Fraktionszimmer, und ich war voll Bewunderung für einen Minister, der über ein solches Maß von Bildung und Kenntnis verfügte. Da ich auch sonst Gelegenheit hatte, an Rathenau zu bewundern, was als presence d'esprit für mich immer ein besonderes Merkmal geistiger Eignung ist, wird man verstehen, daß ich ihn stets als einen Menschen von außergewöhnlicher Klugheit und Kenntnis angesehen habe, vor allem aber als einen Kämpfer, dessen Schicksal Ehrfurcht verdient. Ich hätte damals nicht gedacht, daß ich ihm so bald die Trauerfeier bereiten müßte.

Am 24. Juni 1922 hatte ich am frühen Morgen den vom Lehrter Bahnhof abgehenden Zug nach Hannover bestiegen und noch einmal das Fenster geöffnet, um mir Zeitungen zu kaufen, als ich einen Referenten meines Amtes auf den Bahnhof stürzen sah, dem es gerade noch glückte, dem Stationsvorsteher den Arm herunterzudrücken, so daß er das Signal zur Abfahrt nicht geben konnte. Nun hatte er mich gesehen, kam ans Abteil und rief mir zu: »Rathenau ist ermordet worden, Sie möchten sofort zum Reichskanzler kommen.« Ich stieg aus dem Zug und eilte zur Reichskanzlei, wo ich das Furchtbare genau erfuhr: Nahe seinem Haus in der Koenigsallee waren auf den Minister, der im offenen Wagen auf der Fahrt zu seinem Amt war, von verhetzten Jugendlichen Schüsse abgegeben worden, die den Getroffenen verbluten ließen. Dr. Josef Wirth, der Reichskanzler, ordnete ein Staatsbegräbnis an. Die Trauerfeier sollte im Reichstag stattfinden, und ihre Durchführung wurde mir übertragen.

Ich hatte angenommen, daß der Plenarsaal des Parlamentes der Ort der Veranstaltung sein müsse, stieß aber bei der Verwaltung des Hauses auf unerwartete Schwierigkeiten. Der Verwaltungsdirektor erklärte, unterstützt von einem sehr rechtsgerichteten Abgeordneten des zuständigen Ausschusses – der den merkwürdigen Namen Ausschmückungsausschuß trug –, es käme nur die Wandelhalle in Frage. Ich begriff sofort, worauf das hinausging: dort stand in der Mitte das Denkmal für den ersten Kaiser. Das Marmorbild wäre entweder der optische Mittelpunkt der Veranstaltung geworden, oder man hätte es als Hintergrund für den Sarg abdecken müssen, und das hätte eine für die Republik recht ungünstige Situation ergeben, an deren publizistischer Ausnutzung den Reaktionären offenbar lag. Die Vorbereitung, für die doch wenig genug Zeit zur Verfügung stand, begann also mit einem häßlichen Streit, bis ich, scheinbar zur Verzweiflung gebracht, in Wahrheit aber mit kalter Überlegung erklärte, wenn ich nicht am Nachmittag beginnen könne, meine Anordnungen zu treffen, würde ich vor eine unmögliche Situation gestellt und müsse den Auftrag zurückgeben. Ich verlange aber vorher eine Entscheidung durch den Reichstagspräsidenten Paul Löbe. Als dieser kam, gab er sofort den Plenarsaal frei. Ich ließ den Unterbau für die Aufbahrung vermessen und bat, in meinem Bestreben, bei staatlichen Feiern auch bedeutende Künstler heranzuziehen, Professor Bruno Paul, den Direktor der Hochschule für bildende Künste, hinter der für den Sarg in Aussicht genommenen Stelle einen hohen bis zur Decke reichenden Baldachin zu errichten. Die Steigerung ins Unwirkliche wurde durch das Verhängen aller Beleuchtungskörper mit schwarzem Flor erreicht und durch einen Kranz rings um den Balkon gezogener, in blassen Farben gehaltener Hortensien, deren Blüten ich aus schwarzem Stoff herausquellen ließ. Ich sehe noch vor mir, wie in der Nacht vor der Trauerfeier der Innenminister Adolf Köster und der Justizminister Gustav Radbruch, denen beiden ich persönlich nahestand, nach einer Kabinettssitzung spät nach Mitternacht kamen und wie sie meine Prophezeiungen, etwa die der völligen Entwertung unseres Geldes, als erregte Phantasien eines Träumers zurückwiesen. Zudem erinnere ich mich, daß bald nach der Ermordung im Plenarsaal auf dem Platz des Abgeordneten Helfferich ein Strauß Rosen lag: Dank von der Seite der Verhetzten, in Wahrheit aber die Anerkennung seiner Mitschuld. Noch eine andere Schwierigkeit mußte überwunden werden: Die Hinterbliebenen des Ermordeten schwankten, ob sie den Sarg des ihnen so Teueren freigeben würden, da eine Störung durch politische Gegner nicht ganz ausgeschlossen schien.

Die Feier selbst verlief in dem Raum, in dem der mit der Dienstflagge eines Reichsministers bedeckte Sarg aufgebaut war, in ergreifender Würde. Das Orchester war für die Teilnehmenden unsichtbar hinter dem Baldachin aufgestellt. Es setzte mit Beethovens Coriolan-Ouvertüre ein. Die Rede des Kanzlers Wirth, von der Verehrung für den Toten bestimmt und von dem Ernst der entstandenen Situation erregt, hielt alle in Bann. Als dann Ebert an das Pult trat und in seiner menschlichen Art gegen Ende seiner Ansprache sich umwandte und, den Sarg berührend, mit gedämpfter Stimme sagte: »Der mein Freund war«, ging durch den Raum eine Bewegung, die ich nie vergessen werde: es war, als flattere mit einemmal eine Schar weißer Tauben durch den umflorten Raum. In Wahrheit waren vielen die Tränen gekommen, sie zogen ihr Taschentuch, um sie zu trocknen. Solche Tränen ehren den, der sie weint. Dann setzte, um zu verdeutlichen, daß ein jählings Ermordeter zur letzten Fahrt geleitet werde, der Trauermarsch aus der Götterdämmerung ein. Die Türen öffneten sich, und die Feier der Reichsregierung und des Reichstages wurde mit der des ganzen Volkes verbunden. Viele Tausende drängten sich rund um den Platz, auf dem der schwarzumflorte Wagen bereitstand. Nach einem furchtbaren Geschehen, dessen Folgen unabsehbar waren, war durch die spürbare Anteilnahme der Bevölkerung etwas wie eine Entsühnung erfolgt. So entsprach es dem Opfer, das Walther Rathenau dem deutschen Volke gebracht hat.

Eine persönliche Erinnerung möchte ich noch anfügen, weil sie zeigt, was das Gefühl zu erkennen vermag. Walther Rathenaus Mutter, die ich oft besucht habe, fragte mich einmal, ohne daß ich zuerst den Sinn ihrer Worte verstand: »Kindchen« (so nannte sie mich), »woher haben Sie das gewußt?« Die Antwort auf meine Frage, was gemeint sei, lautete: »Das mit der Coriolan-Ouvertüre.« Ich sagte ihr, daß ja gar keine lange Zeit zum Überlegen und zum Besprechen mit dem Dirigenten gewesen sei, daß ich aber den Trauermarsch aus der Götterdämmerung dem Geschehnis gegenüber für nötig, die Coriolan-Ouvertüre aber für das dem Wesen Walther Rathenaus besonders Entsprechende gehalten habe. Darauf sagte sie, leise nachsinnend: »Es war sein Lieblingsstück. Ich mußte ihm ja fast täglich vorspielen, mitunter haben wir eine Viertelstunde lang unter den Noten gesucht, und schließlich sagte er immer wieder: »Ach laß, Muttchen, es wird doch Coriolan, etwas Größeres und Schöneres kenne ich nicht.«

Pan-Europa

Ein Traum, der nach den Schrecknissen der Ermordung Walther Rathenaus und der nicht zuletzt dadurch mitverursachten völligen Entwertung des deutschen Geldes vor uns wie ein Trost aufblühte, hieß Pan-Europa. Es war ein Verhängnis für die Entwicklung und Verwirklichung dieser Idee, daß die führenden Politiker meist zu sehr nur von ihrer Partei her bestimmte Schachfiguren waren und daß der europäische Gedanke zunächst nicht in dramatischer Form der Auseinandersetzung, sondern mehr in der lyrischen Form der Betrachtung behandelt wurde. Der ihn vertrat, war eine zarte Persönlichkeit, es war der Graf Coudenhove-Kalerghi, Sohn eines österreichischen Diplomaten und einer japanischen Mutter, vermählt mit Ida Roland, einer der besten Schauspielerinnen ihrer Zeit, die in ihrer Energie fast männlich neben der Anmut ihres Gatten stand. Und doch war er im innersten Wesen, wie wohl alle Vertreter einer neuen Idee, von einer unbeirrbaren Zähigkeit, mit der er seine aus der Einsicht gewonnene Überzeugung vertrat.

Man konnte ihn so etwa vom Jahre 1923 an allüberall in der Gesellschaft treffen, fast zu oft vielleicht, weil aus einer vom Schicksal gegebenen Einheit realer und ideeller, politischer, wirtschaftlicher und geistiger Motive nun fast ein Tee-Gespräch gemacht wurde. Daran aber trugen die Politiker die Schuld, die diesen messianischen Verkünder einer neuen Idee, weil die seelische Feinheit, mit der er sie vertrat, ihnen fremd war, nicht aktiv einsetzten. Pan-Europa blieb also zunächst nur ein Gesprächsthema, aber keine Aufgabe.

Ich erinnere mich, wie Graf Coudenhove uns einmal mit dem französischen Europäer der Literatur, André Germain, in Babelsberg besuchte. In unserem in japanischer Weise angelegten Garten zwischen blühenden Zwergbäumchen und Ginstersträuchern stand er begeistert, weil das Erbe der Mutter in ihm lebendig wurde, so daß der erste große Vertreter eines neuen Europa, das wir erstrebten, hier ostasiatisch erschien. Mit Ida Roland, seiner Frau, hatte ich dann ein von mir aus geradezu verzweifeltes Gespräch, ob es nicht wirklich endlich möglich sei, dem Begründer der Pan-Europäischen Idee wenigstens von einigen europäischen Staaten, etwa dem Deutschen Reich, Frankreich und Österreich, einen gemeinsamen Auftrag im Sinne der Vorbereitung, Verbreitung und Durchsetzung seiner Ideen zu geben. Aber schon die Tatsache, daß Deutschland nach Eberts Tod sich keinen international erfahrenen und diplomatisch geschulten Reichspräsidenten wählte, wie etwa den Botschafter Solf, sondern einen, seinem Beruf nach nationalistisch gesinnten Militär, zeigte, daß die Zeit noch nicht reif war.

Eigentlich erst aus der Unterhaltung mit der von uns immer noch als Ida Roland gefeierten Künstlerin erfuhr ich, wie eng die Freundschaft des Grafen Coudenhove mit Heinrich Mann war, der als Schriftsteller und Journalist zunächst sein begeisterter Freund und Anhänger wurde. Heinrich Mann hatte auch den Instinkt dafür, daß nicht vom Salon aus, sondern aus der breiten Masse der Völker die Staaten sich als vereinigtes Europa zusammenfinden müßten.

In Deutschland tat dann den ersten bedeutsamen Schritt zum Zusammenschluß der Völker Europas Gustav Stresemann. Er, von dem ich erzählt habe, wieviel von Goethe und Napoleon er wußte und sogar in einem Buch niedergelegt hat, begann mit diplomatischem Geschick zunächst anstelle der Feindschaft zwischen Deutschland und Frankreich, die so lange Zeit der Fluch Europas war, die Verständigung, ja die Freundschaft zu setzen, so daß durch ihn der erste tatsächliche Schritt zu Gunsten der Idee Europa getan wurde.

Gustav Stresemann

Ein europäischer Politiker

Wie uns in der Schule die großen Vorbilder der Geschichte dargestellt wurden, erschienen sie von Anfang an so erhoben, daß der Schüler nur das Gefühl bekommen konnte: Alles Außerordentliche ist Angelegenheit von einigen wenigen Auserwählten und kommt für Menschen, wie man selbst einer ist, nicht in Frage. Für den Heranwachsenden wirkt es jedoch weit eher erzieherisch, wenn er lernt, daß man die Eigenschaften, die große Leistungen bestimmen, nicht fertig mitbringt, sondern sich erst erwerben und mit der Kraft des Willens anerziehen muß, aber auch kann.

Wenn ich bedenke, wie sich das Gesicht Stresemanns von der Durchschnittlichkeit des jungen Abgeordneten zu dem Ernst und der Energie des verantwortungsvollen Ministers gewandelt und gefestigt hat, so erscheint mir dies als ein Beweis für die Lehre, die Schillers Witwe ihren Söhnen im Hinblick auf ihren Vater schrieb:

>»Lasset Euch sein Beispiel lehren,
>was der Mensch über sich vermag.«

Im Jahre 1920, als die Deutsche Gesellschaft in der Wilhelmstraße zu Berlin der gegebene Treffpunkt für die im Regierungsviertel Tätigen war, sah ich Gustav Stresemann durch längere Zeit fast täglich. Während wir anderen uns in der Nähe Bekannter einen Platz suchten und Unterhaltungen führten, die über manches entschieden, blieb er – so wenigstens hat sich mir das Bild eingeprägt – an einem kleinen Tisch vor einer Art Wandpfeiler allein sitzen. Niemand wollte damals politisch Arm in Arm mit ihm das Forum der Weltgeschichte betreten. Er hatte sich, so wurde erzählt, der schnell sich entwickelnden Demokratischen Partei anschließen wollen, aber der, wie man es heute beurteilen muß, billige Patriotismus seiner politischen Vorgeschichte machte das unmöglich. So gründete er denn seine eigene Partei, in deren Programm dieser Patriotismus einen vielen willkommenen Beigeschmack bedeutete. Ich erinnere mich einer Karikatur im Simplicissimus, wo er so ähnlich, wie ich ihn eine Zeitlang täglich sah, aufgebaut war, umgeben von Ranken und mit der Unterschrift: »Komm in meine Liebeslaube.«

Diesen selben Stresemann sah ich dann an der Größe der ihm gestellten Aufgaben wachsen und befreit von allem Rednertand der Frühzeit in kluger und bedachter Weise, von der europäischen Idee durchdrungen, hohe Politik treiben, jene Politik, die zur Verständigung mit Frankreich und zur Befreiung des besetzten Rheinlandes führte. Dieser würdigende Hinweis möge hier genügen, wo es sich um persönliche Erinnerungen, aber nicht um historische Erörterungen handelt. Unter diesem Gesichtspunkt erscheint mir auch eine Szene kennzeichnend, die ich im Hause des Auswärtigen Amtes erlebte: Nach einer Besprechung in seinem offiziellen Amtszimmer ging er mit mir in seinen privaten Arbeitsraum, der im Erdgeschoß nach der Gartenseite lag. Dort zeigte er mir eine in farbiges Leder kostbar, aber nicht im Stile der Zeit gebundene Goethesche Erstausgabe. Er stand dabei so vor mir, daß eine riesige Vase aus Sèvres-Porzellan mit dem Bildnis Napoleons für ihn den Hintergrund bildete. Das war der Stresemann, der das politische und das geistige Ideal verbinden wollte und daher als Politiker in das Reich der Ideen griff. Es war zugleich der Stresemann, der als Schriftsteller ein aufschlußreiches Buch über Goethes Begegnung mit Napoleon geschrieben hat, ein Thema, das ich später selbst im Auftrag der Bibliophilen Gesellschaft für meinen Freund Anton Kippenberg behandelt habe. Die Mischung aus Goethe und Napoleon erschien für Stresemann erstrebenswert und gehört zur Erkenntnis seiner Eigenart.

Auch ihm, der durch die Arbeit noch mehr als durch sein physisches Leiden zerrieben und uns vor der Zeit genommen wurde, mußte ich im Oktober 1929 die Totenfeier bereiten. Sie hatte das infolge der Tragik der Zeit nun schon gewohnte Gepräge im Reichstagsgebäude, dessen zur Haupttreppe führende Türen dann geöffnet wurden. Der Sarg wurde unter feierlichem Geleit zum Grabe gefahren, geehrt von den zu Fuß folgenden Trauergästen, an deren Spitze der Reichspräsident schritt. Mir war die Idee gekommen, daß man den Trauerzug in der Wilhelmstraße vor dem Fenster von Stresemanns Arbeitszimmer, das ich umfloren ließ, für eine Minute des Schweigens halten lassen solle. Das gab ein ergreifendes Motiv. Es gab zugleich Hindenburg, dem greisen Reichspräsidenten, dem man den weiten Weg bis zum Friedhof nicht zumuten konnte, die Möglichkeit, aus dem Geleitzug heraus in sein Palais zu gehen. Als der Zug sich wieder in Bewegung setzte und durch die vielen Straßen von Berlin ging, die von Hunderttausenden flankiert waren, empfand ich, was es bedeutet, wenn einem Volk vor der Zeit ein Mann genommen wird, der sein Vertrauen besaß und von dem man gehofft hatte, daß er auch weiter dem Frieden und einer vernünftigen Politik für die Einigung Europas dienen würde. Ich ging mit Gundolf, dem bekannten Goethe und Shakespeare-Forscher, der als Dekan der Philosophischen Fakultät Heidelberg, deren Ehrendoktor Stresemann gewesen war, im Talar erschienen war. Wir sahen die Tausende von Menschen die Straßen säumen. Ich beobachtete einen, der sich deutlich um das innere Erlebnis des letzten Weges eines führenden Politikers nicht kümmern wollte und dann plötzlich ein paar Schritte zur Seite trat, um doch die Mütze zu ziehen. Aber das war ein

Außenminister Gustav Stresemann fordert auf der Völkerbundtagung in Genf 1929 Welteinheitsgeld.

einzelnes Bild. Entscheidend und einheitlich war die Trauer der Hunderttausende, in deren Ausdruck etwas Fragendes lag. Was wird aus Deutschland werden, wenn immer die Besten vor der Zeit uns genommen werden: Walther Rathenau, Friedrich Ebert und nun Gustav Stresemann.

Pendelschlag der Reaktion

Nach einem Essen in kleinem Kreis, das der Reichsgerichtspräsident Simons als Stellvertreter des verstorbenen Reichspräsidenten Ebert im Frühjahr 1925 gegeben hatte, saßen wir beim Mokka noch auf der Gartenterrasse zusammen, als ein Beamter des Präsidentenbüros eine Mappe brachte, der Simons ein Telegramm entnahm. Er las es und sagte nur ganz kurz: »Hindenburg hat die Kandidatur für die Nachfolge Eberts angenommen.« Gegen meine Erwartung wurde über die Aussichten, die der Feldmarschall haben würde, nichts gesprochen. Keiner wollte sich dekuvrieren, und das eine Wort, das Simons zu Luther, dem Reichskanzler, sagte: »Ich glaube, er schafft's«, klang fast wie ein Vorwurf. Leider setzt mein Gedächtnis aus, mit wem ich kurz danach im Reichsministerium des Inneren die Lage besprach, vermutlich war es der Staatssekretär Zweigert, dem ich besonders nahestand. Meine Logik, die eine solche Wahl ablehnte, war einfach: »Hindenburg als Kronprinz von Ebert, d. h. der Großvater als Erbe des Vaters, das hebt doch jede lebenskräftige Entwicklung auf und führt zu einer Wiederkehr reaktionärer Kräfte, die leicht mißbraucht werden könnten.«

Natürlich hatten wir uns alle über die Nachfolge Eberts unsere Gedanken gemacht. Man hätte sich nach einem Innenpolitiker, der Ebert war, einen Außenpolitiker gewünscht. Meine Meinung ging auf Solf, einen unserer besten Diplomaten und kultivierten Herren. Aber auch der im Auswärtigen Amt geschulte Simons wäre ein geeigneter Nachfolger gewesen, wie er, der als Reichsgerichtspräsident durch die Verfassung Stellvertreter des Reichspräsidenten war, bewies. Nun aber würde dem Pendelschlag Ebert der Pendelschlag Hindenburg folgen.

Ebert war dabei nicht ohne Schuld: Er hatte sich keinen Erben erzogen. Die Monarchien, so sehr ihre Zeit auch vorbei sein mag, sind im Hinblick auf die Nachfolge des Inhabers der Macht oder doch des Repräsentanten des Staates meist besser dran: In dem Augenblick, in dem der Monarch die Augen schließt, steht schon der Nachfolger da, der in Erwartung seines Amtes jahrelang Kritik geübt und Überlegungen angestellt hat und es nun anders und besser machen will. Nach der Weimarer Verfassung war der Reichspräsident als Träger der höchsten Macht, was heute der Bundespräsident in diesem Maße nicht mehr ist, durch Stimmenmehrheit vom Volk zu wählen. Von der gläubigen Masse aber war anzunehmen, daß sie sich für Hindenburg entscheiden würde, so wie sich im Jahre 1871 die Franzosen nach einem verlorenen Krieg den bei Sedan besiegten General Mac-Mahon zum Präsidenten der Republik gewählt hatten. Der preußische Feldmarschall stellte in sich die Tradition des Heeres dar, man hatte ihm vertraut, als er den Oberbefehl übernahm, und machte ihn nun sozusagen zum Kaiserersatz. Man wünschte sich, daß mit ihm »die gute alte Zeit« zurückkäme, und daher bekam er bei der Wahl die meisten Stimmen. Wenigstens ein Beispiel für die Zufälligkeit der Wahl, zumal bei den weiblichen Stimmen, möchte ich deshalb erwähnen, weil ich dabei war, als Hindenburg selbst es im kleinen Kreis erzählte. Eine Bäuerin im bayerischen Alpenland ging zur Wahl mit der Absicht, entsprechend der Vorschrift durch den Herrn Pfarrer den Kandidaten des Zentrums zu wählen. Aber als sie zum Wahllokal kam, wurde sie umgestimmt. »Da sah ich«, so hat sie erzählt, »den Hindenburg abgebildet, wie er in der Prozession so schön die Kerze hielt, und da sagte ich mir, den wählst.« Sie hatte also den Marschallstab in der Hand des Protestanten für die Kerze des frommen Katholiken gehalten, und so bekam er ihre Stimme.

Deutlich erinnere ich mich der Verhandlungen nach der erfolgten Wahl. Luther und Löbe, der Kanzler und der Reichstagspräsident, wollten mit Recht das Ereignis der Eidesleistung des erwählten Staatsoberhauptes aus den üblichen Sitzungen des Parlaments herausgehoben haben. Das verlangte im Plenarsaal eine sinnvolle Gestaltung, die mir anvertraut wurde. Ich ließ die Rückwand hinter dem Platz des Reichstagspräsidenten verkleiden und hing hier die Standarte des Reichspräsidenten auf: sie zeigt den Reichsadler mit ausgebreiteten Schwingen, schwarz und rot bewehrt, auf goldenem, rot umrandetem Grunde. Ich hatte auch dafür gesorgt, daß bei der Einholung Hindenburgs an einer Nebenstation, dem Bahnhof Heerstraße, von der aus der Einzug in Berlin erfolgte, diese Standarte an seinem Auto angebracht wurde, darin er an der Seite Luthers seinen Einzug hielt. Bei der Zeremonie im Reichstag verlas der Gewählte den Eid. Hindenburgs mächtige Gestalt im Kontrast zu dem kleinen Paul Löbe tat ihre Wirkung. Aber etwas erstaunt mich noch heute: daß nur ein geringer Teil der Anwesenden merkte, daß Hindenburg seine Ansprache mit einem übrigens psychologisch interessanten Versprechen begann: »Herr Reichspräsident...« So redete er den Reichstagspräsidenten versehentlich an, wohl weil er diese Vokabel ganz neu und nun für ihn noch über den Generalfeldmarschall hinausgehend sich eingeprägt hatte.

Mit Hindenburg kam also kein Stück Zukunft, dafür aber hat er in der Zeit, ehe Hitler ihn in seine Gewalt bekam, sich durchaus loyal und pflichtgetreu gezeigt, so daß er zunächst seinen Wählern recht zu geben schien. Er hatte eine ritterliche Art von Würde und dabei zugleich einen Unterton von Humor, der ihn beliebt machte. Ich erinnere mich, daß einmal beim Essen im Rathaus zu Leipzig, nach dem er vorher durch die Messe geführt worden war, er plötzlich zu den Stadtvätern sagte: »In dieser Stadt war ich zuletzt als Feind.« Nun schilderte er, sechzig Jahre zurückblickend, wie sein Regiment, das 3. Garderegiment, im Jahre 1866 mit anderen Truppen nahe Leipzig aufmarschiert war für den Fall, daß Sachsen auf Österreichs Seite gegen Preußen in den Krieg gehen würde. Er konnte noch, so lange nach diesem Erlebnis, die Dörfer nennen, zwischen denen das 3. Garderegiment stand, in dem er seine militärische Laufbahn begonnen hatte.

Wie sehr er in sich ein Stück Geschichte darstellte, erlebte ich auch, als er mir den Auftrag gab, Moltkes einstiges Arbeitszimmer im früheren Generalstabsgebäude, damals dem Haus des Reichsministeriums des Inneren, zu einer Erinnerungsstätte für den Feldmarschall einzurichten. Für mich war es nicht ohne Interesse, die museumsfähigen Erinnerungsstücke ausfindig zu machen: den Waffenrock mit dem Helm, den Marschallstab, den Abguß des edlen, scharf wie ein zielender Bogen gezeichneten Kopfes, den Abguß der Hand, die Erinnerungen an seine Tätigkeit in der Türkei, deren Armee er organisiert hatte, Briefe mit der großzügigen Handschrift, und als das Erstaunlichste: seine Skizzen von Landschaften und Figuren, zumeist aus der Türkei, die von einer besonderen Begabung Zeugnis ablegten. Es war auch ein Briefentwurf vom Ende des Jahres 1870 dabei, darin der Chef des Generalstabes um seine Entlassung bat, weil er nicht länger mit einem Manne wie Bismarck zusammenarbeiten könne. Dieser Brief ist nie ins reine geschrieben und abgesandt worden. Erschütternd waren auch die Zeilen, die der schwer erkrankte, schon seiner Sprache beraubte Kaiser Friedrich unmittelbar nach seinem Regierungsantritt dem sechsundachtzigjährigen Feldmarschall auf einem Handzettel schrieb, um ihn zu bitten, seine Ämter zu behalten. Diese und andere Dokumente hatte ich aufgebaut, und dazu eine Büste aus seines Nachfolgers Schlieffen Besitz sowie ein eindrucksvolles Porträt Moltkes von Lenbach.

Nun sollte die Eröffnung erfolgen. Hausherr war der Reichsinnenminister Külz, eingeladen waren nur wenige Personen, darunter Mitglieder der Familie Moltke sowie die Tochter und der Schwiegersohn des Grafen Schlieffen und einige Beamte aus meinem Ministerium, aus der Reichskanzlei und dem Reichswehrministerium. Meissner hatte erklärt, der Reichspräsident würde nicht sprechen, aber nach der Begrüßung durch Külz und meiner kurzen Einführung blieb Hindenburg, der als Generalfeldmarschall mit dem Kommandostab in der Hand gekommen war, noch stehen und hielt eine Rede, in der er die Erinnerungen beschwor, die ihn mit Moltke verbanden: »Ich habe dem Feldmarschall zugejubelt auf dem Schlachtfeld von Königgrätz.« Diese Worte, im Klang seiner hohen Kommandostimme, sind mir noch heute deutlich im Ohr, und ich erinnere mich ebenso an seine Schilderung der Kaiserproklamation im Schloß von Versailles, bei der Hindenburg einer der beiden Leutnants war, die die Fahnen seines Regiments flankierten. Dann sprach er von seiner Tätigkeit im Großen Generalstab, in dessen einstigem Haus wir uns befanden, und schließlich davon, daß er in dem Zimmer, das nun das Moltke-Museum war, während des Weltkrieges seinen Schreibtisch, aber auch wegen der nächtlichen Telefonate sein Feldbett gehabt habe. Ein Stück Geschichte, auf Moltke und Hindenburg und auf die Szenerie des Hauses bezogen, klang auf. Dem Betrachter schien noch ein Motiv unbewußt mitzuschwingen: im Grunde nahm es der Feldmarschall einer aus Zivilisten bestehenden Behörde übel, daß sie jetzt in einem ursprünglich militärischen Gebäude untergebracht war, und er freute sich, wenigstens den einen Raum zurückerobert zu haben. Es wurde auch von den unheimlichen Spukgeschichten erzählt, denen zufolge Moltke nach seinem Tod noch der Wache erschienen sei; ich aber dachte an meine kleine Moltke-Büste, die am Morgen nach seinem Tod mit abgebrochenem Kopf in meinem Spielzimmer lag.

Von anderen Begegnungen mit Hindenburg erscheinen mir zwei besonders bemerkenswert: die eine hing mit der Flaggenfrage zusammen. Die Farben der Republik waren durch die Verfassung bereits vor Gründung meines Amtes festgelegt, und ich hatte dementsprechend die Flaggentafel ausgearbeitet, die vom Reichskabinett gebilligt werden mußte. Als ich sie in einer Kabinettssitzung vorlegte, wurde auch die Frage des Salutierens erörtert. Der Reichswehrminister Geßler war mit der vorgeschlagenen Lösung für seine Flagge, die das Eiserne Kreuz auf schwarzrotgoldenem Grunde zeigte, sehr einverstanden. Er hielt es für nötig, daß vor dieser Flagge die Posten salutierten. Darauf erklärte, durchaus berechtigt, der Reichskanzler Luther, für das Amt, das er bekleide, müsse eine Flagge entworfen werden, die es ebenso wie die des Reichswehrministers jedem Posten erkennbar mache, daß sie besonders zu ehren sei. Als Leiter des Präsidialamts erklärte Meissner: Der Reichspräsident habe sich die letzte Entscheidung in der Flaggenfrage vorbehalten, und das Kabinett müsse hierüber erst seine Auffassung hören.

Schon am nächsten Tag rief der Ministerialdirektor Meissner an und bestellte mich zu einer Besprechung mit dem Reichspräsidenten. Als er von der Kabinettssitzung berichtete und von Luthers Verlangen, daß vor der Flagge des Reichskanzlers salutiert würde, entschlüpfte Hindenburg das Wort: »Der kleine Kerl.« Er stimmte meinem Vorschlag, auch für den Reichskanzler hinter dem Reichswappen in der Flagge der Reichsbehörden die Zacken des Eisernen Kreuzes, was das Wappen belegen sollte, zu zeigen, nicht bei, und seine Begründung, daß es als Sinnbild des Militärs nicht für eine Zivilbehörde passe, war nicht zu widerlegen, so daß eine besondere Flagge für den Träger der höchsten Beamtenstelle nicht zustande kam. Mich aber hat die Bezeichnung des Reichskanzlers durch den Reichspräsidenten als »der kleine Kerl« erstaunt, ja verletzt.

Ich hatte auch sonst Gelegenheit zu bemerken, daß die beim Militär übliche Neigung, dem anderen das Postament unter den Füßen wegzuziehen und ihn lächerlich zu machen, Hindenburg nicht fremd war. Der Sohn von Hindenburgs erstem Regimentskommandeur hat mir eine Geschichte erzählt, die mir dafür kennzeichnend erscheint. Das 3. Garde-Regiment zu Fuß, in dem Hindenburg seine Laufbahn begann, lag ursprünglich in Danzig in Garnison. Mein Gewährsmann pflegte meist nach Schulschluß den Vater von der Kaserne abzuholen und mit ihm nach Hause zum Mittagessen zu gehen. Eines Tages sagte der Vater, sein Sohn solle noch etwas warten, er lerne dann gleich den neuen Leutnant Hindenburg kennen, der zur Vorstellung befohlen sei. Es dauerte nicht lange, so erschien der angekündigte stattliche Leutnant in der von einer Ordonnanz aufgerissenen Tür. Der Oberst aber donnerte ihn an: »Nein, mein Lieber, so können Sie hier nicht antreten, wir sind hier Jarde, und da können Sie den Helm nicht schief aufsetzen, so daß der Busch zur Seite bammelt. Jehen Sie noch mal hinaus in den Flur, da hängt ein Spiegel, und bringen Sie sich in Ordnung.« Dann kam derselbe Leutnant, der vorher mit so starkem Selbstgefühl aufmarschiert war, erneut herein. Hindenburg hat in seinem späteren Leben, wie mir scheint, oft versucht, die Erziehungsmethode seines alten Obersten, die den zu selbstbewußten Untergebenen bescheiden macht, bei anderen zu wiederholen.

Als Repräsentant seines Amtes aber war er nicht ohne Würde. Trotz seiner spürbaren Abneigung gegen die republikanische Staatsform fügte er sich den repräsentativen Aufgaben, die ihm am Verfassungstag zukamen, und machte, wenn er die Ehrenkompanie abschritt, durch die Größe und Haltung seiner Gestalt eine gute Figur. Aber es war schwer, Interesse für geistige Fragen bei ihm zu erwecken. Das trat zutage, als es im Jahre 1932 galt, die Feier des Reiches zum Gedenken an Goethes hundertsten Todestag in Weimar zu gestalten. Deutschland hatte allen Grund, vor der Welt zu bekunden, daß das Volk Goethes sich seines größten Dichters und Weisen getreu erinnere. In Weimar herrschten jedoch bereits die Nationalsozialisten, die in der Thüringer Landesregierung saßen. Gerade deshalb war es nötig, das Besitzrecht aller Deutschen an Weimars geistigem Erbe zu bekunden. Als ich dem Reichspräsidenten meine Ideen über die Feier vortrug und ihm vorschlug, an diesem Tage für Verdienste um Kunst und Wissenschaft eine Goethe-Medaille zu stiften, sträubte er sich mit Einwänden, die mir aus dem Munde eines so würdigen alten Herrn grotesk erschienen: mit diesem Goethe habe es moralisch durchaus nicht gestimmt. Er habe seine Mutter von Weimar aus kaum je besucht. Das gefalle ihm nicht, und er würde seine Einwilligung zu der geplanten Medaille nur geben, wenn sie außer Goethes auch Schillers Kopf trüge, mit Goethe allein solle man ihm nicht kommen.

Hindenburgs einstiger Generalquartiermeister, der Reichswehrminister Groener, der im Reichskabinett damals vorübergehend den Reichsminister des Inneren vertrat, legte sich geschickt ins Mittel. Ich mußte ihm einen von mir verfaßten Aufsatz über Goethes Stellung zu Volk und Volkstum geben, der für eine Goethe-Festschrift entstanden war, die in den südamerikanischen Staaten herausgebracht wurde. Durch den bloßen Titel dieses Aufsatzes wurde erreicht, daß der alte Herr schließlich doch die Zustimmung zur Goethe-Medaille gab. Walter Raemisch, der schon im folgenden Jahr Deutschland verließ um seiner Frau treu bleiben zu können, hat sie entworfen. Hindenburg war nicht bereit, zur Goethe-Feier nach Weimar zu

Das Weimar-Zimmer der Goetheausstellung 1949 in Berlin-Charlottenburg mit Originalen aus Edwin Redslobs Goethe-Sammlung

fahren. Er fühlte vielleicht, daß selbst so wohl meinende Historiker wie Erich Marcks wohl Goethe und Bismarck, aber durchaus nicht Goethe und Hindenburg in Verbindung bringen konnten. Statt seiner kam Reichskanzler Heinrich Brüning. Wie er, den Gedenkzug eröffnend, durch die noch winterliche Allee des Friedhofes zu der Gruft schritt, in der Goethes und Schillers Gebeine ruhen, sah man ihm an, daß er von schweren Sorgen um das Schicksal Deutschlands bedrückt war. Ich konnte mich des Gedankens nicht erwehren: »Wir begraben die Republik.«

Die Kunst zur Zeit
der Weimarer Republik

»Jahre der Halbzeit« könnte man die Kapitel nennen, die den Politikern der Weimarer Republik gewidmet sind; »Jahre der Ganzheit« dürfte der Titel für das Kunstleben der gleichen Epoche lauten. Arthur Nikisch, Bruno Walter, Wilhelm Furtwängler, Otto Klemperer standen am Dirigentenpult; Max Reinhardt, Leopold Jessner, Karl Heinz Martin, Jürgen Fehling führten Regie; Werner Krauß und Else Eckersberg waren im Jahre 1924 die Partner in Bernard Shaws »Caesar und Cleopatra«; Albert Bassermann hatte seine große Zeit. Wenn Friedrich Kayssler auf der Bühne stand, war das Theaterstück zur Dichtung erhoben; Ernst Deutsch und Walter Franck begannen.

Es war eine Epoche der Schauspielkunst wie überhaupt der reproduzierenden Künste, aber nicht eigentlich eine große Zeit der Dichter und Komponisten, wie es die Epoche Goethes und Beethovens gewesen war. Wenn ehedem die Schauspieler dem Dichter dienten, dessen Gestalten lebendig hinzustellen sie sich mühten, so gingen jetzt die Dichter darauf aus, großen Schauspielern und Schauspielerinnen, deren Namen den Erfolg garantierten, Rollen auf den Leib zu schreiben. Gerhart Hauptmann, der diese der Bühne dienende Aufgabe durch die vielen Rollen, die er schuf, so ganz zu erfüllen vermochte, hat es in seinem Dank an Lotte Lehmann in den Worten zum Ausdruck gebracht:

> Ich hab es erdacht,
> Du hast es gemacht.

Rollen wie Rose Bernd und Mutter Wolffen werden immer wieder große Schauspielerinnen zur Darstellung locken.

Als ich in jener Zeit Max Reinhardt zu einem der Jubiläen, die zu feiern in seiner Regiebegabung lag, von der Bühne des Deutschen Theaters herab zu huldigen hatte, stand hinter mir, in duftiges Weiß gekleidet, ein Kranz schöner und bekannter Schauspielerinnen, darunter Camilla Eibenschütz, die unvergeßliche Julia, und Else Eckersberg, deren Temperament in einer so nur ihr eigenen Art jeder Rolle gerecht wurde, die sie doch zugleich aus ihrem eigenen Wesen heraus ganz neu erstehen ließ; und, wenn ich mich recht erinnere, auch die noch immer schöne Leopoldine Konstantin; wahrscheinlich auch Grete Mosheim, die wie keine andere das bald zur Tragik, bald zur Komik führende Triebhafte des Weibtums zu erfassen vermochte, und die in sich so kraftvolle und doch von zartester Poesie umhauchte Maria Fein – in jedem Falle also Frauen der Reinhardt-Bühne, auf der die Schönheit triumphierte. Aber ich durfte mich ja leider nicht umdrehen. Doch sah ich dafür – von der Bühne herab – Max Reinhardt und Helene Thimig, die um jene Zeit eine Iphigenie ergreifend aus dem Geist der Dichtung erstehen ließ.

Da ich dem Kuratorium der von Max Reinhardt eingerichteten Theaterschule angehörte, konnte ich, wenn ich irgend Zeit hatte, Max Reinhardt bei der Probe erleben. Er vermochte es, vom Regiepult aus ohne viel Mimik und ganz so, als spräche der Dichter selbst, dem Schauspieler, den er sich in die Rolle verwandeln ließ, Wort und Sinn der Verse wahrhaft in die Seele zu gießen. Auch in Salzburg habe ich Max Reinhardt auf Proben erlebt, so, als er »Die Räuber« einstudierte und sogar die schemenhafte Gestalt der Amalie für und durch Dagny Servaes lebendig machte, so wie es der Gegenfigur zu Karl Moor entsprach. Er suchte auch dem so liebenswerten Alexander Moissi etwas von seiner Glätte zu nehmen, damit er sich in den bösen Franz Moor verwandle. Eine Probe zum »Prinzen von Homburg« ist mir unvergeßlich, als Max Reinhardt auf die Idee kam, bei der Auseinandersetzung über den durch den vorschnellen Reiterangriff veränderten Schlachtplan den Großen Kurfürsten die Utensilien seines Schreibtisches zur Darstellung der Truppenformationen in Bewegung setzen zu lassen. Vom Hauptdarsteller der Titelrolle sagte er, selbst hingerissen: »Der strömt sich die Seele aus dem Leib.«

Durchaus anders als Regisseur war Leopold Jessner. Er war weit mehr als Reinhardt vom Aktuellen her bestimmt. Ihm war das Theater ein Kampfplatz lebendiger, oft auch politischer Auseinandersetzungen. Er brachte es fertig, gleichsam von der Bühne aus ins Publikum zu greifen und die Hörer unmittelbar in die Handlung hineinzuziehen. Als er in einer politisch erregten Zeit den »Wilhelm Tell« aufführte, ließ er – gegen alle Regeln der damals noch nicht vergessenen Meininger Tradition – einen Teil der Schwörenden den Zuschauern den Rücken zukehren. Als sie nun die Worte sprachen:

> »Wir wollen sein ein einzig Volk von Brüdern,
> In keiner Not uns trennen und Gefahr ...«

war es kein Zufall, daß ein Zuschauer in meiner Nähe erregt aufsprang, denn wir hatten ja alle das Gefühl, wir müßten mitschwören und dem Schicksal ins Auge sehen. Daß Jessner die Bühne gern durch Treppen in die Tiefe führte – worüber man oft auch spottete –, lag durchaus im Sinne seiner Regie. Seine Bühne war nicht mehr ein in perspektivischer Ferne schwebendes Bild, sie war in der räumlichen Konstruktion das Ziel des Zuschauerraums, etwa wie der Chor der Kirche sich zum Schiff verhält.

Durchaus und unbedingt auf das Schauspielerische gerichtet war Jürgen Fehlings Regie. Ihn drängte es, die Ausdruckskraft der Dichtung auf das höchste zu steigern. Sein Stil war geprägt durch das Streben nach innerlich erregter Dynamik, durch die er den Expressionismus auf der Bühne durchsetzte. So wurde er auch ein Erneuerer Kleists, dessen Übersteigerung er sogar innerhalb der Romantik des »Käthchen von Heilbronn« dem Hörer zum Erlebnis machte. Die Titelrolle spielte seine Freundin Lucie Mannheim, die das traumhaft Somnambule der Liebenden visionär erfaßte. Kennzeichnend für Fehlings Regie, die rücksichtslos an den Schauspielern rüttelte, erscheint mir folgende Szene: Eine Elevin hatte sich während einer Probe gemeldet, um ihm vorzusprechen. Er hatte es wohl vergessen, plötzlich aber fiel es ihm ein, und in einer Pause sagte er, der während der Arbeit alle duzte, zu der jungen Dame: »Also rauf auf die Bühne! Was kannst Du mir vorsprechen?« Sie nannte aus dem Prinzen von Homburg die Rolle der Natalie. »Na, dann nimm die Szene vor dem Großen Kurfürsten.« Nun sprach sie, recht schüchtern und ohne jede Betonung, zu einer Säule, auf der eine künstliche Palme stand:

»Mein edler Oheim Friedrich von der Mark,
Zu Deiner Füße Staub, wie's mir gebührt …«

»Halt«, schrie Fehling auf, »so redet man doch nicht, wenn man um ein Leben bittet, also nochmal!« Nun wisperte sie: »Zu Deiner Füße Staub, wie's mir gebührt …« Jetzt sprang Fehling auf die Bühne, schob sie zurück, so daß sie fast umgefallen wäre und schritt auf den imaginären Kurfürsten zu. Die erste Zeile sprach er ohne Akzente – dann aber, jäh zusammensinkend, stieß er, als zerfetze er den Satz, die Worte aus, die nun demütige Verzweiflung waren: »Zu Deiner Füße Staub, wie's mir gebührt …« Das war für mich ein Beispiel seines Stils, dem ich, selbst in der Generation des Expressionismus stehend, durchaus zustimmte.

Die Freie Volksbühne schien noch um die Mitte der zwanziger Jahre dazu bestimmt, Erwin Piscator die Möglichkeiten zur Erfüllung seiner das Wagnis einer völlig anderen Auffassung von Bühne und Bühnenkunst drängenden Modernität zu verwirklichen. Aber der Gegensatz zwischen den verwaltenden Stellen und den gestaltenden Kräften wurde schließlich so groß, daß Piscator die ihm anvertraute künstlerische Leitung aufgab und im Theater am Nollendorfplatz schon 1927 mit der Aufführung von Tollers »Hoppla, wir leben« den frischen Wind wehen ließ, der in der Freien Volksbühne lauwarm geworden war.

Für den Regisseur Fehling war als Dirigent Otto Klemperer das Gegenstück. Von ihm zu allen seinen Premieren und Konzerten eingeladen, habe ich – meist neben Einstein sitzend – ein Stück Berliner Musikgeschichte erlebt, so wie es sich in der dem damals noch jungen Dirigenten anvertrauten Kroll-Oper auf dem Königsplatz in nächster Nähe meines Ministeriums abspielte. Infolgedessen ist mir das Erlebnis Otto Klemperer mit der Erinnerung an Einstein verknüpft, der von Jugend an außer Mathematik seinem Wesen auch die Musik verbunden hatte. Klemperer besaß die Fähigkeit, bis zur letzten Intensität ins Innerste des Werkes einzudringen. Das gab eine Steigerung, die über das Theatralische der Oper hinaus im Sinne Beethovens »in bessere Welten« griff. Ich erinnere mich an ein Gespräch mit Einstein über den Chor der Gefangenen in Fidelio, wobei ich sagte, daß ich jedesmal in der Szene der aus dem Kerker in das Sonnenlicht Tretenden das Gefühl der Auferstehung hätte. Dem stimmte Einstein zu, und wir unterhielten uns über die Möglichkeit, durch die Musik das Ewige spürbar zu machen.

Einen der anderen großen Dirigenten meiner Zeit, Bruno Walter, habe ich erfreulich oft in München erlebt. Gegen Ende des ersten Weltkrieges war ich dort nach Monaten der Krankheit bei meinem einstigen Geschichtsprofessor Erick Marcks zu Gast. Da Bruno Walters Haus neben dem Marcksschen lag, traf ich dann auch mit ihm und mit der in derselben Straße wohnenden anmutigen Maria Ivogün zusammen, dem kleinen Persönchen mit der großen Stimme. In ihrer liebenswerten Bescheidenheit sagte sie, ihre Stimme wäre gar nicht so groß, sie sänge aber von der Bühne nicht ins Parkett hinunter, sondern nach oben, und dann schwebe der Ton wie mit Flügeln über den Hörern. Ich ruhte nicht eher, als bis ich im Laufe der Zeit fast alle Mozart-Opern von Bruno Walter mit den besten Kräften Münchens hatte hören können. Die Aufführungen, die zum Teil in Cuvilliés' Rokoko-Theater stattfanden, das damals noch an seiner alten Stelle zwischen Residenz und Schauspielhaus lag, waren so ganz aus dem Geist der Musik heraus erblüht, und das Bildgemäße und mitunter auch Lustspielhafte der Bühnenhandlung war ihnen so wohltuend eingefügt, daß die Münchner Oper mir für immer den Maßstab gab.

Etwas Ähnliches erlebte ich, als Wilhelm Furtwängler gleichsam aus dem Orchester heraus Wagners »Tristan und Isolde« neu erstehen ließ. Was uns Furtwängler dabei lebendig machte, war das unmittelbar persönliche Erlebnis des Meisters, das das dramatische Werk durchglühte. Zu dem war es mir ein Beispiel dafür, daß der im Konzert erprobte Dirigent im musikalischen Bühnenwerk sich sehr wohl zu bewähren vermag, falls er die Gefahr vermeidet, zu sehr nur das Orchester und zu wenig die Sänger unter seinen Stab zu bringen. Das große Geschenk, das uns Furtwängler in den zwanziger Jahren und dann wieder seit 1947 beschert hat, waren die Berliner Philharmonischen Konzerte. Der alte Saal der Philharmonie, der im zweiten Weltkrieg in Trümmer sank, war zwar einst für eine Rollschuhbahn errichtet, aber er war dann doch im Umbau mit seinen Logen und dem Podium, von dem aus ich mit meiner Frau und unserer älteren Tochter Ottilie ein gut Teil der Proben und Konzerte miterleben durfte, durchaus zur Philharmonie geworden. Oft waren wir zur Aufführung am Sonntagvormittag mit Furtwängler zusammen nach Berlin zum Potsdamer Bahnhof gefahren, da er von der »Fasanerie« im Wildpark, wir von Babelsberg aus den gleichen Zug benutzten. Es kam auch vor, daß er uns am Ausgang des Bahnhofs erwartete. Dann gingen wir zusammen zur Philharmonie, während er über das sprach, was er nun dirigieren würde. Als zum Beispiel 1940 Hitler Finnland so schmählich verraten hatte, setzte er in schnellem Entschluß die zweite Symphonie des nordischen Großmeisters Sibelius an, die er mit einer Leidenschaft dirigierte, die seine Stellungnahme offenbar machte. Die demonstrative Zustimmung des Publikums ließ erkennen, wie gut man ihn verstanden hatte. Gelegentlich war Wilhelm Furtwängler bei uns zu Gast. So am Pariser Platz und später dann in Babelsberg, wo er wie so mancher andere – Edwin Fischer vor allem – auf unserem Flügel gespielt hat. Mitunter haben wir uns auch gestritten, weil er zwar die alten Möbel, nicht aber die Bilder der Expressionisten in unserer Wohnung leiden mochte. Um die Musik seiner Generation hat er sich aber ehrlich bemüht. Bei Proben zu philharmonischen Konzerten habe ich gelegentlich neben Strawinsky auf dem Podium gesessen, und als später auf meine Anregung hin die Freie Universität im Bach-Jahr 1950 Paul Hindemith den Ehrendoktor verlieh, hat sich Furtwängler, der ihn auch selbst verdient hätte, ganz besonders darüber gefreut.

In Richard Strauss empfand ich stets weit mehr den schöpferischen Komponisten als den reproduzierenden Dirigenten. Als Dirigent hatte er nach dem höchst energischen Einsatz mehr dämpfende Bewegungen als anfeuernde. Als er zu seinem sechzigsten Geburtstag in Berlin den »Rosenkavalier« dirigierte, geriet ich ganz in den Bann seiner Meisterschaft, so daß ich seine Leistungen nicht nur hörend, sondern auch sehend auffaßte, zumal er meiner Frau und mir die Parkettplätze direkt am Dirigentenpult zugedacht hatte. Als wir ihn nach der Vorstellung abholten, um gemeinsam zu dem festlichen Essen im Hause Deutsch in der Rauchstraße, wo er zu wohnen pflegte, zu fahren, staunte ich, daß er es nicht – wie die meisten Dirigenten nach einer solchen Anstrengung – nötig hatte, das Frackhemd zu wechseln. Als ich ihm das sagte, war seine für ihn so bezeichnende sachlich-nüchterne Antwort: »I schwitz net gern.«

Es gibt eine Meisterschaft, die über der Zeit steht, ja, es läßt sich wohl sagen, daß die wahre Meisterschaft eben das erreicht, wofür ich mir die Vokabel »jenseitig« erdacht habe. Von dieser Fähigkeit der Erhebung ins Überzeitliche war bei den großen Dirigenten jener Zeit wohltuend viel zu spüren.

Will man die geistige Lebensluft einer vergangenen Epoche erkennen, so muß man auch die Frage beantworten, welche neuerschienenen Bücher die Menschen am meisten beschäftigten. Um die Mitte der zwanziger Jahre wurde in Deutschland wohl von keinem Buch mehr gesprochen als von Thomas Manns Roman »Der Zauberberg«. Das Buch erschien 1924 und machte vieles offenbar. Zunächst und vor allem die Hinwendung des Interesses zum Wissenschaftlichen, das durch Sigmund Freuds methodische Entwicklung der Psychoanalyse um jene Zeit in die Literatur einbrach und an Stelle der Gestaltung aus dem Gefühl heraus, wie bei Dickens und Fontane – darin etwas Positives war –, die analytische, von psychologischer und medizinischer Erkenntnis durchdrungene Untersuchung und damit im Grunde oft auch Negatives stellte. So wurde der Verfasser der »Buddenbrooks« der charakteristische Schriftsteller jener Epoche. Schon in seinem ersten Roman hatte er etwas vollkommen Neues gebracht: Als der Achtundzwanzigjährige diese Chronik der Generationen schrieb, war das allgemeine Bewußtsein so eingestellt, als lebten wir in einem Zustand dauernden Fortschritts, der die Welt immer erfreulicher und angenehmer machte. Man wäre lieber sein eigener Enkel gewesen, um es dann noch besser zu haben. Nun erschien, von einem unerbittlichen Sezierer des Lebens geschrieben, die Geschichte einer Familie der Hansestadt Lübeck, die eine völlig andere Erkenntnis brachte: daß auf dieser unserer sich drehenden Erdkugel jeder Schritt voran zugleich ein Rückschritt ist. Dieser Abstieg einer Familie führt durch drei Generationen bis zu dem tragischen Abschluß durch den Vertreter der letzten, dessen Wesen dabei von einer ungeahnten künstlerischen Begabung durchleuchtet ist. Thomas Mann stellte das Leben nicht so dar, wie der Leser es sich erhofft, sondern er zeigte den Gang der Vernichtung und ließ gerade dadurch Wesen und Eigenschaften seiner Gestalten so deutlich werden, daß der Leser die Nähe des Verhängnisses von Anfang an spürt. Die Mittel zur Charakterisierung der Situationen und Menschen und die künstlerische Form seiner Sprache erreichte er dadurch, daß er, wie es der Wandlung der Zeit entsprach, seine Erkenntnis aus der Beobachtung schöpfte. Die Gestalten der großen Romane der Weltliteratur, von der er zehrte, glaubt man leibhaftig zu kennen. Es gibt im Bewußtsein der Menschheit all diese Persönlichkeiten, bei Dickens und Thackeray, Balzac, Fontane und Dostojewski. Man könnte sagen, sie sind greifbar lebendig geworden. Aber die Mitglieder der Familie der Buddenbrooks und die Insassen des Sanatoriums von Davos haben nicht das Unmittelbare der Pickwickier, des Père Goriot und Raskolnikoffs. Bei Thomas Mann sehen und erleben wir zwar auch eine Fülle von Szenerien und Gestalten, aber sie sind in eine Ferne gerückt, vor der der Schreibende wie unter der Macht einer zwingenden Selbstdisziplin sich um die Darstellung müht. Man könnte sagen, sie sind mehr »beschrieben« als gestaltet. Es ist ein eisiger Abstand zwischen dem Autor und den Figuren seiner Romane. Der Kategorie nach gehört – was aber hier nicht wertmindernd gemeint ist – vieles bei Thomas Mann unter den Begriff des

169

Schlüsselromans. Das entspricht dem Realismus einer im Grunde unpoetischen Zeit. Das Wesen der Epoche, in der und für die er schrieb, hat Thomas Mann voll und ganz getroffen. In Deutschland ist er für die ersten Jahrzehnte unseres Jahrhunderts der erfüllende Dichter.

Für den, der das Glück hatte, Gerhart Hauptmann persönlich zu kennen, war es erschütternd, wie nun in den zwanziger Jahren der alte Recke, dessen sechzigster Geburtstag in der Aula der Berliner Universität durch Verleihung der Würde eines Ehrendoktors offiziell begangen wurde, sich mühte, den Platz auch weiter zu behaupten, der ihn in so vieler Augen und schon um seiner eindrucksvollen Erscheinung willen als Nachfolger Goethes gelten ließ. Gerhart Hauptmann, Max Liebermann und Richard Strauss wurden zur Zeit der Weimarer Republik als die Klassiker geehrt. Freilich lag die Zeit, da Gerhart Hauptmann in seinen realistischen Dramen das zum Ausdruck brachte, was seit Ibsen in der europäischen Gesellschaft gärte, schon hinter ihm. Jetzt wurde der Realist zum Poeten, der mit dem Hexameter Goethes Dorothea Angermanns Idylle Harmonie werden ließ. Aber das eigentlich Ergreifende war doch dies: daß sein Schlesiertum und sein schlesisches Heimatgefühl immer wieder in seiner Dichtung durchbrach. Als er dann im Alter, episch geworden, seinen »Till Eulenspiegel« schrieb, drang auch da in die niederdeutsche Gestalt etwas von seiner eigenen Stammesart in die Figur des phantasiereichen Schalkes ein. Ich erlebte – es muß im Jahre 1928 gewesen sein –, wie er aus dem werdenden Werk »Till Eulenspiegel« im großen Saal der Philharmonie vorlas, und war nach der Lesung bei dem gastlichen Empfang, den sein Verleger Samuel Fischer gab, der es so gut verstand, bescheiden und beglückt zugleich hinter seinen großen Autoren zu stehen. Ich hatte bei der Lesung meinen Platz neben Hauptmanns jüngstem Sohn Benvenuto und nahe dessen Mutter Margarethe. Im Hause Fischer saß ich nun neben Ernst Toller. Wir hatten uns so in ein Gespräch über engagierte Kunst vertieft, daß uns die Welt Gerhart Hauptmanns, so sehr wir beide ihn schätzten, doch zu sehr von heute bereits überholten Problemen bestimmt zu sein schien. Ernst Toller erklärte mir – und man hörte darin fast mehr den politischen Eiferer als den Dichter –, die Überspitzung der Sprache und das Steigern ihrer Kompliziertheit, wie sie durch den Einfluß Thomas Manns jetzt in die deutsche Literatur gekommen sei, widerspräche dem, worauf es zumal dem Dramatiker unserer Epoche ankommen müsse: der Übersetzbarkeit. Seine »Maschinenstürmer« hätten eine Sprache, die sich leicht übersetzen ließe, und würden jetzt auch ins Chinesische übertragen. Er sehe eine völlige Wandlung voraus, für die er zu schaffen habe. Tollers Erscheinung, die mit den verinnerlichten Zügen in einem gewissen Widerspruch zur Härte seiner Dichtung stand, hatte etwas so Ergreifendes, ja Schönes, daß man mit ihm nicht streiten mochte, sondern ihn nahm, wie er war. Nach wie vor erscheint mir die Vision seines Dramas »Die Maschinenstürmer«, darin er die Arbeiter gegen die Bestie Maschine aufbegehrend sie zerstören ließ, als groß und dichterisch, obwohl er selbst gegen das Dichterische sich wandte.

Das verklärende Wort »dichterisch« galt noch immer für Hugo von Hofmannsthal, dessen meist schon vor dem ersten Weltkrieg entstandene Texte als Opern von Richard Strauss in den zwanziger Jahren immer neue glanzvolle Aufführungen erlebten; unmittelbar schöpferisch, so wie in seiner Jugend, vermochte er es jetzt nicht mehr zu erfüllen. An die Worte »Erschreiben«, etwa für Fontane, und »Beschreiben«, etwa für Thomas Mann, müßte man für den Hofmannsthal der zwanziger Jahre, in deren achtem Jahr er starb, das Wort »Umschreiben« setzen, denn er begann jetzt, bald Sophokles, bald Calderon umzuschreiben und in seiner Sprache für die Bühne zu beleben. Über der Zeit stehend, die so fern von dem war, was er mit uns einst erhofft hatte, behütete er auch jetzt noch etwas, was im Gegensatz zu der Entwicklung stand, in die die Nachkriegszeit das Schrifttum hineinzwang. Und doch stand sein Schaffen noch unter einem günstigen Stern, da Richard Strauss in ihm den idealen Textdichter für seine Opern fand, so daß seine Sprache, die in sich schon Musik ist, nun in einer sie ganz erfüllenden Vertonung erklang. Das erhob den Dichter Hofmannsthal über die vielen Literaten seiner Epoche, die dabei dem Zeitstil näherstanden als der Wiener Dichter, und deren Schaffen in den Foyers der Theater und in den Salons stets wechselnden Gesprächsstoff gab. Der alternde Hofmannsthal wirkte wie eine Stimme aus vergangener Zeit. Ganz aus der Gegenwart heraus entwickelte sich im zweiten Jahrzehnt des Jahrhunderts das dramatische Schaffen von Bert Brecht.

Das Verhältnis der meisten Menschen zur bildenden Kunst, sofern sie überhaupt eines haben, ist dadurch bestimmt, daß sie mit den Augen der vorigen, wenn nicht der vorvorigen Generation sehen. Die Gewohnheit, die Schiller die Amme des Menschen nennt, verteidigen sie gegen das neue Sehen, mit dem die Künstler die Gegenwart ausdrücken und die Zukunft vorbereiten und somit die schöpferische Aufgabe erfüllen. Mit van de Velde kam, wie schon erzählt, das Verständnis für den Neo-Impressionismus der Franzosen nach Deutschland. Gemischte Farben waren nun noch mehr als bei den Impressionisten verpönt, das Malen mit Braun oder gar Schwarz galt als Verbrechen. Die reinen Farben wurden punktartig nebeneinandergesetzt, was man Pointillismus nannte. Gerhart Hauptmanns Sohn Ivo, Meisterschüler von Ludwig von Hofmann, schuf solche lichten Bilder. Dann aber entwickelte sich aus der Anmut des Impressionismus, noch mehr aber auch aus der Kraft der Bilder van Goghs, Gauguins und Munchs eine ganz neue Richtung: In Parallele zu den Farborgien der »Fauves« in Paris entstand der Expressionismus, dessen Dresdener und norddeutsche Meister in München durch die Neue Künstlervereinigung und dann durch den Blauen Reiter eine so wichtige Ergänzung fanden. Die Düsseldorfer Akademie wurde durch das koloristische Talent von Heinrich Nauen revolutioniert, der es besonders schwer hatte, sich gegen die geheiligte Rückständigkeit des noch immer auf den braunen Galerieton eingeschworenen »Malkastens« durchzusetzen. Der Expressionismus ist der künstlerische Ausdruck meiner Generation, seine Hauptvertreter sind kurz vor oder bald nach 1880 geboren. Vom Kunsthistoriker ist zu verlangen, daß er in seinem Verhältnis zur Kunst vom Sehen der eigenen Generation bestimmt wird. So wurde der Expressionismus meine zeitliche Heimat. Dafür galt es zu kämpfen. Schon als Student erwarb ich aus meinen bescheidenen Mitteln Aquarelle von Rohlfs und bald nach meiner Universitätszeit ein großes Ölbild des Meisters mit der Darstellung des Prometheus. In unserer Aachener Wohnung hingen auch Bilder von Nauen und Macke. In der Erfurter Zeit kamen Werke der Meister der »Brücke« einschließlich Noldes, vor allem aber Kirchners dazu. Sehr bald reizte mich die Auseinandersetzung mit der abstrakten Kunst, belebt durch Kandinsky und jüngere Künstler, die dem Bauhaus nahestanden, wie Johannes Molzahn und Peter Röhl. Erfreulich war, daß ich durch Gewinnung von Freunden und Auftraggebern sowie durch Ausstellungen, Vorträge und Veröffentlichungen manches für die zeitgenössische Kunst zu tun vermochte.

Das war anfangs nicht leicht gewesen. Als Rohlfs im Jahre 1909 vor seinem sechzigsten Geburtstag stand, schickte ich an Karl Scheffler, der im Verlag Cassirer die Zeitschrift »Kunst und Künstler« herausgab, eine Würdigung des Meisters und bat, sie abzudrucken oder doch in irgendeiner Form für Rohlfs einzutreten. Ich bekam als Antwort einen unerwartet ablehnenden Brief, darin mir erklärt wurde, daß Rohlfs der Aufnahme in die Cassirersche Zeitschrift nicht würdig sei. In Aachen verweigerte mir der Direktor des Museums, der mich allmonatlich die Ausstellung des Kunstvereins hängen ließ, eine von mir gewünschte Sonderschau von Werken Heinrich Nauens. In Bremen drehte sich eine sonst hanseatisch reservierte Dame der Gesellschaft in einer von den Deutschen Werkstätten veranstalteten Ausstellung vor dem Bild »Der gelbe Schleier« von Max Pechstein auf dem Absatz herum und rief mit überlauter Stimme, vor der sie dann selbst erschrak: »Und Herr Dr. Reedslooob findet das schön!«

Dasselbe Bild erregte auch noch in Stuttgart Empörung, als ich dort im Frühjahr 1920 in der Galerie Schaller eine dem Expressionismus gewidmete Ausstellung eröffnete. Graf Leopold von Kalckreuth aber, der als Wegbereiter auch der modernen Kunst verdiente Präsident des Deutschen Künstlerbundes, hatte damals schon ein figürliches Bild von Pechstein erworben. Gerade dann, wenn die nächste Generation anders schaffe, als man es selbst

172

Die Nationalgalerie in Berlin, um 1928

gewohnt sei, müsse man sich mit ihr auseinandersetzen. Er vertrat die Auffassung, ein Künstler spüre immer die Qualität und so auch den Grad der
Begabung im Werk eines Jüngeren. Verurteile er dessen Richtung dennoch,
so handle er unehrlich. Das war eine für den Lehrer Heinrich Nauens und
Karl Hofers bezeichnende Äußerung.

Anders als Kalckreuth urteilte Max Liebermann, der Präsident der Preußischen Akademie der Künste. Als ich 1920 nach Berlin kam, hatte ich es ihm
gegenüber zunächst schwer. Wie mir der in solchen Fragen der persönlichen
Auseinandersetzung stets allem Intrigenspiel gegenüber ablehnende Ludwig
Justi erzählte, hatte man versucht, mich Liebermann gegenüber als einen Vorkämpfer der extrem-modernen Kunst und als einen besonderen Verehrer von
Lovis Corinth mißliebig zu machen. In einer Sitzung im Haus des Vereins
der Berliner Künstler, in der eine Kundgebung zur Bekämpfung der Notlage
der Kunst vorbereitet werden sollte, ließ sich Max Liebermann, vom
wiehernden Beifall vieler getragen, dazu hinreißen, mit scharfem Blick auf
mich zu erklären: »Leute wie Schmidt-Rottluff müßten jeden Morgen von
Staats wegen erst einmal Ars... wichse bekommen!«

Ich meldete mich zu Wort und erklärte, ich sei ein Angehöriger der Gene-
ration, die hier geschmäht würde, und könne nicht dulden, daß ein solcher
Ausspruch den Grundton bei der Vorbereitung einer Veranstaltung angäbe,
durch die man doch gerade auch den jungen Künstlern helfen wolle. Max
Liebermann, der an Widerspruch nicht mehr gewöhnt war, lenkte ein und die
Sitzung konnte weitergeführt werden.

Als ein Verehrer seiner Kunst hatte ich kein Verlangen, mich mit ihm zu
überwerfen. Aber es würde nicht leicht sein, die Wogen nach diesem Auftritt
wieder zu glätten. Doch schon am nächsten Sonntag bot sich mir die Gelegenheit. Wir wohnten damals beide am Pariser Platz. Er, von der Stadt aus
gesehen, in dem durch den Aufbau des Ateliers gekennzeichneten Haus
rechts vom Brandenburger Tor, wir links im Blücher-Palais. So kam es, daß
wir uns beide beim Sonntagsspaziergang auf einem schmalen Seitenweg des
nahen Tiergartens begegneten, wo er mit seinem Dackel, ich mit meiner
damals sechsjährigen Tochter Ottilie spazierenging. Er wollte kühl grüßend
an mir vorbeigehen, ich aber sprach ihn an und erzählte, ich hätte eben
meiner kleinen Tochter ein Rätsel aufgegeben, das ihn beträfe. Er stutzte und
ließ es sich erzählen:

> »Sonst sagt es nur die Frau zu ihrem Mann,
> ihn redet alle Welt so an.«

Er überlegte länger, als ich bei dem so schlagfertigen Mann gedacht hätte,
dann lachte er auf, griff in die Tasche und sagte in seinem berühmten Berliner
Jargon: »Det muß ick mir aufschreiben, det muß ick jleich zu Haus

erzählen.« Von da an haben wir uns immer gut vertragen. Besonders habe ich es genossen, wenn er alte Erinnerungen wachrief. Während seines Studiums in Weimar, wo er von 1869 an fast fünf Jahre studiert hat, sei er gelegentlich mit einem Kutscher gefahren, der als junger Bursche noch Goethes Wagen gelenkt hatte. Als er einmal mit seinem Hamburger Freund Herbst nach Tiefurt gefahren sei, habe der Kutscher, als sie aus dem Webichtwald kamen, gehalten und auf ein Feld zwischen Straße und Fluß gezeigt: Da habe er einst für Goethe halten müssen. Im Feld stand ein schönes Bauernmädchen, da sei Goethe ausgestiegen, habe mit ihr gesprochen und gescherzt und ihr schließlich, was er ja wohl gerne tat, einen herzhaften Kuß gegeben. Ein andermal waren wir mittags am Pariser Platz beim Botschafter François-Poncet zu Tisch. Liebermann erzählte, es sei ziemlich genau fünfzig Jahre her, daß er schon einmal in die Französische Botschaft gekommen sei. Damals sei Mac-Mahon, der französische General und Präsident, zum ersten offiziellen Besuch nach Berlin gekommen. Die Räume der Botschaft hätten für das Galadiner nicht ausgereicht, und so hätte Vater Liebermann als Stoff-Fabrikant den Auftrag bekommen, im Garten ein geräumiges Zelt für die Festtafel zu errichten. Der Vater habe ihn mitgenommen und ihm das vollendete Werk gezeigt. Im Jahre 1927 begingen wir in Wannsee Liebermanns achtzigsten Geburtstag. Es war eine der sich verdüsternden Zeit gegenüber noch frohe Stimmung der Freude über ihn, der an jenem Tag als der Repräsentant Berlins gefeiert wurde. Wer hätte gedacht, daß er wenige Jahre später unter dem Eindruck der zunehmenden Seuche des Nazitums den Ausspruch tun würde: »Soviel kann man gar nicht fressen, wie man jetzt kotzen müßte.« Drastischer ist das Ekelhafte, aber auch das Entsetzliche der aufkommenden Nazizeit wohl nie gekennzeichnet worden.

Am reichhaltigsten sind meine Erinnerungen an Kirchner. Ich hatte ihm, dessen Schaffen mir so wesentlich für die Epoche erschien, die zu durchleben mir bestimmt ist, in einer Zeit, da er einmal aussichtslos vor dem Nichts stand, entscheidend helfen können. Zwei Bilder meiner Sammlung, ein Straßenbild in einem Dorf nahe Weimar von Christian Rohlfs und ein Worpsweder Motiv von Paula Modersohn, hatten den mir befreundeten Direktor der Düsseldorfer Kunsthalle, Karl Koetschau, besonders interessiert. Ich stellte sie ihm zur Verfügung, wenn er den Preis – es war meiner Erinnerung nach die bescheidene Summe von siebentausend Mark – direkt an Kirchner schickte, und machte so das aufgefahrene Schiff des Künstlers wieder flott. Bald schon besuchte ich den neu gewonnenen Freund in dem Sanatorium des mir von Jena bekannten Dr. Binswanger in Kreutzlingen. Kirchner hatte zu diesem Behufe am hellen Tag den Smoking angezogen, aber das Lächeln darüber verging mir, als ich bemerkte, daß er in seinem Zimmer, dessen Tür und Fenster keine Griffe hatten, wegen Selbstmordgefahr bewacht war. Auch das Essen wurde ihm zugeschnitten und nur mit einem Löffel gereicht. Er hat später in seiner Davoser Zeit zu einer Dichtung von mir eine Reihe von Holzschnitten gemacht, die gegenüber meinem dramatischen Versuch eine ganz neue Schöpfung aufblühen ließen. Im Jahre 1917, als ich zur Genesung im Engadin war, bin ich mit van de Velde von Fetan aus über den Albula-Paß nach Davos gewandert, um Kirchner in Frauenkirch zu besuchen. Später war ich einmal fast zwei Wochen dort sein Gast, wie in Kirchners »Davoser Tagebuch« nachzulesen ist. Wir haben einander viel erzählt und sind auch in Davos im Kino gewesen, wo er im Dunkeln ununterbrochen die schnell vorüberziehenden Gestalten eines Filmes zeichnend festhielt. Er hob solche Blätter nicht auf, da er ja im Dunkeln die Striche nicht kontrollieren konnte, es waren für ihn gleichsam Fingerübungen, wie sie auch der Pianist ständig anstellt. Damals habe ich in seiner Hütte in dem Dachzimmer gewohnt, zu dem abends eine Leiter angelegt werden mußte. Hoch über dem Alltag und aus der Gegenwart in das überzeitliche Leben der Hirten erhoben, hauste der geistig differenzierteste Künstler, der mir je begegnet ist, in einer ganz von ihm gestalteten Welt und in vertrautem Umgang mit den der Natur so nahen Älplern. Der Gegensatz zu der krankhaften Atmosphäre, die Thomas Mann im »Zauberberg« geschildert hat und die damals das Bild von Davos bestimmte, war groß. Doch war in Kirchner beides: Die zum Raffinement gesteigerte Unruhe einer bedrohten Kultur und das Gleichmaß einer der Natur nahen, in die zeitlose Welt der Berge erhobenen Existenz.

Um die Mitte der zwanziger Jahre zogen Kirchner und Frau Erna für einige Zeit nach Berlin, so daß wir uns nun öfter sahen. Ich konnte ihn auch dem Reichskanzler Luther vorstellen, wobei Kirchners selbstverständliche Sicherheit ein Gespräch entstehen ließ, das auf Grund seiner Schweizer Erfahrungen nicht ohne Vorwurf gegen die Regierung war, die so wenig mit der Kunst und den Künstlern ihres Landes anzufangen wußte. Luther wußte sich gut zu behaupten, zumal er aus seiner in Essen durchlebten Oberbürgermeisterzeit viel von den Kulturproblemen der Epoche aufgefaßt hatte. Kirchner malte in seiner engen, im Obergeschoß gelegenen Berliner Wohnung. Viele seiner Bilder sind nachts bei künstlichem Licht entstanden, da der Tag für ihn damals erst am Nachmittag begann. In Berlin blieb er aber nicht lange, sondern er zog sich endgültig nach Frauenkirch bei Davos zurück.

Die Zahl derer, die in den Ateliers der Künstler ihre Eindrücke vom Werden des Neuen empfangen konnten, war naturgemäß klein. Für den größeren Kreis der Kunstfreunde wurden im Berlin der zwanziger Jahre mehr und mehr die Galerien der Kunsthändler entscheidend. Ich denke an Cassirer, Gurlitt, an Flechtheim, Nierendorf und an Herward Waldens »Sturm«. Zu Beginn des Jahrhunderts hatten die großen Kunsthandlungen noch den

Charakter von Läden mit Schaufenstern, und die Polizei sorgte dafür, daß von der Straße aus keine Bilder zu sehen waren, an denen verlogene Tugendbolde Anstoß hätten nehmen können. Es gab eine berühmte Geschichte, wonach ein Schutzmann in die einst sehr angesehene Kunsthandlung Keller und Reiner gestürmt sei, die eine Studie zu den Gänserupferinnen, einem bekannten Bild von Max Liebermann, ausgestellt hatte. »Die Leda mit dem Schwan muß raus aus det Schaufenster!« So habe der Hüter des Gesetzes für die Sittlichkeit gesorgt.

In den zwanziger Jahren hatte sich ein neuer Stil der Kunsthandlungen entwickelt. Sie nannten sich jetzt Galerien und brauchten keine Schaufenster, um ihr Publikum zu gewinnen. Wolfgang Gurlitt, Sohn des Kunsthändlers, der einst Böcklin in Berlin durchgesetzt hatte, war schon ein verwöhnter Erbe und hatte seine Galerie im Gartenhaus in der Potsdamer Straße betont auf sich und sein Bemühen um die zeitgenössische Kunst eingestellt. Man hatte das Gefühl, bei ihm ganz privatim zu Gast zu sein, wenn man die Räume seiner Galerie betrat, so persönlich und gepflegt war die Atmosphäre.

Völlig anders waren die Versuche im »Sturm«, wo Herward Walden der jeweils neuesten Kunstrichtung eine Propaganda bereitete, die etwas erfrischend Oppositionelles hatte. Herward Walden gab die Zeitschrift »Sturm« heraus, die mit ihren vielen originalen Holzschnittdrucken heute zu den großen Seltenheiten aus der Epoche der expressionistischen und der frühen abstrakten Kunst gehört. Ich habe dafür gesorgt, daß mit Hilfe einer amerikanischen und meiner eigenen Stiftung die Bibliothek der Freien Universität Berlin eines der wenigen vollständigen Exemplare dieser Zeitschrift besitzt, die von dem Kunstleben, wie es sich in Berlin entfaltet hatte, Zeugnis ablegt. Die Besuche in der Galerie des »Sturm« hatten freilich den Nachteil, daß sich im Augenblick, wo man die Ausstellungsräume betrat, einer der hier tätigen Kunstpropheten auf einen stürzte und einem so lange, ob man wollte oder nicht, die ausgestellten Bilder erklärte, bis man selbst ganz willenlos war. Den Schluß des Gesprächs und die Abmachung über den vorbereiteten Ankauf übernahm dann Walden selbst, der mit Hilfe eines eigentümlichen Gestells den Zigarettenstummel im Munde hielt, um sich das letzte hier angesammelte Nikotin nicht entgehen zu lassen – ein Motiv, das zu seinem hageren, scharf gezeichneten Gesicht, das darzustellen die Maler immer wieder gereizt hat, sehr gut paßte. Die Aufdringlichkeit der Werbung schreckte zwar zurück, es kam aber im Sinne des Mitmachens der Kämpfe der Avantgardisten auch etwas dabei heraus.

Sehr viel freudiger war die Atmosphäre, die Alfred Flechtheims Galerie zu einem Treffpunkt nicht nur der bildenden Künstler, sondern auch der Literaten und Musiker und vor allem der Schauspieler und Filmgrößen, ebenso aber auch der Sportler, machte. Max Schmeling, der menschlich so sympathische, war ebenso ein Schutzpatron der Galerie wie Hofer oder wie Renée Sintenis und Marie Laurencin. Das fröhliche Durcheinander von Interessen ließ unter der Redaktion von Hans von Wedderkop als Organ der Galerie die Zeitschrift »Der Querschnitt« erscheinen, die weniger auf Kampf als auf unbeschwertes Mitmachen gestimmt war.

Im Vergleich mit diesen Galerien und etwa noch denen von Möller und Nierendorf, welche die Sammlerinteressen mit großem Verständnis wahrnahmen, standen die Ausstellungen von Paul Cassirer in ihrer das Endgültige der Leistung fordernden Auswahl noch eine Stufe höher, und auch die Zeitschrift »Kunst und Künstler«, die Karl Scheffler für den Verlag Cassirer herausgab, ebenso wie im expressionistischen Lager das »Kunstblatt«, das Paul Westheim mit dem ihm eigenen, sicheren Gefühl redigierte, erhoben sich über das Aktuelle und bloß Moderne zu dokumentarischer Bedeutung, die sie noch heute für uns besitzen.

Wir hatten auch, um Kunstfreunde und Kunstsammler anzuregen, einen Verein der Freunde zeitgenössischer Kunst gegründet, dessen Vorsitz mir anvertraut war. Man hat ihn scherzend auch den Verein zur Züchtung von Kunstsammlern genannt und dadurch anerkannt, welche Bedeutung das Sammeln moderner Kunst für Berlin gewann. Ich nenne hier als ein Beispiel für viele nur den Bankier Hugo Simon. Seine Sammlung war teils in Berlin, teils auf seinem Gut Selow nahe der Oder zu sehen und reichte von Caspar David Friedrich bis zur gewagtesten Moderne. Er verstand es, sein Haus in der Drakestraße und seinen Landsitz, diesen zumal zur Zeit des Erntefestes, zu einem Treffpunkt von Freunden zeitgenössischer Kunst zu machen. Es waren Stätten und Personen, die durch einen Schlüsselroman von René Schickele damals im Gespräch der Kunstfreunde waren. Unvergeßlich ist mir, wie ich hier einmal Aristide Maillol begegnet bin und meiner Verehrung für den großen Bildhauer Frankreichs Ausdruck geben konnte. Das alles sind Motive, die Berlin zur Zeit der Weimarer Republik auf dem Gebiet der Kunst den europäischen Charakter gaben.

Über all den einzelnen Erscheinungen stand an Bedeutung für ganz Deutschland der Deutsche Künstlerbund. Graf Leopold von Kalckreuth leitete ihn als Vorsitzender, und damit war die Gründung über alles Parteiliche und Cliquenhafte gehoben, wie schon die erste große Ausstellung in Weimar bewies, für die man das Erdgeschoß des Museums ausgeräumt und die Gestaltung der Säle van de Velde übertragen hatte. Während der Zeit der Weimarer Republik in den Vorstand berufen, trug ich Sorge dafür, daß mein Ministerium die Tätigkeit des Künstlerbundes unterstützte, innerhalb dessen später Erich Heckel ein Hauptteil der Arbeit übernahm. Es war wohltuend, wie er, und dies auch noch in der von den Nazis bedrohten Zeit, Sicherheit und Güte in menschlich großer Art verband. Im Gegensatz zu den gar zu vielen, meist juryfreien Ausstellungen, die in den zwanziger Jahren überall in Deutschland stattfanden, war der Künstlerbund bewußt auf eine strenge Auswahl gestellt, für die eine Jury sorgte, in der die führenden Meister der Zeit vertreten waren. Der Gedanke der Selektion, den Walther Rathenau so eindringlich verkündet hatte, wurde durch die alljährlichen Ausstellungen des Deutschen Künstlerbundes in einer Weise erfüllt, durch die sich noch heute von Katalog zu Katalog ein gutes Stück Entwicklung der deutschen Kunst unseres Jahrhunderts verfolgen läßt.

Männer der Wissenschaft

Der griechische Geschichtsschreiber Herodot hat erkannt, daß man einen Menschen durch den Vergleich mit einem anderen oft besser charakterisieren kann, als wenn man ihn einzeln betrachtet. So wurde mir mehr von Spranger, dem Denker und Ethiker, und mehr von Einstein, dem Forscher und Physiker, verständlich, wenn ich die beiden so verschiedenen Gelehrten alljährlich in der Hauptversammlung der Mendelssohn-Gesellschaft in Schloß Wörlitz bei Dessau mir gegenübersitzen sah. Als Mitglieder des Kuratoriums dieser reichdotierten Stiftung kamen wir in jedem Sommer dort zusammen und konnten Stipendien verteilen. Die beiden Persönlichkeiten nebeneinander beobachten zu können, war höchst reizvoll: Spranger beim Sprechen mit kritisch scharfem Ausdruck und einem lebhaften, ja komplizierten Spiel der Falten um Augen und Mund – Einstein ein einziges großes, ruhevoll in die Ferne gerichtetes Schauen von einer die Züge verklärenden Konzentration, die etwas Visionäres hatte: zwei sehr verschiedene Vertreter tätigen Forschertums. Einstein: fähig, für sein Eindringen in den Weltenraum von den Zufälligkeiten des Standortes abzusehen, die auch Spranger in seinem philosophischen Denken auszuschalten verstand – Spranger: als Lehrer der Philosophie und der Pädagogik der Meister einer Auffassung, die man eine Relativitätstheorie des psychologischen Perspektivismus nennen könnte. Beider Verhältnis zu den ewigen Gesetzen erschien mir jedoch durchaus gegensätzlich: Einstein den Sinnesbildern mißtrauend und daher vom Menschen abstrahierend, das Weltbild in den Naturgesetzen erkennend und deutend; Spranger die Sinnfrage des Lebens geistig erfassend und dem physikalisch Errechenbaren die metaphysische Erkenntnis des Denkers entgegensetzend, wo nach der Seele ebensowenig Grenzen zugemessen sind wie den Begriffen Raum und Zeit: »Im Innern ist ein Universum auch.«

So erfüllt er die Weisheit der Antike, die Heraklit uns lehrt. Wie gut, so empfand ich es damals, daß wir diese beiden Männer hatten! Man fühlte sich – es war um die Mitte der zwanziger Jahre – geborgen in einem Land, wo solche Geister walteten.

Mit Eduard Spranger habe ich mich oft und gern unterhalten und ihn auch in seinem Dahlemer Haus und später in Tübingen besucht. Wenn wir zusammen waren, blühte in ihm die Erinnerung an Weimar auf. Er, der zergliedernde Denker, wurde zum Erzähler, und dies mit der ganz besonderen Anmut, die ihm zu eigen war. Albert Einstein wurde mir zunächst durch andere vertraut: Vor allem durch den Maler und Zeichner Emil Orlik, der ihn so oft und gern auch als Geiger festgehalten hat. Zum Bild des Geigers paßt, daß Einstein einmal zur Weihnachtszeit, als Kinder zum Sammeln für einen wohltätigen Zweck zu ihm kamen, seine Geige ergriff und mit ihnen von Haus zu Haus zog, so daß die Sammelbüchse sich unvorhersehbar füllte. Einmal fuhr ich mit Einstein von Dessau über Halle nach Berlin zurück. Nach einem Wolkenbruch war ein Teil der Strecke überschwemmt, so daß wir die Beine hoch auf das Polster ziehen mußten, als der Zug an einer gefährlichen Stelle durch das sprudelnde Wasser fauchte, das durch die schlecht schließende Tür der Lokalbahn den Fußboden überspülte. Einstein kümmerte dieser Nebenumstand überhaupt nicht. Er hatte gerade begonnen, mich über geistige Hintergründe der modernen Kunst auszufragen, wobei er Parallelen zum heutigen Blickpunkt der Wissenschaft suchte. Unter den Sitzpolstern also hereinspritzendes Wasser, darüber aber eine Unterhaltung von strengem akademischen Charakter. Das Unerschütterliche in den großen, über das Irdische hinaus gerichteten Augen des Forschers und Denkers wurde mir damals besonders deutlich.

Spranger gab sich entspannt und aufgeschlossen, wenn wir uns Jahr um Jahr in der Woche nach Pfingsten zur Tagung der Goethe-Gesellschaft in Weimar trafen und im Park von Tiefurt oder in den Straßen der uns beiden so lieben Stadt gemeinsam wanderten. Einmal waren wir am Abend der Tagung in der damals neu eingerichteten Weinstube im Lucas-Cranach-Haus am Markt nahe meinem Geburtshaus in einem Kreis von Goethe-Kennern zusammen. Ich hatte die Idee gehabt, daß wir einander die Geliebten Goethes verleihen sollten. Julius Petersen, der Präsident der Goethe-Gesellschaft, bekam Charlotte von Stein zugesprochen, da er gerade Goethes Briefe an die Freundin in drei besonders schönen Dünndruckbänden des Insel-Verlages neu herausgegeben hatte. Hans Wahl, der Leiter der Weimarer Goethe-

Stätten, bekam »Goethes dicke Hälfte«, wie Charlotte von Schiller Christiane Vulpius zu nennen pflegte, ans Herz gelegt. Ernst Beutler, der Leiter des Frankfurter Goethe-Museums, der es Goethe nie verzeihen konnte, daß er von Frankfurt nach Weimar gezogen war, wurde mit Lilli Schönemann getröstet, während man mir die schwärmerische Sylvie von Ziegesar zusprach, über deren Leidenschaft Goethe so manches schweigend gestanden und offenbarend verborgen hat. Aber welche Geliebte könnte für Spranger passen? Sie wurden alle abgelehnt, bis ich schließlich sagte: »Dann nehmen wir doch eine von Goethe gedichtete Gestalt, und zwar die Makarie aus Wilhelm Meister.« Makarie ist jene so strahlend beseelte Frau, der es gegeben ist, nicht nur von der Erde aus das Irdische zu betrachten; sie vermag es vielmehr, vom Morgenstern aus auf die Gefilde der Menschen zu schauen, so daß ihr Blick und ihre Erkenntnis, den Sternen verbunden, nach dem Ausdruck des Dichters siderisch sind. Diese Fähigkeit, von einem Stern herab auf das menschliche Getriebe zu schauen, erschien uns für den Freund kennzeichnend, dem wir damit unsere Huldigung darbrachten. Was ich mir aber durch den Vergleich von Einstein und Spranger klargemacht hatte, das las ich bald danach in Südfrankreich als Inschrift auf einem alten Fayenceteller und bewahre es mir seitdem als mein siderisches Gesetz. Es heißt: Knüpfe Deinen Karren an einen Stern. Dieses Gebot haben beide wie kaum zwei andere meiner Zeitgenossen für sich und uns erfüllt.

Man kann nicht von Einstein reden, ohne auch Planck zu nennen. Viele tun es, um zu streiten, wer von beiden der wissenschaftlichen Erkenntnis mehr an Neuem gegeben hat. Andere freuen sich, der Denkweise Goethes entsprechend, daß wir zwei so große Gelehrte gehabt haben. Mir persönlich war aus dem erwähnten Gespräch mit Einstein, bei dem er mich über Probleme der Kunst ausfragte, vor allen Dingen eines klar geworden, was mit meinem eigenen Beruf zu tun hatte: hier ging es auch um das menschliche Sehen. Daher betrachtete ich die Ergebnisse der Physik unter dem Gesichtspunkt, daß jede Zeit ihr eigenes Sehen habe. Erst durch die großen Umdenker Kopernikus, Kepler und Galilei hatten die Menschen aufgehört, ihre Erde als den Mittelpunkt der für sie erkennbaren Welt zu betrachten. Die Sonnenmonstranzen des Barock, Meisterwerke der Goldschmiedekunst, darf man als Verkünder des überirdisch aus dem Weltenraum zu uns dringenden Lichtes deuten. Und immer mehr wurde man berechtigt, auch die Malerei eine Kunst des Lichtes zu nennen.

Über solche Fragen hatte ich gelegentlich einer der üblichen Massenzusammenkünfte bei einem Empfang des Reichskanzlers mit Max Planck gesprochen, dessen Sohn damals Staatssekretär in der Reichskanzlei war. Den großen Physiker hatten die Gedanken eines Kunsthistorikers, zu dem eben noch einer der Politiker überheblich gesagt hatte, die Kunstgeschichte sei doch wohl nur eine Angelegenheit für höhere Töchter, so interessiert, daß er mich bat, ihn doch einmal an einem Sonntagvormittag zu besuchen. Mit verehrender Scheu betrat ich das Arbeitszimmer, von dem mir noch das Stehpult und darüber ein skizzenhaftes, und gerade darum so lebendiges Porträt des großen Vorläufers von Planck, des Physikers Helmholtz, gegenwärtig sind. Ich hatte geglaubt, jedes Wort der Unterhaltung, die mir so wertvoll erschien, würde in meinem Gedächtnis haften bleiben, aber wir mußten seit dem in Deutschland soviel durchmachen, daß all das Schwere und Furchtbare, das wir erlebten, manche wertvolle Erinnerung verblassen ließ. Deutlich aber sehe ich, von dieser und anderen Begegnungen bestimmt, den eindrucksvollen Gelehrtenkopf mit dem feingezogenen Profil und die nachdenklich ein wenig gebeugte Haltung Max Plancks noch vor mir. Ich erinnere mich auch, daß er, still zuhörend, aber immer wieder mit einem Kopfnicken, das fast wie ein Voranstoßen von Gedankengängen wirkte, meine Ausführungen begleitete, die ausgehend vom Goldgrund der Gemälde des Mittelalters und der goldenen Fassung der gotischen Madonnen und Heiligen die Entwicklung unter der Bedeutung der – ich kann es nicht anders ausdrücken – Heiligung des Lichtes hervorhob. Dann griff er zurück auf die noch bestehende Enge in der Lichtauffassung des 19. Jahrhunderts, aber fast schien es, als betrachte er in seiner Wissenschaft den Schritt voran zur Erkenntnis des Wesens der das Licht schaffenden Schwingungen mit Resignation. Denn das, was er entdeckt und durchforscht hatte, zerstörte ja die klare und einfache, nun aber überholte Auffassung seines Lehrers Helmholtz. Ich empfand im Laufe unserer Unterhaltung als seinen bestimmenden Wesenszug die menschliche Bescheidenheit. Er war sich darüber klar, daß alle wissenschaftliche Erkenntnis nur ein Glied in der Kette der Entwicklung ist.

Immer wieder im Verlauf meines Lebens wurde ich darauf hingewiesen, wie durchaus entscheidend für unser Jahrhundert die Auseinandersetzung mit der Physik ist. Schon als Schüler hatte ich auf dem Gymnasium erlebt, daß dem geisteswissenschaftlichen Standpunkt der naturwissenschaftliche und technische geradezu kämpferisch gegenübertrat. Der Primus omnium meines Gymnasiums, zu dem wir Quartaner wie zu einem Großwürdenträger emporblickten, zumal er bei den zwei Festtagen unserer zu Beginn des 18. Jahrhunderts gegründeten Schule deren blau-goldene Fahne vorantrug, hatte im Garten des Mathematiklehrers, bei dem er in Pension war, eine bis in die kleinste Einzelheit von ihm nachgebildete Lokomotive mit anhängenden Waggons in Miniatur gebastelt und auch sonst allerlei Maschinelles aufgebaut. Als dann in Tertia der Physikunterricht einsetzte, begeisterte uns der Lehrer für den französischen Physiker Pierre Curie, der mit seiner genialen Gattin, der Polin Marie Curie, gerade eben etwas entdeckt hatte, wovon wir spürten, daß es wahrhaftig ungeheuerlich sei und über die Zukunft der Menschheit entscheide: die Radioaktivität.

Während meiner Museumsjahre trat die Auseinandersetzung mit den neuen Erkenntnissen der Physik und Chemie für mich hinter den Aufgaben meines Berufes zurück. Aber im Berlin der zwanziger Jahre hatte ich das Glück, führenden Persönlichkeiten wie Einstein und Haber sowie Nernst und Laue zu begegnen. Max von Laue, der, wie meine Frau, unterhalb der Festung Ehrenbreitstein gegenüber Koblenz geboren war, trat mir besonders nahe, als ich ihn beriet, für sein Institut eine Gedenktafel mit dem Bildnis Fritz Habers in Auftrag zu geben, wofür ich den Bildhauer Richard Scheibe vorschlug.

Um die Mitte der zwanziger Jahre befreundeten wir uns, und zwar zunächst, weil er als ein erprobter Cellospieler uns zu seinen Hauskonzerten einlud, mit einem der engeren Mitarbeiter Einsteins namens Erwin Findley Freundlich. Dem Kunsthistoriker war er schon bekannt durch das Porträt, das Max Pechstein von ihm gemalt hat. Bald kam noch der höchst musikalische Architekt Erich Mendelsohn dazu, und beide gewährten mir einen Besuch im Einstein-Turm in Potsdam, für mich eines der großen baulichen Denkmäler unserer neuen Epoche. Findley Freundlich, der später eine Professur in Schottland übernahm, versuchte, auch mir Einsteins These von der Verwandlung von Energie in Materie zu erklären. Da ich Einstein und auch dem großen Chemiker Haber während der zwanziger Jahre oft begegnet war, personifizierte sich mir die Erweiterung des Denkens durch diese beiden Gelehrten und Entdecker.

Wesentliches über die Wandlung auch der philosophischen Erkenntnis durch die Naturwissenschaften unserer Gegenwart erfuhr ich bald nach Gründung der Freien Universität Berlin von Prof. Hans Leisegang, der besonderen Wert darauf legte, daß er als Lehrer der Philosophie zugleich Physiker war.

Hinzu kam, daß ich auf einer Rektorenkonferenz, die in München stattfand, mit dem bei einem Abendempfang anwesenden Carl Friedrich von Weizsäcker, losgelöst von den gesellschaftlichen Verpflichtungen des Abends, ein mir unvergeßliches Gespräch hatte, das mir von der großen Persönlichkeit eines Gelehrten aus den Einblick in das Denken einer neuen Epoche der Menschheit erschloß.

Immer wieder reizte es mich, Veröffentlichungen des in der Nachfolge Einsteins in Göttingen an dem Physikalischen Institut der Max-Planck-Gesellschaft wirkenden Werner Heisenberg zu lesen. Dankbar habe ich seinen Vortrag über Goethes Beziehung zur Naturwissenschaft gehört, wobei mir in vorher ungeahnter Weise meine Goethekenntnis erweitert wurde. Einen entscheidenden Eindruck von der umfassenden Persönlichkeit

Heisenbergs gewann ich bei einer akademischen Feier in Göttingen, wo ich, zwischen ihm und Theodor Heuss sitzend, einem geradezu raffinierten Gespräch der beiden zuhörte. Eine völlig andere Figur der Gelehrtenwelt der zwanziger Jahre stellte Leo Frobenius dar, dessen Name mit der Erweckung Afrikas verbunden bleiben wird. Da ich selbst nur einmal und nur kurz im schwarzen Erdteil war, hat er mir manche Kenntnis und Erkenntnis erweitert. Was er nicht nur der Wissenschaft, deren kühner Wegbereiter er war, sondern auch der politischen Prophezeiung zu geben hatte, erschien mir so wichtig, daß ich ihm – was stets nur sehr schwer durchzusetzen war – einen Vortrag in einem Saal des Reichstages ermöglichte. Der »Löwe«, wie Leo Frobenius genannt wurde, stand kaum auf dem Rednerpult, als er nach seiner Gewohnheit mit einem Ton begann, der das Brüllen des Löwen bedeuten sollte. Manche der erschienenen Gelehrten und Abgeordneten fanden das zunächst, wie mir mein Nachbar, Staatssekretär Zweigert, zuflüsterte, »affektiert«, ebenso wie das rote Wüstenauto, das vor dem Portal des Reichstags zum Zeichen der Anwesenheit von Frobenius hielt. Dann aber gerieten wir alle in den Bann geradezu wirbelnd sich überschlagender Erkenntnisse, die uns zeigten, wie vieles wir noch zu lernen hatten und was die Schriften des Redners, die damals vielgelesenen kleinen Bände, unter dem Titel »Erlebte Erdteile« erschienen, uns zu geben hätten. Das Wort »erlebt« scheint mir immer wieder entscheidend für meine Auffassung der Wissenschaft, und eben darauf kam es auch bei dem Bahnbrecher der Afrikakunde an.

Die Forschungen von Leo Frobenius gehörten wissenschaftlich der Völkerkunde an. Entscheidend für die Kunstgeschichte war das, was seit Beginn des 20. Jahrhunderts durch die Entdecker- und Sammlertätigkeit von Friedrich Sarre von der Kunst des Islam, besonders Persiens, in die Berliner Museen eindrang. Was Friedrich Sarre und Ernst Herzfeld uns bisher zu sehr auf Europa Beschränkten aus der westasiatischen Kunst erschlossen, wurde von Wilhelm von Bode dem Gesamtbild der Museen unter der Direktion von Friedrich Sarre eingegliedert. Für meine Frau und mich war, seit wir uns ein Haus in Babelsberg eingerichtet hatten, das nahe dem dortigen Park gelegene, mit reichem Kunstbesitz gefüllte Haus Sarre immer neu die sonntägliche Freude. Die Hausfrau, Maria Sarre, war die Tochter von Karl Humann, der als Ingenieur und genialer Straßenerbauer in türkischen Diensten die Ruinen des alten Pergamon entdeckte und als Hauptergebnis seiner Ausgrabungen den Pergamonaltar nach Berlin brachte. Karl Humann wurde noch 1884 Direktor an den Berliner Museen mit Amtssitz in Smyrna, ein Zeichen, wie man es verstand, den bedeutenden Entdecker der die ganze Welt umspannenden Entwicklung den Preußischen Museen zu verbinden.

So trug das Haus Sarre durch beide Gatten das Gepräge der Tradition und Gastlichkeit. Hier trafen wir uns auch mit Sarres späterem Nachfolger, meinem Heidelberger Universitätsfreund Ernst Kühnel und seiner Frau, Irene Kühnel-Kunze, die nach dem zweiten Weltkrieg als Referentin beim Senator für Volksbildung das Entscheidende dafür tat, daß der während des Krieges außerhalb Berlins geborgene und dann auch in Westdeutschland ausgestellte Kunstbesitz der einstigen Hauptstadt wieder nach Berlin zurückkehrte.

Im Jahre 1971 konnte dann endlich die Kunst des Islam im Dahlemer Museum eine würdige Aufstellung finden. Noch eine Gestalt gehört in die Reihe der großen, durch ihre Wissenschaft auch dem tätigen Leben verbundenen Forscher der zwanziger Jahre: Adolf von Harnack. Der Theologe und Religionsforscher, dessen Wirken als Hochschullehrer und als Generaldirektor der Bibliothek sowie als Repräsentant der deutschen Wissenschaft schon in der kaiserlichen Zeit begann und ihm den Adel eintrug, hielt es trotz der inneren Kämpfe, die es ihn kostete, für selbstverständlich, daß er sich der Republik zur Verfügung stellte. Er hatte eine ungewöhnliche Sicherheit in der Erkenntnis des Wertes und der Brauchbarkeit von Menschen, und so kam es, daß ich auf Gebieten, die meinen Arbeitsbereich angingen, ihn, den Erfahrenen, gelegentlich um seinen Rat bat. Daraus entwickelte sich sehr bald ein persönlicher Verkehr mit ihm und seinem in meiner Generation stehenden Sohn und den Töchtern, vor allem mit Agnes, die dem mir nahestehenden Ministerialrat von Zahn vermählt war. Sie hat eine Biographie ihres Vaters geschrieben, die zu den wesentlichen Lebensbildern großer Deutscher gehört. Die Geselligkeit in der Caspar-Theyss Straße war von besonderer Art. So erinnere ich mich, daß einmal zum Geburtstag einer der Töchter mit der Einladung zugleich angegeben wurde, Thema der Unterhaltung am Teetisch würde der Brunnen sein. Eduard Spranger erkannte in ihm den Spiegel des Himmels. Ich selbst hatte schnell noch einen altdeutschen Holzschnitt mit Rebecca am Brunnen erworben, hütete mich aber, bei der Überreichung zu bemerken, daß sie die Kamele tränke. Ich erwähnte vielmehr auch das Gespräch von Christus mit der Samariterin und den Brunnen als Eingang zu Frau Holles Reich. Aber wir wurden mit unseren gedanklichen Arabesken überboten, als der damals schon über siebzigjährige Historiker Hans Delbrück, berühmt als der Biograph Gneisenaus, eine Brunnengeschichte erzählte, die sich noch kein Jahrzehnt früher ereignet hatte. Damals stand Berlin im Zeichen des 25jährigen Regierungsjubiläums Kaiser Wilhelms II. Die Stadt Berlin hatte sich mit einem kostspieligen Geschenk beteiligt: Auf dem Platz vor der Süd-Fassade des Schlosses hatte sie im lauten Geschmack des Wilhelminischen Barock vom bevorzugten Bildhauer des Kaisers, Reinhold Begas, einen Neptunsbrunnen errichten lassen, mit schönen Nymphen am Rand und Poseidon als Hauptfigur. Er hält in der Rechten den Dreizack – nach Berliner Sprachgebrauch: die Forke – wie das Zepter zum Zeichen der Herrschaft über die Meere. Nun erschien

im Schloß der Oberbürgermeister von Forckenbeck mit Vertretern der
städtischen Verwaltung und den Stadtverordneten, um die Überreichung des
Geschenkes zu verkünden. Aber der Kaiser ließ das verdiente Oberhaupt der
Stadt gar nicht zu Worte kommen. Er schrie ihn und die Vertreter der Stadt
erregt an, weil kurz vorher eine Reichstagswahl so viele Sozialdemokraten in
das Parlament gebracht hatte. »Seitdem«, so erzählte Delbrück, »nannten die
Berliner den Brunnen das Forckenbecken und sagten: Wer andern einen
Brunnen schenkt, fällt selbst hinein.« Das war der typische Beitrag des Tatsachen darstellenden Historikers, dessen eindrucksvolle Gestalt mit dem
vollbärtigen Professorenhaupt der guten alten Zeit ich nie vergessen werde.

Auch sonst nahm man vom Hause Harnack, und vor allem vom Hausherrn, fast immer etwas mit, was der geistigen Geselligkeit, die Berlin seit der
Epoche der Romantik besaß, entsprach. Ich selbst hatte mit ihm, was wir
scherzweise mit Briefmarken sammelnden Knaben verglichen, eine Art
Dubletten-Austausch, da wir bei jeder Begegnung einer dem anderen eine
Anekdote erzählten. Ich will wenigstens eine davon festhalten: Harnack
sprach von seinen alten Tanten in Livland, orthodox-frommen Damen, mit
denen er sich recht oft stichelte, weil sie ihm übelnahmen, daß er als Theologe so liberal sei. Beim Besuch fand er auf der Kommode des Wohnzimmers
einen ganzen Stoß der Zeitschrift »Gartenlaube«, die ein Revolutionär des
Jahres 1848, Ernst Keil, zur Bewahrung seiner Ideen damals noch herausgab.
»Täntchen«, sagte er, »Ihr lest ja die Gartenlaube!« »Ja, darauf sind wir abon-
niert.« »Die hat aber doch eine ganz liberale Tendenz«, sagte er spottend.
»Die Tendenz lesen wir nicht mit«, war die unvergeßliche Antwort.

In seinen Vorträgen und Ansprachen gab Adolf von Harnack ein unver-
gleichliches, heute leider viel zu wenig nachwirkendes Beispiel, vom gegebenen Anlaß aufzusteigen zu bleibenden Gedanken. Als Reichspräsident Ebert
zur Anfangszeit der Weimarer Republik einer Kommission von Quäkern, die
viel für Deutschland getan hatten und auch weiter zu tun beabsichtigten,
einen Empfang zu geben hatte, fragte er mich nach der Gestaltung. Ich riet,
daß nach dem Aufklingen Bachscher Musik Adolf von Harnack einen Vortrag halten sollte. Der Gelehrte wurde gefragt und hielt nun einen der durch
Form und Vergeistigung eindrucksvollsten Vorträge, die ich je gehört habe.
Sein Thema war religionsgeschichtlich und behandelte das Urchristentum
und seine Entstehung durch tätige Wirksamkeit; ohne daß er zunächst vom
Quäkertum und den Segnungen von dessen Tätigkeit gesprochen hatte, gipfelte das Ganze in einer betont sachlichen und jede Redensart vermeidenden
Huldigung für das Quäkertum und für seine Gäste, so daß die Anwesenden
eine wirkliche Steigerung menschlicher Werte erlebten. Bei solcher Gelegenheit lernte man einsehen, was es bedeutet, wenn die staatliche Macht sich mit
der geistigen verbindet.

Universale Naturen

Von vielen schöpferisch tätigen Menschen habe ich erzählt, an deren Wirken ich Anteil nahm. In besonderer Zusammenstellung aber möchte ich eines bestimmten Typus gedenken, dessen Unterschied von den ganz speziell auf ihr Können gerichteten Persönlichkeiten frappant ist. Ich möchte es so ausdrücken: Die meisten ausgesprochenen Talente gehen, wenn sie schaffend tätig sind, unmittelbar ans Werk. Man denke an die kraftvolle Konzentration, die den Bildern von Schmidt-Rottluff ihre innere Größe, aber auch ihre Herbheit gibt.

Ganz anders unter den Meistern der Brücke schuf sein Freund Erich Heckel. Bei ihm fühlt man, daß er, ehe er malte, sich in einer Weise mit dem geplanten Thema auseinandersetzte, die noch gar nicht allein auf das Bildnerische gestellt war. Man könnte etwa sagen, daß er zunächst vom dichterischen Gehalt erfüllt war. So erscheint sein Bild »Der gläserne Tag« wie eine Vision, die man als optische Dichtung bezeichnen könnte. Gerade an Heckel scheint mir deutlich zu werden, was ich an einem bestimmten Typus schöpferischer Naturen oft beobachtet habe, die gleichsam, ehe sie ihrer entscheidenden Berufung folgen, in einem Vorhof der Kunst und der denkerischen Erkenntnis sich die Kraft holen.

Lyonel Feiningers in ihrem Raumgefühl transzendent von der Erde in den Weltraum hinausweisende Kunst war mir zwar vom ersten Augenblick der Begegnung an innerlich vertraut, aber es half mir doch zu ihrem Verständnis, daß ich in seinem Atelier die Noten von Bachs Kunst der Fuge auf dem Zeichentisch liegen sah und eines Tages eine von dem Maler selbst komponierte Fuge hörte, die wie die Melodie zu seinem bildnerischen Schaffen war. Im Gespräch freilich schwieg er fast ängstlich von dieser für ihn entscheidenden Durchdringung seines bildnerischen Schaffens mit den konstruktiven Kräften der Musik.

So seltsam es klingen mag: Feiningers Kunst hat mich darauf vorbereitet, daß ich die einzigartige Bedeutung des Architekten Erich Mendelsohn aus meiner »Vorhoftheorie« heraus begriff: Er war nicht nur der technische Fachmann, der rechnet und zeichnet. Ehe er entwarf, hatte sich der nach außen hin so nüchtern Erscheinende zu zeichnerischen Phantasien gesteigert, bei denen die Fuge Architektur wird. Neben dem, was er gebaut hat, steht ein zeichnerisches Werk, das in kühnen Architekturphantasien etwas unmittelbar Musikalisches hat. Man kann und muß aber auch sagen, daß das frei künstlerisch von ihm Gezeichnete im höchsten schöpferischen Sinne in seine Architektur einging. Als unmittelbare Erinnerung aus eigenem Erleben möchte ich wenigstens ein auf Mendelsohn bezügliches Beispiel nennen: Ich gehörte in den zwanziger Jahren, wie schon erwähnt, dem hinter der städtebaulichen und architektonischen Tätigkeit der Stadt Berlin stehenden Ausschuß gegen die Verschandelung des Stadtbildes an, dem die wichtigsten Planungen für Neubauten zur gutachtlichen Äußerung vorgelegt wurden. Nun hatte das Bauamt Erich Mendelsohns kühne Umgestaltung des Mosse-Hauses im Zeitungsviertel abgelehnt. Das Mosse-Haus war vorher einer der vielen in scharfem Rechteckswinkel zur Straßenkreuzung stoßenden, militärisch gradlinig ausgerichteten Bauten gewesen, die den Kasernen glichen. Aus dem Gebot, ja, fast möchte ich sagen, aus der schwingenden Melodie des Verkehrs heraus, hatte nun Mendelsohn die Ecke gerundet und als Diagonale den Eingang und über ihm nach beiden Seiten hinaus eine grandiose, den alten Bau umspannende Erweiterung entwickelt. Für mich war es das Sinnbild einer neuen Zeit, das hier Bauwerk werden sollte. So trug ich die Angelegenheit in unserer Kommission vor und verhalf einem kühnen Plan der modernen Architektur zur Verwirklichung.

Wenn auch die Trennungslinie nicht scharf ist, so muß man doch Doppelbegabungen, bei denen beispielsweise wie bei Keller und Stifter die Veranlagung zum Maler mehr noch neben als in der Berufung zum Dichter steht, von universalen Begabungen unterscheiden. Für diese handelt es sich nicht um zwei mehr oder weniger getrennte Fähigkeiten, sondern um die Auseinandersetzung mit allen oder doch mehreren Künsten vor dem Eingehen in das der Hauptbegabung entstammende Werk.

Oskar Kokoschka ist hierfür ein Beispiel. Er hat in seiner Jugend als Dramatiker begonnen und gelegentlich sogar, ähnlich wie der junge Erich Heckel, auf der Bühne seine eigentliche Wirkungsstätte gesucht. Auch die Dynamik des musikalischen Elementes ist bei ihm zu spüren. Schließlich aber mündet alles im Bild. Seine Gemälde und Graphiken sind daher durchdrungen von dem dramatischen Verlangen seines jugendlichen Schaffens als Dichter. Eines seiner lebensvollsten Porträts, das Bildnis des Psychiaters Forel, das Fritz Wichert einst für die Mannheimer Kunsthalle erwarb, zeigt jene Fähigkeit zur inneren Belebung, die etwas vom aktiven Geist des Dramas in sich hat. Wenn unter einer seiner Lithographien ein Text steht, der uns aus der Vertonung durch Johann Sebastian Bach vertraut ist: »O Ewigkeit, Du Donnerwort!«, so empfinden wir die Verwandtschaft zur Musik einer Epoche, in der das Schaffen Bachs neben dem musikalischen zugleich ein dramatisches Motiv in sich hatte. Wilhelm Furtwängler, der am Genfer See Nachbar und Freund Kokoschkas war, hat den Instinkt des Malers für die Bühne, auf der Schauen und Hören eins werden, sehr wohl empfunden:

Das Mossehaus in Berlin, 1923 von Erich Mendelsohn umgebaut

Er veranlaßte, daß Kokoschka Szenenbilder und Kostüme für die von ihm geplante Salzburger Aufführung von Mozarts »Zauberflöte« entwarf, vor deren Verwirklichung dann freilich der Tod dem großen Dirigenten den Taktstock aus der Hand nahm. Die spätere Aufführung aber zeigte, wie richtig es war, in dem Maler und Dichter Kokoschka zugleich die Begabung für das Universale der Bühnenkunst zu erkennen.

In der Reihe der großen Dirigenten, die ich erlebt habe, erscheint mir der einst so berühmte Arthur Nikisch in Erinnerung an seine Konzerte im Gewandhaus zu Leipzig und in der Philharmonie zu Berlin als der typische Nur-Musiker, der durch das völlige Aufgehen in der jeweils ihm von der Komposition gestellten Aufgabe den Hörer selbst zu einem Aufgehen in der Musik brachte, das als Hingabe an das Werk ohnegleichen war.

Ganz anders wußte Wilhelm Furtwängler eine Symphonie aufzufassen und gleichsam auch bildhaft zu beleben und den Hörer zu führen. Er erreichte eine Steigerung, die noch über das Werk hinaus in die Region des Absoluten – früher hätte man gesagt: des Ewigen – führte, in der die großen

Meister beheimatet sind. Ich habe das immer als etwas ganz Besonderes an Furtwängler empfunden; er vermochte es, da er als Komponist sich mit dem Schöpferischen seiner Kunst auch gestaltend auseinandersetzte. Ein weiteres Motiv für den Ursprung seiner Universalität wurde mir deutlich, als eines Abends im Hause meines Universitätslehrers Karl Hampe zu Heidelberg der Archäologe Ludwig Curtius von der Zeit erzählte, da er als Hauslehrer des hochbegabten jungen Wilhelm Furtwängler mit diesem in Italien war. Er sprach von der Vielseitigkeit der Eindrücke, die sein Schüler in sich ein-strömen ließ und von der ihm im Elternhaus als Sohn des Zeiten und Länder überschauenden Archäologen so viel vermittelt worden war. Mich als Kunst-historiker hat es immer wieder erstaunt, welche Kenntnis der großen europäischen Museen dieser Musiker besaß, ebenso aber auch, wie sehr er in der literarischen Welt der deutschen Klassik zu Hause war. Auch aus diesem Erfülltsein durch das höhere Wollen der Kunst gegenüber dem Leben er-klärte sich mir die Kraft zur Steigerung, die dieser Dirigent wie kein anderer erreichte. Dadurch, daß er bewußt den Hörenden zur Höhe des Werkes erhob, das er interpretierte, stand er in seiner Auffassung am Ende der großen von der Klassik entfalteten Entwicklung Deutschlands.

Es kam eine neue Auffassung, welche die Schöpfungen der großen Meister mehr aus unserer Zeit heraus interpretierte und weniger Sinn für das über-zeitlich Erhobene und Universale hatte.

Unvergeßlich ist mir meine letzte Begegnung mit Furtwängler. Er hatte die Pastorale dirigiert, und ich war so beglückt von der Ursprünglichkeit und naturhaften Kraft, mit der er die bäuerlichen Motive erfaßt hatte, daß ich ihm, dem der bildenden Kunst so Vertrauten, beim Durchsprechen nach der Aufführung sagte: endlich einmal kein Defregger, sondern ein Brueghel, kein Salon-Tiroler, sondern eine der Herkunft Beethovens entsprechende flämisch kraftvolle Auffassung. Diese Beurteilung erfreute den allem Gekünstelten sich widersetzenden Meister ganz ersichtlich. Das war kurz vor meinem sieb-zigsten Geburtstag im Jahre 1954. Er spielte darauf an und sagte: »Ich werde mit siebzig Jahren nicht so jugendlich sein wie Sie.« Zum Geburtstag kam dann noch ein freundschaftliches Telegramm, aber bald danach die Nachricht von seinem Tod, dem er bewußt entgegengeblickt und entgegengelitten hatte, weil er das Abnehmen seiner Kräfte und seines Gehörs von sich aus groß und bewußt als Ende empfand.

Von historischer Weite war die Universalität des mit der Musik so nahe verbundenen Dichters Hugo von Hofmannsthal. Das Gehobene seiner Auf-fassung ist darauf gegründet, daß in ihm und in seiner Dichtung die geschichtliche Größe seiner Heimatstadt Wien und ihres Stromes im Sinne der Erfüllung geistiger Tradition ihre verklärte Verwirklichung fand. Ich lernte ihn in Weimar kennen, als er in der Shakespeare-Gesellschaft einen mir unvergeßlichen Vortrag über Shakespeares Könige und große Herren gehalten hatte, und traf ihn dann in München durch Mitarbeiter der Zeitschrift CORONA, die als letztes Aufleuchten des höchsten geistigen Bildungsideals in der deutschen Literatur einst so viel bedeutet hat. Ebenso wie Stefan George war er überraschend klein, aber der Gegensatz zwischen den beiden Gestalten, die sich ja auch nach kurzer Freundschaft trennten, war geradezu dissonant. Stefan George wirkte mit den großen Zügen seines kantigen, an Dante gemahnenden Hauptes, da man, ihm gegenüberstehend, ihn ja zu sehr von oben sah, wie ein verzwergter Riese, Hofmannsthal aber, wohl proportioniert und mit einer geschmeidigen Anmut in den Bewegungen, erschien so harmonisch, daß man bei ihm die Kleinheit als Zierlichkeit wohltuend empfand. Unser Gespräch ging über den Kontrast der norddeutschen und süddeutschen Literatur, wobei er den Standpunkt von Wien und Österreich vertrat. Er sprach ärgerlich über das Aufkommen der Reklame für die Dichtung, die auf sich selbst bestehen müsse. In fester Erinnerung an unser Gespräch habe ich nur einen Satz behalten, den er im Hinblick auf die Literatur Österreichs sagte: »Wir arbeiten auch, aber wir machen nicht so ein Geschrei darum.«

Daß ich dem vor allem zum Regisseur so begabten Ludwig Berger menschlich nahe kam, hängt wohl damit zusammen, daß er nicht nur ein einseitiger Fachmann war. Vielmehr war er so erfüllt vom Wesen der Musik, die für ihn zugleich sein Mainzer Elternhaus bedeutete, daß es in ihm schwang und klang, ehe er an die Verwirklichung einer Regieaufgabe ging. Daraus erklärt sich der von keiner Klügelei beschwerte Stil, mit dem er seine Tätigkeit für die Bühne zur Höhe der Dichtung erhob. Ein wenig mitbeteiligt war ich, als er für Kurt Raecks Renaissance-Theater Goethes Dichtung Hermann und Dorothea aus der engenden Schale des Epos löste und entsprechend der optischen Intention des Dichters als Schauspiel auf der Bühne erstehen ließ. Es war ein Geschenk der Tradition an unsere so andere Zeit. Gerade für dieses Weiterleben des Unvergänglichen hatte Ludwig Berger als der endlich ganz aus der Universalität heraus darstellende Deuter der Dramen Shakespeares ein ausgeprägtes Gefühl.

Für mich darf auch der Gärtner in der Reihe der schöpferischen Geister nicht fehlen. Selbst in zwei Ahnenreihen aus der bekannten Familie der Gärtner und Landschaftsgestalter Sckell stammend, habe ich immer gern die großen Gärtnereien und ihre Leiter aufgesucht, die Rosenzüchter in Kissingen und am Rande des Harzes, die Züchter von Dahlien in Schwaben und die Blumenfelder der Samenzüchter von Erfurt. Aber in die Reihe der universalen Geister gehörte von den Gärtnern doch nur der eine: Karl Förster in Bornim bei Potsdam. Kaum hatten meine Frau und ich uns in Berlin am Pariser Platz eingerichtet, als schon am ersten Sonntag nach dem

Umzug der Architekt Otto Bartning uns heraus nach Bornim fuhr. Mit Karl Förster, dem etwa zehn Jahre Älteren, durch die Beete von Phlox und Rittersporn wandernd, spürte ich sofort, daß dieser Mann mehr war als nur ein Züchter und Verkäufer von selbstgezogenen Stauden. Er war ein Umgestalter und Verschönerer unserer Welt und dadurch einer, der die Menschen zu bessern vermochte. Bruder des Schiffskonstrukteurs in Hamburg und des von den Nationalsozialisten geächteten Philosophen und Friedensverkünders, war er der Sohn des einst weltberühmten Astronomen, der in seiner Jugend noch Mitarbeiter Alexander von Humboldts gewesen war. Nun züchtete er auf dem sandigen Boden und in dem rauhen Klima der Mark seine wetterharten Stauden, als ob er die Sterne des Vaters auf die Erde holen wolle. Und er schrieb seine Bücher, durch die die Freude am Garten und seinen Blumen einen Zug Naturverbundenheit, man könnte auch sagen: Naturfrömmigkeit erhielt. Im Vorhof seines Schaffens war er zugleich Schriftsteller und Sprachgestalter besonderer Eigenart, übersprudelnd in Wortspielen, wenn er etwa, als wir vom Zimmer durch die Veranda, in der gebügelt wurde, in den Garten schritten, lachend sagte: »Seid Ihr noch immer nicht fertig mit Eurem Plättoyer?« Dann gingen wir zu seinen Züchtungen, und ich sollte ihm helfen, Namen dafür zu finden, aber die schönsten fand immer er selbst, etwa für neue Sorten Rittersporn »Blaues Wunder«, »Jubelruf«, »Berghimmel«, »Zauberflöte«. Erst im Herbst wagte ich, für zwei Chrysanthemensorten als Namen »Rehauge« und »Herbstbrokat« vorzuschlagen, die er sofort annahm.

Von jedem Besuch bei Karl und Eva Förster kam man, durch die Eindrücke seiner Blumenwelt mit Heiterkeit erfüllt, nach Hause zurück, die Arme voll beladen mit Stauden, die er zur höchsten Entwicklung der Schönheit emporgezüchtet hatte. Auf Karl Försters immer wieder bohrenden Rat hin sind wir im Jahre 1924 aus dem Blücher-Palais nahe dem Brandenburger Tor ins Freie gezogen in ein Haus am Rande des Waldes, der sich längs der Bahn in der Nähe von Babelsberg erstreckt. Kaum hatten wir begonnen, uns einzurichten, als auf dem schmalen Waldweg ein offener Lastwagen vorfuhr, der als Geschenk des Freundes hundert Stauden Rittersporn zur Bepflanzung unseres Gartens brachte. Sie sind durch fast zwei Jahrzehnte in dem von Försters Freund Berthold Körting für uns nach japanischer Art landschaftlich angelegten Garten unsere Freude gewesen. Als wir 1945 nach russischem Gebot in kürzester Frist unser Haus verlassen mußten, haben wir doch einige der Stauden mitgenommen, die nun in Dahlem blühen.

Zum Thema der Universalität hat wohl die Frau weniger beizutragen als der seinem Wesen nach mehr als sie universalgerichtete Mann. Eine Käthe Kollwitz – für mich die größte Gestalt unter allen schöpferischen Frauen, die mir begegnet sind – war, und dies um ihres Schaffens willen, streng auf das Thema und die Gestaltung ihrer Kunst beschränkt. Als ich sie einmal im

Gespräch mit Ricarda Huch erlebte, wurde mir durch den Gegensatz der beiden Frauen klar, wie sehr diese große Dichterin und Geschichtsschreiberin von einem universalen Wissen und einer dichterischen Weite aus an ihre Themen heranging. Ricarda Huch vermochte es daher, das einzelne etwa im Leben Luthers oder in den Drangsalen des Dreißigjährigen Krieges so darzustellen, daß ihre Schilderungen überwölbt sind von einer höheren, ins Allgemeine weisenden Erkenntnis der Mächte des Schicksals, wenn sie zur Kennzeichnung der ungestümen Eigenart unseres Volkes sagt, daß die Deutschen so oft alle Brücken hinter sich abbrechen. Das ist ein Wort der Tragik, wie es so nur eine Historikerin finden konnte, die zugleich eine Dichterin war. So stellen diese beiden Frauen die zwei Grundtypen, den zur Erreichung der Meisterschaft konzentrierten und den vielseitigen, das weite Feld der Geschichte und des Lebens überschauenden, in einer Weise dar, die zugleich über den inneren Reichtum im künstlerischen Schaffen Deutschlands Entscheidendes aussagt.

Frauengestalten

Wenn ich die in jüngerer Zeit erschienenen Memoiren überdenke, so fällt mir auf, daß in den Werken deutscher Verfasser die Frauen meist eine sehr geringe Rolle spielen. Zumal wenn Politiker ihre Erinnerungen aufzeichnen, wird allenfalls der eigenen Frau pflichtgemäß die Reverenz erwiesen. Es geht ihnen um das Sachliche des Berufes, und mitunter könnte man glauben, daß der Verfasser kaum je in seinem Leben dem weiblichen Element begegnet ist, weil er so gar nichts über dessen Beteiligung an seinem Schicksal erzählt. Dabei wissen wir doch aus den Biographien, wie sie etwa die Literarhistoriker von den Dichtern, die Musikhistoriker von den Musikern sowie die Kunsthistoriker von den großen Meistern ihrer Gebiete geschrieben haben, was die Frau durch ihr Verstehen und Fördern für die Entwicklung eines Mannes bedeutet: Charlotte von Stein für Goethe, Mathilde Wesendonk für Richard Wagner, Saskia für Rembrandt.

Es mag damit zusammenhängen, daß mein Lebenselement die Kunst ist, wenn ich es falsch und undankbar nennen müßte, wollte ich verkennen, was das Verständnis und der Ansporn befreundeter Frauen für mich bedeutet hat. Begegnungen mit den für mein Gefühl größten Vertreterinnen des weiblichen Geschlechts, die ich kennenlernen durfte, mit Käthe Kollwitz, der Graphikerin und Bildhauerin, und mit Ricarda Huch, der Dichterin und Geschichtsschreiberin, haben einen entscheidenden Eindruck auf mich gemacht. Zu meiner Verehrung für die schöpferische Begabung kam hier die Verehrung für die im unbeirrbaren Sein dem viel mehr auf das Werden und seine Kämpfe bestimmten Manne überlegene Frau. Ich hatte das Glück, daß Käthe Kollwitz, so wenig sie sonst auch über das Werden ihrer Werke sprach, mich an der Vollendung ihrer ergreifenden Skulpturen, den Gestalten des trauernden Vaters und der in ihrem Schmerz ganz nach innen gewandten Mutter, teilnehmen ließ, die sie für den Kriegerfriedhof in Flandern gestaltete, wo ihr im ersten Weltkrieg gefallener Sohn inmitten seiner Kameraden begraben liegt. Ich setzte durch, daß sie an ihrem sechzigsten Geburtstag vom Reich die Mittel erhielt, die beiden monumentalen Gestalten in Stein zur Ausführung zu bringen. Das Zusammensein mit Ricarda Huch, bei dem die Gespräche stets über das Einzelne in das Allgemeine, zeitlos Gültige sich erhoben, war ihr wie mir während ihrer letzten Berliner Zeit zum Bedürfnis geworden. Ich wüßte kaum einen Menschen, der die Steigerung im Gespräch in so hohem Maße zu erreichen vermochte, wie diese herrliche Frau.

Der Beitrag, den schöpferische Frauen der Kunst zu geben haben, erscheint um so wertvoller, je mehr sie in ihrer Kunst Frauen bleiben und nicht, wie manche, zu imitierten Männern werden. So steht eine Bildhauerin wie Renée Sintenis als Tierplastikerin dem zur gleichen Zeit wie sie in Berlin schaffenden August Gaul gegenüber. Dieser wußte gleichsam die Urkraft eines Tieres zu erfassen, wenn er seine Löwen oder Bären schuf. Er war in seiner Art durchaus männlich. Renée Sintenis aber hat in ihrem plastischen Werk etwas ganz Neues gegeben und sozusagen einen Kinderzoo geschaffen. Nicht das Pferd, sondern das Fohlen reizte sie zur Darstellung, und diese Verbindung des als kindhaft Erfaßten, zugleich aber mütterlich Betrachteten gibt ihren Darstellungen den ganz eigenen Reiz. Der Zauber ihrer Kleinplastiken und ihrer meist in kleinem Format gehaltenen Radierungen war auch ihrem Wesen zu eigen, und als ich ihr in der Friedhofskapelle die Trauerrede hielt, überwältigte mich der Gedanke an das Unwiederbringliche, was wir an ihr verloren hatten. Und merkwürdig, auch von ihrem menschlichen Wesen aus begriff ich die Größe einer Käthe Kollwitz vom Mütterlichen und wieder ganz im Gegensatz dazu die verspielte Anmut einer Marie Laurencin vom Mädchenhaften her.

Für die Erfüllung des Weiblichen auf dem Gebiet der Kunst ist es nicht immer nötig, daß die Frau selbst schafft. Sie vermag sich auch in der Anteilnahme am Schaffen eines Mannes zu erfüllen. Den Instinkt zur Selbstverständlichkeit einer künstlerischen Auffassung des Lebens ohne jedes persönliche Geltungsbedürfnis empfand ich im Zusammensein mit Elli von Hofmann und Addi Erbslöh, die ihren Gatten, die ihnen durch Familienbande nahe verwandt waren, so viel zu geben wußten. Sie waren die geborenen Künstlerfrauen und mögen als ein besonders liebenswertes Beispiel für viele genannt werden.

Mit dem besonderen Typ der politisch tätigen Frau wurde ich erst in Berlin vertraut. Da war die Reichstagsabgeordnete Katharina von Oheimb, genannt Kathinka, die ihre unbedingte Natürlichkeit und den gesunden Menschenverstand der Frau dem wichtigtuenden Ernst der Männer mit solcher Selbstverständlichkeit, aber auch mit so bewußt weiblichen Mitteln entgegensetzte. Da war auch die geistig überlegene, aber bis zur Freude am Streit zur Korrektur männlicher Einseitigkeit aktive Elisabeth Lüders; und da war Luise Schröder, die scheinbar sanfte und milde, die dabei doch so energisch zu werden vermochte, wenn sie in ihrer Güte für etwas eintrat.

Die großen Schauspielerinnen der Zeit lernte ich durch meine Verbindung mit dem »Deutschen Theater« Max Reinhardts meist auch persönlich kennen. Die Genialität der Frau erfüllt sich gerade in diesem Beruf, der Einfühlung und Gestaltungskraft verbindet, in besonders hohem Maße. Das habe ich noch bei Agnes Sorma empfunden, von der die unerreichte Darstellerin realistischer Rollen Hauptmanns, Lotte Lehmann, ihr nach Fallen des Vorhangs nachschauend, bewundernd gesagt hat: »Jott, die Frau!«

Als Maßstab für Leistungen der Bühne steht für mich an erste Stelle die Einprägsamkeit. Hier müßte ich vor allem Käthe Dorsch nennen, deren letztes von mir erlebtes Auftreten als Königin Elisabeth in Schillers Maria Stuart mir unvergeßlich ist, so erschütternd wirkte es, wie sie die innere Verlassenheit der nach außen hin doch so stolzen Königin darzustellen vermochte. Für die jüngste Zeit beschließt für mich Maria Wimmer die Reihe, deren Gestaltungskraft mir ohnegleichen scheint.

Als Kunsthistoriker haben mich stets die Inszenierungen der Bühne besonders interessiert. Für mein Gefühl bedeutet hier eine Frau, nämlich Ita Maximowna, eine Erfüllung. Ihre von kultiviertem Stilgefühl erfüllten Ausstattungen sind durchdrungen vom dichterischen Gehalt der Stücke und vor allem bei den Opern vom Musikalischen. Mozarts Opern gab ihre Kunst in berühmten Aufführungen in der Metropolitan Opera zu New York, in der Scala zu Mailand und selbstverständlich auch im Fernsehen die höchste Vollendung, wobei sich Schauen und Hören verband. Auch hier war jenes Eins-Werden von Einfühlung und Gestaltung zu empfinden, das dem Wesen weiblichen Schöpfertums entspricht.

Gestalt um Gestalt tauchen in der Erinnerung vor mir auf. Noch als Heidelberger Student begegnete ich der berühmtesten aller Chansonetten, der von Toulouse-Lautrec porträtierten Yvette Guilbert, mit der ich dann sehr viel später in Paris auch persönlich bekannt wurde. Das Wesen der vornehmen Engländerin wurde mir besonders deutlich durch Besuche im Londoner Atelier des deutschen Porträt-Malers Sauter, der eine Schwester des Dichters Galsworthy geheiratet hatte, die am Teetisch zu erleben, wie sie die Pflichten der Hausfrau mit der Leitung des Gespräches zu verbinden verstand, ein Erlebnis war. Auch an Helene von Nostiz ist dabei zu erinnern, deren Geselligkeit, die ich zuerst in Weimar, später dann in Berlin genoß, stets das Geistige der Unterhaltung zum Ziele hatte. In Italien aber war es die bäuerlich-naturhaft wirkende Besitzerin eines Gutshofes nahe von Padua, die mich, wenn ich auf einem Spaziergang an ihrem Hause vorbeikam, zu einer Polenta einlud und mir dann mit ihrer klangvoll warmen Stimme temperamentvolle Vorträge über das Korn und das Ei als Offenbarung allen Werdens hielt. In Wien und später in New York war es die Österreicherin Emmy Zweybrück, die Künstlerin, in deren malerischem und handwerklichem Schaffen sich die heitere Festlichkeit ihrer kultivierten Heimat offenbarte. In Dänemark wiederum war es der Sinn für behagliche Wohnlichkeit und Gastlichkeit, mit der eine Verwandte des von mir besonders geschätzten Kunstforschers Nierup meine Frau und mich die heitere Kultur der Stadt Kopenhagen empfinden ließ. Ohne diese Frauen hätte ich in Deutschland und auf Auslandsreisen nie so gut die Atmosphäre des Ortes oder Landes erfaßt, darin ich mich gerade befand.

So offenbart sich mir immer wieder der Wert der Frau, die durch ihr bloßes Sein und So-Sein eine gute Führerin durch das Leben ist und die es erkennend und fordernd versteht, dem Mann auf seinem Weg zur Selbstverwirklichung zu helfen.

Russische Motive
und Persönlichkeiten

»Die Russen sind ein herrliches Volk!« Der das sagte, und zwar in einer Münchner Pension im Jahre 1922 bei einer abendlichen Debatte, war ein baltischer Baron, der in der russischen Revolution, also etwa fünf Jahre vorher, alles verloren hatte – nicht nur Haus und Gut, sondern auch seine nächsten Angehörigen. Diese Worte, mit der schnarrenden Stimme eines Deutsch-Russen gesprochen, klingen noch heute in mir auf, wenn ich versuche, zu einem Urteil über Rußland zu kommen. Im Grunde kann ein solches Urteil nur dann etwas Endgültiges bedeuten, wenn man Land und Leute an Ort und Stelle kennengelernt hat und ihre Sprache versteht. Aber irgendwie versuchen wir ja doch immer, uns ein Urteil über fremde Völker zu bilden, und verallgemeinern und summieren dann Eindrücke und Erlebnisse, die an sich zufällig sind und kaum ein auch für andere gültiges Bild geben. Einzelheiten hätte ich viele aneinanderzureihen, aber über das ganze Volk sagen sie wenig aus.

In meiner Jugend hatte Weimar, dessen Großherzog Sohn einer Zarentochter war, noch immer einen russischen Gesandten. Aber seiner Person merkten wir die östliche Fremdheit nicht an. Dafür war sein Kutscher Iwan, der mit dick gepolsterten Hüften den offenen Wagen lenkte, eine uns Kindern vertraute Gestalt: ein Russe, fettleibig und in dunkelblauer Tracht, über der ein schwarzer Vollbart hing, sehr empfänglich, wenn man ihm eine dem Vater entführte Zigarre brachte, während er vor der russischen Kapelle hielt, die im Erdgeschoß des einstigen Hauses von Goethes Freundin Charlotte von Stein untergebracht war.

Dort traf ich wohl auch die beiden Söhne des Sängers der russischen Kapelle: der eine als Freund meines älteren Bruders damals in der Quarta, der andere als mein Freund in der Sexta des Gymnasiums. Durch sie kam ich dann auch in die echt russische Wohnung ihrer Familie. Die Zimmertüren waren ausgehängt, und zwischen jeder baumelte ein Vorhang aus glitzernden Glasperlen. Das Hauptstück des Wohnzimmers war ein gewaltiger Samowar, und wann wir auch kamen, wurde uns eine Tasse Tee gereicht, in die Frau Smirnow eine Art Kirschsyrup goß. Da glaubten wir dann, Rußland zu schmecken.

Ein paar Jahre später wohnte in der Pension, die sich im Erdgeschoß unseres Hauses befand, eine junge Russin, die der Ruf Weimars als der einstigen

Stadt Franz Liszts zum Studium an der Musikschule bestimmt hatte. Ich sehe ihr Zimmer noch deutlich vor mir: Das Klavier mit offenem Notenheft, ein paar Bücher, angelesen, mit aufgeklapptem Deckel auf Chaiselongue und Bett verteilt, und mindestens zwei Praliné-Schachteln. Sie bot großzügig an, aber die meisten Pralinés waren schon angebissen, und ich, etwa fünf Jahre jünger als sie, war noch nicht in dem Alter, daß ich gerade dieses als einen besonderen Reiz empfunden hätte.

Als Student machte ich im Philosophischen Kolleg die Bekanntschaft mit einem Russen von hoher geistiger Art, durch den ich dann auch in die russische Kolonie eingeführt und gelegentlich zu deren Veranstaltungen eingeladen wurde. Mein russischer Freund war kein geringerer als Fedor Stepun, der später zu den engsten Freunden Kerenskis gehörte und mit ihm versucht hat, die russische Revolution in Bahnen zu lenken, die das weite Reich und seine Völker viel enger an Europa angeschlossen hätten, als es dann später durch andere Machthaber geschah. Stepun mußte Rußland verlassen, erhielt eine Professur an der Technischen Hochschule in Dresden und zog später als Dozent und begehrter Vortragsredner nach München. In beiden Städten habe ich ihn und seine Frau Natascha gern besucht. Er, eine durch ihre Massigkeit imponierende Erscheinung, einst unvergeßlich eindrucksvoll, wenn er als Schauspieler auftrat, später ein Meister des Gesprächs, das er jedoch sehr schnell an sich riß und mit einer Art Vortrag beschloß, der den Partner zu einem Stück Publikum machte. Natascha war für mich der Inbegriff einer russischen Hausfrau, die den Erfolg ihrer Kochkunst am Gewicht des Hausherrn ablas und auch selbst immer mehr behaglich in die Breite ging. Das russische Denken, das eine betont philosophische Grundlage hat, ebenso aber eine erstaunliche Kraft zur Selbstdarstellung des Politikers und Redners, habe ich an Stepun kennengelernt, und auch seine Gutmütigkeit schien mir ein typisch russischer Zug. Natürlich bewunderte ich seine literarische Produktion, aber weder das Agitatorische noch das Populäre darin konnte mich zu jener Anhängerschaft veranlassen, die der in so liebenswerter Naivität am Beifall sich Freuende sich wünschte. Unserer Freundschaft hat das aber keinen Abbruch getan. In Stepuns Heidelberger Kreis mochte ich besonders eine schöne junge Russin, deren slawisches Temperament sich in seiner ganzen Leidenschaft beim Tanz offenbarte. Ich erinnere mich, wie ein Ungeschickter der Anuschka in dem Gewirr der tanzenden Paare, durch das ich die Schwebende zu geleiten suchte, ins Spitzenkleid trat. Mir erschien es echt russisch, daß sie da nicht etwa entsetzt war, sondern rief: »Oh, es muß alles kaputt gehen!«

Ein entscheidendes Rußlanderlebnis hatte ich jedoch, so seltsam es scheinen mag, in Paris. Von Aachen aus war ich im Frühjahr 1910 mit meiner jungen Frau dorthin gefahren. Wir begeisterten uns an der französischen

Kunst alter und neuer, ja neuester Zeit. Wir besuchten auch Julius Meier-Graefe, der in einem Atelier hoch über den Dächern von Paris vor dem riesigen Fenster seinen Arbeitstisch aufgebaut hatte und an einem seiner vielen kunstgeschichtlichen Bücher schrieb. Wir hatten gedacht, daß er uns allerlei über die moderne französische Kunst mitteilen würde, aber statt dessen ging sein Gespräch fast ausschließlich über Dostojewski. Auf dem Tisch lagen die beiden dicken Bände der kurz vorher erschienenen deutschen Übersetzung der Brüder Karamasoff, und er drückte jedem von uns einen Band in die Hand. Er könnte sie uns nur für wenige Tage leihen, aber wir müßten Dostojewski lesen, er sei die größte dichterische, ja wohl menschliche Erscheinung des verklingenden neunzehnten Jahrhunderts. Da saßen wir denn abends, wenn nicht eine Verabredung uns fernhielt, im Hotel Voltaire, darin einst Oscar Wilde gewohnt hatte, und waren gebannt von dem für uns ganz Neuen, was der bis zur Verzweiflung bohrende Ergründer des Seelenlebens zu geben hatte. Da ja so oft etwas vom Beruf des Vaters auf das Wesen des Sohnes übergeht, erschien uns Dostojewski, der Sohn eines Arztes, gleichsam als der in unbarmherziger Analyse suchende Entdecker der tiefsten Regungen des Menschen. Es war der stärkste Kontrast gegen die heitere Lebensluft Frankreichs, aber die Tiefe der Offenbarung war wohl gerade deshalb für uns so groß, weil in Dostojewskis Schaffen eine Religiosität aufglüht, die alles bisher über Gott und über das Leid Empfundene und Gedachte übersteigt. Aber das Niederdrückende in der Anklage gegen sich selbst belastete uns so, daß wir dann doch die Bände bald zurückbrachten, weil die heiteren Pariser Urlaubstage uns nicht gar zu sehr durch die Auseinandersetzung mit Dostojewski verdüstert werden sollten.

Aus meiner Heidelberger Studentenzeit stammte meine Bekanntschaft mit einem Russen, der noch in jüngerer Zeit im Kreis der Kunsthistoriker international bekannt war. Ich meine den Grafen Zuboff, von dem erzählt wurde, daß er in dem Hotel, in dem er als Student wohnte, ein Sektgelage gab, als er die Nachricht von einem verheerenden Brand auf seinem Gut erhalten hatte. Um in seiner russischen Heimat bleiben zu können, hat er später sein Stadtpalais mit seinem reichen Kunstbesitz dem Staat übereignet und ist ein bewährter Verwalter seiner eigenen Sammlung geworden.

Die Beschäftigung mit der russischen Kunst trat von nun an immer mehr in mein Leben. Während aber die Musikwerke eines Tschaikowsky mich schöpferisch beleben, muß ich gestehen, daß das Lesen russischer Literatur, zumal Tolstois und Gogols – so sehr es mir in einer Zeit, da in Deutschland ein Barlach schuf, notwendig wurde –, mich meist so niederdrückte, daß ich in Zeiten, da ich mich mit den großen Schriftstellern Rußlands beschäftigte, selbst geistig unproduktiv blieb. Eine mir fremde Welt starrte mich an, die so ganz anders war als das, was mir die westeuropäische Literatur immer wieder gab.

Vom innersten Wesen Rußlands vermittelten mir die feierlich-strengen Ikonen den entscheidenden Eindruck. In der historischen und realistischen Malerei des 19. Jahrhunderts fand ich davon keinen Widerklang. Ein anderes russisches Motiv, die bäuerliche Sinnlichkeit und Buntheit, empfand ich in der intensiven, aus dem Dunkel aufleuchtenden Farbigkeit Jawlenskys und in der abstrakten Musikalität der Bilder und Graphiken Kandinskys. Mit beiden Malern verband mich Freundschaft. Aber sie waren ihrem Schaffen nach für mich mehr Europäer als Russen. Weit mehr russisch in Erscheinung und Temperament wirkte die Malerin Marianne von Werefkin, mit der ich in München durch die Maler der Neuen Künstlervereinigung, zu der auch Jawlensky gehörte, bekannt wurde. Sie hatte einen drastischen Humor, der zugleich mit endgültiger Sicherheit urteilen und verurteilen konnte, wenn sie etwa von einem Malerkollegen, der kurz nach seiner Verheiratung das Bild einer blonden Kuh gemalt hatte, sagte: »Das Bild ist das Erlebnis seiner Ehe.«

Während Jawlensky, der in einem vornehmen russischen Kavallerie-Regiment Offizier gewesen war, auch als Maler in Deutschland sich sehr wohl noch ein Stück Russentum bewahrt hatte, erschien mir der große Komponist Igor Strawinsky zunächst so international, daß man seine Beziehung zu dem alten Zarenreich völlig vergessen konnte. Ich lernte ihn durch Furtwängler kennen, der als einer der ersten in Deutschland für sein Schaffen eintrat. Seitdem habe ich jede Gelegenheit benutzt, Werk um Werk des großen Neuerers zu hören, und in der Rhythmik seiner Musik wie auch in der Verbindung mit dem Ballett das Russische an ihm erkannt.

Diese Gestalten haben mich durch viele Jahre begleitet, vor und nach der großen Wandlung des Jahres 1917. Es war das Jahr von Lenins Sieg, der der verhängnisvollen, gleichsam in verschiedenen Zeitepochen verwurzelten Vielschichtigkeit der einzelnen Klassen der Bevölkerung ein Ende bereitete. Denn die Frömmigkeit Rußlands und die Welt seiner Priester erschien – ebenso wie das Bauerntum – noch mittelalterlich, das Zarentum absolutistisch, der Adel lebte in Gedankengängen des 18. Jahrhunderts, und das Bürgertum war vom 19. Jahrhundert bestimmt. Solche Fragen besprach ich mit dem ersten russischen Kollegen meines Berufes, der mich zu Beginn der zwanziger Jahre in Berlin besuchte: mit dem Museumsdirektor Schmidt aus Leningrad. Er baute in Berlin eine Ikonen-Ausstellung auf, für die ich mich einsetzte und die ich auch im Rundfunk besprach.

Ergänzt wurden diese Gespräche, als ich bald danach einen der Mitarbeiter Lenins, den für das Bildungswesen und somit auch für die Kunst Rußlands zuständigen Volkskommissar Lunatscharskij, kennenlernte und, soweit sich das bei unserer Verschiedenheit sagen läßt, seine Freundschaft gewann. Während meiner Tätigkeit als Reichskunstwart hatte ich, meinem eigensten Interesse entsprechend, sehr bald Fühlung mit den in Berlin tätigen

Mitgliedern nicht nur der Botschaft, sondern auch der Handelsvertretung, in deren Räumen man Proben einer der Volkskunst nahestehenden Handwerkskultur sah. Beim Botschafter Kressenski war ich nicht nur zu den großen offiziellen Gelegenheiten, sondern auch im kleineren Kreis eingeladen. Es war sehr anzuerkennen, daß die Frau des Diplomaten ihrer Ausbildung entsprechend als Ärztin in einem Berliner Krankenhaus tätig war. Die erwähnte Freundschaft mit Lunatscharskij – der freilich von Professor Stepun als einem Freund Kerenskis nicht viel wissen wollte – habe ich um die Mitte der zwanziger Jahre geschlossen. Der Volkskommissar suchte mich in meinem Ministerium auf und bat mich, ihm einen Einblick in die Architektur und die bildende Kunst des modernen Deutschland zu verschaffen. Ich sorgte dafür, daß er Peter Behrens und Max Slevogt kennenlernte und fuhr mit ihm und dem so anregenden Architekten Bruno Taut und dem Stadtbaurat Wagner nach Britz, wo die hufeisenförmig angelegte Siedlung in ihrer Gesamtgestaltung, aber auch in der Anlage der Wohnungen großen Eindruck auf ihn machte. Seine Frau, eine gepflegte, durchaus international wirkende Erscheinung, hatte – selbst Schauspielerin – vor allem Interesse am Theater. Als beide einmal bei uns, noch am Pariser Platz, zu Gaste waren, erstaunte ich, mit welcher Sicherheit sie unter den mindestens fünfzehntausend aufgereihten Büchern auf den schmalen Band von Racines Phädra schoß: »Phädra zu spielen wäre ein Hauptziel meines Lebens!«

Lunatscharskij äußerte das Verlangen, mit einer Reihe von Vertretern des kulturellen Lebens zu einem Diskussionsabend zusammenzukommen. Mit Hilfe der Gesellschaft der Freunde des neuen Rußland und des Deutschen Werkbundes veranstaltete ich einen solchen Abend. Ich erinnere mich nicht mehr an die Personen, die zugegen waren, mit Ausnahme von Bruno Taut, der bei solchen Gelegenheiten glänzte. Sehr wohl aber erinnere ich mich an die gegensätzliche Auffassung, die bei aller persönlichen Herzlichkeit zwischen Lunatscharskij und mir zutage trat. Das von ihm vorgeschlagene Thema »Der Künstler in der Gesellschaft unserer Zeit« eröffnete ich mit der These, daß der Künstler seiner Zeit voraus sei und durch sein Schaffen prophetisch die ersten Anzeichen einer neuen Zukunft erkennen lasse. Daraus folge, daß man dem Künstler im Sinne dieser Berufung völlige Freiheit lassen müsse, die Gesellschaft habe im Grunde mehr von ihm zu lernen als er von der Gesellschaft. Der russische Volkskommissar vertrat eine völlig andere Auffassung: Das möge in Deutschland und anderen westlichen Ländern so sein, weil da die gesellschaftliche – und das hieße die staatliche – Gestaltung noch zurück sei. Was aber in Rußland politisch und sozial geschehen sei, sei so groß und umwälzend, daß der Künstler genug damit zu tun habe, das von den Politikern Geleistete auszudeuten und darzustellen. Also der Staat ginge voran, der Künstler habe zu folgen, das bestimme sein

Verhältnis zur Gesellschaft und gebe dem Staat Recht und Verpflichtung, die Kunst und die Erziehung zu dirigieren. Eine Einigung zwischen den so ersichtlichen Gegensätzen, wie Bruno Taut sie versuchte, war nicht möglich, und Lunatscharskij begnügte sich – da wir ja nicht streiten, sondern voneinander erfahren und lernen wollten – mit der Feststellung, daß es in Rußland anders sei, weil seiner Auffassung nach Rußland durch die Revolution des Jahres 1917 der ganzen Menschheit vorangegangen sei.

Von den großen Dichtern Rußlands bin ich wenigstens einem begegnet: Maxim Gorki, dem Freund von Lunatscharskij. Max Reinhardt machte uns in einer Probe zum »Nachtasyl« bekannt, einer Vorstellung, die mir durch Moissis im Gefühl zerfließende und dadurch echt russische Art unvergeßlich ist. Gorki freilich wirkte hart und nicht aus Stolz, sondern aus Ungeschick unnahbar. Er sah – was an sich für ihn sprechen mochte – so einfach und volksnah aus wie ein eben von einer Straße Moskaus hereingeholter Arbeiter, und es war zu merken, daß er außer seiner eigenen keine andere Sprache auch nur mit einigen Worten anwenden konnte. Ich weiß nicht mehr, ob es Moissi oder ein anderer war, der eine Art Unterhaltung durch Übersetzen in Gang zu bringen suchte. Das Gespräch betraf den Gegensatz zwischen naturalistischer und ästhetischer Kunst, und Gorki ließ etwas übersetzen, was ich zunächst falsch verstand. Es klang in seiner dem Deutschen fremden Aussprache, als sage er: »Was war, muß vergehen ...« Aber Moissi sagte mit seiner unvergleichlich klangvollen Stimme, Gorki meine: »Was wahr ist, ist schön ...« Diesen Ausspruch konnten wir wie ein Geschenk hinnehmen, das der Russe uns gab.

Als die Russen im Frühling des Jahres 1945 Berlin erobert hatten, lernten wir sie aus der Perspektive der Besiegten in einer Weise kennen, die wohl mehr für den Krieg und seine Folgen als für die Nationalität der Sieger kennzeichnend ist. Charakteristisch erschienen uns allerdings manche Einzelzüge, wobei Gutmütigkeit und Härte oft in schroffem Gegensatz standen. Mitunter freilich merkten wir, wie weit nach Asien Rußland ausgreift. Scherzend machte ich den Vers:

> Betracht ich Europa im Ganzen
> So sind es Asiens Fransen.

Familientradition

Gemeinhin pflegen Autoren ihre Lebensbeschreibung in behaglichem Rückblick auf ihre Vorfahren zu beginnen. Im Verlauf des Lebens ist es aber meist so, daß man in seiner Jugend nur wenig Sinn für die Geschichte der eigenen Familie hat und erst in gereiften Jahren, und dies auch oft mehr für die Kinder als für sich selbst, der Frage nachgeht, woher man stammt.

In meiner Jugendzeit vergegenwärtigte mir allenfalls eine Trophäe an der Wand des väterlichen Arbeitszimmers ein Stück Familiengeschichte: Dort hing ein altes, mit kostbarer Einlegearbeit geschmücktes Gewehr, das noch aus dem 17. Jahrhundert stammte und an die Jagdliebhaberei der unmittelbar nach dem Dreißigjährigen Krieg vom Kaiser geadelten Vorfahren meiner Familie erinnerte, die ihr Gut in Liebenau, nicht weit von Torgau an der Elbe, hatten. Den Lauf der Flinte kreuzte ein Ehrenhirschfänger, den der Weimarer Großherzog Karl Friedrich einst meinem Großvater verliehen hatte, nachdem dieser einen auf Tod und Leben geführten Kampf mit einem gefürchteten Wilderer bestanden hatte. Ein paar Pulverhörner aus alter Zeit vollendeten das jagdliche Bild. Über der Gruppe prangte ein vielbewundertes Hirschgeweih, eine Erinnerung an meinen Großvater Redslob, einen weimarischen Forstmann, dessen früher Tod die jagdliche Tradition der Familie unterbrochen hatte, die mein Bruder dann wieder aufnahm.

Ich wußte auch von Beziehungen der Familie zu Goethe. Als Goethe dafür Sorge trug, das Städtchen Berka an der Ilm wegen einer entdeckten Schwefelquelle in einen Badeort zu verwandeln, gehörte mein Urgroßvater, der Wildmeister Johann Gottlieb Botz, mit in die dafür bestellte Kommission. Goethe kannte ihn damals schon lange, da ihm, ehe er nach Troistedt kam, die Baumschule für den Park von Weimar anvertraut war, die gegenüber dem Stadtgarten des Dichters an der Ackerwand lag.

Dieser mein Urgroßvater, um die Mitte des 19. Jahrhunderts in seiner Forstmeisterei Troistedt zwischen Weimar und Berka verstorben, muß eine höchst originelle Persönlichkeit gewesen sein. Als Anekdotenerzähler wie auch als Vater schöner Töchter, deren schönste meine Großmutter war, erfreute er sich so großer Beliebtheit, daß noch in meiner Jugend die Erinnerung an ihn lebendig war. Ein Bild des Urgroßvaters, wie er, das Gewehr über der Schulter und die Pfeife im Mund, auf seinem Schimmel, gefolgt von dem Schweißhund Barth, durch sein Revier reitet, hing an der einen Seite neben der Trophäe. Ihm entsprach auf der anderen Seite ein zweites Bild, das seinen hohen und schmalen Kopf mit dem Rohr der langen Pfeife in dem verschmitzt lächelnden Munde zeigt. Ich soll ihm so ähnlich gesehen haben, daß ich als Kind mein weißblondes Haar nur durcheinander zu wirren brauchte, um zu sagen, ich bin der alte Botz, und dem wurde zugestimmt, obwohl man ihn in der Familie nur noch von Bildern kannte. Nun ist es ja so, daß man gemeinhin aus väterlicher und mütterlicher Seite von den Vorfahren her ihnen ähnliche Züge des Gesichtes und des Charakters hat, und ich soll so aussehen, als habe mein Urgroßvater Botz den einen und meine Mutter den anderen Anteil gegeben.

Im Hinblick auf die Ähnlichkeit mit meinem Urgroßvater hatte ich noch im Jahre meiner Verheiratung ein bezeichnendes Erlebnis. Der Inhaber eines Tapetengeschäftes in Weimar hatte sich zugleich ein Antiquariat zugelegt. Da er gerade eine Reihe schöner, aus einem einst auch von Goethe oft besuchten Berkaer Haushalt stammender Mahagonimöbel zu verkaufen hatte, die für unseren jungen Hausstand geeignet erschienen, hatte ich ihn aufgesucht. Ich hatte kaum beachtet, daß in der erhöhten Fensternische eine alte Frau saß, die Mutter des Händlers, die mich nun plötzlich ansprach. Es klang ganz fern und versonnen, wie sie sagte: »Sie erinnern mich so an jemanden. Es ist ja eigentlich nicht der Herr Baurat, es ist noch mehr sein Vater, der Herr Wildmeister.« Nun wurde ich stutzig und sagte: »Wen meinen Sie denn, vielleicht stimmt es.« Da klang es aus der Fensternische: »Es sind ja auch gar nicht so die einzelnen Züge, der Herr Wildmeister war, als ich noch ein junges Ding war, schon ein alter Herr, aber es ist genau dasselbe Lächeln.« »Nun sagen sie doch, wen Sie meinen.« »Das will ich ja gerade erzählen. Meine Eltern besaßen den Gasthof von Süssenhorn, an der Landstraße zwischen Weimar und Jena, und wenn der Herr Wildmeister nach Jena fuhr, um seinen Sohn dort zu besuchen, der ein angesehener Baurat war, spannte er bei uns aus, und ich durfte ihn bedienen.« »Nun sagen Sie bloß noch, der alte Botz, und dann haben Sie getroffen, denn der war mein Urgroßvater.«

Im Verlaufe der Zeit kamen neue Erinnerungen. Bald nach dem ersten Weltkrieg hielt ich in Weimar bei einer Tagung der Deutschen Gesellschaft für Gartenkunst einen Vortrag über Goethes Beziehungen zu dem Beruf der Versammelten. Unter den Hörern war ein Mitglied der Familie Sckell, von der meine Urgroßeltern Botz in zwei Ahnenreihen abstammten. Meiner Erinnerung nach war dieser Sckell damals der Gartendirektor des Parks von Weimar, jedenfalls wohnte er in der Hofgärtnerei, und zwar im ersten Stock, während im unteren die von mir bereits geschilderte Wohnung von Franz Liszt als Museum gehütet wurde. Für diese Familie Sckell begann ich mich nun zu interessieren. Der Name ist als Verballhornung aus einem schwedischen entstanden, den ein Kapitän des Dreißigjährigen Krieges trug, der in Deutschland seßhaft wurde. Vor den berühmten Namen der deutschen Gartenkunst der klassisch-romantischen Zeit, Peter Lenné und Fürst Pückler, steht der Name Ludwig von Sckell, der den Englischen Garten zu München angelegt und schon 1810 ein grundlegendes Buch über die landschaftliche Gartenkunst verfaßt hat. Er stand dem König Ludwig I. von Bayern nahe, für den er auch die unvergleichlich schönen landschaftlichen Anlagen geschaffen hat, die den barocken Teil vor dem Schloß Nymphenburg so wirkungsvoll umrahmen. Auch die landschaftlichen Teile des Schwetzinger Parks sind ein Beispiel seiner gestaltenden Kunst, von der mir Wölfflin in einem Gespräch erklärte, welche Bedeutung ihr nicht nur für die Gartenkunst, sondern auch für die Entwicklung der deutschen Landschaftsmalerei zukäme. An sein Wirken erinnert noch heute der Sckell-Ring, der zur Anerkennung hervorragender Leistungen auf dem Gebiet der Garten- und Landschaftsgestaltung verliehen wird. Der Thüringer Zweig dieser Familie kam von Eisenach nach Weimar; mit mehreren ihrer Mitglieder stand Goethe in so enger Beziehung, daß mir sein Ausspruch über sie noch heute als ein Vermächtnis erscheinen darf. Goethe spricht von den für ihn als Naturwissenschaftler beachtlichen Männern »der Weimarer Jägerei« und sagt: »unter denen der Name Sckell in Segen steht«.

Ich erfuhr dann auch die Geschichte von August Sckell, Patensohn Carl Augusts, dem auf des Großherzogs Wunsch Goethe ausgeredet hat, Theologie zu studieren. Er müsse sich dann früh und ehe seine eigene Entwicklung zu Ende wäre, an bestimmte Glaubenssätze binden und könne doch Gott in der freien Natur und in dem Beruf seiner Vorfahren weit besser dienen. Goethe schickte ihn zu dem ihm befreundeten Naturwissenschaftler Blumenbach nach Göttingen, damit er erst einmal eine im Sinne des Berufes seiner Familie gelegene Wissenschaft betreibe, bis er dann als Inspektor der Schlösser und Gärten von Dornburg hoch über der Saale eine behagliche Existenz fand. Friedrich Meinecke hat ihn noch gekannt und in mündlicher Erzählung erfahren, was dieser Bescheidenste in der Reihe der Sckells in seinen Erinnerungen an Goethes mehrmonatigen Aufenthalt in Dornburg nach Carl Augusts Tod im Jahre 1828 einem liebenswerten kleinen Buch anvertraut hat. So führt also die Geschichte der Familie in die Jagdreviere von Thüringen und in die Parks der Goethezeit, wie auch nach Süddeutschland.

Als ich 1920 nach Berlin gekommen war, ergab es sich ganz von selbst, daß ich auch allerlei über meine Vorfahren aus dem 16. und 17. Jahrhundert erfuhr, die der Stadt Berlin zwei Bürgermeister und mehrere Ratsherren, ja sogar einen Kämmerer gestellt haben. Das Wappen der Familie zeigt ein austeigendes Böckchen vor rotem Grund. Es deutet auf die Herkunft der Familie aus Jüterbog. Dort gibt es seit fast vierhundert Jahren einen Redslob-Wald und einen alten Sitz der Familie und noch heute mehrere Träger des Namens, die ein Sohn meines älteren Bruders in den dreißiger Jahren aufgesucht hat. Wie Rothenburg o. d. Tauber, so bewahrt auch Jüterbog die

Erinnerung an einen Bürgermeister, der in der Schreckenszeit des Dreißig-jährigen Krieges seine Stadt vor der Einäscherung durch die kaiserliche Soldateska bewahrt hat. Dieser Bürgermeister war ein Redslob. Der kaiser-liche General hatte nach der Eroberung der Stadt schon an vier Ecken Holzstöße anzünden lassen, deren Flammen sie vernichten sollten. Der Bürgermeister bat so eindrucksvoll um Gnade, daß der General sagte, wenn er mit seinen schönen Schnallenschuhen durch das schon angezündete Feuer spränge, würde er die Stadt verschonen. Der Bürgermeister wagte den Sprung und rettete seine Stadt. Es gibt sogar ein Festspiel darüber, das ein dortiger geistlicher Herr geschrieben hat.

Ich war noch gar nicht lange nach Berlin übergesiedelt, als mich der Pfarrer der Marienkirche, des alten Gotteshauses der Bürger, besuchte und fragte, ob ich der Familie des Heinrich Retzlow angehöre, dessen Gedächtnis dort durch ein großes Epitaph erhalten wird. Auch hier ist wie der an eine als Segen der Ahnen mir erzählte Geschichte zu erinnern. Auf dem im Jahre 1642 entstandenen großen, von reichen Architekturteilen in Holz umrahm-ten Bild ist die Himmelsleiter dargestellt, unter der der vollbärtige Mann, der während des Dreißigjährigen Krieges die Bürde des Bürgermeisters trug, im Schlafe liegt. Er sieht im Traum die Engel zu Gottvater emporsteigen. Das religiöse Thema des Epitaphs heißt also Jacobs Traum. Im Konfirmanden-unterricht frage er – so erzählte der Pfarrer –,wer träumt, und die Antwort pflege zu lauten: Jacob träumt. Nun mache er den Kindern klar, was das Bild bedeute: die Überwindung des Todes durch den Aufstieg in den Himmel, wovon der im Todesschlaf Liegende im Traume erfüllt sei. Dann frage er noch einmal – also: Wer träumt – und jetzt laute die Antwort: »Retzlow träumt.« Wehmütig ist ein anderes Zeugnis der Vergangenheit. In der Nicolai-Kirche zu Spandau steht ein um 1602 gemeißelter Grabstein einer geborenen »Retzlo«, einer schlanken Gestalt, die ihre auffallend feingliedrige Hand auf den Rand eines der beiden vor ihr aufgerichteten Kindergrabsteine legt. Sie war die Frau eines der höchsten Zivilbeamten des Kurfürsten, der Heinecke hieß, also einen echt märkischen Namen trug.

Ein anderer Retzlow erscheint neben Christus und den Jüngern auf einer Abendmahlsdarstellung des 17. Jahrhunderts in Luckau, so daß also auch hier die Verbindung der Familie mit der Mark Brandenburg ersichtlich wird. Der Name wird verschieden gedeutet. Die einen halten ihn für eine slavische Veränderung eines germanischen Vornamens und machen wahrscheinlich, daß die Retzlows als Hussiten zu Beginn des 15. Jahrhunderts von Böhmen nach Bernau in der Mark Brandenburg und später nach Berlin kamen; mein Kollege an der Freien Universität Berlin, der kenntnisreiche Slavist Vasmer, erklärte ihn als slavisch, und zwar mit der Bedeutung »der des Ruhmes sich Freuende«.

Eingang zu Redslobs
Wohnhaus
in Babelsberg

Der Name Redslob lebt weiter in den Enkelkindern meines verstorbenen Bruders, der durch seinen Beruf als Oberforstmeister einer Tradition der Familie gefolgt war.

Für meine beiden Töchter, Ottilie und Sibylle, kommt noch die Tradition der Familie von seiten ihrer Mutter dazu. Die Großmutter meiner Frau war eine geborene Völkel. Sie war die Tochter des Geheimrats Ludwig Völkel, der bei der Schwiegertochter des Goethe-Herzogs Carl August, Maria Pawlowna, die als Großfürstin und Schwester zweier Zaren über hohe Einkünfte verfügte, als Kabinettssekretär und Vermögensverwalter, Schatullier also, tätig war. Sein Vater war in Kassel Vorgänger der Brüder Grimm gewesen; er hatte dort nicht nur die Bibliothek, sondern auch das Museum geleitet. Charlotte Völkel wuchs mit den Enkeln Goethes und dem jungen Prinzen Carl Alexander als Spielgefährten auf und wußte noch viel von Goethe und dem Goethehaus zu erzählen. Die wiederholten Anträge von Goethes Enkel Walter, Frau von Goethe zu werden, lehnte sie ab, blieb ihm aber durch ein langes Leben in Freundschaft verbunden. Goethes Schwiegertochter Ottilie, der sie besonders nahestand, vermittelte dann ihre Vermählung mit Louis Hardtmuth in Wien, dessen Name noch heute auf dem einst so bekannten Koh-i-noor-Bleistift der von ihm und seinem Bruder Carl gegründeten Weltfirma erscheint. Louis Hardtmuth zog später mit seiner um etwa zwei Jahrzehnte jüngeren Frau in deren neben Schillers letzter Wohnung gelegenes Elternhaus nach Weimar. Sein Sohn, nach seinem Paten, dem Enkel Goethes, Walter getauft, wurde Jurist im Rheinland, woher die Mutter meiner Frau stammt.

Louis Hardtmuth, zu Beginn des 19. Jahrhunderts geboren, war der Sohn des einst berühmten Architekten des Klassizismus, der als Baudirektor der Fürsten Liechtenstein in der Herrengasse zu Wien die damals als ein Vorbild angesehene fürstliche Bibliothek gebaut hat, die leider abgerissen worden ist. Er war mit Mozart befreundet und soll ihn hinsichtlich der Szenerie zur Zauberflöte beraten haben. Louis Hardtmuth stand Beethoven so nahe, daß er in fast allen seiner Proben war und oft auch als Geiger mitwirkte. Er war Schüler des berühmten Schuppanzigh, hatte sich aber an der Hand so verletzt, daß er selbst den Beruf des Musikers nicht ergreifen konnte. Sein naher Freund war der um wenige Jahre ältere Franz Schubert. Louis Hardtmuth hat in seinem Tagebuch eine ergreifende Schilderung von der Beerdigung Beethovens im Jahre 1827 hinterlassen, an der er Seite an Seite mit Franz Schubert teilnahm. Im Jahr darauf wurde Franz Schubert neben dem Hardtmuthschen Familiengrab beigesetzt, das neben dem Grab Beethovens lag. Der Friedhof wurde leider später mit Rücksicht auf die Stadterweiterung aufgelöst. Auch sonst hat der Urgroßvater meiner Töchter Erinnerungen an Beethoven aufgezeichnet.

Seine Witwe, die fast 90 Jahre alt wurde, hat mir noch ihre Erinnerungen an Goethe erzählt. Unvergeßlich sind mir, mehr als manche Erörterung aus späterer Zeit, die drei Worte, mit denen sie meine Frage beantwortete: »Wie war Goethe?« Die Worte lauteten: »So ganz geheimnisvoll.« Wir bewahren auch noch den von Ottilies Schwester geschriebenen Theaterzettel der letzten Aufführung, die vor Goethe stattfand. Da trat die junge Charlotte Völkel als Dorothea in seinem Singspiel Die Fischerin auf. Sie bekam zur Belohnung eine – damals seltene – Orange und einen Kuß.

Während der letzten Krankheit Goethes waren die beiden Enkelsöhne, Walter und Wolfgang, bei der Großmutter, der Gräfin Henckel-Donnersmark, untergebracht. Sie wohnte in der zweiten Etage des Völkelschen Hauses in der Esplanade, neben dem Schillerhaus. Ich habe an anderer Stelle, nämlich in meinem Buch »Garten der Erinnerung«, erzählt, daß Ottilie die drei Kinder eine geraume Zeit Totenwache am offenen Sarge Goethes halten ließ. Die kleine Charlotte Völkel vermochte es nicht, in die bleichen Züge des Toten zu sehen, aber sie beschrieb uns seine Hände. Sterbend hatte Goethe mit der rechten noch Bewegungen eines Schreibenden, mit der linken die eines hingegeben Schöpfenden gemacht. Nun hatte Ottilie es nicht vermocht, die Hände zu falten. Das Kind aber hatte angesichts dieser Hände die Scheu vor dem Tode verloren. Sie drückte es er-

208

greifend aus: »Gleich hohen Sinnbildern der Arbeit lagen sie nun still aus-
ruhend nebeneinander.« Mir wurden diese Erinnerungen einer Frau, die
Goethe noch gekannt hat, in der Zeit, da ich um ihre Enkelin warb, ein
heiliges Vermächtnis.

Der Deutsche Werkbund

Wer die Kulturgeschichte des frühen 20. Jahrhunderts erfassen will, darf
nicht versäumen, sich an die Bestrebungen des Deutschen Werkbundes zu
erinnern, der im Jahre 1908 gegründet wurde. In ihm schlossen sich führende
Meister auf dem Gebiet der Architektur und des Kunstgewerbes mit aktiven
Kunstfreunden und Herstellern zusammen, um eine Formgebung zu entwickeln und zu vertreten, die der eigenen Zeit entsprach und nicht mehr wie
die Baukunst und das Kunsthandwerk des 19. Jahrhunderts auf Nachahmung
alter Stilformen gestellt war. Der Werkbund hatte seine Hauptgeschäftsstelle
in Berlin. Sein Vorsitzender Bruckmann lebte, wie bereits erwähnt, in Heilbronn und sorgte besonders für das schwäbische und fränkische Gebiet. In
München war, ausgehend von der wegbereitenden Bedeutung eines Architekten und Kunstgewerblers wie Richard Riemerschmid, besonders das
Kunstgewerbe entscheidend vertreten. Geschäftsführer in Berlin war
zunächst Ernst Jäckh, der als Redakteur der vorher von ihm in Heilbronn
geleiteten Zeitung in erster Linie Politiker war. Nicht im Sinne der Partei-
politik, sondern in dem Bemühen, Behörden und Industrielle für die Bestrebungen des Werkbundes zu gewinnen. Die Darstellung der Geschichte
dieses Bundes und in Parallele dazu für die freischaffenden Maler und Bildhauer des Deutschen Künstlerbundes und etwa noch für die Rheinlande des
in Düsseldorf gegründeten Sonderbundes würde ein Buch für sich bean-
spruchen. Für die hier gestellte Aufgabe genügt es, wenigstens an einige mir
befreundete Persönlichkeiten zu erinnern, die dem Werkbund und damit der
künstlerischen Gestaltung des Lebens vor und nach dem ersten Weltkrieg das
Gepräge gaben.
    Einer der führenden Männer im Vorstand des Werkbundes war Peter
Behrens. Nicht durch das Studium an einer Technischen Hochschule, viel-

Das 1909 von Peter Behrens errichtete AEG-Gebäude in Berlin

mehr durch eigene Kraft entwickelte er sich zu einem Baukünstler großen Stiles, der durch seine Werke die Hinwendung der Zeit zur Industrie erfüllte. Schon im Jahre 1909 hatte er, bewußt die Ideen des neugegründeten Werkbundes vertretend, seine Bautätigkeit für die Allgemeine Elektricitäts-Gesellschaft in Berlin, die AEG, begonnen und jene Turbinenhalle errichtet, die wie ein für Maschinen erbauter Tempel zum Sinnbild einer neuen Epoche wurde. Seiner großzügigen Art gelang es, den neuen Stil des von der Industrie aus bestimmten Lebens auch in den Verwaltungsgebäuden für Mannesmann und für die Höchster Farbwerke zu erfüllen. Die Bauten für Höchst, in monumentaler Größe und Geschlossenheit um das Motiv von Turm und Brücke konzentriert, waren das erste große Bauunternehmen, dessen Ausführung bald nach Beendigung des ersten Weltkrieges begann. Behrens hatte, der zeitgeschichtlichen Verpflichtung entsprechend, den Eingangsraum zu einer Gedenkhalle für die Gefallenen der Höchster Werke gestaltet und mich zum Gutachter vorgeschlagen, um durchzusetzen, daß hier eine in ihrer Innerlichkeit und Verhaltenheit so eindrucksvolle Plastik Richard Scheibes aufgestellt wurde. Ich erhielt dadurch Gelegenheit, die großzügige Arbeitsart und Gestaltungskraft der beiden an sich so verschiedenen Künstler unmittelbar zu erleben.

Als wir um die Mitte des Jahrzehntes vom Pariser Platz nach Babelsberg zogen, wurden wir Nachbarn von Peter Behrens, so daß ich an seinem Schaffen ständig Anteil nehmen konnte. Er hatte seiner Wohnung im Erdmannshof einen großen Atelierraum vorgebaut, für dessen Fensterwand er Bauteile eines von Schinkel errichteten, leider abgerissenen Hauses verwandte. Hier haben Gropius und Mies van der Rohe eine Zeitlang bei Peter Behrens gearbeitet und zugleich etwas von der guten Berliner Tradition in sich aufgenommen. Der Hang zur Größe, der Peter Behrens' Wesen entsprach, drückte sich auch in der Bepflanzung seines Gartens aus: Mit sicherem Instinkt hat er, zumeist von dem Staudenzüchter Förster in Bornim bei Potsdam, besondere Prachtexemplare von Pflanzen erworben, so daß man auch im Garten in der Welt von Peter Behrens beheimatet war. Leider kühlten sich unsere nachbarlichen Beziehungen später ab, da der alternde Künstler meine schroffe Ablehnung der Ideen Hitlers nicht mehr begriff.

Ganz anders und doch auch auf seine Weise genial war Hans Poelzig. Im Gegensatz zu dem hanseatischen Gepräge, das dem stattlichen Peter Behrens eignete, war er, der als Pensionär im Pfarrhaus am Stölpchensee aufgewachsen war, in der Schlagfertigkeit und Drastik seines Humors und in seiner temperamentvollen Beweglichkeit ein echter Berliner. In den Sitzungen des Werkbundes war er gefürchtet, weil er jede Schwäche in den Ausführungen eines reformwütigen Idealisten sofort erkannte und der Lächerlichkeit preisgab. Das entsprach seiner berlinischen Art, jede Übertreibung zu entlarven. Für mich gab es zwei Poelzigs: Der eine war der geniale künstlerische Gestalter, der von Ideen zur Lösung der gestellten Bauaufgaben geradezu übersprudelte und mit einer Konzentration am Werke war, wie sie nur großen schöpferischen Geistern zu eigen ist. Den anderen, von Humor überquellenden, hatte ich Poelzig-Buffo getauft, an den Sänger komischer Rollen in der Oper erinnernd.

Den Architekten Poelzig, über den Theodor Heuss, der eine Zeitlang Geschäftsführer der Berliner Werkbund-Zentrale war, eine warmherzige Monographie geschrieben hat, zeichnete, in spürbarem Gegensatz zu der statuarischen Geschlossenheit, die Peter Behrens bevorzugte, ein Instinkt für das im Bau zu gestaltende Bewegungsmotiv aus, wie es seit dem endenden 18. Jahrhundert den Architekten völlig abhanden gekommen zu sein schien. Man denke an das große Verwaltungsgebäude der IG-Farben in Frankfurt am Main mit dem geschwungenen Flur und den aus ihm herausragenden Bastionen für die einzelnen Abteilungen. Man denke auch an das Funkhaus in Berlin, jetzt Haus des Rundfunks, dessen Fülle an Einzelräumen der großzügige Plan Poelzigs so übersichtlich zusammenfaßt. In seiner Arbeit als Architekt war der Meister, der auch in Schlesien und als Stadtbaurat von Dresden Hervorragendes geleistet hat, nur ein einziges Mal mehr Poelzig-Buffo als Poelzig, als er gleich nach dem ersten Weltkrieg durch einen gar zu kühnen Umbau für Max Reinhardt das Große Schauspielhaus in Berlin, am Spreeufer, das Theater der Dreitausend, gestaltete, dessen übergroße Bühne von der Regie nie ganz gemeistert werden konnte. Trotzdem war auch hier in dem bengalisch beleuchteten Stalaktiten-Gebilde etwas von jener Genialität zu spüren, die Hans Poelzig eignete.

Unter den Heroen des Werkbundes wäre auch Bruno Paul zu nennen, der es in so einzigartiger Weise verstand, durch seine Bauten und ebenso durch die das Raumbild der Zimmer gestaltenden typisierten Möbel dem Lebensstil unserer Zeit, für den das Büro soviel mehr bedeutet als der Salon, die sachlich entsprechende Form zu finden. Es ließen sich noch viele Namen aufreihen, aber das Ziel der Betrachtung ist für unser Buch erreicht, wenn wir anhand besonders eindrucksvoller Beispiele uns klarmachen, welche Fülle von künstlerischen Begabungen vor und zwischen den beiden Weltkriegen in Deutschland lebendig war, bis dann der Nationalsozialismus eine Blütezeit vernichtete, an die wieder anzuknüpfen für die zweite Hälfte unseres Jahrhunderts eine wesentliche Aufgabe wurde.

Als ich im Anfang der zwanziger Jahre in Essen einen Vortrag zu halten hatte, darin auch Fragen des Städtebaues und der Landesplanung zu behandeln waren, zeigte mir der Oberbürgermeister Hans Luther, der später Reichskanzler wurde, einige der im Umkreis der Stadt entstandenen Wohnviertel. Auf der Fahrt aus der Altstadt hinaus ließ er den Wagen plötzlich halten und zeigte auf eine in einem Vorgarten stehende spärliche Tanne: »Das ist der erste Nadelbaum, den wir im Umkreis der Stadt sehen. Im Inneren ist die Luft so durchsetzt mit schädlichen Stoffen, daß keine Konifere gedeiht.« Ich dachte zurück an Gespräche mit dem erst kürzlich verstorbenen Karl Ernst Osthaus und hatte dann ein ernstes Gespräch mit Luther, durch das wir uns klarmachten, wie sehr das Wort homo homini lupus – der Mensch ist dem Menschen ein Wolf – ganz neue Aufgaben für den Umgang mit Erde, Wasser und Luft darstelle, die zu erkennen man leider viel zu spät begonnen habe. Ich habe mich mit der Beobachtung, wie gedankenlos der Mensch die Lebensbedingungen auf der Erde verschlechtert, dann immer wieder beschäftigt, mußte aber feststellen, wie wenig an notwendigen Entscheidungen unter dem Gesichtspunkt der Einsicht rechtzeitig in Angriff genommen werden. Erst die Notwendigkeit zwingt schließlich dazu, so daß die Entwicklung immer wieder von Zerstörung zu Zerstörung schreitet. Es kommt also für die letzten Jahrzehnte des zwanzigsten Jahrhunderts alles darauf an, daß sich die Einsicht durchsetzt, ehe die Notwendigkeit zum Notstand wurde, und daß möglichst viele Menschen von Verantwortungsgefühl verhindern, daß der Weg in die Zukunft zu einem Sturz in den Abgrund wird.

Als Mitglied des Deutschen Werkbundes setze ich in Ergänzung zu den biologischen Erkenntnissen meine Hoffnung darauf, daß in seinen Reihen und zumal unter den Architekten, Gartenkünstlern und Landschafts-gestaltern möglichst viele schöpferisch tätige Persönlichkeiten das Verant-wortungsgefühl von der gestaltenden Seite aus verstärken. In Hinblick auf die unmittelbare Gegenwart denke ich hierbei aus persönlichem Erlebnis an einen Gartenarchitekten wie Walter Rossow: sowohl an vorbildliche Arbei-ten, wie er sie für den Ausbau der Tübinger Universität geschaffen hat, als auch an die Art, wie er die ethischen Gesichtspunkte des Kampfes gegen die fortschreitende Landzerstörung im Sinne des Werkbundes vertritt.

Das funktionelle Schachspiel

Das Bauhaus in Weimar, Dessau und Berlin
1919–1933

Auf der Ausstellung, durch die das in Weimar 1919 begründete Bauhaus im Jahre 1923 zum ersten Mal programmatisch vor die Öffentlichkeit trat, war ein Schachspiel zu sehen, das mir viel zu denken gab. Im Germanischen Museum zu Nürnberg standen zum Beispiel noch elfenbeinerne Schachfiguren aus dem Mittelalter, die in ihrer plastischen Geschlossenheit etwa an die Stifterfiguren des Naumburger Domes denken ließen. Auch die Pferdchen und Türme im Schachspiel meines Vaters und die anderen Figuren, deren Gestaltung an menschliche Proportionen erinnerte, haben in mir immer die Vorstellung von etwas Lebendigem erweckt. Hier nun, bei dem Schachspiel des Bauhauses, waren in dunklem und hellem Holz schlanke Bauklötzchen aufgestellt, deren obere Seite bei den Türmen einen rechten Winkel, bei den Läufern eine schräge Kreuzung, bei den Pferdchen den Rösselsprung zeigten und bei der Königin einen Stern. Es waren also nicht Figuren erfaßt, sondern Funktionen, die den Zügen auf dem Spielbrett entsprachen. Ich empfand diese aus dem Zeitalter der Technik hervorgegangene Lösung zwar als eine Verarmung, aber ich konnte ihr nicht unrecht geben, da sie so durchaus der Zeit entsprach, in der sie entstand. So wurde mir das Nachdenken über das funktionelle Schachspiel des Bauhauses zum Schlüssel für die Kunst einer neuen Zeit, die nicht mehr auf Abbild, sondern auf die Funktion gestimmt ist.

Diese Einsicht erscheint mir wegweisend für das Verständnis der Lehre, die der Gründer des Bauhauses, Walter Gropius, als der kühne Wegbereiter in eine neue Zeit vertrat. Man kann es so formulieren: Die Form folgt der Funktion und drückt sie aus.

Die künstlerische Leistung wird also nicht durch den Vergleich mit der Wirklichkeit gewertet, vielmehr beruht sie auf der Materialgerechtigkeit sowie auf der Erfassung und dem dynamischen Ausdruck der Funktion.

Das war die neue Lehre des Bauhauses. Zur Zeit der erwähnten Ausstellung hatte es aber bereits eine in mancher Hinsicht überholte Vorgeschichte hinter sich. Anfangs lebten Gropius und seine Mitarbeiter entscheidend von Anregungen, wie sie in England William Morris und die ihm nahestehenden Meister wegbereitend vertreten hatten. Gegen Ende des 19. Jahrhunderts sah man in der handwerklichen Gestaltung den Keim zu jeder künstlerischen Reform und stellte die Kunst bewußt in Gegensatz zu den neu aufkommenden Methoden der industriellen Herstellung der Gebrauchsgegenstände, die man als maschinelle Massenfabrikation verachtete. Morris ging in seiner anachronistischen Ablehnung des Technischen so weit, daß er die auf der Handpresse gedruckten und handgebundenen Bücher in Pferdewagen nach London fahren ließ, damit sie nicht durch den Transport auf der Eisenbahn entweiht würden. Es waren freilich auch die schönsten Bücher, die seit langer Zeit wieder gedruckt wurden, und sie standen durch die Arbeit der Hand hoch an Wert über der Massenherstellung. Es handelt sich also um eine Auffassung, die zwar extrem zum Ausdruck kam, aber doch als Wertung allen unmittelbar aus der menschlichen Hand kommenden Schaffens im Gegensatz zu den verbilligenden Möglichkeiten der Maschine erneuten Wert auch für die Gegenwart behält. So war denn auch Gropius zunächst vom Handwerk als dem Urquell künstlerischer Gestaltung ausgegangen und hatte damit die Tradition fortgesetzt, welche die Weimarer Kunstgewerbeschule, die er gemeinsam mit der Kunstschule übernahm und zur Einheit zusammenschloß, unter van de Velde vertreten hatte. Aber aus der Synthese Kunst und Handwerk, der alten Einheit, wurde sehr bald die Botschaft »Kunst und Technik, eine neue Einheit«.

Der Unterricht wurde nunmehr sehr stark darauf eingestellt, daß die Schule als eine Art Laboratorium zweckvoller Gestaltung ganz neue Auffassungen vertrat. Die Methode der Lehre hatte mitunter sogar etwas geradezu Kultisches. Der Schweizer Johannes Itten, der als Vertreter der Unterrichtsfächer »Form und Farbe« den Grundton des Bauhauses entscheidend mitbestimmt hatte, pflegte seinen Unterricht mit Yoga-Übungen zu beginnen, war also auch darin ein Apostel neuer Methoden des Lebens.

Man kann sich denken, daß die braven Weimaraner, wenn sie durch einen bei ihnen wohnenden Schüler über das Getriebe des Bauhauses etwas erfuhren, die Hände über dem Kopf zusammenschlugen, wohin das führen solle. Sie mußten noch viel mehr ertragen, denn nun erklangen zum ersten Mal und in ekstatischer Lautstärke die Töne der Jazz-Kapelle, die das Bauhaus – auch darin bewußt modern – mit solchem Eifer ausbildete, daß den erschreckten Wirtsleuten oft Hören und Sehen verging.

Aber gerade Itten verstand es mit seinem unbeirrbaren Schweizer Ernst, sich durchzusetzen. Er gab auch Gropius, der als ein Reformer da, wo er vertraute, beeinflußbar war, zunächst manche entscheidenden Anregungen. Als Itten seinen Landsmann Paul Klee als Meister für das Bauhaus vorschlug, hatte Gropius kurz vorher noch nichts von diesem Künstler gewußt. Aber mit der ihm eigenen Zielsicherheit hatte er sofort erfaßt, was gerade Klee neben und mit Feininger, der schon vor der Bauhaus-Zeit gelegentlich in Weimar gewesen war, für seine Schule bedeuten könne. 1922 war auch Kandinsky berufen worden, und im Streben nach dem Funktionellen verband sich das – man könnte bei diesem Meister sagen: musikalische Gesetz

Walter Gropius
auf der Baustelle
Dessau-Törten,
aufgenommen von
Edwin Redslob,
um 1926

mit der Abstraktion. Das Musikalische wirkte auch in den Bildern und Zeichnungen Feiningers, deren Raumgefühl Bauten und Himmel in einem Sinne, den man fast noch mehr steigernd als bloß abstrahierend nennen könnte, im Bild zur Einheit verband.

Meine Verbindung mit dem Bauhaus hatte vor allem zwei Motive: Die schon 1914 erwachte Freundschaft zu Gropius, als ich ihm auf der Werkbund-Ausstellung in Köln, die zur Vorgeschichte des Bauhauses gehört, zuerst begegnete. Das zweite Motiv war durch die Thüringer Regierung gegeben: Solange dort ein an sich gutwilliger, im Grunde aber kunstfremder Volksschullehrer Kultusminister war, wurde ich – der ich damals noch oft zu meinen Eltern nach Weimar kam und als Reichskunstwart für das Thüringer Ministerium eine Autorität war – immer wieder befragt und konnte daher dem Bauhaus eine nicht unwesentliche Stütze sein.

216

Walter Gropius war, wie wenige, zur Leitung einer Hochschule berufen, deren Lehrplan die Architektur zur Grundlage hatte. Er selbst war als Architekt ein genialer Gestalter, den das Neue der Probleme und ihrer technischen Lösung reizte. Zugleich aber war er über das Persönliche hinaus der geborene Leiter, sei es für eine ganze Klasse junger Architekten und Künstler, sei es für eine Gruppe aktiv an einer großen und neuen Aufgabe beschäftigter Meister verschiedener Fachgruppen, deren »Team« auf das Erkennen und Bewältigen der Probleme gerichtet war. Hinzu kam der Reiz seiner Persönlichkeit, deren Wesen auf die Hingabe an große Ziele gerichtet war. Die Tradition seiner, mit der Baugeschichte Berlins von der Schinkelzeit an verbundenen Familie gab ihm, der doch das Neue suchte, die innere Festigkeit und die Fähigkeit, die Sache über die Person zu stellen. Die Ausgeglichenheit seines Wesens war das Seltene und Wohltuende, was dieser zu den entscheidenden Neuerern unserer Zeit gehörende Wegbereiter besaß und was ihn so liebenswert machte.

Wer damals die Weimarer und später die Dessauer Jahre dieser für die Gestaltung der Neuzeit so entscheidenden Gründung von Walter Gropius mitgemacht hat, weiß freilich, daß man die Geschichte des Bauhauses auch als eine fortgesetzte Folge von Krächen ansehen könnte, wie das ja leider bei derartigen Gründungen, zumal in Deutschland, üblich ist. Kräche entstanden mit der Behörde, die immer wieder glaubte, auf gegnerische Beschwerden hören zu müssen. Im Gegensatz zu van de Velde, der die guten alten Handwerksmeister in Weimar weitgehend für seine eigenen Aufträge beschäftigte und sich bei allem betonten Sozialismus sehr vornehm und international gab – was man in Weimar gern hatte –, fühlten sich die Bauhäusler in der von Tradition bestimmten Stadt fremd. Die Bürger aber, die sich nach den Aufregungen von Krieg und Revolution und nach den politischen Auseinandersetzungen in der Nationalversammlung, deren Zaungäste sie gewesen waren, nach Ruhe sehnten, hielten es für ein gefährliches Zeichen, daß die Bauhäusler auf dem Friedhof ein extrem modernes Denkmal für die in den Unruhen der Nachkriegszeit gefallenen Gegner der Regierung errichtet hatten. Sie konnten sich an die neue Beunruhigung nicht gewöhnen. Aber das waren die üblichen Kämpfe, wie sie die Leiter von Kunstschulen und Museen jener Zeit fast überall zu führen hatten.

Weit schwieriger waren die Krisen im Bauhaus selbst, obwohl sie schließlich immer wieder zu der Linie führten, die Walter Gropius, sich selbst entwickelnd, bestimmte. 1923 schied Itten aus. Er hatte das Hauptgewicht auf das Handwerk und die Erziehung zu handwerklichem Können gelegt, und nun ging Gropius bewußt den Weg zur Verbindung von Kunst und Industrie. Damit gewann ein ganz anderer Typus von Künstlern im Bauhaus die Oberhand. Etwa der bis zum Geheimnisvollen von der Vorahnung künftiger Entwicklung bestimmte Ungar Moholy Nagy, der beispielsweise auch die

Photographie und die Auseinandersetzung mit ihren Möglichkeiten im Film und durch kinetische Experimente zum Lehrfach erhob.

Während Gerhard Marcks, der im nahen Dornburg und Bürgel an der Saale die keramischen Werkstätten auf handwerklicher Grundlage zu großem Erfolg geführt hatte, ausschied, um neben Thiersch in der Schule von Giebichenstein in Halle zu wirken, brachte Oskar Schlemmer der Bauhaus-Idee einen neuen Antrieb. Er übernahm die Theaterklasse und konstruierte mit seinen Schülern die der mechanisierenden Tendenz der Zeit entsprechenden Figuren für die Tänze des »Triadischen Balletts«. Seine Vorführungen gaben dem Zuschauer das Gefühl, als höbe ein geheimnisvoller Wille durch die Kunst des Tanzes die Schwerkraft der Erde auf. Ich bin der Meinung, daß auch solche Motive in schöpferischer Vorahnung das Empfinden der Menschheit darauf vorbereitet haben, die Lösung von der Erde und den Flug in den Weltraum zu wagen. Daß hierfür das Bauhaus die gegebene Stätte war, zeigt seine wegbereitende Bedeutung.

Als Fresko-Maler hatte Schlemmer durch die Bilder im Treppenhaus des van-de-Velde-Baues einen großen Erfolg. Die für ihn bezeichnende Art, die menschliche Gestalt vom Individuellen zu lösen und wie Plastik in den Raum zu stellen – jene Art also, die schon in den Zeichnungen des Schweizers Meyer-Amden fasziniert hatte –, schuf hier die für die Funktion des Auf und Ab eines Treppenhauses entsprechenden Fresken.

Als das Bauhaus schon nach Dessau übergesiedelt war und ein Gefolgsmann des Nationalsozialismus, Schulze-Naumburg, die Direktion der Weimarer Kunstschule bekam, ließ er diese Fresken sofort entfernen. Ich sah darin einen Raub an kulturellem Gut, zumal man dem Künstler nicht einmal die Möglichkeit gelassen hatte, den Zyklus in seiner Geschlossenheit vorher photographisch festzuhalten, und beantragte Schulze-Naumburgs Ausschluß aus dem Deutschen Künstlerbund, dessen Vorstand ich angehörte. Ich zog mir damit eine Feindschaft zu, die nach dem Sieg der nationalsozialistischen Emporkömmlinge in Berlin zum Austrag kam.

In Weimar hatte sich um die Mitte der zwanziger Jahre eine Regierung durchgesetzt, deren Ministern zwar ein gutbürgerliches Wohlwollen nicht abzusprechen war, die aber der Kunst gegenüber meist hoffnungslos rückständig blieben. Da das Bauhaus von der sozialdemokratischen Regierung unterstützt worden war, siegte nun die Reaktion gegen das Neue in der Kunst, dessen Verbindung mit Technik und Hochhaus der geruhsamen Kleinstadt zu wenig entsprochen hatte.

Das nächste Kapitel des Bauhauses hieß Dessau. Der dortige Oberbürgermeister Hesse, ein Demokrat, der sich den Idealismus der Gründungszeit der Partei bewahrt hatte, war oft bei mir in Berlin, und ich konnte seinen mutigen Entschluß, dem Werk von Walter Gropius in seiner Stadt durch den Bau

218

einer eigenen Schule eine neue Heimat zu schaffen, lebhaft unterstützen. Es war der Glaube dieses Mannes an die Notwendigkeit, das Werdende durchzusetzen, der Gropius und den Meistern des Bauhauses in Dessau – das durch Junkers und seinen Flugzeugbau der modernen Zeit verbunden war – seine Stätte bereitet hat.

Aus einem Brief Moholy-Nagys – zur Zeit der ersten Verhandlungen mit Dessau – ist zu erkennen, wie schwierig es war, die Rettung des Bauhauses durch seine Neuerrichtung in Dessau zu erreichen. Der mir im März 1925 auf eine Vortragsreise nach Wien nachgesandte Brief lautet:

Staatliches Bauhaus Weimar
Ehemalige Großherzoglich Sächsische Hochschule
für bildende Kunst und ehemalige Großherzoglich
Sächsische Kunstgewerbeschule in Vereinigung

Lieber Herr Redslob!

Nach der begeisterten Aufnahme der Idee, das Bauhaus nach Dessau zu verlegen, wurden die Dessauer in den letzten Tagen mit Flugblättern, mit Briefen, mit der alten Weimarer Broschüre gegen das Bauhaus überflutet. Alle diese Schriften und auch persönliches Auftreten von Abgesandten aus Weimar haben die Verhinderung des für uns günstigen Planes bezweckt und wir befinden uns momentan durch diese Treibereien zweifellos in der schwierigsten Lage. Selbst Bürgermeister Hesse, der sich so eindeutig für die Verlegung des Bauhauses nach Dessau einsetzte, wird durch die dauernden verleumderischen Aktionen langsam stutzig, wenn er auch momentan standhaft ist. Man verteilt in Dessau auch Artikel ... aus der »Baugilde«, welche durch ihre Gehässigkeiten alles bisherige, was gegen uns geschrieben worden ist, weit übertreffen ... Wir würden uns um diese krankhaften Angriffe wirklich nicht kümmern, aber was soll der Bürgermeister von Dessau tun, den jetzt selbst seine eigenen Parteileute, die Demokraten im Stich lassen. Man sagte, daß der Bürgermeister sich mit seiner Stellung für die Verwirklichung dieses Planes einsetzte, also er braucht von einer wirklich autoritativen Seite einige Zeilen, um sich in seinem Vorhaben befestigt fühlen zu können. Darum bitten wir Sie alle sehr, daß Sie Herrn Bürgermeister Hesse sofort einen Brief schreiben, in welchem Sie ihm versichern, daß das Bauhaus, trotz aller Intrigen und verleumderischen Aktionen (welche doch immer wieder aus derselben Quelle kommen) nach Dessau zu verlegen für die Stadt und für die gesamte deutsche Kultur wünschenswert sei. Herr Gropius ist augenblicklich in Dessau, wo heute die Entscheidung hätte fallen müssen, aber wie er uns telefonisch sagte, wird diese Entscheidung höchstwahrscheinlich wieder aufgeschoben. Ich habe Sie eben telefonisch zu erreichen versucht, es ist mir leider aber nicht gelungen. Wir hoffen, daß unser Brief Sie noch erreicht und daß Ihr Schreiben in Dessau eine günstige Wirkung auslöst. Wir danken Ihnen alle herzlich und grüßen Sie bestens. Ihr I.A. gez. Moholy

Noch von Wien aus habe ich den erbetenen Brief geschrieben, was unmittelbar nach meiner Rückkehr einen neuen Besuch des Oberbürgermeisters Hesse zur Folge hatte, wobei ich mich überzeugen konnte, wie entschieden er seinen Standpunkt vertrat, aber wie erwünscht ihm auch die Unterstützung von seiten einer an der Verantwortung teilnehmenden Reichsbehörde war.

Die Einweihung in Dessau, an der ich demonstrativ teilnahm, ließ auf eine gute Entwicklung hoffen, zumal außer Hesse und Junkers auch mein Kollege, der damals noch junge Dessauer Museumsdirektor Ludwig Grote, seine Person und seinen Instinkt für das Kommende einsetzte.

Aber mehr und mehr wurde die Geschichte des Bauhauses zur Geschichte seiner Zerstörung. Gropius, dessen heroische Energie den Kampf für die Verwirklichung seiner Ideen durch die von ihm gegründete und geleitete Schule so lauter vertreten hatte, schied aus, und Hannes Meyer wurde sein Nachfolger. Für ihn war das Bauen und auch das hat seine Richtigkeit – vor allem eine soziale Aufgabe; er hat sie jedoch mit so viel Hinwendung zur tendenziösen Auswirkung extremer politischer Ideen und mit so viel Intoleranz betrieben, daß er 1930 die Konsequenzen zog und nach Rußland ging.

Nun machte Mies van der Rohe – wie Gropius ein Schüler von Peter Behrens – den Versuch, das Bauhaus zu retten. Er brachte neue Ideen, indem er die einseitige Zweckerfüllung der Architektur ablehnte und dem Schlagwort von der Mehrzweck-Architektur zur Beachtung verhalf, da die Bauten immer wieder im Laufe der Entwicklung, zumal wenn sie für ihre ursprüngliche Bestimmung zu klein geworden waren, ihre Verwendungsmöglichkeit ändern. Aber das war nur eine seiner Ideen. Das Entscheidende war, was ich schon 1929 aus Anlaß der Errichtung des von ihm entworfenen Deutschen Pavillons auf der internationalen Ausstellung in Barcelona miterlebt hatte und vom Werkbund her und auch von anderen Bauten gründlich kannte: ein Raumgefühl, das mir in seiner inneren Ruhe ohnegleichen schien.

Man überlege sich, in welche kritische Zeit der Arbeitslosigkeit und der politischen Kämpfe das Bauhaus hineingeriet. Im Sommer 1932, ein halbes Jahr vor dem Machtantritt des Nationalsozialismus, mußte das Bauhaus geschlossen werden. Mies van der Rohe versuchte, es als privates Institut in Berlin fortzusetzen. Er erhielt zwar noch Anfang Juli 1933 die Genehmigung zur Weiterführung. Aber kaum war die Erlaubnis erteilt, so wurde sie auch schon unter widerwärtigen Angriffen auf die Vertreter der Bauhausidee zurückgenommen. Die meisten der Vorkämpfer einer neuen Kunstauffassung emigrierten in die Vereinigten Staaten von Amerika. In Deutschland kam unsere böseste Zeit, aber die Idee des Bauhauses hatte Weltgeltung gewonnen, setzte sich durch und strahlte nun – nicht zuletzt von Amerika aus – auf Europa zurück.

Der Nationalsozialismus regiert

1933–1945

Für mich begann die unter dem Zeichen des Hakenkreuzes stehende Regierung mit zwei kennzeichnenden Ereignissen. Das erste war die Einführung des Innenministers Frick, zu der die Beamten in der Bibliothek des Ministeriums versammelt wurden. Frick hielt eine kurze Ansprache und ging dann händeschüttelnd an den entsprechend der Architektur des Hauses im Halbrund versammelten Mitgliedern der von ihm übernommenen Behörde vorbei. Er hatte für fast jeden ein Wort, für mich aber, dessen ablehnende Haltung ihm aus seiner Weimarer Ministerzeit zur Genüge bekannt war, nur einen kurzen, frostigen Gruß. Ich wußte wohl, was das bedeutete: die bevorstehende Entlassung.

Das nächste Geschehnis bestand darin, daß der neuernannte Staatssekretär, dessen derbe Erscheinung in ihrem Gegensatz zu der vornehmen und klugen Art meines Freundes Zweigert den jähen Abstieg der Zeit vom Geistigen ins Brutale kennzeichnete, fassungslos war gegenüber den in den Büroräumen hängenden Bildern zeitgenössischer Kunst. Ich hatte aus einem mir zustehenden Fonds alljährlich meinem Ministerium Bilder als Wandschmuck verschafft. All die zum Teil ganz hervorragenden Beispiele moderner Kunst wurden nun sofort abgehängt, und fast mußte ich den neuen Staatssekretär bedauern, so völlig ratlos stand er einem Aquarell gegenüber, darin Christian Rohlfs die eindrucksvolle Lage des Klosters Andechs in seiner landschaftlichen Situation geradezu monumental erfaßt hatte.

Derselbe uns aufgezwungene Günstling des Ministers leitete die schon vor der Machtergreifung geplante Sitzung, die über den Wettbewerb zum Ehrenmal für die Opfer des ersten Weltkrieges entscheiden sollte. Es war eine ungeheure Menge von Plänen und Modellen eingegangen, die in den weiten

Ausstellungshallen am Lehrter Bahnhof von mir aufgebaut wurden. Ich selbst griff dabei nach meiner Gewohnheit als einstiger Museumsdirektor so handfest mit an, daß ich bald darauf operiert werden mußte. Während der Narkose soll ich – wohl unter dem Eindruck der ständigen Schandrufe, die zu Beginn des Jahres 1933 auf den Straßen Berlins widerhallten – so verzweifelte Anklagen gegen das Heraufkommen der zerstörenden Kräfte ausgestoßen haben, daß die Ärzte die Schwestern noch ausdrücklich verpflichteten, nichts davon weiterzuerzählen. Aus dem Krankenhaus kam ich in eine veränderte Welt: Der Zug durch das Brandenburger Tor zur Reichskanzlei war erfolgt, Hitler und Göring, Goebbels und Minister wie Frick waren die Herren im Reich.

Aus der Zeit des Reichskanzlers Brüning waren mir einige Arbeiten übertragen, für die ich zunächst noch gebraucht wurde, so bestand eine Verpflichtung zu einem Gutachten für das Auswärtige Amt, für das ich vom Gericht bestimmt worden war. Noch wichtiger war es, daß in der Reichsdruckerei, deren erfahrener Direktor freilich auch bald abgesetzt wurde, neue Banknoten in Bearbeitung waren. Bei ihrer Gestaltung kam es vor allem darauf an, daß der Stil des Künstlers, der sie entworfen hatte, durch keine Fälschung zu erreichen war. Der Graphiker Scheurich zum Beispiel hatte eine so ausgeprägte künstlerische Handschrift, daß selbst der Zeh bei einer allegorischen Figur geradezu als unnachahmbar gelten konnte. Zudem mußte die Farbzusammenstellung so gewählt werden, daß es unmöglich war, die Druckplatten einzeln herauszufiltern. Für die Kontrolle der gestellten Aufgaben erklärte mich der Reichsbankpräsident Schacht, der eine sehr unabhängige Stellung einnahm, für unentbehrlich. Noch ein Beispiel für die vielen Motive will ich nennen, die zur Verhütung von Fälschungen zu beachten waren: Ich hatte vorgeschlagen, was auch heute noch gültig ist, einzelne der so überaus präzisen und eindrucksvollen Porträts deutscher Meister der Dürer-Zeit als Bildmotive für die Banknoten zu wählen. Mir war die Idee gekommen, daß auf dem bedruckten Schein derselbe Kopf links noch einmal als Wasserzeichen gebracht werden sollte. Da nämlich in der Fälschung kopierte Wasserzeichen verschwimmen, also ganz anders ausfallen als die Vorbilder, die sie nachahmen wollen, hatte man bei der Prüfung der Echtheit durch Vergleich mit dem gedruckten Bildniskopf, auch wenn man keine echte Banknote zur Prüfung zur Hand hatte, eine zuverlässige Kontrolle auf demselben Schein. Heute zur Zeit der Bundesrepublik bringt die Bundesbank zwar auch Scheine, bei denen der prachtvolle altmeisterliche Kopf als Wasserzeichen durchschimmert, aber man hat ihn im Gegensinn gestellt, so daß nun eine wirksame Kontrolle nicht mehr möglich ist. Der Schutz der Banknote vor Fälschungen ist also heute nicht unwesentlich verringert worden.

222

Aber zurück in das Jahr 1933. Schon im Vorjahr war ich als Schirmherr für den Tag des Deutschen Buches bestimmt worden. Da die Veranstaltung in der Buchstadt Leipzig stattfand, unmittelbar nach dem verhängnisvollen 30. Januar, der über den Sieg der Nazis entschied, und obwohl viele der Meister der Schriftkunst und der Buchgestaltung mir befreundet waren, bat ich, infolge der politischen Wandlung auf meine Mitwirkung zu verzichten. Aber nicht nur der Börsenverein der deutschen Buchhändler und Walter Tiemann als Leiter der Schule für Buchgewerbe und Graphik, sondern auch der Leipziger Oberbürgermeister Goerdeler, der später zum Märtyrer werden sollte, baten mich dringend, es beim alten zu lassen. Man müsse verhindern, daß einer von den neuen Machthabern die Stelle übernähme, was dann doch sehr bald der Innenminister Frick gewaltsam tat. Am Tage nach der entscheidenden Sitzung, die unter dem Willen stand: wir von den Nationalsozialisten Überrannten müßten weiter versuchen, uns zu behaupten, war nun die erste kulturelle Feier, an der Hitler als Reichskanzler teilnahm, die fünfzigste Wiederkehr von Wagners Todestag, begangen in seiner Geburtsstadt Leipzig. Auch hier wollte ich auf die Teilnahme verzichten, aber wieder war es Goerdeler, diesmal unterstützt von meinem Freund Kippenberg und anderen, die sagten, daß sie gerade diese Veranstaltung keineswegs den neuen Machthabern ganz ausliefern wollten.

So war ich denn dabei, als sich zunächst die Vertreter vor allem des Kunstlebens der Stadt hier versammelten und auch, als die Erbin von Bayreuth, Winifried Wagner, mit ihren noch halbwüchsigen Kindern erschien. Dann ging auf einmal die Tür auf, und Hitler kam mit einem Gefolge uniformierter Parteigänger, denen sich die neuen Naziwürdenträger von Leipzig angeschlossen hatten. Der Minister Frick übernahm die Vorstellung der schon Versammelten, deren Liste ihm Goerdeler gegeben hatte. Jeder wurde aufgerufen, und Hitler, flankiert von den Seinen, streckte ihm seine Hand hin, die denn auch geschüttelt wurde. Als ich an die Reihe kam, hielt ich meine Hand demonstrativ zurück, und es gab für Sekunden das, was man ein Stillstehen der Zeit nennt. Soll ich mein Gegenüber beschreiben, so kommt mir ein Vergleich zu Hilfe: Als Student entdeckte ich auf einem Spaziergang nach Stift Neuburg bei Heidelberg in der Hecke, die eine weite Wiesenfläche abgrenzte, und bedrohlich nahe den Hühnern, die nach Würmern pickten, einen lauernden Vogel. Mit dem mir als Nachkommen einer alten Waidmannsfamilie noch nicht abhanden gekommenen Instinkt sprang ich zu der Hecke und sah mich einem Bussard gegenüber. Als ich ihn fassen wollte, erlebte ich einen Blick voll grimmiger Feindschaft, der sich mir für immer eingeprägt hat, obwohl es nur um Sekunden ging, denn der Vogel befreite sich und flog aus dem Dickicht davon. Mit dem gleichen Blick hat mich damals Hitler angesehen. Er hat auch die Konsequenz gezogen; denn am übernächsten Tag, als ich nach Berlin zurückgekehrt war, schlurfte einer aus der Kanzlei, halb zögernd, halb höhnisch mir entgegen. Er übergab mir ein Schreiben des Ministers, wonach ich entlassen war.

Meine Generation, die sich bereits mit den Katastrophen des ersten Weltkrieges hatte auseinandersetzen müssen, war um fünfzig Jahre alt, als der Nationalsozialismus seine zersetzende Herrschaft begann. Normalerweise pflegt der tätige Mann, wenn er dem sechsten Jahrzehnt sich nähert, auf der Höhe seiner Kraft zu stehen und erfahren und geübt, die Pyramide seines Lebens zu vollenden. Nun aber wurden von der in den Kriegsjahren weitgehend dezimierten Generation, die schon so viele ihrer Besten verloren hatte, gerade diejenigen entlassen, denen man am meisten hätte vertrauen können. Was es heißt, in dem Augenblick, da man unmittelbar vor der Erfüllung seines Könnens und seines Wissens steht, ausgeschaltet zu werden, das haben viele erfahren. Und die Frauen, denen im verarmten Haushalt so unerwartet ungewohnte Aufgaben gestellt wurden, haben große Mühsal auf sich genommen und versucht, die Verzweiflung niederzuringen, die so viele Familien zu überwältigen drohte. Zu der Härte und Grausamkeit kam für die vielen, die, wie ich, plötzlich ihre Stellung verloren und damit den Beruf, den sie erlernt und in dem sie gewirkt hatten, der Hohn, daß unter dem Gesetz zur Wiederherstellung des Berufsbeamtentums die Berufenen entlassen und Parteigänger herangeholt wurden, die den nun gestellten Aufgaben ohne die nötige Erfahrung und Sachkenntnis gegenüberstanden.

Meine Freunde und Bekannten gingen sehr verschiedene Wege. Theodor Heuss, Jahrgang 1884 wie ich, rettete sich in die Schriftstellerei und verfaßte in seinem Haus in Berlin das Buch über Bosch, eine der besten Biographien in der Reihe der über führende Männer der deutschen Geschichte erschienenen Werke. Karl Schmidt-Rottluff und Max Beckmann, vom selben Jahrgang, hatten schwer unter dem über sie verhängten Verbot der Ausübung ihres Künstlerberufes zu leiden, aber trotzdem taten sie das, wozu sie geboren waren: sie malten weiter. Unsere Freunde Ferdinand Friedensburg und Ernst von Harnack blieben in Berlin, und wir haben vieles gemeinsam erlitten. Die Freunde aus der Ministerzeit des schon 1930 verstorbenen Köster, Arnold Brecht und Hans Simons, wurden Professoren an einer New Yorker Hochschule, die das Hauptgewicht auf politische Wissenschaften legte, Gropius bekam an der Harvard-Universität eine Professur für sein Fachgebiet der Architektur, Paul Hindemith lehrte sein Fach an der Yale-Universität; der Psychologe Wolfgang Köhler, dessen wissenschaftliche Sachlichkeit die Nazithesen von Blut und Boden nicht mitmachte, ging, wo ich ihn später besucht habe, an die Quäker-Universität Swarthmore. Sein Bruder, vorher Museumsdirektor in Weimar, wurde Ordinarius für Kunstgeschichte an der Harvard-Universität. So könnte ich Namen um Namen von Gelehr-

Helmuth James Graf von Moltke vor dem Volksgerichtshof in Berlin am 10. Januar 1945. Er wurde am 23. Januar hingerichtet.

ten, Künstlern und geistig hochstehenden Beamten aufzählen, die das Nazitum verstieß.

Ich selbst hatte schwer um die Existenz zu kämpfen, weil der Reichsinnenminister Frick unter die Verfügung über meine Entlassung widerrechtlich geschrieben hatte: Gehalt befristen und kürzen. Ich hätte dagegen klagen können, aber eine Aussicht, Recht zu bekommen, bestand nicht. Ich wurde ein freier Schriftsteller. Der Korn-Verlag in Breslau übernahm mein Buch »Ein Jahrhundert verklingt«, einen Roman, darin ich mein Leben mit einiger dichterischer Freiheit so erzählt habe, als hätte ich »das Glück gehabt«, im ersten Weltkrieg zu fallen. Dieses Buch erzählt eine, im Grunde also meine Jugend in Weimar und ging die Nazis eigentlich gar nichts an, da es nichts mit Politik zu tun hat. Aber es steht darin eine nachdenkliche Feststellung, die der Vater des Gefallenen, die Prachtgestalt eines alten Weimarer Lehrers, durch die ich meinem Vater ein Denkmal gesetzt habe, zu einem Freund seines Sohne sagt: »Heute ist man Masse und fühlt sich nur in der Masse wohl. Ein jeder gilt nur soviel, als die Summe aller, geteilt durch ihre Anzahl ...«

Diesen Ausspruch hatte einer der anzeigelüsternen Parteistreber – ein Typ, der damals aufkam – weitergegeben, und als die zweite Auflage schon zum Teil ausgedruckt war, mußten die Bogen eingestampft werden. Den nächsten Roman schrieb ich aus einer mir eigentlich fremden Atmosphäre heraus, die ich zu verarbeiten suchte. Es war für mich nicht ratsam, immer in Berlin zu bleiben, weil meine Neigung zu drastischer Kritik meiner Gegner besorgten Freunden gefährlich schien. Wiederholte Ortswechsel waren daher geboten. So hielt ich mich im Sommer weit vom politischen Getriebe auf einem Gut in der Grenzmark auf, wo eine künstlerisch interessierte und begabte Freundin einen anregenden Kreis um sich versammelt hatte. Dort schrieb ich den Roman »Dianens Heimkehr«, den Kippenbergs Neffe Wegner in Hamburg herausbrachte. In diesem Buch ist sehr viel vom ersten Weltkrieg verarbeitet.

Der Kampf um die Existenz war schwer. Immer wieder mußte ich neue Wege finden. So übernahm ich in München die Aufgabe, zu Heimatkarten für Bayern den Text zu schreiben. Ich habe dadurch das bayerische Alpengebiet gründlich kennengelernt, was mir später, als ich an der Freien Universität Berlin Kunstgeschichte lehrte, für eine Vorlesung über süddeutschen Barock zustatten kam. Dann aber stellte ich mir die Aufgabe, ein Grundmotiv der deutschen Geschichte, den Weg unserer Kultur auf der so genannten Straße des Reiches vom Rheinland, oder doch von Frankfurt am Main, auf den alten Wegen des Handels, bis hin nach Leipzig und Berlin zu verfolgen. Das Buch entstand in bewußtem Gegensatz zur nationalsozialistischen Denkweise und ihren Fälschungen des Geschichtsbildes und zeigt das wahre Gesicht eines geistigen Deutschlands. Es hatte einen unerwarteten Erfolg, so daß es unter dem Titel »Des Reiches Straße« im Verlag Reclam mehrere Auflagen erlebte und nach 1945 noch einmal im Verlag Piper mit dem Titel »Vom Römerberg zum Brandenburger Tor« aufgelegt wurde. Ein zweites Buch erschien noch in demselben Jahr 1940, es hatte den Weg von der Romantik zum Realismus der neuen Zeit zum Inhalt, hatte daher von mir aus ursprünglich den Titel »Zwischen Romantik und Realismus« erhalten, war aber vom Verlag geschickter, doch nur für kurze Zeit richtig auf den Titel umgetauft worden: »Die Welt vor hundert Jahren«. Später folgte, meiner alten Neigung zur Kalendermacherei entsprechend, ein Inselbuch »Der Jahreslauf«. Das Schicksal des Krieges wollte es, daß seine erste Auflage bei einem Bombenangriff in Flammen aufging. Die zweite setzte sich dann durch, wurde aber, da in dem Buch vom Nazitum nichts vorkam, von einem Günstling Hitlers beanstandet, um mir ein Verfahren anzuhängen. Die Ereignisse des Jahres 1945 brachten dann andere Sorgen als den Kampf gegen ein Bändchen der Insel-Bücherei.

Seit 1942 war mir der Boden unter den Füßen recht heiß geworden. Aus der Zeit vor Hitler bestand eine Verbindung mit Helmut James Graf Moltke. Wir hatten einmal, am Grundlsee, bei der einst sehr bekannten Wiener Schriftstellerin Eugenie Schwarzwald wohnend, einander gefunden und durch fast die ganze Zeit mit Egon Friedell ein höchst eigenartiges Triumvirat gebildet. Zu Beginn der vierziger Jahre hatte ich dem Grafen Moltke zugesagt, im Falle eines Umschwungs, der herbeigeführt werden sollte, das für das Reich geplante Kultusministerium zu übernehmen. Außer James Moltke und seinem Vertrauensmann, mit dem ich in meinem Haus in Babelsberg verhandelte, war nur noch eine weitere Persönlichkeit aus dem Kreise Moltkes eingeweiht, von der ich aber nicht wissen durfte, wer sie war. Dieser Umsicht und der menschlichen Größe des Grafen Moltke, der mich während der Verhöre, denen er vor seiner schändlichen Hinrichtung ausgesetzt war, nicht nannte, verdanke ich, daß ich Deutschlands böseste Zeit lebend überstand.

Entartetes Verhältnis zur Kunst

Einen untrügerischen Maßstab zur Beurteilung der kulturellen Bedeutung einer Regierung bildet ihr Verhalten zur Kunst ihrer eigenen Zeit. Jedenfalls wird ein Versagen gegenüber dem schöpferischen Zukunftswillen und vor allem ein agressives Vorgehen gegen neue Kunstbewegungen stets sehr bald als Fehler von grundsätzlicher Bedeutung entlarvt. Das zeigte sich bei Napoleon III., als er sich über Manet, den Meister des französischen Impressionismus, gehässig entsetzte. Ebenso war es bei Wilhelm II. zu erkennen, als er das »Frontmachen gegen die moderne Richtung« zum Gebot der Kunstpflege erhob. Auch Hindenburg hat, was sich gerade hier nicht verschweigen läßt, bei unserer ersten Begegnung zu mir gesagt: ich müsse die »modernen Maler« bekämpfen.

Der Nationalsozialismus aber hielt nur das in der Kunst für berechtigt, was sein Führer für »schön« erklärte. Die lebendige bildende Kunst der Gegenwart, die vom Expressionismus ausging, wurde als »entartet« bekämpft und aus den öffentlichen Sammlungen entfernt, um gegen Devisen verkauft oder auch um vernichtet zu werden. Große Meister der Zeit wie Nolde und Schmidt-Rottluff, Beckmann und so viele andere erhielten Malverbot, ein Eingriff, auf den in früheren Zeiten auch die schlimmste Tyrannei nie gekommen war. Emil Nolde ließ sein Atelier in Seebüll unbenutzt und zog sich in eine versteckte Kammer zurück. Dort malte er Entwürfe zu Bildern in Notizblockgröße, die er nicht verwirklichen konnte. Werner

Haftmann hat diese Entwürfe, die Emil Nolde seine »ungemalten Bilder« nannte, veröffentlicht. Das einzigartige Buch ist ein Zeugnis dafür, daß schöpferische Genialität nicht zu unterdrücken ist. Es zeigt, wogegen Hitlers und seiner Gefolgsleute Tyrannei und Unverstand sich gerichtet haben und wird damit zum Maßstab, an dem man die Niedrigkeit der pseudopatriotischen Kunstfeinde ermessen kann. Nicht die Kunst war »entartet«, sondern das Verhältnis der Nationalsozialisten zu ihr. Ein Meister wie Emil Nolde wurde von der Landgendarmerie kontrolliert, ob er ja nicht mehr male. Auch Schmidt-Rottluff hatte seinen Gendarmen Der aber war nur einmal bei ihm, und dann erklärte er, dieser Maler sei ja ein so prachtvoller Mensch, daß er sich schämen würde, ihn unter polizeilicher Aufsicht zu halten. Er ging also zur Wahrnehmung der Kontrolltermine nur noch zum Portier des Hauses und ließ sich versichern, daß Schmidt-Rottluff nicht mehr mit Keilrahmen und anderen Malutensilien gesehen worden sei. Der Meister aber saß drei Stockwerke höher und schuf jene Blumenaquarelle, die in ihrer Geschlossenheit und in der Steigerung von Farbe und Form von überzeitlich gültiger Bedeutung sind.

Noch schlimmer als solche Kontrollverordnungen, die hundertfach erlassen wurden, war eine Ausstellung, die aus den konfiszierten Bildern der Neuerer jener Zeit eine Auswahl traf. Sie war in möglichst grellem Durcheinander so gehängt, daß ein Bild das andere beeinträchtigen mußte. Ich sah sie in München in engen Räumen unter dem Titel »Entartete Kunst«. Der Laie sollte, entsprechend der Tendenz der Nazipolitik, nun auch der Kunst gegenüber seine schlechten Eigenschaften betätigen: Verständnislosigkeit, Respektlosigkeit, Dünkel und Spott. Zur Verhetzung wurden auf Spruchbändern auch einige Aussprüche mit meinem Namen angebracht. Sie waren aber verändert und entstellt. Mein Protest gegenüber diesen verleumderischen Veränderungen fand keine Antwort, denn die Verleumdung gehörte ja zur Taktik der damaligen Machthaber.

Im Gegensatz zu dieser Ausstellung, in der doch Hauptwerke der Zeit zu sehen waren, standen die Veranstaltungen der linientreuen Maler und Bildhauer: Verherrlichungen des Führers, der etwa im Harnisch als eine Art Lohengrin dargestellt wurde. Gemeinsam mit meinem Freund, dem Bildhauer Richard Scheibe, besuchte ich einmal in Berlin eine nationalsozialistisch gefärbte Ausstellung der arrivierten Bildhauer jener Epoche. Dargestellt war ein scheinbares Herrentum, hinter dessen Posen doch so gar nichts steckte. Richard Scheibe sagte, nachdenklich feststellend: »Wenn man lange reibt, kriegt man's glatt.«

Auch Karl Hofer, der in Berlin lehrte, bekam Malverbot. Er hat schwer darunter gelitten, schwer auch unter der Zeit, die nun heraufkam und zu Krieg und Zerstörung führte. Heimlich weiterschaffend, wurde er der Maler der Verzweiflung, der die Welt der Ruinen und das Gesicht derer in seinen Bildern erfaßte, die auch fern von den Schlachten das Elend des Krieges zu erdulden hatten. Max Beckmann wurde durch die Verzweiflung zur Größe gesteigert. Als ich ihn noch vor dem ersten Weltkrieg kennenlernte, hatte er gerade in einer der ersten Ausstellungen des Deutschen Künstlerbundes einen großen und für den 1884, also im gleichen Jahr wie Schmidt-Rottluff, Geborenen entscheidenden Erfolg gehabt, und zwar mit dem Bild badender Jünglinge. Er bekam einen Preis, und mir wollte es damals scheinen, als ob die deutlich vorhandene Beziehung zum Impressionismus Max Liebermanns und seine Weiterführung in der jungen Generation dafür entscheidend gewesen war. Als die Anhänger des ehemaligen Anstreichers aus Braunau die Macht bekamen, erhielt Beckmann, der in Frankfurt am Städelschen Kunstinstitut lehrte, die übliche Quittung für sein mehr und mehr dem Expressionismus zugewandtes Schaffen: Er wurde entlassen, und auch er bekam das übliche Malverbot. Er versuchte in Berlin zu leben, wo ich ihm um die Mitte der dreißiger Jahre wieder begegnete. Ich empfand damals, wie hart das Schicksal ihn geschmiedet hatte. Aber diese Härte wurde seine Größe. Er zog nach Holland und dann nach Amerika. Nun schuf er jene Bilder der heimatlosen Artisten des Zirkus, darunter das erschütternde Motiv des in der Unordnung eines Zeltes geborenen Kindes, das ihn in der Nationalgalerie zu Berlin gemeinsam mit anderen Hauptwerken seiner Kunst vertritt. Schließlich wurde ausgerechnet er jener Meister in der Reihe der Expressionisten, der es vermochte, sich in einem ganz neuen Sinne mit der Welt des Griechentums und damit des Mythos auseinanderzusetzen. Es war, als ob Melodien Kreneks zu dem von Kokoschka gedichteten »Ödipus« Bild geworden wären. Es gibt von Beckmann eine Darstellung der »Europa«, die auf dem Rücken des Stieres, besiegt und hingegeben, so über die Wogen des Meeres gleitet, daß der Kopf weit nach unten hängt. Es ist für mich die am tiefsten erschütternde Ausdeutung dieses Mythos, in dem hier Hingabe und Vernichtung eines werden.

Die Zeit des Hitler-Regimes hat unabsehbar viel zerstört. Aber es haben auch unter Nietzsches Gesetz des »Trotzdem« große Künstler widerstanden und ihr Schaffen zur höchsten Höhe entwickelt.

III.
Seit 1945

Rückblick und neues Beginnen

Viele aus meiner Generation, sofern sie durch die Nachstellungen der Hitlerzeit ihre Tätigkeit in der Gemeinschaft verloren, haben für lange Zeit das schwere Los der Ausschaltung getragen und mußten dem Schicksal dankbar sein, wenn sie nicht in ein Konzentrationslager kamen oder, wie die Herrschenden es nannten, liquidiert wurden. Wir – denn auch ich gehörte ja in die Reihe der Ausgestoßenen – haben während der letzten Jahre des Regimes, das wir verneinten, das Entbehren und Hungern gründlich gelernt. Aber irgendwie hat die erzwungene Pause auch physische und psychische Schlacken verzehrt, so daß wir im siebenten Jahrzehnt unseres Lebens mit angesammelter Energie noch einmal entscheidenden Anteil am politischen und geistigen Geschehen nehmen konnten.

Freilich war unser Wirken von dem Gefühl überschattet, daß die Besten unserer Generation durch die beiden Weltkriege und die Tyrannei des Faschismus vernichtet worden waren. Wären auch nur die noch am Leben, die nach dem mißglückten Attentat auf Hitler seiner Rache erlagen, so würde es – das ist meine feste Überzeugung – heute besser um Deutschland stehen. Ich denke nicht zuletzt auch an die vielen aus der Reihe der Opfer, die ich persönlich gekannt habe, so an Carl Friedrich Goerdeler, der in seiner männlichen Festigkeit und in seinem verantwortungsvollen Ernst ein großes Vorbild war. Ihn hatte ich infolge meiner vielfachen Verbindung mit Leipzig, dessen Oberbürgermeister er war, besonders schätzen gelernt. Mit Helmut James Graf von Moltke, dem Jugendlichen und Hoffnungsvollen, hatte ich unvergessene Tage am Grundlsee verlebt.

Dem Grafen Stauffenberg bin ich nur einmal, und zwar während meiner Stuttgarter Zeit, begegnet, seine einprägsame Gestalt bleibt mir unvergessen. Oft traf ich bei gemeinsamen Freunden seinen jungen Adjutanten Haeften (sprich: Haften). Mit dessen Vater, dem General von Haeften, der nach dem ersten Weltkrieg als Leiter des Heeresarchivs zum Reichsministerium des Inneren gehörte, war ich mehrfach zusammengekommen. Oft habe ich einen Ausspruch zitiert, den er bei einem Gespräch über den ersten Weltkrieg tat: »Auf die Dauer entscheidet nicht der Erfolg, sondern die Leistung.«

Aus meinem engsten Freundeskreis wurde Ernst von Harnack zum Opfer der Verfolgung. Er gehörte mit dem Staatssekretär Arnold Brecht, der damals noch Ministerialdirektor im Reichsministerium des Inneren war, und mit

Hans Simons, dem Sohn des Reichsgerichtspräsidenten, dem Leiter der Hochschule für Politik, mit dem mir schon seit Heidelberg bekannten Chef des Protokolls und späteren Botschafters in Paris, Roland Koester, und dem Regierungspräsidenten Hans Poeschel zu einem engeren Freundeskreis, der später noch durch Ferdinand Friedensburg erweitert wurde, als dieser Polizeivizepräsident in Berlin war. Wir kamen allmonatlich einmal zusammen, und einer von uns hielt dann einen Vortrag aus seinem Arbeitsgebiet, an den sich eine Aussprache anschloß. Wir waren zwar nicht die ersten in der beamteten Hierarchie, hatten aber im Reich und in Preußen ein gut Teil der Arbeit zu leisten.

Harnack wurde dann Regierungspräsident in Merseburg, wo er in dem alten Schloß hoch über der Saale seine Dienstwohnung hatte. Er war einer der gebildetsten Beamten, die mir je begegnet sind, voll Anregung vom Hause des Vaters her, der in Berlin als würdiger Vertreter der deutschen Wissenschaft galt. Der Sohn erschien durchaus eigenartig und selbständig. Erstaunlich war seine Ähnlichkeit mit Justus von Liebig, der zu seinen Vorfahren gehörte. Ich erinnere mich noch, wie überrascht ich war, als ich das Porträt des großen Chemikers sah, das im Arbeitszimmer des jungen Harnack hing: erschien es doch beim ersten Anblick wie ein Porträt meines Freundes in altväterlicher Tracht. Besonders markant in Harnacks groß angelegten Zügen war der Ausdruck der Kühnheit, die ihm zu eigen war. Sie hat ihn veranlaßt, den vom Naziregime Verfolgten mit einer bedingungslosen Selbstaufopferung zu helfen, zugleich aber auch die neuen Machthaber durch verhöhnende Kritik zu reizen, so daß er schließlich festgenommen wurde. Er hat im Gefängnis das Manuskript zu einem Bergwerksfilm geschrieben und war guten Mutes, daß er wieder in die Freiheit gelangen würde. Wir hatten zunächst Grund, das mit ihm zu hoffen, aber der diabolische Vernichtungswille Hitlers, der seine Macht im Negativen genoß, sprach plötzlich über den Sohn Adolf von Harnacks ebenso wie über den Sohn Max Plancks, der Staatssekretär der Reichskanzlei und bei uns allen besonders beliebt gewesen war, das Todesurteil aus. So wurden immer wieder die Besten den Aufgaben entzogen, die nach 1945 ihnen zugefallen wären.

Mit dem General und späteren Reichskanzler von Schleicher, der gemeinsam mit seiner Frau so grauenhaft überfallen und hingemordet wurde, hatte ich alljährlich bei Gestaltung des Verfassungstages zu tun – zudem war der Sohn meines Geschichtslehrers, des Professors Marcks, sein Adjutant. Auch die Begegnung mit dem ehemaligen Reichstagsabgeordneten Julius Leber bleibt unvergessen. Sie erfolgte unmittelbar vor der Verhaftung dieses durch seine Gescheitheit wie auch durch seine freudige Lebensbejahung so liebenswerten Mannes.

234

Es gehört zum Schicksal meiner Generation, daß wir nicht nur zwischen Lebenden stehen, sondern so vielen Toten zutiefst verbunden sind, deren Gedenken wir durch unser eigenes Handeln zu ehren haben. Dieses Gefühl hat in der Zeit, da wir noch einmal zu schaffen und aufzubauen hatten, mein Denken entscheidend bestimmt.

Journalismus

Rerum cognoscere causas

Theodor Wolff, der noch heute als Vorbild eines kritischen Journalisten unvergessene Chefredakteur des Berliner Tageblatts zur Zeit der Weimarer Republik, hatte bei seiner Zeitung zwei kontrollierende Statistiken eingeführt: zuerst, und am wichtigsten, wieviele Zuschriften jeweils auf einen Artikel einliefen, sodann, und durchaus nicht uninteressant, wie lange nach seinem Erscheinen die Nachwirkung durch Zuschriften zu spüren sei. Diesen zweiten Rekord habe ich, der ich gelegentlich für das Berliner Tageblatt schrieb, einmal gewonnen.

Soviel ich auch aus meinen verschiedenen Arbeitsgebieten heraus für Zeitungen geschrieben habe: ein beruflicher Journalist wurde ich erst während der Jahre 1945–1948. Im Sommer 1945, nach Einmarsch der Amerikaner in Berlin, erschien plötzlich in einem Jeep ein junger Leutnant in dem von den Russen besetzten Babelsberg und bestellte mich zu Verhandlungen mit dem Presseoffizier seiner Besatzungsmacht. Die Hauptrolle spielte dabei Peter de Mendelssohn, der mich, als er Anfänger bei einer Berliner Tageszeitung war, um das Jahr 1930 herum interviewt und als einen Freund seines Vaters, eines Meisters handwerklicher Metallarbeiten, im Gedächtnis behalten hatte. Mendelssohn hatte den Auftrag, in Berlin für die Gründung einer überparteilichen Zeitung zu sorgen und Persönlichkeiten ausfindig zu machen, denen die amerikanische Besatzungsmacht die Lizenz übertragen konnte. Gewonnen hatte er schon Erik Reger als erprobten Zeitungsmann und Walther Karsch, der vor der Nazizeit noch mit Tucholsky an der Weltbühne tätig gewesen war. Er hatte zunächst vergebens nach mir gesucht, denn da Hitler Babelsberg von Berlin getrennt und zu Potsdam geschlagen hatte, war mein Name im Berliner Telefonbuch nicht mehr zu finden. Als er dann

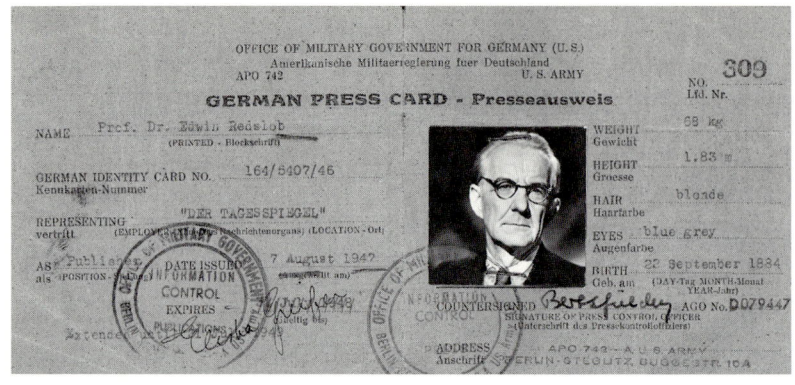

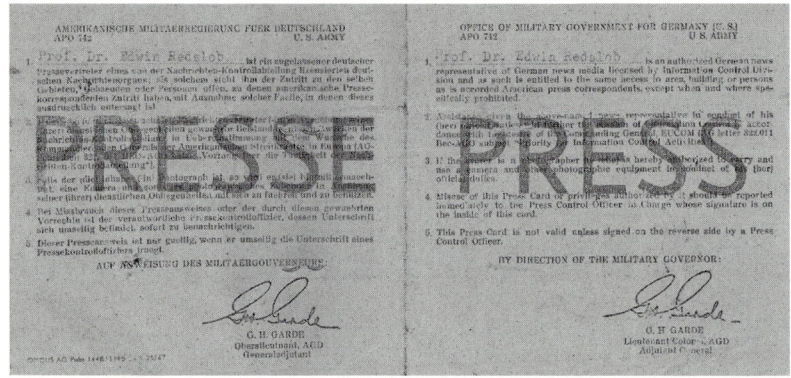

Presseausweis der amerikanischen Militärregierung, 1947

aber erfahren hatte, daß ich doch zu erreichen sei, wurde ich zu Verhandlungen nach Zehlendorf bestellt. Sie waren anfangs nicht leicht, weil wir noch
als die Feinde von gestern galten. Sehr bald aber verlor sich dies Gefühl über
der praktischen Zusammenarbeit, bei der sich die Großzügigkeit und Bereit-
willigkeit zeigte, mit der die Amerikaner überall am Wiederaufbau halfen.
Noch im August wurden wir feierlich im Büro der Pressestelle aufgebaut
und bekamen die Lizenz zur Gründung einer Zeitung, die auf Regers Vorschlag den Namen »Der Tagesspiegel« erhielt und dazu das von mir als dem
Akademiker vorgeschlagene Motto: »Rerum cognoscere causas« – der Geschehnisse Ursachen erkennen, das man auch deuten könnte: den Dingen auf
den Grund gehen.

Das Problem ging also um den Aufbau einer Zeitung, die nach den Jahren
des furchtbarsten Irrtums im Denken, den Deutschland je erlebte, auf dem

236

Gebiet der Politik und auf den Gebieten der Kultur und des Wirtschaftslebens, der städtischen Geschehnisse, des kirchlichen Lebens und bald auch der Erziehung und des Sportes informieren und zugleich Richtung weisen sollte. Für die Nachwelt wird unsere damalige Situation kaum noch verständlich sein, weil sie mit Schwierigkeiten begann, wie sie heute im westlichen Deutschland die inzwischen herangewachsene Generation nicht mehr kennt. Wir waren so unterernährt, daß infolge der Hungerödeme für viele und so auch für mich Lebensgefahr bestand. Stundenlang stand man im Morgengrauen für das Wenige an, das die Lebensmittelkarten gewährten, auf die wir angewiesen waren. Die Marken mußten während des Krieges zudem auch noch für eine jüdische Bekannte ausreichen, die wir bei uns versteckt hatten. Das war die einzige Form, mit der man damals den Verfolgten helfen konnte. Die Amerikaner durften uns anfangs noch nicht das Geringste an Nahrungsmitteln geben, aber schließlich brach die Verzweiflung in mir durch, und ich erreichte, daß wir in der Mittagspause der Verhandlungen wenigstens in der Küche einen Teller von der Suppe bekamen, die für die deutschen Chauffeure bereitstand. Als im September die erste Nummer der Zeitung erschien, die von den Berlinern verschlungen wurde, waren wir am Ende unserer körperlichen Kraft, und nur sehr langsam besserten sich die äußeren Verhältnisse.

Die Bedeutung der neuen Zeitung zu würdigen ist Sache der Wissenschaft von der Publizistik, sie wird objektiv feststellen, welchen Erfolg unser Bemühen hatte. Es wird den Späteren nicht ganz leicht sein, das Ankurbeln und den Weg einer verantwortungsvollen Zeitung so zu rekonstruieren, wie es sich in den kühnen Jahren des Neubeginns abspielte. Ein politisch entscheidendes Motiv war beispielsweise die Tatsache, daß der Tagesspiegel zu einer Zeit, da es in Berlin noch keine sozialdemokratische Presse gab, seine Spalten einem so bedeutenden Politiker wie Kurt Schumacher, dem damaligen Führer der SPD, zur Verfügung stellte, obwohl unsere Zeitung parteilich nicht festgelegt war. Welches Gebiet der Kulturgeschichte oder der Wirtschaftsgeschichte, um zwei weitere Beispiele zu nennen, man rückblickend auch betrachtet, immer wird unser Tagesspiegel einen getreuen Spiegel der Ereignisse bedeuten, die sich zur geschichtlichen Erkenntnis einer Epoche zusammenschließen. Erik Reger, der auch als Romanschriftsteller bekannt war, hatte eine ausgeprägte Begabung zum Journalisten und verstand es, freilich meist mehr von der negativ-kritischen Seite als von der aufmuternd-positiven her, seine Mitarbeiter anzuregen und dem Gesamtplan einzufügen. Er war eine schwierige Persönlichkeit, da ihn das Negieren und die gewonnene Macht oft schärfer werden ließen, als es für die primär informatorische Aufgabe einer Zeitung erwünscht war. Meine Tätigkeit innerhalb der Redaktion war infolgedessen auch, wie es dem Ältesten entsprach, sehr oft begütigend und hat unmerklich manche Härte verhütet. Da wir uns aber persönlich gut standen und Reger, der als ein gärtnerischer Mensch der Natur verbunden war, durch seine Ursprünglichkeit und Lauterkeit versöhnte, haben wir uns während der drei Jahre der Zusammenarbeit immer wieder neu vertragen. Hinzu kam, daß anfangs Friedrich Luft als ein der dichterischen Auffassung nahe stehender Essayist unter dem gut gewählten Pseudonym Urbanus in ganz neuem Sinn die Rolle weiterführte, die einst ein Auburtin beim Berliner Tageblatt ausgeprägt hatte. Aber Friedrich Luft und mancher andere schieden bald aus, und ein von Hans Wallenberg journalistisch von München aus glänzend geführtes, von der amerikanischen Besatzungsmacht finanziertes Unternehmen, »Die Neue Zeitung«, machte dem »Tagesspiegel«, wenn auch in freundschaftlicher Form, spürbare Konkurrenz. Während ich selbst Artikel von allgemeiner Thematik schrieb, vor allem aber auf dem Gebiet der bildenden Kunst das Neubeginnen beobachtete und dadurch auf der Grundlage der Information für das in den bitteren Jahren vorher unterdrückte Schaffen eintrat, verfolgte Walther Karsch das Theaterleben und schrieb seine Kritiken, die, in Sammelbänden vereint, ein gutes Stück Berliner Theatergeschichte der neuen Epoche darstellen. Das entsprach nach zwei Jahren völligen Schweigens der Bühnen der Wiederbelebung Berlins als Theaterstadt, die durch Boleslaw Barlogs mitreißenden Enthusiasmus begonnen hatte.

Mein Hauptbemühen mußte freilich scheitern. Es lag mir besonders daran, dem Tagesspiegel über Berlin hinaus eine führende Stellung zu verschaffen. Er hat sie eine Zeitlang, vor allem durch den Ausbau der Frankfurter Zweigstelle, besessen, aber die Abschnürung Berlins durch die Blockade hatte zur Folge, daß die Zeitung erst mit einem Tag Verspätung in Westdeutschland ausgeliefert werden konnte. So war dieser Plan nur ungenügend zu verwirklichen, was noch heute politisch und kulturell ein ständig fühlbarer Nachteil für Berlin ist.

Es gehörte zu Regers guten Eigenschaften, daß er mit dem Instinkt des Journalisten für kommende Dinge sowohl in der Zeitung als auch gelegentlich durch Stiftungen, die wir Lizenzträger beschlossen, sich einsetzte. Das bewährte sich vor allem, als die Gründung einer Universität in West-Berlin betrieben wurde. Der Auftrag, die Gründung vorzubereiten, wurde mir von der amerikanischen Besatzungsbehörde im Frühjahr 1948 erteilt, wie noch ausführlich erzählt werden soll. Von jener Zeit an war ich fast ausschließlich für diesen für Berlin bedeutsamen Plan tätig. Bei Gründung der Universität, deren Leitung mir als geschäftsführendem Rektor übertragen wurde, schied ich aus der Redaktion des Tagesspiegels aus.

Meinem Gefühl für die Bedeutung der Presse, das ich als Mitherausgeber einer Zeitung gewonnen hatte, entsprach es, daß ich beim Aufbau der Universität dem Wissenschaftszweig des Journalismus die ihm zumal an der

Hochschule einer Großstadt gebührende Achtung verschaffen konnte. Von der Linden-Universität kam zu uns ein so hervorragender Vertreter dieses Gebietes wie Emil Dovifat und mit ihm einer jener Professoren, die nicht nur ihr Fach und das ihm dienende Institut vorbildlich auszubauen wußten, sondern darüber hinaus für die Gesamtaufgabe der neuen Hochschule ein tätiges Verständnis zeigten, so daß ich in Dovifat einen aktiv mitwirkenden Kollegen und Freund gewann, der mit seiner freudigen Intensität für die Durchsetzung unserer Universität viel getan hat.

Es charakterisiert den Berliner, daß er in besonders hohem Maße kritisch eingestellt ist. Daraus erklärt sich die Bedeutung, die gerade in dieser Stadt dem Journalismus zukommt. Das Originelle dabei ist, daß so viele in der Reihe der entscheidenden Kritiker gar nicht aus Berlin stammen, sondern aus anderen Gegenden kamen: Theodor Fontane ist zwar Märker, aber mit betont hugenottischem Einschlag. Julius Hart, der vom sozialen Denken aus seine Theaterkritiken schrieb, war Westfale. Alfred Kerr, Pseudonym für Kemper, kam, wie so viele Berliner, aus Breslau. Friedrich Luft hat eine schottische Mutter. Dafür war Julius Bab ein geborener Berliner. Er war der Freien Volksbühne verbunden und verfolgte das Ziel im Sinne einer echten Gemeinde und unter dem Motto der Kunst für Jedermann, dem Theater ein nicht nur passives Publikum zu schaffen. Die Theaterkritik, auf die ich mich hier beschränken möchte, war nach wie vor der beliebteste Teil des Feuilletons und bald auch des Rundfunks, das die Berliner ganz besonders interessierte. Auch heute fragen die Berliner nach jeder Premiere: Was hat die Kritik gesagt?

Neugründung der Freien Volksbühne Berlin

Als ich von dem zur Neugründung der Freien Volksbühne Berlin zusammengetretenen Ausschuß die nicht leichte Aufgabe des Vorsitzenden erhielt, konnte man noch hoffen, daß die Volksbühne in dem während des Krieges zerstörten, aber wieder herzustellenden Bau am Bülowplatz für ganz Berlin neu errichtet werden könne. Er lag in dem russischen Sektor. So hatte der

dortige Kommandant schon sehr bald durch Vergebung von Lizenzen dafür
gesorgt, daß ein in seinem Sinne geführtes Theater entstünde. Während im
Hebbel-Theater, das im amerikanischen Sektor lag, bereits unter der Inten-
danz von Karl Heinz Martin mit einfachsten Mitteln bestes Theater gespielt
wurde – etwa eine unvergessene Aufführung der Dreigroschenoper von
Brecht und Weill – mußten wir uns nun mit Verhandlungen abgeben, die sehr
wenig mit Kunst zu tun hatten, vielmehr die Fragen des Theaters zu solchen
der Politik machten. Der dialektisch hervorragend geschulte Vertreter der
kommunistischen Partei, Karl Fugger, hatte als gefügiges Werkzeug der
Besatzungsmacht in derem Sinne für die neuzugründende Bühne eine Verfassung ausgearbeitet, bei der verschleiert wurde, daß die drei westlichen
Sektoren dann so gut wie ausgeschlossen wären, ein Manöver, das gar nicht
so leicht zu durchschauen war. Auf raffinierte Weise war kaschiert und
wurde in den Verhandlungen vertuscht, daß unter den vorgesehenen Mitgliedern des Verwaltungsrates, trotz Beteiligung aller vier Sektoren, vom
Augenblick des Inkrafttretens an zwölf von dreiundzwanzig, also die Mehrheit, Kommunisten gewesen wären, die die Freie Volksbühne höchst unfrei
zu einer Angelegenheit ihrer Partei, und dies auch in den westlichen
Sektoren, gemacht hätten.

Wenn ich an die heißen Sommertage des Jahres 1947 zurückdenke,
während deren ich die Schwierigkeit der Verhandlungen mit den Wort-
führern des Kommunismus durchlebte, wird mir eigentlich erst nachträglich
klar, was trotz der gestellten Falle zum Erfolg verhalf: mir und immer mehreren meiner Freunde war die politische Auseinandersetzung und die auf
unsere Zermürbung angelegte Debatte ein zu überspringender Graben, der
überwunden werden mußte im Hinblick auf die positive Absicht, die durchzusetzen der Sinn unserer Arbeit war. Personell hieß es für mich in erster
Linie, einer so echten und reinen künstlerischen Persönlichkeit wie Karl
Heinz Martin die Leitung der Freien Volksbühne zu sichern, auch wenn sie
nach Abspaltung des östlichen Teils nur unter den getrennt zu erteilenden
Lizenzen der amerikanischen, englischen und französischen Besatzungsmächte erfolgen konnte.

Die Formalitäten der Gründung, soviel Überlegung und Energie sie auch
beansprucht hatten, wurden überglänzt von der Gründungsfeier, deren
Gestaltung ich zu übernehmen hatte. Für den, der zu erfassen sucht, was die
Zeit von 1945 bis etwa 1950 in Berlin an Ideen und Kräften brachte, wird die
Neugründung der Freien Volksbühne im Jahre 1947 und als ihr Sinnbild diese
Gründungsfeier ein besonders kennzeichnendes Motiv sein. Am 12. Oktober
fand der Festakt im damals größten Saal von Berlin, dem Titania-Palast in
Steglitz, statt, der nicht spät danach auch durch die Gründungsfeier der Freien
Universität seine Weihe erhielt.

Bei der Vorbereitung führte mein erster Weg zu dem durch Sprache und innere Haltung so bedeutenden Schauspieler Walter Franck: Er sollte mit dem harten »Hereinspaziert!« Frank Wedekinds die Veranstaltung eröffnen. Außerdem wollten wir zum ersten Mal eine Szene aus Carl Zuckmayers eben vollendetem Drama »Des Teufels General« verlesen, das also dadurch ein Stück Uraufführung erlebte. Daraus folgte, daß ich Zuckmayer gewann, den eigentlichen Festvortrag zu übernehmen. Er hat diese Aufgabe durch eine ebenso kühn wie groß gesehene Definition der Begriffe Volk und Kunst im Sinne einer neubeginnenden Epoche eindrucksvoll gelöst. Als Regisseur sprach Jürgen Fehling in seiner leidenschaftlich erregten, aber gerade dadurch bezwingenden Art. Hilde Körber und Roma Bahn vertraten die Frauen. Ich hatte Ricarda Huch, die kurz vorher ihren achtzigsten Geburtstag gefeiert hatte, zum Besuch der Veranstaltung gewonnen und benutzte meine Begrüßungsansprache dazu, die Anwesenden zu einer Ehrung der Dichterin durch Erheben von den Plätzen zu bestimmen. Es war eine Feier, die nach Überwindung all der Kämpfe als ein Geschehnis geistiger Wiedergeburt von richtunggebender Bedeutung für Berlin erschien.

Von Anfang an hatte ich, wie bereits erwähnt, die Meinung vertreten, daß der künstlerische Leiter der neugegründeten Volksbühne Karl Heinz Martin sein müsse. Er hatte vom Juli 1945 an zunächst im Renaissance-Theater, anschließend im Hebbel-Theater, das die amerikanische Besatzungsmacht zu vergeben hatte, für das Wiedererwecken des Theaterlebens in Berlin gesorgt, so daß nicht nur unsere Gründung, sondern auch die bereits erfolgreiche Leistung dieses Regisseurs als schrittmachend anzusehen war. Im Jahre 1943 waren die Berliner Theater geschlossen worden, und nun standen unsere Schauspieler wieder auf der Bühne und brachten Aufführungen, die das Signal zum Neubeginn wurden. Berlin hatte seine Freude an der Wieder-holung von Zuckmayers »Fröhlichem Weinberg«. Bei der Aufführung von Hebbels »Judith« hat Karl Heinz Martin zum ersten Mal Ita Maximowna zur Gestaltung der Bühnenbilder und der Kostüme herangezogen. Die Russen hatten Martins Bedeutung schon früh erkannt und ihm bereits vorher in ihrem Sektor das Kleine Theater im Kastanienwäldchen (die alte Sing-Akademie – heute Maxim-Gorki-Theater) anvertraut, ein Dank für die aus-gezeichnete Inszenierung von Maxim Gorkis »Nachtasyl«, die er im Hebbel-Theater gebracht hatte. Dann aber nahm das Unheil seinen Weg. Infolge einer Verwechslung mit einem Naziführer Hans Martin wurde er während einer bis zur Erkenntnis des Irrtums an sich nur kurzen Haft derartig mißhandelt, daß er zu der Zeit, da die Freie Volksbühne, seiner gedenkend, zum ersten Mal an die Öffentlichkeit trat, schwer erkrankt war, bis er zu Beginn des Jahres 1948, noch nicht zweiundsechzig Jahre alt, den großen Aufgaben entrissen wurde, die Berlin für ihn gehabt hätte.

Für die Verwaltung der Freien Volksbühne wurde der bewährte einstige Sekretär aus der Zeit der Weimarer Republik, Siegfried Nestriepke, gewonnen, der weit über die lokalen Aufgaben Berlins hinaus einer der entscheidenden Vorkämpfer für Idee und Organisation des Volksbühnengedankens war. Als sichtbarer Erfolg unserer Bestrebungen wurde – nach provisorischer Unterkunft am Kurfürstendamm – der Freien Volksbühne dann von Fritz Bornemann der ideale Theaterbau in der Schaperstraße errichtet.

Veritas Justitia Libertas

Die Gründung der Freien Universität Berlin
1948

Unmittelbar nach Beendigung des Krieges erschien die Neueröffnung der Universität Unter den Linden ein erstrebenswertes Ziel. Wie bedenklich aber die Situation einer von der russischen Besatzungsmacht dirigierten Universität sein würde, das zu erfahren, hatte ich bald Gelegenheit. Gemeinsam mit Professor Schadewaldt, dem Graecisten der alten Universität, war ich zum Eintritt in die Kommission gebeten worden, deren Ziel die Eröffnung des Lehrbetriebes der einstigen Friedrich-Wilhelm-Universität war. Den Vorsitz der Kommission, die im Winter des Jahres 1945 in notdürftig wiedereingerichteten, eiskalten Räumen des ehemaligen Preußischen Kultusministeriums ihre Sitzungen abhielt, führte der als Hochschullehrer und als Arzt gleich angesehene Internist Professor Theodor Brugsch, der die Funktion eines Staatssekretärs ausübte. Gemeinsam mit dem an sich einsichtsvollen kommunistischen Vertreter Wandel setzte er alles daran, mich in irgendeiner Form dem entstehenden Ministerium und der künftigen Universität zu verbinden. Ich war aber nur zu Vorlesungen bereit, nicht für Aufgaben der Verwaltung.

An der Feier des Neubeginns der Universität beteiligte ich mich lediglich als Zuschauer und mußte mit anhören, daß ausdrücklich erklärt wurde, es ginge nicht um eine Weiterführung der 1810 von Wilhelm von Humboldt gegründeten Universität, die ihre Existenzberechtigung durch Einfügung in das nationalsozialistische System verloren habe. Es ginge um eine Neugründung und Neuorientierung.

242

Worin die Orientierung bestand, war bald zu erkennen. Ich sagte eine Vorlesung und eine Übung über zwei kunstgeschichtliche Themen an. Die Erlaubnis dazu wurde mir vom Dekan verweigert: geschichtliche Vorlesungen könnten noch nicht genehmigt werden, da man hierüber besondere Richtlinien der Besatzungsmacht erwarten müsse. Daraufhin schlug ich ein Thema vor, das sich auf die Ästhetik bezog, indem es die Entwicklung des menschlichen Sehens in Hinblick auf die künstlerische Darstellung behandeln sollte. Es geschah das gleiche. Der Mangel an Mut, hierzu die Genehmigung zu geben, ließ mich erkennen, welcher Entwicklungsprozeß der sogenannten Neugründung bevorstehe. Ich zog es vor, durch mehrere Semester an der Technischen Hochschule – sehr bald Technische Universität genannt – Vorlesungen über das Thema »Kunst und Kultur der deutschen Stadt« zu halten. Daraus, daß meine Hörer künftige Architekten waren, entnahm ich die Richtlinien für die besondere Behandlung des reichen Stoffes.

Inzwischen zeigte sich an der Linden-Universität immer mehr, was die von Behörde und Partei gern benutzte Formulierung, der Lehrbetrieb müsse »dirigiert« werden, zu bedeuten hatte. Man dirigierte nicht nur die Lehrenden, sondern auch die Lernenden und ließ sie fühlen, welche Machtmittel der totalitär ausgerichtete Staat gegenüber der Jugend habe.

Es ist oft erzählt worden, wie aus der Relegierung einiger freiheitlich gesinnter Studenten die Forderung nach einer Universität in West-Berlin entstand, in der man nicht Objekt staatlich gelenkter Ideologie, sondern Subjekt eigenen Lernens und eigener Willensbildung sein könne. An der Linden-Universität, die später den Namen Humboldt-Universität erhielt, wurde – wie wir es geschildert haben – sehr bald die Lehre unter das Gebot der Partei gestellt. Da aber Druck Gegendruck erzeugt, antworteten die Studenten in eindrucksvoller Weise mit Protestversammlungen, deren Sinn die Forderung einer in West-Berlin zu gründenden, der freien Forschung und Lehre gewidmeten Hochschule war. Eine führende Rolle spielte dabei der an der Linden-Universität relegierte Herausgeber der Studentenzeitung Colloquium, Otto Hess.

Wesen und geistige Haltung dieser ersten Zeit waren dadurch bestimmt, daß die des Nazitums überdrüssigen Studierenden den Zwangsmaßnahmen jeder totalitären Herrschaft entgehen wollten und daß in der Bürgerschaft Berlins die im Magistrat und in der Stadtverordnetenversammlung mit offenem Verständnis vertretene Auffassung bestand, im freiheitlichen Teil der Stadt nun auch eine freiheitliche Universität zu errichten.

Daraus ergab sich die Aufgabe des Gründungsausschusses, der die Ideen der geplanten Universität in der Bürgerschaft und bei den Studenten vertrat; denn auch Studenten gehörten ihm an. Erster Vorsitzender wurde der zum Oberbürgermeister erwählte, aber von der russischen Seite der Viermächtekontrolle nicht bestätigte Ernst Reuter, der seine ganze Energie diesem Plan widmete, dessen Durchführung für ihn eine Angelegenheit des Herzens war. Ich hatte als geschäftsführender Vorsitzender den Hauptanteil an der Arbeit, sofern sie den Aufbau des geistigen und wissenschaftlichen Teiles der Universität und ihrer Institute und Einrichtungen sowie auch der Verfassung betraf. Die Arbeit des Dritten im Bunde, des Sekretärs Dr. Fritz von Bergmann – Sohn und Enkel zweier berühmter Mediziner –, bezog sich auf das Gebiet, das ihn dann später in die Stellung des Kurators hineinwachsen ließ.

Mehr und mehr drängten die Studierenden heran, zumal aus Berlin und der Ostzone. Sie waren meist keine Anfänger, sondern hatten schon ein Stück oft bitterer Erfahrung hinter sich und besaßen, zu Männern gereift, den Willen zur Verwirklichung.

Dennoch waren die Vorbereitungen, über die der Sommer 1948 hinging, keineswegs leicht. So unverständlich es auch heute erscheinen mag: gerade in Kreisen der Professoren begegnete der Plan einer Skepsis, die man auch als falsche Pietät gegenüber der alten Friedrich-Wilhelm-Universität kennzeichnen könnte. Der von mir vorgetragene Aufruf zur Gründung, hinter dem der erwählte Ausschuß stand, erschien jedoch unwiderlegbar.

Es hieß darin: »Die Stadt Berlin hat durch ihre entschlossene Haltung gegenüber brutalen Methoden bewiesen, daß sie nicht gewillt ist, sich zum zweiten Male das Joch totalitären Zwanges auflegen zu lassen und das Gut der Freiheit preiszugeben. In diesem Ringen ist es notwendig, das akademische Studium vor Einflüssen zu bewahren, welche die Ehrlichkeit und Selbständigkeit von Lehre und Forschung bedrohen. Der Forderung nach einer unabhängigen Stätte der wissenschaftlichen Ausbildung hat die Berliner Stadtverordnetenversammlung entsprochen und mit überwältigender Mehrheit die Schaffung einer freien Universität in den Westsektoren beschlossen. Es bedarf aber der Mitwirkung weiter Kreise, um diesen Beschluß zu verwirklichen, der vom Magistrat nicht durchgeführt werden kann, weil dazu die einstimmige Genehmigung aller vier Besatzungsmächte nötig wäre. Von dem Willen der Bevölkerung getragen, wendet sich daher ein aus freier Initiative gebildeter Ausschuß an die Öffentlichkeit und ruft zur schnellen und tätigen Unterstützung auf. Es geht um die Errichtung einer freien Universität, die der Wahrheit um ihrer selbst willen dient. Jeder Studierende soll wissen, daß er sich dort im Sinne echter Demokratie frei zur Persönlichkeit entfalten kann und nicht zum Objekt einseitiger Propaganda wird. Jeder Dozent soll hier frei von Furcht und ohne einseitige Bindung an parteipolitisch vorgeschriebene Doktrin lehren und forschen können. Aus dem Geiste der Selbstbehauptung heraus, mit der sich Berlin gegen die über die Stadt verhängte Blockade erhob, soll diese Universität erstehen und als geistiger Mittelpunkt des freiheitlichen Berlin der Gesundung Deutschlands dienen.«

Meine Erlebnisse im Ostsektor hatten mich darauf vorbereitet, die ganz besondere Art dieser Generation von Studenten, die hinter der Forderung der Gründung standen, zu verstehen. Sie setzten nun alles daran, daß die Verwirklichung bald geschah, ein Verlangen, das durch die Presse sehr schnell in die breiteste Öffentlichkeit getragen wurde. Vor allem aber hatte Ernst Reuter mit General Lucius D. Clay, dem Militärgouverneur der amerikanischen Besatzungsmacht, verhandelt, der zunächst noch nicht der Gründung selbst, wohl aber dem Versuch ihrer Vorbereitung zustimmte.

Daraufhin überbrachte mir im Frühjahr ein Mitarbeiter General Clays den Auftrag, die Vorarbeiten zur Gründung einer Universität in West-Berlin zu übernehmen. Der Überbringer war eine höchst interessante Persönlichkeit: Dr. Carl Joachim Friedrich, Professor für Politische Wissenschaften an der Harvard-Universität und entscheidender Berater des amerikanischen Gouverneurs in kulturpolitischen Fragen. In jungen Jahren war er unter dem Eindruck der Ermordung Walther Rathenaus aus Deutschland nach England und von dort nach den Vereinigten Staaten ausgewandert, wo er als der führende Vertreter seiner Wissenschaft galt. Gedacht war, daß ich sofort in ein Flugzeug steigen und am nächsten Tag auf der Konferenz der Rektoren der westdeutschen Universitäten den Berliner Plan vertreten und für ihn werben solle. Ich lag aber mit hohem Fieber krank. So entfiel dieser Plan, was ich aus taktischen Gründen nicht bedauerte, da wir meiner Auffassung nach der Verwirklichung erst ein Stück näher gekommen sein müßten, ehe wir uns den Zweifeln von Kollegen aussetzen sollten.

Die Zahl der Lehrkräfte, die bereit waren, das Wagnis einer Universität in West-Berlin mitzumachen, war noch gering. General Clay wollte der Gründung, die zunächst nur im Amerikanischen Sektor erfolgen konnte, zustimmen, wenn ich ihm fünfzig Namen von Professoren nennen könne, die zugesagt hätten. Nicht ohne List und mit kollegialer Hilfe – darunter der des Rektors der Frankfurter Universität, Professor Böhm, des Schwiegersohnes von Ricarda Huch – konnte ich eine Liste mit freilich nur wenig über dreißig Namen zusammenstellen. Ich bemerkte aber dem General gegenüber, daß auch 1810 die Berliner Universität bei ihrer Gründung nicht mehr Lehrkräfte gehabt habe, und so erhielt ich die Zustimmung des Vertreters der Vereinigten Staaten.

Besondere Schwierigkeiten bereitete in der Zeit der Abwertung des Geldes die Finanzierung. Auch konnte man dem Magistrat von Berlin nicht sofort die Ausgaben ansinnen, für die ja im Etat des laufenden Jahres nichts vorgesehen war. Ich mußte also suchen, woher ich die finanzielle Hilfe zum Anlauf des Lehrbetriebes bekommen könnte. Mir half meine Verbindung mit der Presse. Ich war noch immer Lizenzträger des Tagesspiegels, den ich ja mitbegründet hatte. Die Zeitung hatte eine zehnprozentige Lizenzgebühr an die

Beim Kolleg in Kunstgeschichte

Amerikaner abzuführen. Diese hatten den Anstand gehabt, von der Summe nichts für eigene Zwecke zu verwenden. Hätte ich nun gesagt, nehmt doch dieses Geld, so hätte es leicht zu Opposition führen können, denn es gab ja viele erwünschte Vorhaben, für die man gerne Mittel zur Verfügung gehabt hätte. So brachte ich einen der maßgebenden Amerikaner auf den Gedanken, das angesammelte Geld der beabsichtigten Gründung nutzbar zu machen, eine Idee, die ihm nun so viel Freude machte, daß er sie vortrug und zur Durchsetzung brachte. Dieser Erfolg war sehr wichtig. Da ja in Berlin zunächst nur ein Bruchteil aller Anforderungen in Westwährung, der größere Teil in Ostwährung gezahlt wurde, war der Etat für die Anfangszeit ausreichend.

Um den Willen weiter Kreise hinter die geplante Gründung zu stellen, lud der genannte Ausschuß zu einer Versammlung im Hause der Freunde der Natur- und Geisteswissenschaften in Wannsee ein. Das nötige Material zur Führung des Vorsitzes hatte ich Ernst Reuter übergeben. Aber im letzten Moment sagte er ab: die großen Sorgen wegen der Blockade und die Neuordnung der Währung, die in diesen Tagen vorgenommen wurde, hielten ihn fern. Für mich war es durchaus noch nicht sicher, wie sich ein größeres Gremium, das den Anspruch stellen konnte, die Bürgerschaft zu vertreten, zu dem vielen zu kühn erscheinenden Plan verhalten würde. So war es keine

246

von vornherein Erfolg versprechende Aufgabe, die Versammlung zu leiten, zumal das Fernbleiben Reuters das Vertrauen zu unserem Plan mindern mußte. Nach kurzer Zeit jedoch war die Situation so, daß fast alle, und zwar mit Begeisterung, für die Verwirklichung eintraten. Ich erinnere mich überhaupt nur an eine einzige Ablehnung, die aber nicht der ganzen Versammlung, sondern mir persönlich übermittelt wurde und später eine Berichtigung zugunsten der Universität erfuhr.

Wesentlich geholfen haben mir die so viele Berufszweige und Interessen, vor allem aber die Idee der Hilfsbereitschaft vertretenden rotarischen Freunde, deren damals einzigem Klub in Berlin ich angehöre. Scherzweise und doch in Erkenntnis der Möglichkeiten, die sie durch Werbung für den Plan der Gründung der Universität überall in der Bürgerschaft gehabt haben, nannte ich meinen Klub: »Das Oberhaus von Berlin.« Aber auch im Ausland, nicht zuletzt bei einer Vortragsreise in den Niederlanden, empfand ich die Bedeutung der rotarischen Internationalität.

So konnte der nun schon im Mai gefaßte Stadtverordnetenbeschluß mit einer zuverlässigen Grundlage rechnen, und die Verhandlungen wegen der Berufungen sowie auch wegen der Bereitstellung der Gebäude konnten beginnen. Kennzeichnend für die Art, wie die Amerikaner halfen, war vor allem das Verhalten des Kommandanten, des Generals Howley, der mit Recht später die Würde eines Ehrendoktors erhielt.

Zu den ersten gewonnenen Professoren und der begeisterten Studentenschaft gesellte sich nun die stille, mit großer Hingabe geführte Gruppe der Assistenten. Der erste dieser Reihe, die ich für diese Aufgabe innerhalb der Philosophischen Fakultät gewann, war Sprangers einstiger Assistent Joachim Lieber, der bald danach Professor wurde und in den Jahren 1965 bis 1966 Rektor war. Immer wieder bewährte sich der überlegene Humor unseres Sekretärs Dr. Fritz v. Bergmann, der die Kuratorialverwaltung aufgebaut hat. Professor Hans Frhr. v. Kreß verstand es, die Verbindung der Kliniken, zumal des Westend-Krankenhauses, mit der Universität herzustellen und so der Medizinischen Fakultät Gestalt zu geben.

Nachdem ich selbst während der Vorbereitungszeit die nötigen organisatorischen Arbeiten geleistet hatte, dann aber mich gern mit dem Lehrstuhl für Kunst- und Kulturgeschichte begnügt hätte, suchte ich nach einer geeigneten Persönlichkeit zum ersten Rektor. Ich verhandelte mit Spranger, der ja schon bald nach Ende des Krieges die Wiederbelebung der Berliner Universität versucht hatte. Bei meinem Besuch in Tübingen konnte ich ihn jedoch nicht bestimmen, wieder nach Berlin zu kommen, wo er durch Mißverständnisse von seiten der Besatzungsmacht viel Kränkendes auszustehen gehabt hatte. So fuhr ich nach Heidelberg zu Jaspers, da es – zumal den Politikern – erwünscht schien, einen recht großen Namen zu gewinnen.

Aber auch hier und in einem dritten Fall konnte ich keine Zusage bekommen. So ließ sich denn der damals sechsundachtzigjährige Friedrich Meinecke, der große Historiker, doch noch bewegen, das Rektorat zu übernehmen. Er machte zur Bedingung, daß ich ihm als geschäftsführender Rektor die eigentliche Leitung abnahm. Bei der hohen Verehrung, die ich seit Beginn meines Studiums für ihn und seine Werke hatte, war dies eine leicht durchzuführende Lösung.

Die Gründungsfeier fand am 4. Dezember 1948 statt. Auch hier waren vorher manche Schwierigkeiten zu überwinden: Das Wetter verhinderte infolge des starken Nebels den regelmäßigen Flugverkehr, so daß aus Westdeutschland nur die Universität Tübingen vertreten war, deren Abgesandter von Stuttgart aus die Air France hatte benutzen können, während der Frankfurter Flugverkehr ins Stocken geraten war. Dann mußte eine Dreiviertelstunde vor Beginn Friedrich Meinecke sein Erscheinen aus Gesundheitsgründen absagen. Ich dachte nicht daran, die Feier zu vertagen, wollte aber auch nicht, daß der große Historiker unbeteiligt blieb. Ich konnte den Rundfunk veranlassen, sofort ein Grußwort von ihm auf Band aufzunehmen. Zu überwinden war dabei, daß die im Titania-Palast auf der Bühne und im Zuschauerraum versammelten mehr als zweitausend Personen sich etwas gedulden mußten. Dann aber tat es eine besondere Wirkung, als nach Ernst Reuters eindrucksvoller Ansprache die Worte des greisen Rektors aus der Ferne seines Zimmers in die Versammlung übertragen wurden: »Mit Freuden höre ich die Stimme der Jugend, begrüße ich ihre Forderung nach einer neuen Universität, nach einer wirklichen Freistätte der Wissenschaft und der Lehre ...«

Danach hielt ich die Rektoratsrede. Ich wählte als ein Thema von sinnbildlichem Gehalt: Die Gestalten im Chor des Domes zu Naumburg. Sie waren von der Forschung bisher immer nur so gedeutet worden, daß man nach den Stiftern fragte, die etwa ein Vierteljahrtausend, ehe sie bildnerisch dargestellt wurden, das Domstift durch ihre Zuwendungen begründet hatten. Ich stellte die Frage anders und beschwor die fürstlichen und ritterlichen Persönlichkeiten, die als Verwandte des Bischofs, der um die Mitte des 13. Jahrhunderts der Auftraggeber war, hier aus- und eingegangen waren und dem Bildner so vertraut wurden, daß er, unbeschwert von historischen Gesichtspunkten, die seiner Zeit fremd waren, in ihnen seine lebendigen Vorbilder für die Darstellung der Stifterfiguren erschaut hatte. Bei Uta konnte man etwa an die Tochter Kaiser Friedrichs II. von Hohenstaufen denken, bei ihrem Gemahl an Albrecht den Entarteten, der ihr ein so schweres Schicksal bereitet hatte. Der gegenüber erscheinende Markgraf Hermann wurde möglicherweise dadurch erfaßt, daß er die versonnenen Züge eines Stiefbruders des Bischofs erhielt, der bald nach der Mitte des 13. Jahrhunderts für den

Naumburger Dom eine Messe komponiert hat. Seine Gemahlin war die Tochter des Königs von Böhmen, durch deren slavischen Typ sich das Lächeln der Reglindis erklären läßt. Bei der vergeistigten Frauengestalt mit dem Buch in der Hand könnte man an Mechthild von Magdeburg denken und an die Gottesschau, wie sie die vier dargestellten Frauen versinnbildlichen. Mechthild steigert sie in dem Erkennen, Schauen und der Hingabe zum Empfangen. So war das Wesen der Gestalten aus der Zeit der Entstehung der Bildwerke heraus erklärt.

Auch die Erinnerung an den Minnesang wurde lebendig. Um die Zeit, da der Meister von Naumburg schuf, verherrlichte der Thüringer Minnesänger Heinrich von Morungen eine von ihm verehrte Frau mit den Worten, die uns die Schönheit von Utas Hand verklären:

> »Wenn sie will, führt sie mich mit ihrer weißen Hand
> hoch über die Zinnen von dannen . . .«

Hinter der Gesamtkonzeption aber stand der durch die Betrachtung der ritterlichen Gestalten aktuelle, keinesfalls aber nur tendenziöse Gedanke des Schutzes unseres Landes und seiner Kultur gegen die in der Geschichte so oft wiedergekehrte Bedrohung von Osten. Dadurch bekamen diese wohl größten Bildwerke, die der deutschen Plastik jemals gelangen, auch für unsere Feier ihre überzeitliche Bedeutung.

Aus dem Chor des Domes zu Naumburg führte ich zurück zur Feier der Universität. Angesichts des Wappenbildes, das ich in stattlicher Größe hatte herstellen lassen, deutete ich Wappen und Sinnspruch, die ich mir für die Universität erdacht hatte. Ich sagte:

»... Das Gebot einer Universität, das in ihrer Deutung als der Gemeinschaft der Lehrenden und Lernenden enthalten ist, entspricht dem Dreiklang der Generationen, deren Wechselbeziehung den Lehrbetrieb einer Hochschule bestimmt: Gefühl und Wille der Jugend, Tatenreife und Formungskraft der Mannesgeneration, Vergeistigung und Deutung im Denken derer, deren Alter, wie das unseres verehrten Rektors Friedrich Meinecke, ein Geschenk der Gnade ist. Das gemeinsame Ziel ist die Bildung der heranwachsenden Generation, die danach verlangt, zur Wahrheit, zur Gerechtigkeit, zur Freiheit und damit zur Selbstzucht im Dienste der Allgemeinheit geführt zu werden.

... Die junge Generation besitzt, ob auch die Voraussetzungen ihres Wissens im Vergleich zu früheren Zeiten meist erschreckend gering sind, dafür charakterlich die besten Voraussetzungen. Sie hat das Recht auf eine Lehre, welche die Wahrheit um ihrer selbst willen sucht, das Denken über Zweck und Nützlichkeit, über Selbstsucht und engende Doktrin erhebt und durch Humanismus zur Humanität gelangt. Sie hat zugleich ein Recht darauf und das kann die Freie Universität gewähren –, in fruchtbare Verbindung mit der geistigen Kultur aller freiheitlich denkenden und schaffenden Völker zu kommen. Die Jugend will und soll durch die Wissenschaft zum Ewigen geführt werden und Ehrfurcht vor dem gewinnen, was über das Irdische in die Spitze der Geistigkeit erhebt.

… Aus ferner Vergangenheit, deren Tragik wir aus dem Erleben unserer Zeit heraus nur um so tiefer verstehen, kehren wir in die Gegenwart zurück. Nicht nur das Leid, auch die geistige Haltung der Epoche, in der der Meister von Naumburg schuf, bewegt unsere Herzen. Aus der geschichtlichen und geographischen Mission, die sich an Saale und Elbe, an Havel und Spree im Laufe der Zeiten so oft wiederholt hat, erkennen wir die hohe Aufgabe, zu der auch unsere Gründung, die Freie Universität Berlin, durch geistige Leistung berufen ist. Das gibt der schweren und ernsten Pflicht, der wir uns angeloben, Ziel und Kraft. Wie aber die Stifter des Domes von Naumburg ihren Schild halten, so haben auch wir uns ein Sinnbild gewählt, für das wir stehen: Das Wappen der Freien Universität bedeutet ein Bekenntnis zu Berlin als zu der Stadt, die in Zeiten äußerster Bedrängnis erst recht die Fackel des Geistes erhebt. Die drei aufgeschlagenen Bücher bezeichnen die drei Fakultäten, aus denen die Universität in ihrem Gründungsjahr 1948 besteht. Sie nennen drei Worte, die unsere Devise verkünden:

VERITAS ist die Grundlage aller Forschung und Erkenntnis, sie ist das Mahnwort unserer Zeit und klingt auf, wie im Jahrhundert des Dreißig-jährigen Krieges die Hanseaten sangen:

> Soll's einst besser werden,
> Muß han die Wahrheit Platz.

JUSTITIA fordert Gerechtigkeit, Ordnung und Sicherheit, das Recht schafft die Voraussetzungen der menschlichen Gemeinschaft und Kultur, wie Goethe verkündet:

> Alle Tag und alle Nächte
> Rühm ich so des Menschen Los:
> Denkt er ewig sich ins Rechte,
> Ist er ewig schön und groß.

LIBERTAS ist das hohe Ziel, das uns leitet, das wir im anderen ehren und das auch der andere in uns achten soll. Der Philosoph des Friedens, Immanuel Kant, hat das Recht zur Freiheit als naturnotwendig und den Menschen ein-geboren bezeichnet, er tat es mit Worten, die jede Unterdrückung der Frei-heit als sinnlos und damit als unklug und unmöglich erkennbar machen: Der Mensch hat aber von Natur einen so großen Hang zur Freiheit, daß, wenn er erst eine Zeitlang an sie gewöhnt ist, er ihr alles aufopfert.

Mit Lise Meitner anläßlich der Eröffnung des Hahn-Meitner-Institutes 1946

Die drei Worte sind unser Gelöbnis, sie sind der Leitstern der Universität, deren festliche Begründung wir begehen: Veritas, Justitia, Libertas.«

Eindrucksvoll schlossen sich die Grußworte an, eröffnet von Luise Schröder, die das Amt des Oberbürgermeisters bekleidete. Meinerseits hatte ich noch Thornton Wilder, der kurz vorher eine der ersten Gastvorlesungen an der Freien Universität gehalten hatte, dazu bewegt, für die Universitäten der Vereinigten Staaten zu sprechen, wenige Minuten ehe er dorthin zurückflog. Er schloß, mir unvergessen, mit den Worten: »Ich möchte zu gleicher Zeit sagen, daß in der kommenden Generation die Studenten sich dereinst mit Stolz der Zeit erinnern werden, in der diese Universität geboren wurde.«

Vorausgegangen war die Eröffnungsrede Professor Ernst Reuters, des erwählten Oberbürgermeisters von Berlin und Vorsitzenden des Gründungsausschusses und des Kuratoriums. Von seinen dem Ernst der Berliner Situation entsprechenden Worten mögen hier einige Sätze zitiert werden: »Inmitten unserer Nöte, inmitten unserer nicht endenden Existenzkämpfe haben wir einen festlichen, einen schönen Tag, den wir miteinander begehen wollen ...« Es folgten Worte, die noch heute ihre Gültigkeit haben: »Wir können es kurz sagen: die ganze Welt und mit ihr auch unsere arme Stadt, sie steht in einer Auseinandersetzung, bei der es keine Möglichkeit gibt, abseits zu bleiben. Die furchtbare Erschütterung des zweiten Weltkrieges, die uns

Ruinen und Chaos hinterließ, hat uns allen ein noch viel furchtbareres Erbe hinterlassen, die Zerstörung der Fundamente unserer geistigen Existenz. Die Völker hatten sich erhoben, um die Freiheit der Welt zu sichern, aber die Freiheit der Welt ist noch nicht gesichert. Noch pocht an unsere Tür ein System, das uns in Banden und Ketten halten will, ein System, das uns zu Heloten und zu Sklaven machen, das uns erniedrigen und uns unserer elementarsten Menschenrechte berauben will. Es hat auch in unserem Lande eine Zeit gegeben, in der viele Menschen glaubten, sie könnten unter einem solchen System arbeiten, weiter leben, existieren und so tun, als ob sie nichts sähen und als ob sie nichts hörten und als ob sie nicht wüßten, welchen Herren und was für Mächten sie in Wirklichkeit dienten ...« Ernst Reuter schloß mit den Worten über die neue Gründung: »Sie ist eine Universität, die der Erziehung der Jugend, der Erforschung der Wahrheit und der Förderung der Wissenschaft dient. Wahrheit und Freiheit sind unlösbar miteinander verbunden. Nur in Freiheit kann man die Wahrheit erkennen, und nur wer sich der Erforschung der Wahrheit widmet, wird wirklich ein freier Mensch sein können. Wir werden noch viel Mühe und viel Arbeit haben, bis alles erreicht ist. Aber eins haben wir geschaffen: das Fundament, auf dem wir stehen, ist sauber und ehrlich. Es ist das Fundament der lauteren Überzeugung, daß wir der Wissenschaft, der Forschung und der Lehre nur auf dem Wege dienen können, den wir begangen haben.«

Die Luftbrücke

1948

Die Vorbereitung zur Gründung der Freien Universität Berlin im Jahre 1948 fällt in eine Zeit, in der unsere Stadt unter das schwerste politische Schicksal gestellt wurde, das sie seit Beendigung des zweiten Weltkrieges zu bestehen hatte. Die Sowjets schlossen Berlin mit einem Schlage von jeder Verbindung mit den zu ihr führenden Straßen ab. Ihr Plan war, durch eine Blockade die Millionenstadt vom Verkehr, vom Funktionieren aller technischen Einrichtungen und von der Nahrungszufuhr abzuschneiden und dadurch zur Unterwerfung zu bringen. Obwohl Ernst Reuter als erwählter Regierender Bürgermeister des Landes Berlin in jener Zeit über alle Kräfte beansprucht

Im Rektorat der Freien Universität Berlin, um 1948

Das Brandenburger Tor in Berlin, um 1928

war, blieb er doch für Fragen der Universität stets zu haben, und so kam es, daß ich über die Hauptereignisse, die die Blockade mit sich brachte, durch kurze Gespräche mit ihm unterrichtet wurde. Zunächst sah man nur einen Ausweg: die gewaltsame Öffnung der Straßen zu erzwingen, wodurch die Stadt in ein Kriegsgebiet verwandelt worden wäre. Die Tatsache, daß ich die wichtigsten Phasen des titanischen Kampfes, den die Amerikaner dann nicht zu Lande, sondern mit Hilfe ihrer Luftwaffe führten, durch unmittelbare Erzählungen von Ernst Reuter verfolgen konnte, machte es mir möglich, mir ein Urteil über die außerordentliche Leistung jener Monate zu bilden. Auf einem Empfang, den General Clay im Harnack-Haus gab, wurde ich auch mit dem neben ihm wichtigsten Offizier bekannt. Es war der Chef der Planungs- und Operationsabteilung des amerikanischen Generalstabs, Generalleutnant Albert C. Wedemeyer, der zufällig in Berlin anwesend war. Er vertrat mit soldatischer Kühnheit die Ansicht, die Luftwaffe sei imstande, die eingeschlossene Stadt zu retten. Das stärkste Mittel des Krieges der damaligen Zeit, das Flugzeug, wurde also zur Bekämpfung kriegerischer Brutalität hier in den Dienst des Friedens gestellt. Das mußte man nach den Schrecken des Luftkrieges als ein befreiendes Motiv empfinden. Manches erzählte mir auch der Botschafter Murphy, der Chef der Zivilverwaltung der USA. Wir wohnten nach unserer Austreibung aus Babelsberg zunächst in Dahlem, in einem in der Spechtstraße neben dem seinen gelegenen Haus, dessen Überlassung aus der Beschlagnahme für amerikanische Zwecke wir seinem Wohlwollen zu verdanken hatten.

In jener Zeit habe ich sehr viel vom Wesen des Amerikaners begriffen. Die Luftbrücke begann als eine Improvisation, der man anfangs im höchsten Falle drei Wochen als Dauer zubilligte. Zunächst wurden hundertzehn Flugzeuge zusammengezogen, von denen aber die meisten nur eine geringe Tragfähigkeit hatten. Was aber dann in schnellem Anstieg der Kraftentfaltung geleistet wurde, überstieg alles, was normalerweise hätte vorausgesehen werden können. Es wurden immer mehr Flugzeuge zusammengebracht, so daß schließlich ein Rekord erreicht wurde, wonach etwa jede Minute ein Flugzeug startete oder landete, woran auch die britische Luftwaffe entscheidend beteiligt war. Eine genial erfinderische Persönlichkeit, der damals vielgenannte Techniker Lacomb, erfand ganz neue Möglichkeiten sowohl für das Erweitern des Lagerraumes wie auch für das Zerlegen von Maschinen – Vorgänge, die auf mich, den technischen Laien, geradezu wie Wunder wirkten. Es war eine Kraftanstrengung ohnegleichen, die ja auch den Sieg davongetragen hat, zumal General Clay mit unerschütterlicher Energie und auch durch persönliche Rücksprache in Washington für die oft so schwierige Durchführung sorgte. Immer wieder war zu empfinden, daß sich bei ihm höchste Energie mit einer bei aller Zurückhaltung spürbaren menschlichen Güte verband.

Ich erinnere mich auch an ein aufschlußreiches Beispiel dafür, wie Ernst Reuter es vermochte, auf die Transportmöglichkeiten der Luftbrücke einzuwirken. Uns war als Helfer für die Ansprüche der Universität der Journalist Kendall Foss zur Verfügung gestellt worden. Als er bei Ernst Reuter seinen Antrittsbesuch machte, war die Unterhaltung zuerst schleppend. Dann aber erfuhr Reuter, daß Kendall Foss in naher persönlicher Verbindung mit General Clay stünde und daß seine Frau, die fließend deutsch sprach, mit der ihr befreundeten Gattin des Generals täglich zusammen war. Da hatte Reuter einen seiner üblichen »Energie-Anfälle«. Er richtete sich auf – so hat Kendall Foss es mir erzählt – und befahl ihm geradezu, sofort zum General zu gehen und durchzusetzen, daß noch in der Nacht Kohlen eingeflogen werden müßten, geschähe das nicht, so bliebe keine andere Möglichkeit, als das Elektrizitätswerk am nächsten Tag völlig zu schließen, was unabsehbare Folgen haben würde. Kendall Foss führte den »Auftrag«, wie er es lachend nannte, »gehorsam« aus, und die Berliner Elektrizität, wenn sie uns auch immer nur stundenweise gespendet wurde, war gerettet. Diese Geschichte ist kennzeichnend für die Geschehnisse, die sich damals überstürzten und an deren Bewältigung die Energie Ernst Reuters und die Achtung, deren er sich bei den drei westlichen Besatzungsmächten erfreute, entscheidenden Anteil hatte.

Ernst Reuter

Manchem Beamten gegenüber, mit dem ich zu tun bekam, hatte ich das Gefühl, daß er keine Einzelperson sei, sondern nur der Vertreter eines Typs, dessen Exemplare sich wiederholen. Anders Ernst Reuter! Er war ganz und gar er selbst. Leidlich groß und von kräftigem Körperbau, infolge der Kriegsverletzung das eine Bein leicht nachziehend, erschien er, wenn er einen Raum betrat, darin noch so viele Menschen waren, durch seine innere Kraft sofort als die wichtigste Person. Das lag auch an der Bestimmtheit seiner Gesichtszüge, vor allem an diesen unvergeßlichen Augen mit den hohen Lidern eines Menschen, der nachts viele schlaflose Stunden hat, in denen er nachdenkt oder liest und für sich allein ein geistiges Leben führt. In seinem in das Dachgeschoß eingefügten Schlafzimmer, das einer gut aufgeräumten Studenten-

Edwin Redslob (rechts) mit Ernst Reuter (2. v. rechts) im Gespräch, um 1948

bude glich, sah ich einmal auf Aktenbündeln, die er wohl in der Nacht noch studieren wollte, in griechischen Lettern »Die Perser« des Aeschylos liegen.

Eines schien mir für Ernst Reuter besonders kennzeichnend: Er stellte in sich so ganz den Charakter dar, den die Astrologie für einen im Zeichen des Löwen Geborenen bestimmt, so stark war die Ausstrahlung seiner Persönlichkeit. Im Grunde war er ein Einzelgänger, der zwischen sich und seinen Mitarbeitern Abstand hielt, wodurch der Leitung Berlins ein gewisser Grundton der kameradschaftlichen Zusammengehörigkeit fehlte, den zu erkennen ich aber auch vorher oder später nie Gelegenheit hatte. Dem Berlin unseres Jahrhunderts hat eigentlich immer die Tafelrunde gefehlt. Dafür aber war Reuter als der König Löwe der Fabel ohnegleichen. Zunächst erschien er fast abwesend und müde, auch in den vielen Sitzungen, die ich mit ihm durchgestanden habe. Plötzlich aber kam dann der Prankenschlag des Löwen, durch den er alles an sich riß und unwidersprechbar entschied.

Diese Energie einer vitalen Persönlichkeit kam nun der neugegründeten Universität zugute. Es läßt sich wohl sagen, daß Reuter ihr alle Zeit gewidmet hat, die er nur geben konnte. Die Verbindung, die er als Vorsitzender des Kuratoriums mit dieser Hochschule gewann, gehörte für ihn zu den ihm ganz besonders am Herzen liegenden Geschehnissen der Zeit, in der er als Regierender Bürgermeister wirkte.

Mein nahes Verhältnis zu Reuter hatte sich übrigens schon zur Zeit der Weimarer Republik entwickelt. Damals hatte sich in Berlin ein City-Ausschuß gebildet, bestehend aus führenden Persönlichkeiten der Stadt, die von sich aus und, wenn nötig, auch gegen Behörden ihren Einfluß bei entscheidenden Fragen der Bebauung und Planung geltend machten. Reuter war damals Stadtrat für den Verkehr und von seinem Arbeitsbereich aus besonders für alle städtebaulichen Fragen Berlins interessiert. So kam es, daß wir uns bei den freitaglichen Zusammenkünften fanden.

Die Universität hat er aufgefaßt als ein Bollwerk der Wahrheit, des Rechtes und der Freiheit gegen die nach seiner Auffassung knechtende Tendenz der politischen Unterordnung, die alle Hochschulen östlicher Ausprägung in zunehmendem Maße zu Parteischulen machte. Würde er erlebt haben, wie, eine halbe Generation nach seinem für Berlin zu frühen Tod, ein platter Nihilismus die Idee der Gründung in ihr Gegenteil umzubiegen versuchte, so würde er sich mit aller Kraft und bei der Autorität, die er hatte, gewiß auch mit Erfolg dagegen gestemmt haben. Uns hat die gemeinsame Arbeit zu einer in der Sache begründeten Freundschaft geführt. Um das auch von Reuters Seite her zu bekunden, darf ich wohl mit der Stelle aus einem Brief schließen, den mir seine Witwe nach seinem Hinscheiden schrieb:

»Mein Mann, der, abends todmüde zurückkommend, so oft nur fähig war, den »Extrakt« des Tages zu erzählen, hat mir oft damals gesagt: »Nur mit einem Mann wie Redslob kann man das alles überhaupt machen«, und das bedeutete: das Nicht-in-den-gewohnten-Gleisen-Gehen, den Wagemut, die Kühnheit, die Beweglichkeit, kurz alles das, was die große Mehrzahl der nachfolgenden Generation braucht, um aus dem Zustand des Außergewöhnlichen heraus, in dem nur wenige Menschen stark sein können, wieder in die ruhige Atmosphäre zu kommen, in der man normalerweise arbeiten und leben kann.«

Diese Worte mögen zeigen, wie eng uns die gemeinsame Arbeit für die Freie Universität Berlin verband.

Das religiöse Motiv

Wer es unternimmt, die Geschichte seines Lebens aufzuzeichnen, wird wohl auch jene Frage beantworten müssen, die Gretchen an Faust stellt:

»Nun sag', wie hast du's mit der Religion?«

Ich möchte es in der Form tun, daß ich ein bestimmtes Geschehnis erzähle, das, wenn man es richtig versteht, in sich eine Antwort gibt.

In einem der ersten Monate nach Gründung der Freien Universität Berlin rief mich Ernst Reuter an, er habe soeben einen Omnibus voll internationaler Gäste zu mir geschickt, Mitglieder der in Caux stationierten Vereinigung zur Moralischen Aufrüstung. Sie interessierten sich ganz besonders für unsere Universität; es empfehle sich, daß ich schnell einen Hörsaal mit Studenten fülle, um die Gäste zu begrüßen und ihre Ansprachen anzuhören. Schon eine Viertelstunde danach wurden etwa zehn Personen in den inzwischen gefüllten Hörsaal geführt, wo ich sie empfing. Es sah so aus, als seien sie mir alle völlig fremd, aber der Schweizer, der die Führung hatte, stellte sich als ein Freund des mir gut bekannten Dr. Laur heraus, der das Schweizer Heimatwerk auf den Gebieten der Denkmalpflege und des gestaltenden Handwerks so umsichtig leitete und einst für meine der Handwerkskultur dienenden Bestrebungen während der Reichskunstwartzeit lebhafte Teilnahme gezeigt hatte. Als ich dann dem Australien vertretenden Herrn sagte, ich kenne nur wenige Persönlichkeiten seines Landes, hätte mich aber mit dem Professor für deutsche Sprache und Literatur an der Universität Sidney, Waterhouse, befreundet, weil wir beide große Gartenliebhaber seien, bekam ich die Antwort: »Der Garten des Professor Waterhouse grenzt direkt an den unseren, und wenn ich zu Hause bin, sehe und spreche ich ihn, dessen Schüler ich war, fast täglich.« Der Japaner aber hatte sein Deutsch in Weimar gelernt, und zwar in einem Hause, das auch mir sehr wohl bekannt war. So ging es reihum, und zu mindestens sechs der Boten für die Moralische Aufrüstung hatte ich unerwartete Beziehungen. Auch die Spannung der Studierenden war erwacht.

Der Schweizer überlegte nun mit mir das Programm. Es sollten erst einige der Vertreter von Caux sprechen, und dann erwarteten sie eine möglichst persönlich gehaltene Antwort von mir. Zunächst schilderte er in klaren und ergreifenden Worten die ungeistige Haltung der Menschheit und die moralische Zerrüttung nach dem Krieg. Dann berichtete er, was es bedeutet, daß in England und der Schweiz die internationale Bewegung zur Moralischen Aufrüstung entstanden sei, die überall in der Welt ihre Vertreter habe, wie ja der heutige Besuch es bekunde. Unvergeßlich war mir die Ansprache der Vertreterin Frankreichs, die dort als Abgeordnete politisch tätig war. Es war erschütternd, wie sie als Mutter von ihrem Sohn erzählte, der im Kampf gegen Deutschland gefallen war, Deutschland, das sie so liebe und das er so geliebt habe. Sein Vermächtnis sei es, wenn sie nun dafür arbeite, daß die beiden Völker, Deutschland und Frankreich, Freunde würden, um zu helfen, daß endlich ein Europa erstehe. Das verkündete sie im Jahre 1948, ehe die allgemeine politische Tendenz dieses Motiv zu verwirklichen suchte. Die anderen Ansprachen waren mehr fragender Art. Ein jüdischer Vertreter bekannte sein religiöses wie historisches Verständnis für das Christentum und wollte wissen, wie es in der humanistischen Atmosphäre unserer Universität gepflegt würde, die doch, wie er sich informiert hätte, keine theologischen Fakultäten habe. Zum Schluß wurde von dem amerikanischen Vertreter, der sich als Quäker einführte, die Frage gestellt, inwieweit das Moralgesetz im Leben der Universität Bedeutung habe.

Die Ansprachen, deren Ernst auf die anwesenden Studierenden nicht ohne Wirkung geblieben war, hatten so viel Zeit benötigt, daß ich nur kurz die Fragen beantworten konnte, die aufgetaucht waren. Ich bekannte mich als Christ und nannte den christlichen Grundton als wesentlich für die Universität, deren Studenten ja auch religiöse Gemeinschaften hatten. Um etwas für mich persönlich Entscheidendes zu sagen, erklärte ich, dadurch, daß die christliche Religion das Leid heilige und verkläre, sei sie für mich die höchste religiöse und moralische Offenbarung. Mein Verhältnis zur Moralischen Aufrüstung stelle sich etwa so dar: »Der Mensch zieht«, so suchte ich es darzulegen, »in seinem Tun und in seinen Entscheidungen stets die Summe seines ganzen bisherigen Lebens. Läßt er nun Falsches in sich ein: Unwahrhaftigkeit, Undankbarkeit, Ungerechtigkeit und Intoleranz, Feigheit, Neid und Haß – so mindert das seinen Charakter so, daß er die Kraft zu einer klaren Entscheidung und zum richtigen Handeln nicht mehr aufbringen kann. Damit begründe ich mein Bestreben nach dem, was Sie moralische Aufrüstung nennen, und ich begrüße es, daß dieses Wort als ein Appell Bedeutung bekommt.« Mein Bekenntnis schien zum Nachdenken anzuregen, so daß die Veranstaltung einen harmonischen Abschluß fand.

Die Geschichte dieser Begegnung möge als Beispiel dafür gelten, wie ich zu den Problemen der Religion und der Moral stehe, die allem Handeln die Grundlage geben.

Drei Wochen Wohlwollen

Im Jahre 1949 war eine Reise und gar der Flug eines Deutschen nach den Vereinigten Staaten von Nordamerika noch eine seltene Angelegenheit. Mir wurde sie durch Einladung des State Department geboten, weil ich als Rektor der mit entscheidender Hilfe Amerikas gegründeten West-Berliner Universität an einem Kongreß über die kulturelle Tätigkeit der USA in Deutschland, Österreich und Japan teilnehmen sollte. Auch hatte sich die Harvard-Universität durch Vermittlung des für die Gründung unserer Hochschule so wesentlich beteiligten Professors Carl Joachim Friedrich der Einladung angeschlossen, damit ich im ausklingenden Goethe-Jahr einen der von ihr dem großen Deutschen gewidmeten Vorträge halten sollte. Ich flog als Gast der Militärverwaltung, der »Army«, in einem Flugzeug, das eigentlich zur Truppenbeförderung bestimmt war. An beiden Längsseiten zog sich je eine Bank hin, auf der man sich einen Platz sichern mußte, möglichst so, daß man, auf ihr kniend, hinaussehen konnte in die unendliche Weite von Himmel und Meer. Vor dem Abflug waren in Frankfurt allerlei Besuche, Belehrungen, Impfungen und dergleichen durchzumachen. Die Hilfsbereitschaft der Behörden und amerikanischer Freunde war so groß, daß, als ich am Frankfurter Flughafen ankam, gleich drei Autos für mich bereitstanden. Ich fuhr mit einem in Berlin gewonnenen Freund de Neufville und seiner mit dem großen deutschen Bildhauer Adolf Hildebrand verwandten Frau. Im nächsten Wagen fuhren meine Koffer, im dritten saß eine amerikanische Angestellte, die von nun an in Frankfurt alles Nötige mit mir besorgen sollte, eine erfreuliche Hilfe, deren feine Gesichtszüge dadurch zu erklären waren, daß sie ein Viertel indianisches Blut hatte.

Ich hatte bisher in Gedanken an Amerika gar nicht an die Indianer gedacht, aber schon am nächsten Tag, als wir von behördlicher Seite Anweisung und Aufklärung über das damals noch ungewohnte Ereignis des bevorstehenden Fluges erhielten, saß eine Reihe Indianer hinter mir, deren gleichgültig träger Ausdruck mich enttäuschte.

Mein Freund de Neufville war eine gerade für Frankfurt höchst interessante Persönlichkeit: stammte er doch von jenem Bürgermeister ab, der, als die einstige Freie Reichsstadt im Jahre 1866 preußische Provinzstadt wurde, sich das Leben nahm. Sein Nachkomme hatte die Überlegenheit im menschlichen wie im politischen Urteil, die wir in Berlin seit dem Jahre 1945 an den führenden Amerikanern kennenlernen konnten. De Neufvilles brachten mich auch zum Flugplatz, und das für mich so erfreuliche Unternehmen begann. Der Flug dauerte zweiundzwanzig Stunden, was damals erstaunlich kurz erschien. Freilich ging er zunächst nur zu den Azoren, wo man für einige Stunden eine Kabine zum Schlafen erhielt. Die nächste Station war Neufundland, wo uns ein herrliches Frühstück gereicht wurde, wie es die Angelsachsen gewohnt sind.

Dann landete unser nach heutigem Maßstab bescheidener Vogel auf dem Militärflugplatz Springfield, dessen Kommandant mich freundlich empfing und zu einer Gruppe geleitete; hier begrüßte mich meine alte Wiener Freundin, Frau Professor Emmy Zweybrück, die bekannte Künstlerin, die bei der Crayon-Company, der großen Farbenfabrik, durch ihre beliebten Vorträge den Kunstunterricht noch farbenfroher machte, als er ohnehin schon war. Sie war mit einem Architekten aus New York gekommen, einem Freund Neutras, des großen Baukünstlers und Lehrers. Die dritte Person war George Hanstein, damals der Sekretär der Carl-Schurz-Memorial-Foundation und später ihr Präsident. Wir fuhren in die nahe Stadt und aßen und unterhielten uns ausgezeichnet in einem gepflegten Restaurant. Der Besitzer kam heran und machte sich als Bremer bekannt, und auch der Koch wurde herbeigerufen, da er aus Westfalen stamme. Da kam denn in seiner großen, weißen Mütze der Landsmann, und unter heiterer Anteilnahme der Gäste an den besetzten Hoteltischen begrüßten wir uns, war doch so bald nach dem Krieg das Erscheinen eines Deutschen in Amerika noch selten. Dann aber mußten wir schnell zum Bahnhof. Die Carl-Schurz-Gesellschaft hatte es übernommen, meine Reise zu leiten. Ich verabschiedete mich von Emmy Zweybrück und ihrem Begleiter und stieg mit George Hanstein, mit dem ich schnell vertraut wurde, in den Zug.

Eine große und stattliche Dame war mir aufgefallen, Herr Hanstein erklärte mir: »Da sitzt Mrs. Roosevelt, soll ich Sie vorstellen?« Da der Platz ihr gegenüber frei war, unterhielt ich mich nun längere Zeit mit dieser intensiv fragenden Dame und unterrichtete sie über Berlin und die neu gegründete Universität. Mrs. Roosevelt verfaßte täglich für eine der größten Zeitungen einen Artikel unter dem Titel »My Day«, darin sie ihre Erlebnisse von Tag zu Tag in einer Weise beschrieb, die sie sehr populär machte. Da hatte sie nun wieder reichliches Material, und für mich war durch ihren Artikel über unsere Begegnung eine Art Reklame gemacht, die ich während meines Aufenthalts in Amerika immer wieder spürte. In Boston, wo Hanstein einen Besuch zu erledigen hatte, überließ er mich meinem weiteren Schicksal. Ich fuhr nach Cambridge und wurde im Gästehaus der Harvard-Universität wie ein Bekannter empfangen. Die mir zugewiesene kleine Wohnung hatte mit ihren Möbeln aus der Zeit des endenden 18. Jahrhunderts geradezu etwas vom Weimar der frühen Goethe-Zeit an sich.

Von nun an empfand und genoß ich, daß ich mich in dem fremden Land durchaus heimisch fühlen durfte. Da es Abend war, ging ich hinüber in den Speisesaal, um zu essen. Ringsum saßen Kollegen aus aller Welt, man stellte sich vor, informierte sich, und das Gefühl des Fremdseins war überwunden. Der andere Morgen war ein Sonntag, da war das Restaurant vom Vorabend geschlossen. Ich wurde in ein Nebenhaus verwiesen, wo die Studenten frühstückten. Sofort gab mir einer ein Tablett und half, es so zu bepacken, daß ich dann, neben ihm sitzend, ein gutes Frühstück einnehmen konnte. Da ich erst gegen elf Uhr mit meinem Freund Friedrich verabredet war und Hanstein mich erst wieder in New York erwartete, hatte ich Zeit. Der Student führte mich herum, und als ich dann vor des Präsidenten der Universität, Professor Conants Haus, wie verabredet, Professor Friedrich traf, kannte ich bereits vieles, was mir ein Student besser hatte zeigen und erklären können als ein Professor. Die Wohnungen der Studenten, von denen ich einige sah, hatten meist für zwei Personen zwei Zimmer, die sie nach eigener Neigung in zwei einzelne Studentenbuden oder in ein Schlafzimmer und ein gemeinsames Wohnzimmer verwandeln konnten. In einem standen zwei gleiche Schreibtische nahe dem Fenster, verschieden waren nur die Photos von zwei jungen Mädchen, denn jeder hatte das Bild seiner Freundin als Hauptstück aufgebaut. Bei meinem neuen Freund stand daneben eine in wunderbarer Pracht leuchtende Orchidee: seine Freundin würde ihn abholen, und für sie sei die Blume bestimmt.

Professor Friedrich zeigte mir dann trotz des Sonntags schnell noch sein Institut für politische Wissenschaften, dessen Ausstattung mit Literatur und Studienmaterial mir zeigte, wie großzügig in Amerika für die Wissenschaft gesorgt wurde. Dann fuhren wir zum Mittagessen in ein berühmtes Restaurant, im 17. Jahrhundert als Farmerhaus errichtet und seitdem immer mehr erweitert. Nachmittags in dem schönen, großen, noch dem 18. Jahrhundert entstammenden Haus, das Friedrichs bewohnten, wurde mir nach Tisch eröffnet, mein Vortrag würde sehr besucht sein, ich müsse ihn englisch halten. Der Gedanke, daß ich den Goethe-Vortrag an der Harvard-Universität nicht in der Sprache des Dichters halten solle, erschreckte mich natürlich, aber Friedrich war zu einem Ausweg bereit. Wir übersetzten mein Manuskript, verabredeten aber, daß ich die Stellen aus Goethes Werken, die zitiert wurden, deutsch, er sie englisch sprechen würde. So konnten die Zuhörer leicht folgen.

Zum Thema des Vortrages war mir vorgeschlagen worden, nicht eine Einzeluntersuchung zu geben, was schon andere vorher getan hätten, sondern etwas Zusammenfassendes über den Dichter und Menschen Goethe zu sagen. So wählte ich als Titel »Die Dreistufigkeit im Leben und Schaffen Goethes« und zeichnete ein Bild, das Jugend, Mannesalter und die Zeit des

Beim Bücherkauf für die neu gegründete Freie Universität

Altmeisters im Schaffen und Leben, ja auch in der Art der dichterischen Sprache deutlich unterschied und so als Weg durch drei Generationen auch menschlich etwas aussagte. Der Vortrag hatte die Zuhörer so angeregt, daß sie nach Schluß nicht aufstanden. Sie ließen mich bitten, ihnen nun noch etwas von mir persönlich zu erzählen, und dies in deutscher Sprache. Da konnte ich denn einiges von Weimar sagen und die Hörer dadurch erstaunen, daß ich ihnen erzählte, ich hätte noch Menschen gekannt, die Goethe gekannt hatten. Dann konnte ich auf Berlin und seine Freie Universität zu sprechen kommen und so mit einem Thema der unmittelbaren Gegenwart schließen.

Erst nach dem Vortrag erkannte ich, wie viele alte Freunde und Bekannte unter den Hörern waren: der erste, der mich umarmte, war Paul Hindemith, der mit seiner Frau von der Yale-Universität gekommen war. Emmy Zweybrück saß neben alten Freunden aus Wien; Professor Uhlig, dessen berühmte Frau Elsa Brandström damals schon verstorben war, war mit dem Professor für deutsche Literaturgeschichte an der Harvard-Universität, Cysarz, gekommen. Herzlich konnte ich Wilhelm Köhler wieder begrüßen, meinen Thüringer Landsmann, einst Direktor der Weimarer Kunstsammlungen, jetzt der Kunsthistoriker der Harvard-Universität. Durch ihn lernte ich Jakob Rosenberg, den verdienten Rembrandt-Forscher, kennen,

264

Schwiegersohn von Husserl, dessen Philosophie mir vertraut war. Damit sind aber nur einige genannt, denn als Professor Uhlig mir am nächsten Tag einen Empfang gab, waren unter den etwa dreißig Anwesenden mehr als die Hälfte alte Bekannte. So fand man in den USA ein Stück Deutschland wieder, das bei uns zerschlagen worden war und das nun hier zu gesteigerter Entfaltung kam.

Der Besuch bei der Harvard-Universität, so viele gute Folgen er auch für die Freie Universität Berlin hatte, war doch nur das Vorspiel. Der Hauptsache nach hatte ich drei Aufgaben zu erfüllen: Teilnahme an dem bereits genannten, in Washington stattfindenden Kongreß über das kulturelle Leben in den nach dem Krieg von den Amerikanern besetzten Gebieten, von dessen Veranstaltern, dem State-Department und dem American Council of Education, die Einladung ausging. Vorher und nachher waren Verhandlungen und Besuche bei der Columbia-Universität und verschiedenen Stiftungen sowie von der Carl-Schurz-Gesellschaft arrangierte Veranstaltungen zu erledigen. Es war ein reichliches Programm, das durchgeführt werden mußte. Mein Helfer in New York war der einstige Direktor der zur Zeit der Weimarer Republik gegründeten Hochschule für Politik, Professor Ernst Jäckh. Ihm galt dort mein erster Besuch.

Kaum hatte sich die Tür zu seiner Wohnung hinter mir geschlossen, fiel mir, der ich überwältigt von der weiten Aussicht auf Fluß und Hafen stand, mit einem Male ein, daß ich meine Aktenmappe mit all den Adressen und Notizen im Taxi, dessen Größe mir ungewohnt gewesen war, liegengelassen hatte. Jäckh meinte, ich solle mir keine Gedanken machen, denn wenn, wie ich ihm versicherte, gleich zuoberst seine Anschrift mit Telefonnummer gelegen hätte, bekäme ich meine Mappe wieder. Kaum saßen wir beisammen, als schon ein Polizeirevier anrief, von dem wir nun die mir unentbehrliche Mappe holten. Der Vorsteher des Reviers, kenntlich an einem großen Polizei-Stern auf der Brust, gab mir die Mappe nicht ohne Mahnung, denn nicht jeder Taxichauffeur sei so gewissenhaft. Dieser aber sei ein Deutscher gewesen. Ich fragte nach dem Namen, um einen Finderlohn zu deponieren, und siehe da, er hieß Findling. Das Revier lag unmittelbar in der Nähe des Museum of Modern Art, von dem aus es nicht weit zu meiner Wiener Freundin Emmy Zweybrück war. Die rief ich denn sofort an und konnte ihr gleich meinen ersten Besuch machen.

Am nächsten Tag war bei Professor Jäckh, der an der Columbia-Universität ein Institut über Kleinasien gegründet hatte, eine Begegnung mit alten Freunden: Arnold Brecht und Hans Simons, mit denen zusammen ich im Reichsministerium des Innern – als Köster der Minister war – so viel erlebt hatte, Sollmann, der eine Zeit später in diesem Ministerium eine kurze Ministerrolle gespielt hatte, der welterfahrene Konsul Karl von Lewinski, der Historiker Hans Rosenberg, der bald danach der Freien Universität Berlin als Gastprofessor für neuere Geschichte wertvolle Dienste geleistet hat, dazu die Frauen und einige andere Gäste. Ich fühlte mich gar nicht unter Fremden und bekam so viel nützliche Ratschläge, daß ich die nächsten Tage und insbesondere die Verhandlungen mit der Rockefeller-Stiftung, die zugleich auf die Ford-Stiftung hinzielten, gut überstand.

Ich kam von einer Besprechung in der Columbia-Universität, in der ich nach dem Lunch meine Ideen über die Zusammenarbeit zwischen unseren beiden Universitäten vorgetragen hatte. Es war keine leichte Situation gewesen. Als ich die Treppe zu dem Raum, in dem das Essen stattfinden sollte, hinaufstieg, hörte ich vor mir einen Herrn, der mit zwei anderen aus Washington vom State Department gekommen war, sagen, ob es nicht besser sei, sich für eine der vielen kleineren Universitäten Deutschlands als gerade für Berlin zu interessieren und Geld auszugeben. Da der Präsident der Universität, General Eisenhower, verreist war, präsidierte der Dekan, Professor Carmans. Der einzige mir von einst Bekannte war Franz Neumann, früher Sekretär an der Hochschule für Politik in Berlin, jetzt Professor für neuere Geschichte an der Columbia-Universität. Wie ich versucht habe, die etwas kühle Atmosphäre, die besonders durch die Regierungsvertreter aus Washington bestimmt war, zu erwärmen, das hat sich damals ziemlich herumgesprochen, und so muß ich es wohl auch jetzt erzählen. Nach einer Ansprache des Dekans, Professor Carmans, mußte ich mich erheben. Ich begann mit den Worten, ich sei an sich nicht ängstlich, jetzt aber, wo ich an die Reihe käme zu reden, ginge es mir wie dem Sklaven zu Neros Zeit, der im Colosseum einem Löwen vorgeworfen wurde. Der Löwe habe sich auf den Sklaven gestürzt, dieser aber, von ihm gepackt, habe ihm schnell etwas ins Ohr gesagt, worauf der Löwe sofort kehrt gemacht habe. Er sei durch keine Peitsche zu bewegen gewesen, sich wieder in die Arena zu stürzen. Da ließ Nero den Sklaven kommen und sagte: »Lieber Sklave, ich schenke Dir Leben und Freiheit, aber Du mußt mir erzählen, was Du dem Löwen gesagt hast.« Die Antwort war: »Mister Lion, Sie können mich jetzt verspeisen, aber nach dem Dinner müssen Sie einen After-Dinner-Speach halten.« Da war nun eine gute Stimmung erzeugt, und ich trug meine Pläne zur Zusammenarbeit von Columbia mit der neugegründeten Berliner Universität und möglichst auch noch mit anderen Weltstadt-Universitäten vor. Meine Vorschläge fielen auf guten Boden und bewirkten eine entscheidende Anregung für den Austausch von Lehrkräften der Universitäten untereinander. Franz Neumann zum Beispiel wurde sofort auch persönlich gewonnen und hat der Freien Universität Berlin als Dozent und als Vermittler mit den großen Stiftungen Amerikas für kulturelle Zwecke bis zu seinem frühen Tod entscheidende Dienste geleistet.

Franz Neumann brachte mich dann zu seinem Institut, wo eine Diskussion mit den Studierenden stattfand, die deswegen anstrengend war, weil sie mit grellen Lampen gefilmt wurde. Anschließend gingen wir wenige Häuser weiter zum deutschen Klubhaus, wo ich nun dachte, daß für meinen ausgetrockneten Hals etwas getan würde. Aber im Eintreten wurde mir schon gesagt, der Saal sei überfüllt. »Was für ein Saal und für welche Veranstaltung?« fragte ich. »Nun, Sie reden doch!« Das war mir völlig neu. Aus einem zur Tüte gedrehten Papier trank ich einen Schluck Wasser und ging nun die Treppe hinauf, wobei mir Stufe um Stufe einige Gäste vorgestellt wurden. Der Saal war wirklich übervoll. Ich sah eine Reihe bekannter Persönlichkeiten, darunter den Theologieprofessor Niebuhr, damals einer der berühmtesten Redner in ganz Amerika. Da ich mich nicht zurückziehen konnte, wie der Löwe im Colosseum, bestieg ich den Platz für den Redner. Ich sagte ganz offen, daß ich nicht gewußt hätte, daß ein Vortrag von mir erwartet werden würde.

Um mich hineinzufinden, erzählte ich zunächst, wie das Bild des Amerikaners in mir entstanden sei. In meiner Vaterstadt Weimar sei gegen Anfang unseres Jahrhunderts ein amerikanischer Professor erschienen, dessen Name etwa Hartfield gewesen sei. Er sei für längere Zeit mit einem, soviel ich mich erinnere, Rockefeller-Stipendium gekommen, um über einen der zartesten romantischen Dichter Deutschlands, den Verfasser der Griechenlieder, Wilhelm Müller, zu arbeiten. Der amerikanische Gelehrte und seine Frau hätten sich mit meinen Eltern befreundet, und die Tochter fand in meiner Schwester Hella eine Spielgefährtin. Als heranwachsender Knabe hatte ich oft, wenn Hartfields zu Besuch kamen, den Gesprächen gelauscht und das Gefühl reinster, ja zartester Geistigkeit von diesem Amerikaner gewonnen. So hätte ich im Verlaufe der Zeit, zumal auf meiner Universität Heidelberg, noch manchen Amerikaner kennengelernt, der im Sinne meiner ersten Bekanntschaft aus den USA studiert und gearbeitet habe. Daran anknüpfend erzählte ich einiges aus meinem Gebiet der Kunst- und Kulturgeschichte, erwähnte dann kurz die in Washington bevorstehende Tagung über die Kulturarbeit Amerikas in den besetzten Gebieten und sprach schließlich von der Bedeutung der amerikanischen Hilfe für die Gründung der Freien Universität Berlin, das Thema »Amerika im deutschen Geistesleben« zu einem Gipfel führend.

Nach dem Vortrag kam ein junger Professor, der mir schon auf der Treppe vorgestellt worden war, zu mir und sagte, er verdanke mir eine der schönsten Stunden seines Lebens. Jener Professor Hartfield, von dem ich erzählt habe, sei sein Vater, der für ihn als einen späten Nachkömmling so früh gestorben sei, daß er selten etwas über ihn höre. Ich hatte gewiß seit fast fünfzig Jahren kaum je wieder an die Begegnung mit Professor Hartfield während meiner Schülerzeit gedacht, und der improvisierte Beginn meines Vortrages mit ihm war ein reiner Zufall. Wahrscheinlich hat die Nennung des Namens Hartfield bei der Vorstellung auf der Treppe diese Erinnerung unbewußt in mir erweckt.

Im Mittelpunkt meiner Reise stand, wie erwähnt, die Tagung über die kulturelle Arbeit in den von den Vereinigten Staaten besetzten Ländern und die National Conference on the Occupied Countries. Die Hauptversammlung fand in Washington in der Hall of Nation statt und wurde geleitet von dem Präsidenten der Indiana Universität, Hermann B. Wells. An den nächsten Tagen war die Arbeit an eine Reihe von Unterausschüssen verteilt. Es waren zwei Hauptthemen, das eine hätte man unter das Goethesche Motto stellen können:

> Wer beschützet und erhält,
> Hat das schönste Los gewonnen.

Es ging dabei um die Bergung und Rückgabe der während des Krieges verlagerten Kunstschätze. Hier war die Sitzung besonders interessant, in der der aus Deutschland stammende Kunsthistoriker Dr. Lehmann-Haupt referierte. Die allgemeine Versammlung beschäftigte sich weniger mit einzelnen Tatsachen als mit der kulturellen Neubelebung der durch den Faschismus aus der Bahn getriebenen, besetzten Länder. Sie wollte mit Hilfe geistiger und künstlerischer Mittel der Erziehung eine demokratische Gesinnung erzeugen und pflegen. Das war das zweite, seiner Tendenz nach pädagogische Motiv. Hier konnte man an Schillers große Auffassung denken, nach der das Schöne zum Guten, die Kunst zur Ethik führt. Mein Referat gipfelte im Bericht über die Gründung der nun ein Jahr alten Freien Universität Berlin, die ja von der amerikanischen Besatzungsbehörde ermöglicht worden war und für deren enge Verbindung mit den Universitäten Amerikas ich auf meiner Reise warb. Für Berlin und die neugegründete Universität und darüber hinaus für das deutsche Geistesleben und dessen Verbindung mit Amerika und dessen großen Möglichkeiten war der spürbare Erfolg meines Vortrages, zumal er in der Presse lebhaften Widerhall fand, nicht ohne Wert.

Soweit man sich bei den Sitzungen und gemeinsamen Essen näher kennenlernte, wurden allerlei Pläne erörtert, und bei einem Empfang, den der Leiter der Deutschland gewidmeten Abteilung im State Department gab, konnte ich merken, was persönliche Kontakte ausmachen. Zwischendurch mußte ich auch in Washington einen Vortrag halten. Für mich aber gab es noch zwei Höhepunkte: das Museum der Hauptstadt Washington, die Nationalgalerie mit ihren Schätzen, und die in Verbindung mit der Tagung stehende dort veranstaltete Ausstellung der bedeutendsten Kunstschätze der Wiener Museen, die, gerade in dieser Auswahl, einen überwältigenden Eindruck boten. Die Ausstellung war – wie überhaupt alle Museen in Amerika – sehr gut besucht, und ich sehe noch heute vor mir, wie eine Familie mit

Großeltern und Kindern bis hinunter zu einem Baby in der Kinderkarre Benvenuto Cellinis für den König von Frankreich geschaffenes Salzfaß mit den Idealfiguren von Mann und Weib bewunderte, die den Kindern als Adam und Eva erklärt wurden.

Überwältigend war der Eindruck der Congress-Library. Ein liebenswerter, alter Freund aus meiner Erfurter Zeit, der von dort stammende Philosoph David Baumgardt, der eine Abteilung leitete, führte mich, und bei einem Essen, das der Direktor mir gab, lernte ich eine Reihe der hier tätigen Gelehrten und Bibliothekare kennen. Kurz vorher hatten wir vor dem herrlichen Exemplar der Gutenberg-Bibel gestanden, des größten Schatzes, den die Bibliothek besitzt.

Ein weiterer Zweck meiner Reise war es, in Verbindung mit der Carl-Schurz-Gesellschaft in Philadelphia zu treten, deren Aufgabe die Pflege der Beziehungen zu Deutschland ist. Ihren Sekretär und jetzigen Präsidenten George Hanstein hatte ich schon erwähnt. Jetzt war ich Gast im Hause des damaligen Leiters Elkinton, dessen hervorragende Persönlichkeit mir unvergeßlich ist. Elkintons wohnten im nahen Germantown in zwei zusammengefügten, räumlich schönen Häusern aus dem 17. Jahrhundert. Vom Fenster des Hauptraumes sah man auf ein anderes für amerikanische Begriffe uraltes Haus. Es war das Hauptquartier Washingtons gewesen, in der einzigen Schlacht, die er verlor.

Schön war die Fahrt durch das Grün der Landschaft, bis die Häuser von Philadelphia turmartig aufragten. Mitten in der Stadt lag ein als griechischer Tempel gestaltetes Haus, es war der Sitz der Carl-Schurz-Gesellschaft, für die ich hier einen Vortrag hielt, an den sich bei dem besonderen Interesse der Mitglieder für Deutschland allerlei fruchtbare Einzelgespräche anschlossen. Eine große Freude war mir das Museum, zumal dessen reicher Bestand an Gemälden. Als ich am zweiten Tag wieder länger vor einem ergreifenden Bild Gerard Davids stand, sprach mich eine Dame an: ich scheine besonderes Interesse zu haben, sie sei in der Erziehungsabteilung des Museums beschäftigt und würde mir gern behilflich sein. So lernte ich durch sie und ihre Kollegen, deren einer aus Wien stammte, die Organisation eines amerikanischen Museums kennen, dessen Ausstellungsräumen eine höchst tätige Abteilung für die Nutzbarmachung durch Vorträge und Führungen für die Forschung und für den Unterricht angegliedert war, die mir großen Eindruck machte.

Mister Elkinton war Quäker, und so mußte ich in Philadelphia auch bei den Quäkern reden. Bald danach fuhr ich zur Quäker-Universität Swarthmore, wo mich der von mir hochverehrte Professor Wolfgang Köhler erwartete. Es war der bekannte Psychologe, der 1917, auf Teneriffa interniert, die noch heute für die experimentelle Psychologie grundlegenden Versuche über das Denkvermögen der Affen unternommen hat und später erfolgreich an der Berliner Universität lehrte. Er war der Bruder des schon genannten Kunsthistorikers der Harvard-Universität, den ich dort in seinem ländlich am Waldesrand gelegenen Haus besucht hatte. Auch hier in Swarthmore habe ich, diesmal vor den Studenten, einen Vortrag gehalten und im Hause Köhler alter Zeiten gedacht. Meine Tochter Ottilie hatte bei ihm studiert und die Kämpfe miterlebt, die das Hitler-Regime, das er in seiner klaren, aufrechten Haltung schroff ablehnte, gegen ihn führte. So vielen der besten Vertreter der deutschen Wissenschaft konnte man jetzt drüben in den USA begegnen! Wolfgang Köhler ist später wieder als Honorarprofessor zu uns nach Berlin gekommen und von der Freien Universität Berlin durch Verleihung der Würde eines Ehrenbürgers ausgezeichnet worden.

Von Swarthmore fuhr ich nach New York zurück. Inzwischen war der Präsident der Columbia-Universität, General Eisenhower, zurückgekehrt und erwartete meinen Besuch. Da ich von meinem Hotel durch den Park zur Universität fuhr, kam ich etwas zu spät. Im Vorzimmer wartete mit anderen Herren Professor Franz Neumann. Als korrekter Militär sagte mir Eisenhower, ich käme verspätet. Lächelnd antwortete ich ihm, er hätte uns in Berlin auch einmal warten lassen und sehr viel länger. Er nahm diese Antwort keineswegs übel, kam aber sehr bald auf seinen Haupteinwand gegen die deutschen Hochschulen zu sprechen. Es gäbe unter Professoren und Studenten zu viele Reaktionäre. Ich hatte das Wort »reaction« schon mehrfach anhören müssen, und jedesmal konnte es mich zur Verzweiflung bringen. Diesmal kam es aber besonders auf eine richtige Antwort an. Ich sagte, daß die Zahl der Reaktionäre sehr gering sei und daß sie keine Aussicht auf Erfolg hätten. Er sagte: »Aber es gibt sie doch!« Ich entgegnete, daß sie sogar eine Mission hätten, denn sie stachelten ja die vernünftig Denkenden auf, ihren Standpunkt zu bekunden und zu verteidigen, und das hätte sein Gutes. Nun wurde die Unterhaltung freundlicher, und ich selbst stand unter dem Eindruck der Persönlichkeit des Mannes, dem ich gegenübersaß. Was mir an ihm, der bei seiner Rückkehr aus dem zweiten Weltkrieg den größten Triumphzug, von dem die neue Geschichte weiß, erlebt hat, besonderen Eindruck machte, war, daß er so durchaus uneitel erschien. Er hatte auch Sinn für Humor, wie das Gespräch immer wieder zeigte. Die ziemlich lange Besprechung beschließend, sprang Eisenhower auf, stellte sich vor die beiden Fahnen, die gekreuzt an der Mitte der Hauptwand standen, und sagte: »Wir werden bis zum äußersten unserer Möglichkeiten gehen, um Ihnen zu helfen!« Das war ein großes Wort, das zumal Franz Neumann bei allem, was er zugunsten der Freien Universität Berlin tat und einleitete, die besten Möglichkeiten gab und das sich oft bewähren sollte. So war also auch hier ein Ziel erreicht.

270

Es wäre noch manches von Besuchen, Besichtigungen und Unternehmungen zu erzählen, vor allem etwa von einem gemeinsamen Besuch mit Professor Hans Rosenberg und seiner aus Köln stammenden Frau Leni in der Universität von Manhattan, mir unvergessen, zumal es, wie schon erwähnt, dann gelang, den hervorragenden Historiker für längere Zeit als Gastprofessor für Berlin zu gewinnen. Zuletzt kam noch eine Weihnachtsfeier, zu der ich mit Elkintons in ein nahe von Philadelphia gelegenes College fuhr, wo wir »Stille Nacht, Heilige Nacht« als »Silent Night, Holy Night« sangen und die Schüler im Chorgesang mit den Schülerinnen eines Nachbarcolleges Weihnachtslieder anstimmten. Die Klangschönheit der zahlreichen amerikanischen Laienchöre überraschte mich auch hier wieder. Aber die Nähe des Festes ließ mich auch wünschen, am Heiligen Abend zu Hause zu sein.

Auf dem Rückflug vom einen zum anderen Kontinent, wie gelöst vom Erdball, zwischen Wolken über Wassern schwebend, ging mir vieles durch den Kopf, Theateraufführungen, ein Konzert von Toscanini, Museen und Ausstellungen, die ich an der Seite der jugendlichen Tochter meiner Wiener Freundin, die über die ganze österreichische Liebenswürdigkeit verfügte, genossen hatte, verabredete und zufällige Begegnungen und immer wieder die Atmosphäre der frei und stolz ganz auf sich gestellten Universitäten. Beim ersten Betreten des europäischen Bodens aber erfüllte mich eine Erkenntnis, in der ein gut Teil der Erlebnisse meiner Reise zum Ausdruck kam: Was ich aus meinem Beruf und aus meiner Mission heraus jenseits des Ozeans so eindrucksvoll erlebt hatte, das war zu einem guten Teil die Erfüllung des Begriffes Pan-Europa in den USA.

Die ersten Jahre
der Freien Universität Berlin

Modernisierung der Provinz
Seit 1912

Als das Jahr 1949 begann, war die Freie Universität Berlin bereits so einge-spielt, daß ein Fremder, der durch die Straßen in Dahlem ging, in denen ein großer Teil der Universitätsgebäude liegt, wohl nie geglaubt hätte, daß das eifrige und fröhliche Leben, das hier von der Schar der Studierenden bestimmt wurde, diesem Stadtteil sein Gesicht gegeben hatte. Bald wuchsen auch neue Hörsaalbauten und das Hochhaus der Bibliothek empor. Die Villen, deren Bewirtschaftung den Besitzern zu schwierig geworden war, ver-wandelten sich in Institute, in denen die Gemeinsamkeit des gleichen Fach-studiums zu Freundschaften führte.

In West-Berlin hatte man sehr schnell die Neuentwicklung begriffen. Es gab nun wieder in unserer Stadt auf allen Gebieten der Wissenschaft Fach-leute von internationalem Rang, und die geistige Atmosphäre, die hier geschaffen wurde, stärkte den Kampf um die Selbstbehauptung, den West-Berlin zu leisten hat. Um ein Beispiel zu nennen: So war es für die Gesund-heitspflege der Stadt von Bedeutung, daß eine so große Anzahl von Kapazi-täten und heranwachsenden jungen Ärzten und Assistenten für Berlin gewonnen wurde. Ich erinnere mich eines internationalen Kongresses der Augenärzte, auf dem ich einen Vortrag über das Thema »Das Auge in der bildenden Kunst« hielt, und höre noch das Erstaunen ausländischer Medi-ziner über den Ausbau der Augenklinik durch den früher in Königsberg tätigen Professor Wolfgang Hoffmann. Ich nenne seinen Namen für viele im Hinblick darauf, daß eigentlich alle ersten Inhaber von Lehrstühlen gemein-sam mit ihren Assistenten zu den Gründern der Freien Universität Berlin gehören, deren Institute sie aufbauen halfen. Wir waren damals den uns bestürmenden Aufgaben gegenüber finanziell arm, aber die Begeisterung und die Vorherrschaft der Ideen über die bloßen Interessen waren so groß, daß die Freude an der Mitarbeit alle erfüllte. Auch die meisten der Stu-dierenden waren arm zumal, weil sie in großer Zahl sich aus dem Osten zu uns retteten. Wie viele von ihnen und wie viele Väter habe ich gesprochen und habe ihnen vom Rektorat aus helfen können. Mancher Student hatte in der Hand nur den Befehl, sich im Uranbergwerk in Aue zu melden. Ich erinnere mich, wie ein Vater, ein erfahrener Arzt aus einer Bergbaugegend, mir erklärte, daß diese Befehle auf Vernichtung hinausgingen. Zur Zeit, da

272

Grundsteinlegung für den Henry-Ford-Bau der Freien Universität, 1952

wir im Westen die Universität gründeten, durften im Osten Söhne von Akademikern nicht studieren. So begann unsere Universität mit einer Rettung vieler junger Menschen, denen sonst die berufliche Erfüllung versagt geblieben wäre. Es war eine innerlich erfüllte Zeit, die in vieler Herzen heute noch unvergessen ist.

Ein Hauptmotiv für die ersten Universitätsjahre war die Durchsetzung unserer neuen Gründung innerhalb der deutschen und internationalen Wissenschaft. Entscheidend war dabei das Ansehen einzelner Persönlichkeiten, die wir als Lehrer gewannen. Ich nenne nur Friedrich Meinecke, dessen Schüler in großer Zahl in Deutschland und in den Vereinigten Staaten Lehrstühle innehatten. Ich nenne den Altmeister der Slavistik, Max Vasmer, dessen Rückberufung aus Schweden nach Deutschland dadurch erreicht wurde, daß eine große slavistische Bibliothek, die schon ins Ausland verkauft werden sollte, für die Freie Universität gesichert wurde. Der Kuratorialdirektor Dr. von Bergmann hatte, was ihm unvergessen bleibt, den Mut, den größten Teil des dafür nötigen Geldes als Kredit aufzunehmen. So wurde Vasmer gewonnen, der dafür sorgte, daß das Osteuropa-Institut der Universität ausgebaut werden konnte. Ich muß mich begnügen, die Namen dieser beiden Kollegen zu nennen, die auf dem Gebiet der Forschung das geistige Gesicht der Freien Universität Berlin bestimmt haben und beispielhaft für die Bedeutung der schnell sich vergrößernden Institute sind.

Im Interesse der Forschung und der Ausbildung wurde von Anfang an besonders viel für den Austausch von Gastprofessuren getan. Als ich mit dem Chef der Zivilverwaltung, damals dem im politischen Leben so bekannt gewordenen John Jay Mc Cloy, über einen Zuschuß, der vom State Department gegeben werden sollte, zu verhandeln hatte, schlug ich ihm vor, die Bedingung einzufügen, daß ein bestimmter Teil der Summe für die internationalen Aufgaben der Universität, und das hieß für die Außenkommission, verwendet werden sollte. Er sah sofort ein, was ich bezweckte, und gab lachend seine Zustimmung. Das Lachen und die innere Freudigkeit spielten überhaupt bei unseren Freunden aus den Vereinigten Staaten eine wohltuende Rolle.

Im Jahre 1952 konnte der Grundstein zu dem monumentalen Neubau in Dahlem, der von der Henry Ford Foundation großzügig gestiftet wurde, gelegt werden. Das Auditorium Maximum, vier große Hörsäle, eine Reihe von Instituten, der Senatssaal und die Bibliothek fanden damit ihr Unterkommen in der auf Grund eines Preisausschreibens von den Architekten Franz-Heinrich Sobotka und Gustav Müller ausgeführten, so eindrucksvoll in sich geschlossenen baulichen Anlage. Die Bautätigkeit der Universität entsprach dem schnellen Anstieg von wenig über zweitausend Studenten auf das Zehnfache. Auf meine Veranlassung baute Hermann Fehling die Mensa, und

Neubau der Freien Universität Berlin

später konnte ein in der Erfassung modernster Baugesinnung so bewährter Architekt wie Wassili Luckhardt das auf Betonstützen errichtete, durch Gliederung und Gefühl für Proportion vorbildliche Botanische Institut ausführen.

Als ich im Jahre 1958, zehn Jahre nach der erfolgten Gründung, am dies academicus zu sprechen hatte, konnte ich allerdings, von ersten Vorzeichen für eine gewisse Erstarrung einerseits und für eine beginnende politische Zersetzung andererseits erfüllt, bei aller Freude über das Erreichte eine vorausahnende Sorge nicht ganz unterdrücken. Warnend kleidete ich sie in die Worte Alfred Lichtwarks, des 1914 verstorbenen Direktors der Hamburger Kunsthalle, der mir noch immer ein Vorbild meines Berufes ist:

»Dauernde Einrichtungen, in den Dienst des Lebens gestellt, haben die Neigung, im Laufe der Zeit sich selber Zweck zu werden, auch die Schule. Das Höhere ist nicht die Wissenschaft, nicht das Fach, nicht der Lehrstoff, sondern die Seele.«

Das war ein Vorwurf, der sich damals sowohl gegen Lehrende wie gegen Lernende richtete. Ich sah eine Krise voraus, die zwanzig Jahre nach der Gründung so deutlich wurde, daß sie die Feier im Jahre 1968 unmöglich machte, und die seitdem die Stetigkeit der Entwicklung an allen Universitäten bedroht.

Gründung des Berlin-Museums

Seit 1963

Wenn man in seinem Leben allerlei hat gründen und dabei manche Widerstände hat überwinden müssen, bekommt man wohl einige Übung im Verkehr mit den Vertretern einer so schwierigen Einrichtung, wie Behörden es sind. Es gehört zu ihrem Wesen, in gewissem Sinne sogar zu ihrer Pflicht, daß sie das Neue zunächst ablehnen. Aber diese Ablehnung bedeutet im Grunde nur eine Probe, ob das Kommende stark genug ist, sich durchzusetzen. Zudem gibt es in jeder Behörde auch irgendeinen Menschen, dem das Neue einleuchtet und der bereit ist zu helfen oder doch zu raten, welcher Weg am besten zur Verwirklichung führen könnte. Die Gültigkeit dieser Erfahrung habe ich oft erprobt.

Als mir zu Anfang des Jahres 1963 der Vorsitz eines geplanten Vereins angetragen wurde, der die Gründung eines geschichtlichen Museums für West-Berlin erstrebte, ließ ich mich daher nicht beirren durch den in der entscheidenden Sitzung von dem Vertreter des Senators für Volksbildung verkündeten Warnruf, es bestände keine Aussicht, daß vor dem Jahre 1970 ein neues Museum mit irgendeinem Zuschußposten im Haushalt des Landes Berlin erscheinen könne. Die Skepsis, daß es ja überhaupt nicht mehr möglich sei, geeignete Sammelobjekte zur Darstellung der Geschichte und Kultur unserer Stadt zu bekommen, schien mir ebenso abwegig wie fünfzehn Jahre vorher die Skepsis von Zweiflern gegenüber der Forderung nach einer Universität in West-Berlin.

Hinter dem Verein standen außer einzelnen, für die Idee begeisterten Persönlichkeiten auch Organisationen, die sich mit der Geschichte der Stadt Berlin wie auch der Mark Brandenburg beschäftigten. Es bestand die Meinung, daß der zu gründende Verein der Freunde und Förderer des Berlin-Museums nicht nur Interesse erwecken, sondern auch schon Geschenke und Spenden zusammenbringen solle. Ich war aber, als mir die Leitung der Organisation in die Hand gegeben wurde, dem achtzigsten Lebensjahr schon nahe, und man hatte wohl vergessen, daß das Alter keine Zeit zum Warten hat. Es half also nur die Überrumpelungstaktik, und es mußte gezeigt werden, wie ein Berlin-Museum auszusehen hätte – und daß es eigentlich schon da sei. Mit spürbarer Freude, unterstützt von Presse und Rundfunk und getragen von Humor, waren schon die ersten Schritte der Werbung überraschend erfolgreich. Sie sicherten dem Museum nicht nur wertvolle Einzelstücke, vielmehr wurden die Stifter zugleich der Stamm einer

Gemeinde, die hinter der neuen Gründung stand und sie populär machte. Zudem hatten wir einen großen Mäzen, nämlich die Deutsche Klassenlotterie, die durch ein Gremium, dem die uns wohlgesinnte Abgeordnete Frau Lowka vorstand, beträchtliche Beihilfen verteilte. Daher konnte die wohl beste private Berlin-Sammlung, die es damals in unserer Stadt noch gab, durch das verständnisvolle Entgegenkommen ihres Besitzers, des Herrn Johannes Leider, als Grundstock erworben werden.

Hierdurch wurde es möglich, daß ich das für Kunstveranstaltungen neu eingerichtete, geräumige Haus am Lützowplatz bereits mit einer wirkungsvollen Ausstellung füllen konnte. Schon während des Aufbaues kamen von vielen Seiten, und nicht zuletzt aus Kreisen der Bürgerschaft, beachtliche Spenden von Objekten und Geldmitteln.

Nach Schluß dieser Ausstellung war die neu entstandene Sammlung jedoch obdachlos, und ich mußte drohen, daß wir die ganzen Bestände unter Musikbegleitung auf Wagen vor den Eingang zu den Büros des zuständigen Senators, der uns an sich wohlwollte, fahren und auf der Straße abladen würden. Aber das war nur eine mit dem nötigen Humor gewürzte Drohung. Die Kunstbibliothek und die Urania sprangen im letzten Augenblick ein und stellten Magazinräume zur Verfügung. Bald auch sorgte das großzügige Entgegenkommen des Bezirks Tiergarten dafür, daß unser werdendes Museum in der Stauffenbergstraße ein für den Anfang würdiges Haus zum Aufbau seiner Sammlung und zur Veranstaltung von Ausstellungen erhielt.

Nachdem also das Museum so sichtbar in Erscheinung getreten war, konnte ich meine Werbetätigkeit steigern, was zur schnellen Erweiterung führte. Die im Hause Stauffenbergstraße erreichte Verwirklichung ist durch die von mir und der entscheidenden Mitarbeiterin und später auch ersten amtlichen Leiterin des Museums, Dr. Irmgard Wirth, verfaßten Führer und Aufsätze dokumentarisch festgehalten und bekanntgemacht worden.

Erstaunlich war, wie schnell sich im Museum, das so viele Themen darzustellen hatte, Gruppe um Gruppe abrundete: Berliner Meister wie Chodowiecki, Hosemann, Orlik waren in geschlossenen Sammlungen vertreten. Die Firma Hermann Meyer & Co. stiftete zu ihrem fünfundsiebzigsten Bestehen eine Chodowiecki-Sammlung, einst von des Künstlers und Lessings Freund Nicolai angelegt. Sie gab zugleich die Zusage, im Sinne eines Patronats für deren weiteren Ausbau zu sorgen. Diese Spende wurde in einer eindrucksvollen Sonderausstellung gezeigt. Andere Patronate schlossen sich an, die den für Berlin so wichtigen Sammlungen für Fayence und Porzellan und ebenso für Eisenguß zugute kamen. Ein weiteres Fünfundsiebzigjahrjubiläum kam dazu: Die einst in Berlin gegründete, jetzt mit dem Hauptsitz nach München verlegte Versicherungsgesellschaft Allianz feierte es und stiftete aus diesem Anlaß dem Museum einen hohen Betrag, aus dem eine Porträt-Galerie berühmter Berliner angelegt werden konnte. Nachträglich erscheint es mir wie ein Geschenk ungewöhnlicher Glücksfälle, daß es möglich war, in so kurzer Zeit eine Berliner Porträt-Galerie zu entwickeln, die von der Epoche des Großen Kurfürsten bis in die Gegenwart reicht. Nicht nur die Dargestellten erwecken dabei unser Interesse, sondern auch die Künstler, die die besondere Bedeutung veranschaulichen, welche die Porträt-Malerei in Berlin gewann. Ergänzt wird diese Reihe durch die aus Stiftungsmitteln erworbene Sammlung von Zeichnungen und Radierungen von Emil Orlik, in deren Reihe Männer der Wissenschaft von Virchow bis Einstein und vor allem die Dichter und Darsteller erscheinen, welche die Bedeutung Berlins als der führenden Theaterstadt Deutschlands illustrieren. Pläne und Ansichten der Stadt wurden in einer weiteren, unter so vielen Gesichtspunkten für Berlin wesentlichen Sammlung vereinigt. Schon diese Beispiele zeigen, wie sehr mir daran gelegen war, von Anfang an im Museum Gebiete zu erschließen und Aufgaben zu erfüllen, welche die europäische Bedeutung Berlins klar erscheinen lassen. Der damalige Regierende Bürgermeister Willy Brandt hat bei der Eröffnung der Gründungsausstellung dieses Motiv deutlich erkannt und hervorgehoben.

Lange vorbereitet war die Gewinnung eines geeigneten Hauses als dauernder Sitz für die schnell wachsenden Bestände, da das Haus in der Stauffenbergstraße nur ein vorübergehendes Domizil mit viel zu wenig Raum darstellte. Berlin hat nicht mehr viele architektonische Zeugnisse aus alter Zeit, und im östlichen Teil der Stadt sind die historischen Gebäude der Wilhelmstraße und ihrer Umgegend aus den Epochen der ersten fünf Könige unnötigerweise abgerissen worden. Die Würde eines repräsentativen Baues aus der Regierungszeit Friedrich Wilhelms I. vertrat in West-Berlin das Haus des ehemaligen Kammergerichts, für dieses und andere Behörden 1734 unter dem Namen »Kollegiengebäude« in der Lindenstraße, nahe dem Halleschen Tor, durch Philipp Gerlach errichtet. Das Haus war durch Fliegerangriff beschädigt, aber doch in den Grundmauern erhalten. Die Baubehörde hatte es im Bebauungsplan zum Abriß freigegeben. Es war aber schon lange, ehe der Gedanke des Berlin-Museums auftrat, von mir wie auch von anderen mit Leidenschaft die Forderung aufgestellt worden, dieses Gebäude zu erhalten. Der Zufall fügte es, daß ich bei einem Essen zwischen dem damaligen Regierenden Bürgermeister Willy Brandt und dem Justizsenator saß und diese Situation benutzte, um unter den Auspizien des in solchen Fragen stets einsichtsvollen »Regierenden« den Justizsenator, an den ich schon früher Appell um Appell gerichtet hatte, zu gewinnen oder, richtiger, endgültig festzulegen. Er hat das entscheidende Verdienst für die Erhaltung. Der Bausenator tat das Seine und beauftragte in Oberbaurat Hans Joachim Arndt eine besonders geeignete Persönlichkeit mit der Wiederherstellung des Gebäudes. Es wurde im Außenbau eine vorbildliche Leistung erreicht. Aber zunächst war die Zweckbestimmung noch umstritten. Man wollte hier, der ursprünglichen Bedeutung des Baues entsprechend, eine Richterakademie für Berlin und West-Deutschland gründen. Mit dem neuen Justizsenator rang ich um das Haus, jedoch würdigte dabei jeder den Gesichtspunkt des anderen so gerecht, daß der Streit ein Vorbild für noble Form solcher Auseinandersetzungen gab. Da der Plan einer Richter-Akademie sich schließlich nicht durchsetzte, konnte das Haus vom Senat endgültig für das Museum zur Verfügung gestellt werden. Aufgabe der inzwischen von unserem Verein ernannten Leiterin des Museums wurde es nun, das Haus einzurichten. Die Innengestaltung an der ich nicht beteiligt war, geschah schon ganz im Hinblick auf die inzwischen erfolgte Überleitung des Museums in den Besitz des Landes Berlin.

So hat also nun auch West-Berlin sein historisches Museum. Es erfüllt in gewissem Sinne einen schon vor Jahrzehnten gefaßten Plan: die Berlin gewidmeten Sammlungsgruppen räumlich abzutrennen und dafür einen besonderen Bau zu bestimmen. Das entspricht dem Geschichtsgefühl des Berliners. Denn während sein märkisches Gefühl weit zurückreicht in die gotische Zeit, in der das Kloster von Chorin entstand, und darüber hinaus in die Vorgeschichte, ist sein Berlin-Gefühl auf die neuere Entwicklung gestimmt, die für ihn recht eigentlich erst mit dem Großen Kurfürsten beginnt, und auf dem Gebiet der bildenden Kunst mit Andreas Schlüter, an dessen Wirken der erste Saal unseres neu eingerichteten Museums gemahnt.

Berliner Museen

Unter den mannigfaltigen Aufgaben, die mein Beruf als Kunsthistoriker mir immer wieder gestellt hat, gehört die überraschend schnelle und von so viel Wohlwollen und Hilfe getragene Entstehung des Berlin-Museums für mich zu den schönsten Erinnerungen. Der Kummer, daß die Nationalsozialisten das Ergebnis meiner Tätigkeit für das Erfurter Museum, soweit es der zeitgenössischen Kunst gewidmet war, so brutal zerschlagen haben, erhielt dadurch einen gewissen Ausgleich. Eine besondere Freude war es auch, daß die Sammelarbeit für Berlin, so bescheiden sie an sich war, spürbar zusammen-

Bei der Eröffnung des Berlin-Museums 1969

klang mit all dem, was seit dem Ende des Krieges im Berliner Museumswesen sich ereignet hat. Als Mitglied der Museumskommission, die es zunächst noch gab, nahm ich teil an der Rückgewinnung des verlagerten Museumsgutes für Berlin. Wir wußten, daß die wertvollen Schätze des Preußischen Kunstbesitzes eine ganz neue Gestaltung der zumeist in Dahlem konzentrierten Sammlung verlangten. Wir wußten auch, daß viele Bilder der alten Meister ungerahmt zurückkommen würden, da sie ohne Rahmen in den Bergwerken verlagert gewesen waren. Aber der Generaldirektor der Museen, Bodes Neffe Heinrich Zimmermann, hatte inzwischen für die meisten Bilder historisch entsprechende Rahmen beschafft und es so eingerichtet, daß die kostbaren Gemälde schon einen Tag nach ihrer Ankunft in Berlin museumsfähig in Dahlem gezeigt werden konnten. Das war eine erstaunliche Leistung geschulter Museumspraxis, die die Berliner mit der ihnen im Kulturleben eigenen Selbstverständlichkeit hinnahmen. Ebenso erstand das an heute kaum noch erlangbarem Besitz reiche Völkerkundemuseum neu, das auf vielen Gebieten in Europa vorbildlich und einzigartig ist. Und als in Dahlem die Freie Universität Berlin gegründet wurde, war die räumliche Verbindung mit den Museen auf vielen Gebieten von besonderem Wert.

Zu den schwersten Verlusten Berlins gehört es, daß die neuen Machthaber im Osten das Schloß wegsprengten, einen Baukomplex, an dem durch fünf

Jahrhunderte hindurch gestaltet worden war und der das wichtigste Stück architekturgewordener Geschichte für Berlin darstellte. Es ist im wesentlichen die Leistung der Direktorin der dem Senat unterstellten Abteilung Schlösser und Gärten, Frau Dr. Margarete Kühn, und ihrer Mitarbeiter, daß unter ihrer bewährten Leitung nun Charlottenburg zum Schloß von West-Berlin wurde. Als Zeugnis der um 1700 beginnenden Geschichte königlicher Machtentfaltung bedeutet es durch die Schätze aus altem Besitz und durch die Einfügung des Kunstgewerbemuseums das zweite Zentrum des historischen Kunstbesitzes der erst brandenburgischen, dann preußischen und schließlich deutschen Hauptstadt. Die anfangs in der Jebensstraße neben der Kunstbibliothek gelegene Sammlung moderner Kunst bekam dann später ihr einer Weltstadt würdiges Heim in dem von Mies van der Rohe errichteten Bau der Neuen Nationalgalerie, der in sich ein Kunstwerk darstellt.

Dann aber stiftete Karl Schmidt-Rottluff der Stadt Berlin alles, was von seinem künstlerischen Werk noch in seinem Besitz war, und sein Freund Erich Heckel schenkte seinerseits dazu, was er an Graphik von sich und den anderen Meistern der Brücke besaß. Auf Initiative von Professor Leopold Reidemeister entschloß sich der Senat von Berlin, hierfür ein Museum zu errichten. Durch die ideale Zusammenarbeit Reidemeisters als dem Vertreter des Auftragwillens mit dem die gestellte Aufgabe genial erfüllenden Architekten Professor Werner Düttmann entstand am Rande des Grunewalds jenes Schmuckstück eines modernen Museums. Hier wurde dem deutschen Expressionismus als einer wesentlichen Epoche eine Stätte geschaffen, für deren weiteren Ausbau Schmidt-Rottluff in Zusammenarbeit mit Reidemeister immer wieder das Entscheidende tut. An der lebendigen Tätigkeit eines Museums kann man dort Anteil nehmen, sei es, daß man sich bedeutender Neuerwerbungen freut, oder eine der wechselnden, mit dem Thema des Brücke-Museums in Zusammenhang stehenden Ausstellungen besucht. Zumindest an die dem Berliner Maler Max Kaus gewidmete, so eindrucksvolle Darstellung seines Lebenswerkes, die im März 1971 aus Anlaß seines achtzigsten Geburtstages eröffnet wurde, soll hier erinnert werden.

Aber das hier für die Entwicklung des Berliner Museumswesens Gesagte kann im Rahmen eines persönliche Lebenserinnerungen enthaltenden Buches doch nur als Skizze betrachtet werden, die auf die Bedeutung der kulturellen Leistungen Berlins in der Nachkriegszeit hinweist. Für mich stehen hinter den Dingen vor allem die lebendigen Menschen. Denn all diese Museen, einschließlich der der Musikpflege dienenden Sammlungen, die erst kürzlich durch die Felix-Mendelssohn-Bartholdy-Stiftung erweitert wurden, vor allem auch der Amerika-Gedenkbibliothek und der großen staatlichen Bibliothek, für die Hans Scharoun einen bedeutenden Neubau errichtet, werden geleitet von Persönlichkeiten, die das geistige Berlin repräsentieren.

Ich möchte unter den Direktoren wenigstens zweier verstorbener Freunde gedenken: Ich nenne daher Friedrich Winkler, meinen Thüringer Landsmann, der als Leiter des Kupferstich-Kabinetts eine ganz neue Methode in der Auswertung des zeichnerischen Schaffens innerhalb der Malerei und Graphik vertrat. Ich nannte schon früher Ernst Kühnel, dessen Kenntnis der Kunst des Islam durchaus einmalig war, weil sie von einer geradezu als ein Phänomen erscheinenden Sprachbegabung und Fähigkeit zur Einstellung auf das Schaffen fremder Kulturen bestimmt war. Mit Winkler und Kühnel führte ich den Vorsitz in der Kunsthistorischen Gesellschaft, deren Bedeutung als einer Art wissenschaftlicher Akademie zu betonen, ich gemeinsam mit ihrem Sekretär Paul Ortwin Rave bemüht war. Als auch noch die ägyptische und die griechische Kunst in F. A. Stülers Bauten gegenüber dem Schloß Charlottenburg ihre Stätte gefunden hatten und das Jagdschloß Grunewald und das Schlößchen auf der Pfaueninsel ein Stück Geschichte Berlins vergegenwärtigten, war durch den Ausbau so vieler Sammlungen und Erinnerungsstätten etwas erreicht, was Berlin im Sinne Wilhelm von Bodes erneut in die Reihe der Weltstädte treten ließ. Die von Berlin und mehreren Bundesländern getragene Stiftung Ehemals Preußischer Kulturbesitz und der Senat des Landes Berlin garantieren die gedeihliche Weiterentwicklung der Tradition Berlins als Kunststadt.

Vom eigenen Sammeln

Daß ich schon mit jungen Jahren zu sammeln begann, daran ist der Mops einer jener alten Damen schuld, deren es in Weimar so viele gab. Er erwischte mich auf der Treppe und biß mich in die nackte Wade, so daß Blut floß. Ich wurde versöhnt durch einen schon recht schrumpligen Apfel, dann aber holte die Besitzerin des Mopses aus ihrem Schrank als Trost ein funkelndes Glas hervor, in dessen rubinrote Oberschicht eine Landschaft eingeschliffen war, die auf steilem Felsen eine Burg zeigte und die Unterschrift trug: Der Königstein. Das war der Anfang meiner Antiquitätensammlung, für die ich aus dem Erbe meiner im Jahre 1892 verstorbenen Großmutter Redslob noch einen Messingleuchter aus dem Troistädter Forsthaus erhielt. Allmählich kamen mehr Dinge dazu, zum Spaß des Vaters, aber zum Entsetzen meiner Mutter, die eine Abneigung gegen unnütz herumstehenden Kram, in Weimar Krätsch genannt, hatte. Ich baute nun meine Schätze auf dem Kakteengestell der verstorbenen Großmutter auf. Heute wären zumindest das Rubinglas und der Messingleuchter museumsreif. Sogar eine Blechdose wäre es, mit der es eine besondere Bewandtnis hatte. Sie war ein frühes Beispiel für die moderne Dekorierung einer Packung mit Ornamenten im Jugendstil und trug die Beschriftung »Tropon«, entworfen hatte sie Henry van de Velde. Das Stück hätte also heute dokumentarischen Wert. Aber meine Mutter, die mehr Freude an den ihr so herrlich gedeihenden Blumen rings um ihren erhöhten Nähtischplatz hatte als an meinen »Staubfängern«, sorgte dafür, daß ebenso wie meine zweitausend Zinnsoldaten, die bei den Nachbarskindern landeten, auch die »Schönchen« meiner Sammlung ihr nach meiner Schulzeit nicht mehr im Wege standen. Sie tat das, wie alles im Leben, mit einer solchen heiteren Selbstverständlichkeit, daß man den Kummer über den Verlust ihr zuliebe vergaß. Die Möglichkeit, ihr böse zu sein, hat für niemand, der sie kannte, jemals bestanden. Meine Bildersammlung duldete sie gern, und als der Vater anfing, alte Graphik zu sammeln, tat sie zwar ziemlich gleichgültig, doch immer wieder stellte sich heraus, daß sie mit der Leichtigkeit ihrer Auffassung oft besser als er über den Inhalt der vielen Mappen Bescheid wußte. »Von mir hat er das nicht«, sagte sie noch lachend, als sie in hohem Alter uns in Babelsberg besuchte, wo eigentlich der ganze Inhalt des Hauses einschließlich des Hausrates meinen Sammeltrieb anschaulich darstellte. Nun, ich muß gestehen, daß ich nicht nur Dinge erwarb, von denen meine wissenschaftliche Arbeit genährt wurde: Kunstbücher und Erstausgaben sowie vor allem altweimarer Objekte und die vielen Zeugnisse zeitgenössischer Kunst, die meine Verbindung mit dem deutschen Expressionismus ersichtlich machen.

Eine besondere Sammlung gilt dem Spielzeug. Sie begann damit, daß meine weimarische Großmutter mir Soldaten aus dem Besitz der Enkel Goethes schenkte. Etwa zehn Zentimeter hohe altweimarische Infanteristen, so wie sie gegen Napoleon zu Felde zogen, und hoch zu Pferd ein herrlicher Husar. Seine Truppe waren jene Husaren, aus deren Schwadron der Großherzog Carl Alexander, als 1866 Preußen die militärische Oberhoheit übernahm, zwölf Mann als Ordonnanzen behielt. In einer Zeit, da es noch kein Telefon gab, vermittelten sie im Sommer die Verbindung zwischen der Stadt und den ländlichen Schlössern. Abends aber flankierten zwei als Posten den Eingang zum Hoftheater, so daß man zuerst an dem Denkmal Goethes und Schillers, dann an den beiden Kammerhusaren vorbei in das Haus ging. Von dem Sitzplatz hieß es, er koste den Besucher einen Taler, die übrigen neun Mark zahle der Großherzog. Von allen Reisen habe ich Spielzeug

Links oben: Die Bildhauerin Renée Sintenis in der Wohnung des Verfassers, 1959
Rechts oben: Die Spielzeugsammlung Edwin Redslobs
Unten: Das Wohnhaus der Familie Redslob in Berlin-Dahlem, um 1950

284

mitgebracht, aus Süddeutschland und den Donauländern, aus Griechenland, Spanien und Frankreich, aus Nordafrika und ebenso aus Schweden. Die schönsten Stücke verdanke ich meinen Wiener Freunden, dem Meister der Wiener Werkstätten, Professor Joseph Hoffmann, und Frau Professor Emmy Zweybrück, die auch selbst in der Werkstätte ihrer kunstgewerblichen Schule zu dem, was sie aus alter Zeit sammelte, modernes Spielzeug herstellen ließ. Das Allerschönste aber sind vier kleine Giebelhäuser, die Lyonel Feininger einst in Weimar für seine Söhne ausgesägt und bemalt hatte. Wer sich in unserer Wohnung umsieht, wird merken, daß eine besondere Sammlung den Meistern der Weimarer Landschaftsmalerei gilt. Darunter sind neben Georg Melchior Kraus, dem Zeitgenossen Goethes, Carl Hummel, dem Sohn des Komponisten, Karl Buchholz und Christian Rohlfs mit Frühwerken seiner Weimarer Zeit vertreten. In meinem Weimar-Roman »Ein Jahrhundert verklingt« habe ich geschildert, wie ich als Fünfjähriger Rohlfs, mit seinem Holzbein vor der Staffelei stehend, im Webicht malen sah. Das war im Jahre 1889 und bedeutete den ersten künstlerischen Eindruck von etwas »Gemaltem«, das ich gleichzeitig in der Natur vor mir sah.

Viele Stücke meiner graphischen Sammlung stammen aus Weimar. Dort konnte man einst beim Buchbinder Hensz neben dem Rathaus am Markt schon von fünfzig Pfennig an die kleinen in Kupfer gestochenen Weimar Ansichten sowie Porträts aus der Goethezeit kaufen. Vor allem aber richtete sich meine Sammeltätigkeit auf Bücher. Wenn man in Weimar zwischen dem Goethe-Haus und dem Gasthaus Zum weißen Schwan in die Seifengasse einbog, gelangte man zu einem Laden, der in verstaubter Unordnung Bücher, Antiquitäten, Uniformen und Waffen aus alter Zeit enthielt. Da kauften wir Reclamhefte zum halben Preis, die Nummer also für zehn Pfennig, Dickens vor allem, dessen Romane ich schon als Schüler mit Eifer las. Und plötzlich entdeckte ich zwischen Büchern und Heften eine Originalausgabe Goethes, in die hineingeschrieben war: »Geschenk des Geheimrat von Goethe«. Goethe selbst also hatte dieses Buch in seiner Hand gehalten, und nun konnte ich es von dem Geld, das ich durch Erteilen von Nachhilfestunden verdient hatte, kaufen. Das war der eigentliche Anfang meiner Weimar-Sammlung, die für mich nicht Selbstzweck war, sondern Material für eigene Arbeiten. Ich hatte nicht die Mittel des Insel-Verlegers Anton Kippenberg, dessen Sammeltätigkeit ich so schätzte, daß ich ihm gelegentlich auch von mir erworbene Seltenheiten geschenkt habe. Meine Sammlung enthält fast lückenlos alle alten Ansichten von Weimar wie auch von anderen Goethe-stätten und in großer Anzahl Porträts aus der Goethezeit, Autographen und Erstausgaben Goethes und der anderen Weimarer Dichter sowie schöne Möbel und Gebrauchsgegenstände altweimarer Herkunft. Sie ist aber nicht groß genug, um als solche erhalten und verwaltet zu werden. Entsprechend meiner Freundschaft mit Kippenberg, der oft bei uns war und das Zunehmen meiner Sammlung, selbst lernend, verfolgte, vor allem aber auch voll Zustimmung dafür, daß sein Nachlaß in Düsseldorf als Goethe-Museum so vorbildlich gepflegt und ausgebaut wird, folgte ich der Anregung, sie mit Kippenbergs Beständen zu vereinen. Auf diese Weise gelangte eine ganze Reihe seltener Stücke in das Goethe-Museum, die es dadurch in besonders hohem Maße mit Weimar verwurzelt erscheinen lassen. So bleibt meine Sammlung im Düsseldorfer Goethe-Museum in ihren wesentlichen Teilen erhalten unter der verständnisvollen Pflege seines Leiters Dr. Jörn Göres.

Hier tritt zu den gebotenen Aufgaben der Goethestätten von Frankfurt und Weimar noch der von Goethe ausgegangene Gesichtspunkt der Weltliteratur bestimmend hervor, der mit dem Wesen Europas so entscheidend verbunden ist.

Neue Wege der Kunst

Im allgemeinen kennt man vom künstlerischen und geistigen Leben außerhalb des eigenen Landes nur das Gestern. Man macht sich also eine falsche Vorstellung und klopft dem Nachbarn einen Rock aus, den er längst abgelegt hat. Im Gegensatz zu dieser Einstellung habe ich gerade in meinem Beruf den Instinkt für das Kommende für wesentlich gehalten. Freilich habe ich auch an mir wie an anderen immer wieder beobachtet, daß man meist nicht auf dem Gebiet aller Künste das Heute und den Weg in die Zukunft begreift, sondern daß es Gebiete gibt, auf denen es schwerfällt, nicht nur das Gestern, sondern auch das Gegenwärtige und Werdende zu erfassen. In der bildenden Kunst war es mir leicht, die Bedeutung der Expressionisten zu verstehen, in deren Generation ich stand. Ich ging hier, als der Jüngere, noch über van de Velde hinaus, der, zumindest für von ihm geschaffene Innenräume, die französischen Neoimpressionisten bevorzugte und vor allem von Seurat begeistert war. Aber er vermochte es auch, die Bedeutung von Ernst Ludwig Kirchner als einer der ersten zu erkennen. Die Musik war im Haus van de Velde die Domäne der Frau, die eine geschulte Pianistin war. Da er, der Belgier wallonischer Prägung, die französische Kunst besonders gut kannte, ist zu verstehen, daß der Komponist ihrer Wahl Claude Debussy war, dessen Werke Frau van de Velde uns mitunter noch vor dem Druck aus der Handschrift vorspielte. Meinerseits war ich der Musik gegenüber, vor allem der atonalen, nicht eben für das Neueste erwärmt. Ich lernte hier aber, daß man es sehr wohl vermag, auch das zunächst fremd, ja befremdend Erscheinende zu würdigen. Man muß sich nur hüten, sofort sein Verhalten auf Kritik einzustellen; vielmehr sollte man die zeitgenössischen Werke mehrfach hören, ehe man urteilt.

Im Grunde war es im Verlaufe unseres Jahrhunderts sogar fast leichter, die konsequente Entwicklung der Musik mitzumachen, als die von so vielen Gegensätzen bestimmte der Literatur oder gar der bildenden Kunst. Schönberg, Strawinsky und Hindemith wurden das mich leitende Dreigestirn. Die Pianistin Else C. Kraus, mit meiner schon früher genannten Freundin Alice befreundet, hatte ihr künstlerisches Wirken geradezu in den Dienst Schönbergs und seiner neuen Auffassung von den Tonarten gestellt. Aber ich begriff mehr durch den Verstand, was Schönberg nach dem Abschluß der epigonenhaft verdünnten spätromantischen Epoche bedeutet. Als Persönlichkeit und durch den Klang seiner Musik trat für mich an Schönbergs Stelle im Grunde sein Schüler Alban Berg. Es war wohl auch der persönliche Eindruck dieses Komponisten, den ich in Wien durch den damals dort lehrenden Architekten Peter Behrens kennenlernte, was mir die Grundlage des Vertrauens für sein Schaffen gab. Früh schon hörte ich das Violinkonzert, das er im Gedächtnis an die so jung verstorbene, mir einst in Weimar begegnete Tochter von Walter Gropius und seiner Frau, der Witwe Mahlers, komponiert hat. Besonders erschütterte mich seine Vertonung von Georg Büchners Drama Wozzeck mit der unvergeßlichen Leistung des Sängers Dietrich Fischer Dieskau in der Titelrolle.

Bei meiner persönlichen Begegnung mit dem Komponisten hatte ich das Empfinden, daß in seinem Antlitz, das blank wie ein Schild aufleuchtete, irgend etwas fehle, was man gemeinhin in den Gesichtern der Menschen gewohnt ist, und plötzlich wurde mir klar, daß es all die engenden und verkleinernden Züge waren, die das Aussehen alltäglicher Menschen bestimmen. Anders vermag ich nicht zu beschreiben, welche Reinheit und Verklärtheit Ausdruck und Wesen dieses großen Künstlers ausmachten. Auf dem Gebiet der Musik erscheint mir der Wozzeck in seiner suggestiven Steigerung eines der entscheidenden Hauptwerke der Epoche. Man muß Bergs Kompositionen mit Bildern von Nolde und den Meistern der Brücke vergleichen und mit der intensiven Sprache von Frank Wedekind, zu der er mit der nicht vollendeten Oper Lulu das Homogene schuf. Dann erst erfaßt man den Expressionismus in seiner alle Künste angehenden Gesamtheit.

Igor Strawinsky lernte ich in Berlin im Künstlerzimmer der Philharmonie durch Wilhelm Furtwängler kennen. Was mir seine Musik bedeutet, habe ich schon an anderer Stelle zu sagen versucht. In Berlin konnte man, besonders

Mit Paul Hindemith anläßlich der Verleihung der Ehrendoktorwürde an den Komponisten 1950

durch Furtwängler und Klemperer, Werk um Werk seines Schaffens kennen-lernen, dessen Bedeutung entscheidend dazu beitragen wird, unsere Zeit vor der Zukunft zu rechtfertigen.

An Paul Hindemith überraschte und gefiel die Selbstverständlichkeit, mit der er die Aufgaben vertrat, die seine schier unerschöpfliche Begabung immer neu ihm, dem scheinbar so Einfachen, zur Bewältigung auferlegte. Der Gegensatz zwischen der Sachlichkeit seines Wesens und der Größe der schöpferischen Leistung war das Besondere an ihm. Seine Oper »Mathis der Maler« gehört für mich zu den großen Geschenken, die aus unserer Zeit über das Vergängliche hinausragen. Ich schätzte an Hindemith schon früh die Verbindung seiner Modernität mit der Tradition des Johann Sebastian Bach. Als im Jahre 1950 während meines Rektorates der 200. Todestag Bachs begangen wurde, erschien es daher gegeben, durch Verleihung der Würde des Ehrendoktors an Paul Hindemith diese Beziehung zu bekunden. Das geschah in einer jener eindrucksvollen Feiern, zu denen einst unsere Universität fähig war. Hindemith kam nicht nur für diese Veranstaltung von der Yale-Universität zu uns. Er leitete auch, entsprechend dem ihm eigenen Lehrtalent, mit einer ausgewählten Zahl begabter Schüler mehrere Wochen hindurch ein Seminar. So wurde der von den Nazis Vertriebene nun auch wieder für Deutschland gewonnen.

Ich hatte schon darauf hingewiesen, daß ich den großen Neuerern der modernen Musik, die in meiner Generation stehen, meist erst verspätet gerecht wurde. Doch setzte ich mich, angeregt von seinem Vorkämpfer Riezler, der nahe von meinen Freunden Erbslöh im Isartal wohnte, schon früh mit Carl Orff auseinander, dessen innere Kraft mir zum Erlebnis wurde. Auch an Ereignissen wie an Werner Egks in Berlin uraufgeführtem Abraxas und an Blachers so reizvoller musikalischer Umgestaltung von Zuckmayers »Hauptmann von Köpenick« zum Märchen vom Untertan, das Ita Maximowna ausstattete, nahm ich freudigen Anteil.

Seine Wiederbelebung als Theaterstadt verdankte Berlin nach 1945 nicht zuletzt dem Enthusiasmus von Boleslaw Barlog. Das geschah zunächst durch die Eröffnung des im Grunde so primitiven, aber durch seine Aufführungen stets bewährten Schloßpark-Theaters in Steglitz. Bestes Theater war immer zu erleben, seit Dr. Kurt Raeck das Renaissance-Theater ganz aus dessen eigener Kraft zu einer vorbildlichen Stätte erprobter Schauspielkunst erhoben hatte. Er sorgte in seiner gewichtigen Klugheit auch dafür, daß die Theaterwissenschaftler der Freien Universität Berlin, an der er eine erfolgreiche Lehrtätigkeit ausübte, durch ihn als Professor ihrem Gebiet praktisch vertraut wurden.

Ganz anders war mein Verhältnis zur bildenden Kunst meiner Zeit. Ein Kunsthistoriker liebt ja Entdeckungen, und dies nicht nur in der Vergangenheit, sondern auch im Hinblick auf die Zukunft. So habe ich oft Künstler gefördert, die jünger waren als ich, und auf diese Weise einen Schritt in die Zukunft getan. Während meiner Erfurter Zeit suchte ich in diesem Sinne für die in ihrem Schaffen so verschiedenen Weimarer Freunde Johannes Molzahn und Peter Röhl zu sorgen. Später bestimmte mich meine Mitwirkung im Vorstand des Deutschen Künstlerbundes und in der Jury und im Verwaltungsrat des Kulturkreises der Deutschen Industrie dazu, voll Entdeckerfreude nach jungenTalenten zu suchen. Karl Hofers Schüler, Ernst-Wilhelm Nay, war erst einige zwanzig Jahre alt, als meine Frau und ich ihn einluden, zu uns nach Babelsberg zu kommen und sich der Bibliothek und des Gartens sowie unseres Bootes auf dem nahen Griebnizsee zu freuen. Er war damals ein unbekannter Kunstschüler und noch ohne die ablehnende Härte, die ihm später zur Verteidigung seiner Eigenart nötig erschien. Seine große Begabung trat für mich schon deutlich hervor. Und noch später, als Anja Bremer in ihrer neugegründeten, zunächst im dritten Stock eines Berliner Mietshauses gelegenen Galerie Bilder ausstellte, die Nay in den Lofoten Norwegens gemalt hat, habe ich diese Veranstaltung eröffnet und gewiß mit meinem Eintreten für den Künstler recht gehabt.

Namen um Namen stürmten auf mich ein, als in den Jahren nach 1945 die Ausstellungstätigkeit der Museen und Künstlervereinigungen, der Kunstämter sowie der Galerien des Kunsthandels sich allerorten lebhaft entfaltete. Da konnte ich ältere Freunde und meist früher schon von mir beachtete Künstler begrüßen. Unter vielen seien genannt: Fritz Winter vor allem, in dessen Kunst die Kristallisationsvorgänge, die dem Wachstum der Steine und Pflanzen geheimnisvoll innewohnen, Gestalt gewannen; der im Kunstleben Norwegens führende Rolf Nesch, der in seinen jungen Jahren das Wesen des sich erschließenden Kindes in einer Radierung unserer Tochter Sibylle so feinfühlig erfaßt hat und der uns nun wieder, als die Berliner Akademie der Künste eine sein Lebenswerk umfassende Ausstellung veranstaltete, mit seiner Gattin, einer bekannten Schauspielerin Norwegens, ein willkommener Gast war; Wolf Hoffmann, der in Weimar an der untersten Klasse des Gymnasiums begann, als ich schon lange die Prima verlassen hatte, der später von Hofer als Leiter der Graphik-Klasse der Berliner Hochschule der Bildenden Künste berufen worden war und uns, gemeinsam mit seiner Gattin, der Schauspielerin Karin Evans, in einer Zeit, da wir uns mehr und mehr von dem berühmten Berliner »Kampf ums Dabei-Sein« entfernten, über die wichtigsten Ereignisse in der Kunstschule und den Theatern orientierte; Werner Gilles, in dessen Schaffen das Zeitlos-Gültige des Mythos neue Form gewann. Er hatte noch die Vorlesungen gehört, die ich von Erfurt aus an der Kunstschule zu Weimar hielt, und so hatten wir manche Erinnerungen auszutauschen. Diese Beispiele mögen genügen.

Als Gerd Rosen im August des Jahres 1945 am Kurfürstendamm seine Galerie gründete, half ihm Heinz Trökes mit der unermüdlichen Heiterkeit seines Wesens, dessen Beweglichkeit in seinen Bildern so deutlich zum Ausdruck kommt. Ich eröffnete die erste Ausstellung, die Rosen zusammenbrachte, und sehe noch nach all dem Furchtbaren, das wir durchgemacht hatten, die geradezu beglückten Gesichter der anwesenden Künstler und Kunstfreunde, die sich dem Gefühl hingaben, daß nun wieder Friede sei und die Möglichkeit zur Entfaltung künstlerischer Ziele. Die Ansprache, die ich zur Eröffnung hielt, war das erste, was nach den Zeiten der Zerstörung in Berlin wieder auf belletristischem Gebiet gedruckt wurde. Aber es waren in der Druckerei nur noch wenig Typen vorhanden, so daß der erste Korrekturabzug schon auf der dritten Seite statt des fehlenden Buchstabens »e« nur schwarze Flecken enthielt. Auch das Papier reichte nur für eine geringe Auflage des Seite für Seite gesetzten Buches. Was Rosen damals zum Vorteil des Berliner Kunstlebens geschaffen hat, wirkt nach seinem frühen Hinscheiden weiter in der Galerie Bassenge, welche die internationale Bedeutung des Berliner Kunsthandels gemeinsam etwa mit den Galerien Nierendorf, Pels-Leusden und Leo Spik lebendig erhält.

Da aber Berlin in mancher Hinsicht mehr ein Konglomerat aus Bezirken ist als eine unter einem einzigen Willen stehende Stadt, bedeuten in seinem kulturellen Leben die einzelnen Kunstämter besonders viel. Vor allem trat das Haus am Waldsee durch die Verbindung von gepflegter Atmosphäre und Entdeckerfreude hervor. Da ich nicht alle Bezirke aufzählen kann, möchte ich wenigstens an Charlottenburg erinnern, das außer vielfach auch internationalen Ausstellungen im Rathaus erlesene Konzerte bei Kerzenlicht in der für das Kunstleben des heutigen Berlin so kennzeichnend gewordenen Eichengalerie des Schlosses der ersten preußischen Königin veranstaltet.

Den erfreulichen Bestrebungen des Kulturkreises der Deutschen Industrie, die unter Führung des Generalsekretärs Professor Stein so große Bedeutung gewannen, verdanke ich es, daß ich immer wieder eine Fülle von Anregungen empfing und Jahr um Jahr neue junge Künstler kennenlernte. Da ich aber hier keine Kunstgeschichte schreibe, sondern Erinnerungen an eigene Erlebnisse und Begegnungen darzustellen und zu verarbeiten suche, muß ich mich beschränken und kann nur noch Namen wie etwa den einst in Berlin tätigen Theodor Werner und den spürbar von Werk zu Werk sich zu seinem eigenen abstrakten Stil entwickelnden Hann Trier nennen. Unter den Meistern der Plastik trat mir in der auf Kolbe und Scheibe folgenden Generation Bernhard Heiliger nahe. Schon in einer der ersten Besprechungen, die ich im Winter 1945/46 als Mitherausgeber des Tagesspiegels schrieb, berichtete ich über Werke des in der Ausstellung der Galerie Buchholz von mir entdeckten, damals noch unbekannten Meisters, dessen Entwicklung ich seitdem Schritt für Schritt zu verfolgen gesucht habe. Ebenso beschäftigte mich immer wieder das Schaffen des Berliner Bildhauers Hans Uhlmann, das mich an die Tradition des Bauhauses erinnert. Dem schon vor Uhlmann und Gonda einst an der Hochschule für Bildende Künste lehrenden Karl Hartung stand ich auch persönlich nahe. Hartung führte nach Karl Hofer den Vorsitz des Deutschen Künstlerbundes, den jetzt der Kölner Georg Meistermann mit großer Hingabe an die immer schwerer werdende Aufgabe leitet.

Begrenzt war mein Mitgehen auf dem Gebiet der Literatur, weil ich hier, fern von allem Cliquenhaften, ohne das es auf diesem Gebiet nicht zu gehen scheint, meine eigenen Wege suchte. Dafür vermittelte mir der älteste in der Reihe der Enkel meiner Heidelberger Freunde Hampe, dessen Laufbahn ich vom Dramaturgen in Zürich bis zum bewährten Regisseur verfolgen konnte und der in jungen Jahren schon zum Generalintendanten des Mannheimer Nationaltheaters ernannt wurde, Anregungen aus seiner Welt. Eigentlich durch ihn erst lernte ich das Doppelte im Wesen und in der Begabung von Bert Brecht richtig begreifen: den Gegensatz von Geschehnis und Betrachtung, Erlebnis und Reflexion, von dramatischer Handlung und gewolltem Stillestehen als Appell und Anklage. Doch gewann ich den Eindruck, daß sein Werk fast mehr von der Bühne aus als unmittelbar von der Wirklichkeit des Lebens geformt worden sei. Vor allem aber lernte ich in meinem jungen Freund einen den modernen Dichtern verbundenen Theaterfachmann schätzen, der mir von dramatischen Dichtern wie Dürrenmatt, Hochhuth und Frisch so zu erzählen wußte, daß ich auch vom Persönlichen her mit ihrem Schaffen vertraut wurde. Daß Hochhuth Jaspers angeregt und somit dem Philosophen gegenüber Vertreter der Enkelgeneration war, zeigt die Richtigkeit der den Wechsel der Generationen berührenden Überlegungen. Ich begriff das Geheimnisvolle der Todesnähe, die in dem Drama Dürrenmatts vom »Besuch der alten Dame« die Komödie zur Tragikomödie macht. Ich empfand das glühende Verlangen nach Gerechtigkeit und Wahrhaftigkeit in Hochhuths Drama »Der Stellvertreter«. Vor allem aber Max Frischs »Andorra« gegenüber beeindruckte mich, wie hier ein Dichter es vermocht hat, das, was für uns politisches Geschehen gewesen war, so zu erheben, daß es zur zeitlos gültigen Auseinandersetzung wird. Das wurde mir zum Erlebnis, als Martin Held und Klaus Kammer die tragenden Rollen in der Berliner Aufführung spielten. Für mein Gefühl haben diese Dichter und etwa auch noch Peter Handke uns den Weg neu geöffnet, der zu einer gegen Ende des vorigen Jahrhunderts durch Gerhart Hauptmann und Frank Wedekind auf Spuren Ibsens bereits vorgeahnten Auseinandersetzung mit den Problemen einer neuen Zeit, vor allem freilich auch mit dem Bösen und Krankhaften, führt. Der politisch engagierte Günter Grass gehört mit seinen Romanen und Dramen ebenfalls in diese Reihe.

Ich muß mich mit den Geschehnissen in Deutschland begnügen. Aber ich vermag sie nicht darzustellen, ohne darauf hinzuweisen, wieviel Parallelen in anderen Ländern bestehen. Man denke nur an die Musik von Benjamin Britten in England, an die Dramen von Garcia Lorca in Spanien, an das moderne Schaffen in der französischen Literatur und bildenden Kunst, der sich der Spanier Pablo Picasso verband, und an die Entwicklung in Amerika, um zu erkennen, daß eine neue Epoche nach neuen Wegen sucht, die zu verstehen eine entscheidende, unserer Zeit gestellte Aufgabe ist.

Drei Generationen

Männer einst waren wir, wehrhaft und stark.
Wir aber sind's – wer will, erprob' unsre Kraft!
Wir aber werden dereinst noch viel besser sein!

So lautet ein vor mehr als zweitausend Jahren entstandenes Lied der Spartaner, das die Auseinandersetzung der drei Lebensalter innerhalb jeder Gegenwart kennzeichnet. 1884 geboren, habe ich drei Epochen durchlebt. Die erste umfaßt den Ausgang des alten und den Beginn eines neuen Jahrhunderts und führt bis zum Ausbruch des ersten Weltkrieges. In ihr rangen zwei Gegensätze miteinander: eine letzte Verklärung des Idealismus und ein immer stärkeres Vordringen des Realismus. Wenn auch der Stil dieser Zeit mit dem Schlagwort Jugendstil bezeichnet wird, so hat er zugleich etwas Großväterliches, brachte er doch ein Stück Biedermeierzeit erneut zur Geltung. Es folgte ein Umschwung, der aber nichts vom geistigen Rang revolutionärer Epochen in sich hatte. Bedingt durch die beiden Weltkriege hatte dann die Zeit von 1914 bis 1945 betont männliches Gepräge: die Ideale der alten Generation wurden entwertet, und die Blüte der Jugend, die heranwachsende Generation also, wurde auf den Schlachtfeldern dem Machtkampf der Herrschenden geopfert. In der zeitlichen Mitte zeigt diese Epoche in Deutschland den jähen Bruch, der die Weimarer Republik zerstörte und der Diktatur eines Tyrannen die Macht gab.

Die Wende erfolgte mit dem Jahr 1945. Zunächst kam eine Zeitspanne, da der Wiederaufbau begann und ein starker Wille zur Bewältigung der anfangs schier unüberwindlich scheinenden Aufgaben die Menschen erfüllte. Danach kam eine Zeit, die unter dem Motto des Verses steht, den die jungen Spartaner singen. Sie verkünden, daß sie alles viel besser machen werden, aber die Beweise, die die heutige Jugend bringt, sind zunächst nur in einem überzeugend: sie machen deutlich, daß die Menschheit vor einer entscheidenden Wandlung steht. Es werden immer mehr Empordrängende ihre Forderungen anmelden, und es wird immer schwerer fallen, ihnen in einer Form Rechnung zu tragen, welche die Kontinuität der Entwicklung nicht so zerstört, daß das Ergebnis zum Chaos wird. Es wäre ungerecht, diese Bewegung, die in so vielen bisher von humanistischer Bildung bestimmten Ländern fast gleichzeitig aufkam, abzulehnen. Sie ist bestimmt von den Zeitereignissen und, zumal in Deutschland, eine Folge der Dezimierung der heranwachsenden Generation durch zwei Weltkriege. Zu viele in der Reihe der nach mir folgenden Lebensstufen wuchsen vaterlos oder doch ohne den im Felde stehenden oder in Gefangenschaft verbannten Vater auf. Nach Gründung der Freien Universität Berlin konnte ich das bei meinen Schülern beobachten, von denen unerwartet viele ohne das Leitbild und die Autorität des Vaters sich hatten entwickeln müssen. Das hatte ihren eigenen Willen, aber auch ihren Eigensinn weitgehend entfaltet, und immer wieder war zu beobachten, daß sie zu Tyrannen der sie verwöhnenden Mütter geworden waren. Auf der anderen Seite aber hatten sie gegenüber dem Vertreter ihres Faches eine Art Sohnesbedürfnis und erwarteten geradezu, daß er ihnen den Vater ersetze.

Das vaterlose Heranwachsen so Vieler hat unabsehbare, im Grunde aber nie in ihrer ganzen Konsequenz erkannte Folgen gehabt, auch in ihrer Weiterwirkung auf die jüngste Zeit. Auch heute noch will die Jugend ganz auf sich gestellt sein und verachtet eigenwillig jede Tradition und Erfahrung. In den sechziger Jahren unseres Jahrhunderts hatte eine Rundfrage in den oberen Schulklassen der USA das Ergebnis, daß die Geschichte als eines der Fächer bezeichnet wurde, die heute überflüssig seien und ohne Schaden aus dem Lehrplan verschwinden könnten. Was aber in den Lehrbüchern östlich der Elbe an Geschichte gelehrt wird, ist aus einer Umdeutung der Wahrheit durch totalitäre Tendenzen entstanden; an Stelle historischer Erkenntnis wird eine Propaganda gesetzt, die dem freien Denkvermögen des Menschen Hohn spricht.

Als Goethe sein Leben überdachte, konnte er sich dadurch für begünstigt halten, daß seine drei Lebensepochen Jugend, Mannesalter, Altmeistertum, mit den geschichtlichen Perioden, in die er hineingeboren war, zusammenfielen: die jugendlich kühne Zeit politischer und geistiger Befreiung in Europa, die männliche Zeit der Napoleonischen Kriege, die geruhsame Haltung des Biedermeier. Heute aber muß die altgewordene Generation von sich sagen, daß bei ihr die Epochen nicht so günstig lagen. Die Zeit meiner Jugend war,

ich sagte es schon, nicht frei von Epigonentum und Resignation, die Mannes-
zeit zerbrach in Deutschland durch die beiden Weltkriege, und heute müssen
gereifte Menschen sich gefallen lassen, daß sie von Jugendlichen, die das
Wesen der Entwicklung mißachten, als Ausrangierte bezeichnet werden, die
in Altersheimen dem Verlangen nach Mitwirkung entzogen werden müßten.
Keinesfalls darf man dabei übersehen, daß die zu Macht und Einfluß ge-
kommene Mannesgeneration der Jugend ein gewisses Recht zu Mißtrauen
und Gegnerschaft gegeben hat. Wo immer revolutionäre Bewegungen aufkommen, muß man zunächst die Schuld bei denen suchen, gegen die sie
gerichtet sind. An den Universitäten zum Beispiel konnte man im Gegensatz
zu unserem kühnen Beginn bemerken, daß eine Rückläufigkeit in verhärtete
Formen der Autorität das Gebot gemeinsamen Suchens der Lehrenden und
Lernenden bedrohte. Es verband sich aber der suchende Drang der Jugend
mit einer politisch gesteuerten, planmäßigen Zersetzung, welche die Sinnlosigkeit des kalten Krieges bewußt auf die heranwachsende Jugend überträgt.

Für den, der am Ende eines langen Lebens die Entwicklung überdenkt
und der wünschen muß, daß eine so böse Zeit, wie wir sie von 1933 bis 1945
durchleben mußten, sich nie mehr wiederhole, ergibt sich daraus eine Forderung, die den Sinn eines Vermächtnisses hat: Jede Zeit muß es verstehen,
die drei Altersstufen so miteinander zu verbinden, daß der Zusammenklang
von alt, männlich und jugendlich – deutend, tätig und aufstrebend – in dem
vom Schicksal gewollten Ausgleich eine organische Entwicklung verbürgt.
Das Gefühl der Jugend und ihr Vorauswittern der Entwicklung, die für ihr
eigenes Leben entscheidend wird, braucht den Ausgleich mit der Erfahrung
des Alters und die Würdigung des Gesetzes, wonach zwischen Ahnen und
Enkeln oft ein besserer Einklang besteht als jeweils zwischen zwei in
notwendigem Gegensatz einander gegenüberstehenden Generationen. Der
herrschenden Generation des Mannesalters aber wird erst die volle Auswirkung ihres Dranges nach Verwirklichung zuteil, wenn ihr Tun flankiert
ist von Tradition und Zukunftswillen, und das heißt von der Erfahrung der
alten Generation auf der einen und vom Herandrängen der jungen auf der
anderen Seite.

Die Geschichte kennt Beispiele dafür, die zum Nachdenken veranlassen.
Man denke etwa an die Tatsache, daß in Deutschland und in Österreich zwei
Kaiser sehr alt wurden und ihnen nicht ihre auf Reformen sinnenden Söhne
folgten, sondern haltlose, zum Regieren noch zu junge Enkel. Wer den Briefwechsel zwischen den zu früh verstorbenen Thronerben des alten Kaisers
Wilhelm und des Kaisers Franz Joseph liest, wird erschüttert feststellen, was
der frühe Tod des Kaisers Friedrich und des Kronprinzen Rudolph für die
beiden verbündeten Staaten bedeutet hat und was der Ausfall der männlichen
Generation an Nachteilen mit sich bringt.

Diese Fragen haben mich, da ich von Jugend an eine instinktive Opposition gegen die Selbstherrlichkeit des letzten Deutschen Kaisers hatte, stets sehr bewegt und meine Ausdeutung geschichtlicher Lehren bestimmt. Das Problem der Aufeinanderfolge der Generationen und ihrer Gegensätzlichkeit hat mich immer wieder beschäftigt. Das Verbrennen der Brücken, das die Verbindung zwischen den Epochen aufhebt, habe ich genugsam erlebt, in der tragischen Größe, die in sich etwas Erschütterndes hat, aber auch in der fatalen Zerstörungswut empordrängender Machthaber.

Überdenke ich unter dem Gesichtspunkt der Generationenfolge das Schicksal der heranwachsenden Jugend, so möchte ich hoffen, daß die Entwicklung doch dahin geführt wird, daß, um ein besonders deutliches Beispiel zu nennen, die Hochschulen und Akademien, für die ja der Ausgleich zwischen alter, männlicher und junger Generation und ihr Zusammenwirken die Grundbedingung ist, wieder auf eine gesunde Wechselwirkung zwischen den Altersstufen Gewicht legen. Diese Auffassung sollte ganz allgemein für die Erziehung Gültigkeit haben, ist doch ein Hauptproblem im Ringen unserer Zeit eine neue, aber keineswegs einseitige Auseinandersetzung mit dem Gesetz der Generationen. Es geht dabei um ein Grundproblem menschlichen Empfindens, Denkens und Handelns, das außer acht zu lassen zu Irrtum und Unrecht führt. Nicht in bezug auf das Abzählen der Jahre, wohl aber durch seine Dreistufigkeit ist wohl auch an den alten Dreiklang Lehrling, Geselle und Meister zu denken, der doch in mancher Hinsicht dem Dreiklang Student, Assistent und Professor entspricht. Was heute bei den Universitäten geschieht, wo man die Stimmenmehrheit der Studierenden, Assistierenden und in der Verwaltung Angestellten gegenüber der geringeren Zahl der Lehrenden pseudodemokratisch auszunutzen versucht, das würde beim Handwerk und in der Industrie von vornherein als sinnlos erscheinen.

In beiden Stufenleitern aber, die wir genannt haben, klingt ein Grundgesetz auf, das man in der Natur mit der Knospe, der Blüte und der Frucht vergleichen könnte, um zur naturgerechten Einsicht in die Grundgesetze des Lebens zu kommen, die man nicht verletzen kann, ohne daß Schaden geschieht. Man kann Knospen nicht als Früchte servieren, wie es heute so dreist geschieht. So führt das Nachdenken über die Tatsache, daß in jeder Epoche drei Generationen auf dem Plan stehen, die gemeinsam ihre Kraft einsetzen sollen, zu der Erkenntnis, daß über der Menschheit wie über der Natur Grundgesetze walten, die zu respektieren und denen Rechnung zu tragen Sinn und Wert unseres Lebens ausmacht.

Über den Generationen waltet das Schicksal mit stets neuer, ihre Wesenszüge entscheidend mitbestimmender Macht. Für die im zweiten Weltkrieg Aufgewachsenen war es besonders schwer: der Vater im Kriegsdienst oder gefallen, die Mutter von Sorgen bedrückt, Wohnung und Schule zerbombt und somit jedes Gefühl der Geborgenheit zerstört. Dazu kam die ständige Angst beim Heulen der Sirenen, die einen Fliegerangriff verkündeten und zur Flucht in den Luftschutzkeller zwangen, immer neue Zerstörungen, Hunger und dann das Leid der aus ihrer Heimat Vertriebenen. Es mußte in der Jugend das Gefühl aufkommen, daß es in einer Welt nicht richtig zuginge, in der die Menschen ein solches Unheil über sich brachten. Nicht zuletzt daraus entstand in ihr ein verzweifelter Trotz gegen die herrschende Generation, die es nicht vermocht hatte, sich gegen das entfachte Unglück zu wehren. Der Trost des niederländischen Dankgebetes, das ich in der Nazizeit so oft vor mich hin gesungen habe:

> Er läßt von den Schlechten
> Nicht die Guten knechten …

war durch die Machthaber des Faschismus, die die Herrschaft gebrauchen konnten, wie es ihnen gefiel, sinnlos geworden. Die Welt, in welche die junge Generation hineingeboren worden war, erschien in sich schlecht, und so entstand das Gefühl, daß man sie zerschlagen müsse und daß nur ein völlig neues Anfangen zur Entfaltung einer besseren Zukunft führen könne.

Von den Überlebenden der Mannesgeneration, die nach Schluß des zweiten Weltkrieges die Aufgabe der Erneuerung übernahmen, dachten infolge der Sorgen für die Gegenwart zu wenige an die Nöte und an das suchende Drängen der heranwachsenden Generation. So kam es – was um die Mitte unseres Jahrhunderts noch völlig undenkbar schien –, daß sich dem Unwillen der Jugend die Agitation der terroristischen Staatsform verband, in deren Herrschaftsbereich ja gerade der Jugend alle Rechte genommen waren. Die Bestrebungen, für welche ich einst den Sinnspruch für die Freie Universität Berlin »Veritas, Justitia, Libertas« bestimmt hatte, wurden in ihr Gegenteil verzerrt: statt Wahrheit: Propaganda, statt Gerechtigkeit: Terrorismus, statt Freiheit: Herdenzwang. Furcht und Hoffnung der heranwachsenden Generation setzen sich mit den so entstandenen Problemen auseinander, die keineswegs nur in den besiegten Ländern, sondern ebenso in Nordamerika, in Frankreich und in England einen zwar nicht großen, dafür aber den lautesten Teil der Jugend zu negativen Revolutionären ohne ein lebendiges, positives Ziel gemacht hatten. Das ist die Situation, mit der unsere Epoche sich auseinanderzusetzen hat.

Wer im Alter sein Leben überdenkt, der stellt sich wohl prüfend die Frage, inwieweit er geholfen hat, Tradition zu erhalten, und wieweit er der Wegbereitung in die Zukunft und damit der Vorbereitung einer neuen Tradition gedient hat. Wer aber in der verworrenen Zeit um die siebziger Jahre das

Mit Willy Brandt bei der Rathenau-Feier 1967

Vergangene um des Künftigen willen durchdenkt, wird vor ein ernstes Problem gestellt: Ihn hat das Leben gelehrt, daß eine Voraussage des Kommenden im Schicksal der Völker kaum jemals möglich ist. Vor allem im politischen Leben geschah vom Ausbruch des ersten Weltkrieges an immer wieder das Unerwartete. Wer etwa hätte, als der letzte Deutsche Kaiser an seinem 25. Regierungsjubiläum im Jahre 1913 sich als Friedensfürst preisen ließ, vorausgesehen, daß der so stolze Herrscher schon fünf Jahre später, nach verlorenem Krieg, aus seinem Lande fliehen würde? Wer auch hätte, als im August des Jahres 1919 die Deutsche Republik ihre Verfassung erhielt, vorausgeahnt, daß diese Grundlage einer gesunden Staatsform schon im Januar 1933 vom Marschschritt eines Parteiheeres zertreten werden würde? Und wer hätte dem »Tausendjährigen Reich« Hitlers, dem seine Gegner anfangs nur eine Dauer von höchstens einer Wahlperiode zumessen wollten, eine Herrschaft von immerhin zwölf Jahren zugestanden? Wer auch hätte vorausgesehen, daß die vom Schicksal dem Lande in der Mitte Europas bestimmte Aufgabe der Vermittlung sich durch Trennung in ein westliches und ein östliches Gebilde in das Gegenteil verwandeln würde?

Ich habe in der Zeit meines Wirkens alles darangesetzt, Ideen und Ideale über bloße Interessen zu stellen. In der Politik vertrat ich, vor allem unter dem Eindruck der Folgen beider Weltkriege, die Auffassung, daß nur ein völliges Umlernen die ständig glimmende Kriegsgefahr zwischen den Völkern löschen könne: Wir müssen uns dazu erziehen, die Grenzen nicht feindselig als trennende Mauern zu empfinden, sondern bewußt als Brücke zu gestalten und die Grenzbevölkerung als Vermittler zu betrachten. Das ist für mich ein Hauptgedanke, der den Weg nach Europa bestimmt, und darüber hinaus für alle Bürger dieser Erde entscheidend werden muß.

Zu prophezeien, wie weit der Zerstörungsprozeß, den wir noch immer durchmachen, ins Negative führen muß oder wieweit er chaotisches Vorzeichen einer neuen Ordnung ist, die doch nur durch seine Überwindung verwirklicht werden kann, wage ich nicht. Lernen sollten wir aus der Erkenntnis, daß die Menschen in den armen Jahren nach dem Krieg, da so vieles neu erstand, idealer gesinnt waren und von reineren Absichten bestimmt als später, da der wirtschaftliche Aufstieg so viele Motive des Übermutes wie auch der gewissenlosen Zersetzung emporkommen und anstelle von Ideen nur Interessen treten ließ.

Meine Generation, die so vieles erhofft hat, aber auch so vieles in Trümmer sinken sah, vermag es nicht, die Zuversicht aufzugeben. Wir haben ja auch erlebt, daß der Nationalsozialismus zerfiel. Ich gebe die Überzeugung nicht auf, daß Ideen und Kräfte, die imstande sind, die Welt voranzubringen, sich immer wieder neu durchsetzen. Ebenso bin ich überzeugt, daß die Verneinung der Überlieferung nicht zum Ziele führt, sondern daß wir uns, zumal in Europa, darauf besinnen müssen, daß wir eine lebenskräftige Tradition besitzen und daß wir sie fortzusetzen haben. Dann bekommen vielleicht auch Erinnerungen ihren Wert, wie sie hier im Hinblick auf das Erbe von Weimar und im Hinblick auf das Werden Europas festgehalten wurden.

Nachwort

Der Leser des vorliegenden Buches, der den Erlebnissen und der inneren Verarbeitung eines langen und inhaltsreichen Lebens gefolgt ist, hat wohl auch ein Recht, über das Entstehen des Werkes etwas zu erfahren, das seine Gestaltung entscheidend bestimmt hat: Das Buch ist nicht durch das Zusammentragen von Gelesenem am Schreibtisch entstanden. Nach einer schweren Krankheit verlor ich um die Mitte der achtziger Jahre meines Lebens die Schärfe des Sehvermögens, das bei mir einst besonders ausgeprägt gewesen war. Daher wurde es mir unmöglich, Druckschrift oder Maschinenschrift zu lesen. Als Trost für die Minderung des physischen Sehens begann ich aus dem Schauen der Erinnerung und somit frei aus dem Gedächtnis mein Leben und meine Zeit zu überdenken. Das Diktierte wurde mir immer wieder von meiner Frau sowie von verständnisvollen Freunden und Freundinnen vorgelesen.

Bei der letzten Durchgestaltung war mir die Mitarbeit meiner Tochter Dr. phil. Dr. med. Ottilie Selbach von entscheidendem Wert. Mein Freund Professor Dr. Wieland Schmidt übernahm die Durchsicht vor dem Druck. Das Buch ist also von mir aus, so optisch auch Wesen und Veranlagung des Verfassers, eines Kunsthistorikers, es kennzeichnen mögen, rein akustisch entstanden und hat dadurch, so hoffe ich, bei aller Vielfalt der Bilder die Einheit gewonnen, die es über die persönlichen Erlebnisse eines einzelnen zu einem Zeitbild erhebt. Daß dies Buch in sich einen Dank an meine Frau darstellt, am zweiundsechzigsten Hochzeitstag ihr in die lieben Hände gegeben, sei als Schlußwort gesagt.

Personenregister

Dank

Herausgeber und Verlag danken allen, die bei den Vorbereitungen zu dieser Publikation hilfreich waren, insbesondere der Thüringer Staatskanzlei, dem Archiv des Germanischen Nationalmuseums Nürnberg, namentlich Herrn Dr. Claus Pese, dem Freundeskreis Goethe-Nationalmuseum e.V. Weimar und der Tochter Edwin Redslobs, Frau Dr. Dr. Ottilie Selbach.
Ohne die großzügige Förderung durch die Alfried Krupp von Bohlen und Halbach Stiftung hätte dieses Buch nicht entstehen können.

Frontispiz: »Kopf Redslob« von Ernst Ludwig Kirchner, 1924
Repro: Nachlaß Redslob
Copyright by Dr. Wolfgang & Ingeborg Henze-Ketterer, Wichtrach/Bern

Bildnachweis:
S. 146, 157, 189, 225: Bildarchiv Preussischer Kulturbesitz Berlin; S. 163:
Edwin Redslob, Goethe und seine Zeit – Goethe-Ausstellung der Stadt
Berlin, Berlin 1949; S. 74, 99, 132, 173, 210, 254: Edwin Redslob, Deutsche
Bauten als Dokumente deutscher Geschichte, Berlin 1928; S. 103: Anger-
museum Erfurt; alle weiteren Aufnahmen: Nachlaß Redslob.
Titelbild unter Verwendung einer Aufnahme aus dem Bildarchiv Preussischer
Kulturbesitz Berlin

Glaux Verlag Christine Jäger KG
Jena 1998
Gestaltung: Klaus Fankhänel, Jena
Druck: Druck- und Verlagshaus Erfurt

ISBN 3-931743-16-0